NEW JERSEY
NEW YORK
Newark
Jersey City
Trenton
Atlantic City
White Plains
Paterson
Dover
Yonkers
Stamford
Norwalk
Port Jefferson
Long Island Sound
Greenport
Block Island
Riverhead
Hampton Bays
Patchogue
Bay Shore
Long Island
Long Beach
New Brunswick
Perth Amboy
Old Bridge
Red Bank
Freehold
Long Branch
Asbury Park
Turnpike
New Jersey
Lakewood
Silverton
Toms River
Red Lion
Warentown
Ship Bottom
Garden State Parkway
Ocean City
OCEANO ATLANTICO
Strade a più carreggiate (Interstate Highways e Trans-Canada)
Strade a più carreggiate (altre Highways)
Strade importanti a una carreggiata
Interstate
United States
State
Trans-Canada
Quebec Highway
Route
Ferrovie importanti
Aeroporti
Confini di Stato
Confini di Stato Federato
Confini di Provincia

VERMONT
NEW HAMPSHIRE
MASSACHUSETTS
CONNECTICUT
RHODE ISLAND
NEW YORK
Augusta
Belfast
Lewiston
Auburn
Wiscasset
Damariscotta
Rockland
Brunswick
Bridgton
Naples
Windham
Portland
South Portland
Biddeford
Sanford
Freedom
Conway
Mt. Washington
1916
Lancaster
St Johnsbury
Littleton
Carroll
Lincoln
Island
Acadia
National Park
Isle au Haut
Acadia
National Park
Shelburne
Montpelier
Barre
Middlebury
Shoreham
Rutland
Hartford
Woodstock
Lebanon
Lake Winnipesaukee
Laconia
Andover
Claremont
Springfield
Newport
Rochester
Dover
York
Concord
Hillsborough
Manchester
Portsmouth
Hampton
Manchester
Bedford
Derry
Keene
Brattleboro
Milford
Nashua
Bennington
Gloucester
Salem
BOSTON
Pittsfield
Becket Mt.
663 m
Massachusetts
Tpk
Northampton
Worcester
Holyoke
Great Barrington
Westfield
Springfield
Sturbridge
Canaan
Winsted
Torrington
New Britain
Hartford
Putnam
Providence
Fall River
New Bedford
Newport
Willimantic
Colchester
Norwich
Waterbury
Meriden
Middletown
Seymour
New Haven
New London
Danbury
Bridgeport
Provincetown
Plymouth
Cape Cod
Bay
Falmouth
Martha's
Nantucket
Piercefield
Long Lake
Eagle Bay
Wevertown
Hoffmeister
Queensbury
Saratoga Springs
Amsterdam
Schenectady
Troy
Albany
Thruway
Prattsville
Cairo
Catskill
Hudson
State
Hudson
Taconic State Parkway
Kingston
Kerhonkson
Liberty
Monticello
Poughkeepsie
New York
Newburgh
Beacon
Port Jervis
Middletown
Peekskill
Montague
87
89
91
93
95
295
495
190
90
84
395
195
684
88
4
3
101
6
8
9

Boston
e il New England

Guide Verdi d'Europa e del Mondo

Touring Club Italiano

Touring Club Italiano
Presidente: *Franco Iseppi*
Direttore generale: *Giulio Lattanzi*

Touring Editore
Direttore contenuti turistico-cartografici: *Fiorenza Frigoni*
Responsabile editoriale: *Cristiana Baietta*

Editor: *Michele Lauro*
Redazione: *Veronica Cornelli*

Responsabile produzione cartografica: *Antonella Buono*

Segreteria: *Laura Guerini*
Coordinamento tecnico: *Francesco Galati*

Indirizzi utili a cura della Banca Dati Turistica
Coordinamento: *Giulia Cammareri*
Redazione: *Valentina Flak*

Hanno collaborato:
Barbara Gallucci e *Stefano Brambilla,* per la scrittura dei testi di visita
Luca Selmi e *Cristiano Ballerani,* per la revisione redazionale e l'impaginazione
IceiGeo - Milano (Francesca Mottadelli), per gli Indirizzi utili
Pagliardini Associati, per la revisione grafica
marco pennisi & c., per il progetto grafico di copertina
InfoCartoGrafica - Piacenza, per l'esecuzione cartografica
Emmegi Group - Milano, per la prestampa

Per la gentile collaborazione si ringraziano: gli enti del turismo dei singoli Stati; *Olga Mazzoni* di Thema Nuovi Mondi, Milano, e il suo staff; *Tap Airlines; Hertz.*

Corso Italia 10, 20122 Milano
touringclub.it
touringclubstore.com

Codice: H3041A
EAN: 9788836573639

Stampa e legatura: *L.E.G.O Spa - Vicenza*

In copertina: *chiome sgargianti ai giardini pubblici di Boston* (Kirklkis/Istock)
A pag. 11: *Mystic, un ambiente del museo marittimo* (Mystic Seaport)
A pag. 27: *lo spettacolo del foliage in New England* (Karen Grigoryan/Shutterstock)
A pag. 45: *Boston, Beacon Hill* (Elan Fleisher/LOOK/Photoshot)
A pag. 193: *l'insegna di un Lobster pound a Bar Harbor* (Renault Philippe/hemis.fr)

Con più di 100 titoli in catalogo le Guide Verdi sono un osservatorio sul mondo che cambia e raccolgono conoscenze, esperienze, coordinate geografiche e culturali in continua espansione.

Nel 1961 nacquero come Guida d'Europa – tempestiva risposta del Touring Club Italiano alla presenza dell'Italia tra i sei paesi fondatori del primo nucleo di Comunità Europea (1958) – unendo alla rigorosa cultura redazionale guidistica della collana-madre del Touring (le Guide Rosse d'Italia, nate nel 1914 e ancora riconosciute dal Ministero per i Beni e le Attività Culturali come il repertorio del patrimonio storico-artistico del nostro paese) una moderna e, per l'epoca, anticipatrice, capacità di sintesi. Il boom del turismo nei favolosi anni Sessanta portò loro fortuna.

Ne è passata di strada ma il motivo di orgoglio delle Guide Verdi continua a essere quello di conferire significato e importanza al tempo dedicato al viaggio, lo stesso che da oltre cento anni anima la nostra associazione. La bellezza e la cultura certo. Ma anche la cura, la preparazione, l'apprezzamento della diversità. L'amore per i paesaggi e le storie di chi li vive. Aperte all'infinita varietà dei modi che fanno di un viaggiatore anche un lettore curioso e attento (e viceversa), le Verdi sono un invito al viaggio. Sottovoce e, in certa misura, in soggettiva, con stile ben riconoscibile e precise scelte di campo orientate alla sostenibilità ambientale e alla salvaguardia dei territori, all'incontro e allo scambio con le culture locali, alla fruizione attiva della natura e della vita sociale.

Dall'Italia con le sue regioni e le sue città, abbracciano oggi la quasi totalità d'Europa e le principali mete turistiche del mondo. Aggiornate sul campo da un pool di autori e scrittori, redattori, cartografi, reporter, fotografi, si offrono come una sorta di restituzione collettiva dei luoghi col loro carico di arte e di storia, di esperienza e di vita. Per questo si possono usare in mille modi. Per prepararsi alla visita sfruttando le informazioni pratiche e gli spunti sulle cose da fare e da vedere. Per visitare il meglio a seconda del tempo a disposizione, per decidere come e dove divertirsi. Una volta tornati a casa, saranno piene di ricordi e ancora di luoghi che, con un po' di fortuna, si vedranno la prossima volta.

Ma alla fine di tutto le Verdi nascono e continuano a vivere come libri. Rispecchiano come tali la passione e la cura di chi le progetta, le scrive, le disegna a beneficio della comunità dei viaggiatori che ne condividono gli intenti, contribuendo a modellare un immaginario sempre nuovo. Un patrimonio unico di luoghi narrati e di geografia emotiva: non sono pochi quelli che le tengono sul comodino come racconti dell'altrove e avventure della mente, fonte di ispirazione per un sogno.

Sono per voi, le Guide Verdi, che avete già deciso di cercare nuove strade non solo nello spazio ma anche nel tempo. Il tempo interiore della libertà e della fantasia, dell'immaginazione e dell'amore. Buona lettura e buon viaggio.

Franco Iseppi
Presidente del Touring Club Italiano

SOMMARIO

Quadro d'unione dei capitoli di visita e indice delle carte e delle piante 6
Come consultare la guida 8

PREPARARE IL VIAGGIO

Da non perdere 12
Notizie utili 14

POPOLI CULTURE AMBIENTE

Territorio, popolazione, economia 28
Cronologia storica 34
Il percorso letterario e culturale 39
L'arte figurativa dal paesaggio all'astrazione 42
Dizionario di arte e cultura 44

Box: Appalachian Trail, il mitico sentiero dell'Est, pag. 31; Foster Wallace, Costello e il rap spiegato ai bianchi, pag. 41; Jazz in un giorno d'estate: il Festival di Newport, pag. 43

L'Old State House di Boston

Plymouth, il villaggio di Plimoth Plantation

LA VISITA

1 Boston e dintorni 46

Dal passato al futuro: l'appeal dell'Atene d'America 46
Il territorio, l'economia 47
Boston, alle origini della nazione 47
La città nei secoli dello sviluppo 48
La visita 49
1.1 Boston 54
1.2 Cambridge 73
1.3 Dintorni di Boston 79

Box: Come muoversi a Boston, pag. 49; Freedom Trail, passeggiata sui mattoni della libertà, pag. 60; In viaggio sulla October road di James Taylor, pag. 66; Boston Harbor Islands: tour tra le isole di Boston, pag. 71; Boston Celtics, Red Sox e gli altri miti dello sport, pag. 72; Il seme della folk music a Cambridge, pag. 74; Nei luoghi di JFK, mito d'America, pag. 77; Minuteman Bikeway: in bicicletta da Cambridge a Concord, pag. 81; Le strade dell'arte moderna a Lincoln, pag. 82

2 La costa da Boston al confine con New York State 84

Profilo dell'area 84
In viaggio 85
2.1 Cape Cod e la costa meridionale del Massachusetts 86
2.2 Il Rhode Island 99
2.3 La costa del Connecticut 108

Box: Tacchino o aquila?, pag. 87; Come arrivare a Nantucket e a Martha's Vineyard, pag. 92; Inseguendo Moby Dick: balene e balenieri del New England, pag. 95; The Cliff Walk, pag. 100; Come visitare le Mansions, pag. 101; Newport, un festival da leggenda, pag. 103; Dall'oceano in tavola: specialità di mare nei chioschi pag. 104; Waterfire, festival sui fiumi, pag. 106; Spiagge e ville nel Rhode Island occidentale, pag. 107; L'Ivy League, pag. 110

3 La costa da Boston al confine canadese 115

Profilo dell'area / In viaggio 115
3.1 La costa settentrionale del Massachusetts 118
3.2 La costa del New Hampshire 123
3.3 La costa del Maine 125

Box: Considera l'aragosta: dove assaggiare la regina dei crostacei, pag. 126; Tra i fari del Maine, icone di Stato, pag. 135; I mirtilli: l'oro blu del Maine, pag. 138

4 Il New England rurale 141

Profilo dell'area 141
In viaggio 143
4.1 Hartford e il Connecticut settentrionale 144
4.2 Il Massachusetts centrale e i Berkshires 151
4.3 Il Vermont meridionale 164
4.4 Il New Hampshire meridionale 168

Box: Romantiche traversate sui ponti coperti del New England, pag. 141; Dal verde all'oro, al cremisi: il grande show del foliage, pag. 148; I diner di Worcester, icona americana, pag. 151; Collezionisti in paradiso, pag. 153; Le bionde del New England. Ma anche le rosse, le more..., pag. 156; Danza, teatro e musica nei Berkshires, pag. 163; La storia degli Shaker Village, tra religione e artigianato, pag. 171

5 Foreste, laghi e montagne del Nord 172

Profilo dell'area 172
In viaggio 173
5.1 Il Vermont settentrionale 176
5.2 Il New Hampshire settentrionale 183
5.3 Il Maine interno 189

Box: New England, passeggiate in famiglia, pag. 173; Lo sciroppo d'acero del Vermont, pag. 176; Sciare in Vermont, New Hampshire e Maine, pag. 185; Best spot per la pesca, pag. 188; Incontri ravvicinati nelle foreste del New England, pag. 192

INDIRIZZI UTILI

In viaggio 194

INDICI

Indice dei luoghi 231
Referenze fotografiche 235
Parole e frasi utili 236

CONSIGLI TOURING

Avvistamenti in New England pag. 29
Boston nelle canzoni pag. 55
Ristoranti d'eccellenza a Boston pag. 63
Sport a Cape Cod pag. 89
Le spiagge di Cape Ann pag. 120
Country Store pag. 165
I migliori formaggi del Vermont pag. 182

Il Dartmouth College ad Hanover

Il porto di Portsmouth

Foreste a ridosso del mare nell'Acadia National Park

QUADRO D'UNIONE DEI CAPITOLI DI VISITA E INDICE DELLE CARTE E DELLE PIANTE

Il quadro d'unione indica, schematicamente, le aree territoriali coperte dai capitoli di visita di Boston e New England; le città sottolineate in rosso sono dotate di pianta. Nell'elenco numerato sono riportati il titolo e il numero di pagina di ciascuna tavola. Per Boston, munita di piante di città, il numero di pagina si riferisce all'inizio del capitolo di visita.

Colori autunnali a Bennington, nel Vermont

Boston, il Quincy Market

Carte tematiche e territoriali

Carta stradale del New England, nel risguardo anteriore
Le due stelle del Touring, pagg. 12-13
Metropolitana di Boston, nel risguardo posteriore

Piante di città

Boston I, pagg. 50-51
Boston II, pagg. 52-53

Case sulla spiaggia a Wells Beach, sulla costa del Maine

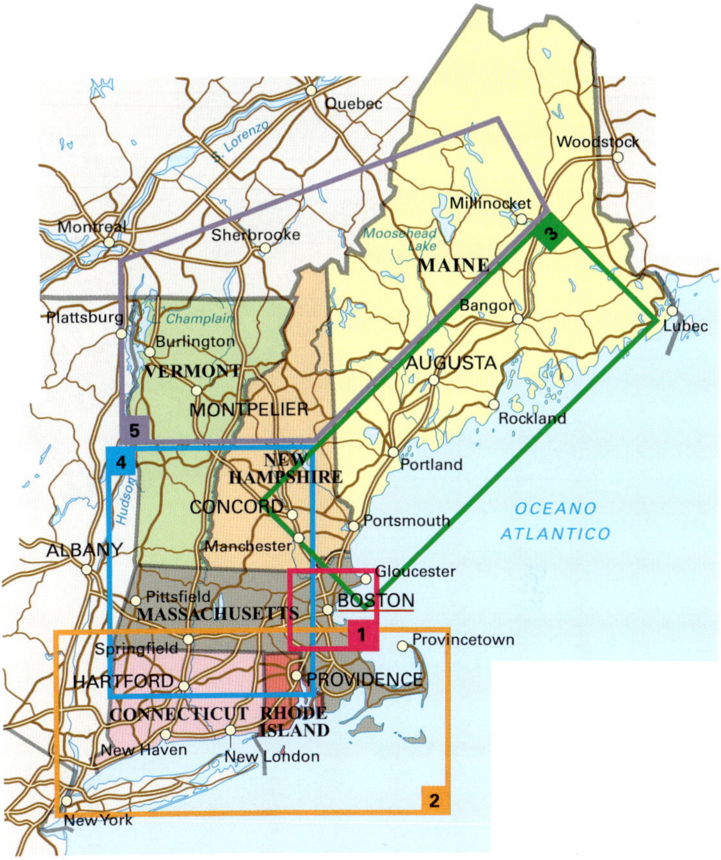

1	Boston e dintorni	46
2	La costa da Boston al confine con New York State	84-85
3	La costa da Boston al confine canadese	116-117
4	Il New England rurale	142-143
5	Foreste, laghi e montagne del Nord	174-175

COME CONSULTARE LA GUIDA

La guida è divisa in 4 sezioni interne:
Preparare il viaggio,
Popoli culture ambiente,
La visita,
Indirizzi utili.

INFORMAZIONI PRATICHE

Preparare il viaggio

- Raccoglie le informazioni utili a organizzare il viaggio, con un elenco di **notizie pratiche** e una panoramica dell'**offerta locale**: trasporti, ricettività, gastronomia, shopping, eventi e manifestazioni, spunti per il tempo libero.
- La sezione apre con le **due stelle del Touring**: tavola riassuntiva di luoghi, monumenti, opere d'arte, esperienze che offre al viaggiatore una rapida ricognizione dei tesori da non perdere.

Indirizzi utili

- Contiene una **selezione di strutture ricettive** per mangiare e per dormire in tutte le località di interesse turistico, suddivise per fasce di prezzo, e una serie di suggerimenti per la sera e il tempo libero.
- I **prezzi**, dal più economico al molto costoso, sono indicativi e si riferiscono, per il pernottamento, alla camera doppia, e per i ristoranti al costo medio di alcune portate.
- Le coordinate (es. *5, A6*) poste alla fine delle informazioni dell'esercizio consentono la localizzazione nelle piante di città.

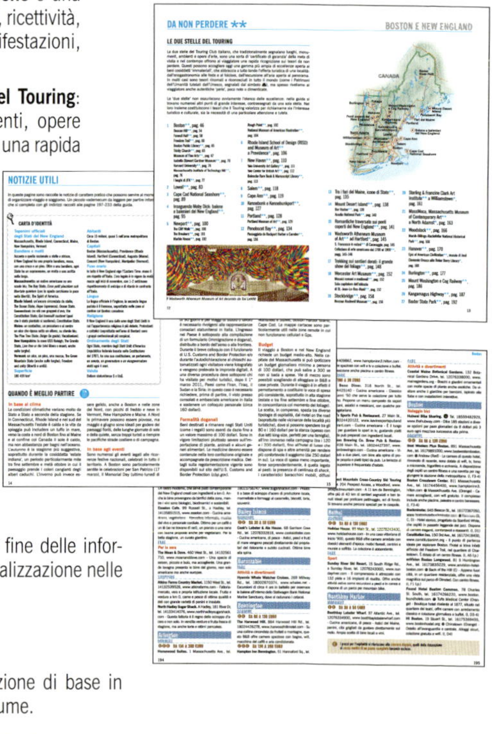

Parole e frasi utili

- Un breve glossario per la conversazione di base in lingua locale è collocato in fondo al volume.

Registrati su **touringclub.it/guideverdi** e inserisci il codice **H3041A** per consultare e scaricare il pdf della sezione Indirizzi utili. Oltre alla selezione presente in questa guida, alla pagina *Dormire e mangiare* del sito **touringclub.it** sono raccolti tutti i nostri consigli sui migliori posti dove dormire, sui ristoranti e produttori locali.

Popoli culture ambiente

Brevi saggi introducono alla geografia, alla storia, all'arte e alle specificità culturali di Boston e del New England. Completa il quadro d'insieme un breve dizionario d'arte e cultura.

I luoghi della visita

La guida è organizzata per aree turistiche all'interno delle quali i luoghi da vedere sono presentati in **ordine di apparizione**. La descrizione delle cose notevoli rispetta una gerarchia di importanza. I punti di interesse sono sempre **localizzati** nelle piante di città.

- Il titolo azzurro individua le soste o tappe dell'itinerario, spesso coincidenti con le emergenze di maggior rilievo.
- I caratteri **nero** e *corsivo* segnalano l'importanza maggiore o minore di luoghi, edifici, opere d'arte citati nel testo.
- L'**asterisco singolo (*)** o **doppio (**)** evidenzia lo speciale o eccezionale interesse del luogo o del monumento.
- Le **indicazioni alfanumeriche** poste accanto al titolo si riferiscono ai quadranti delle piante di città. L'eventuale abbreviazione ***f.p.*** indica che il luogo citato si trova fuori pianta in corrispondenza del riquadro individuato.

Il simbolo Ⓜ segnala la più vicina fermata della metropolitana di Boston.

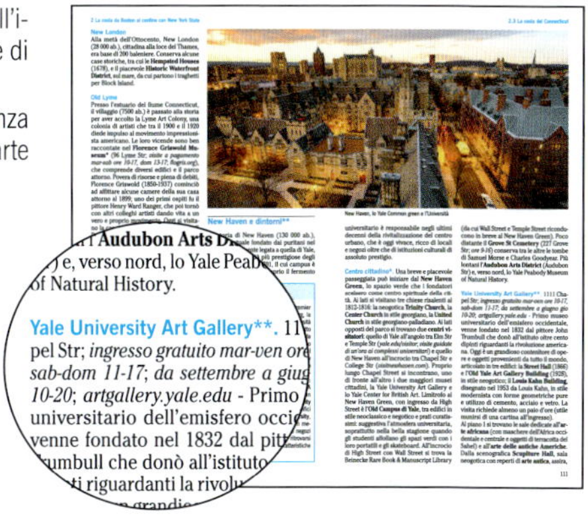

Approfondimenti

- Speciali testi riquadrati o **box**, distinti per colore e simbologia, forniscono approfondimenti di varia natura: vita, cultura e società; turismo all'aria aperta, naturalistico o sportivo; itinerari alternativi ai percorsi principali e percorsi d'autore; focus su cibi, piatti e sapori locali; manifestazioni ed eventi di particolare risalto; orari di visita o istruzioni su come orientarsi in un'area, un quartiere, una città; approfondimenti sul cinema e sulla musica; suggerimenti per lo shopping.

- Il logo dell'associazione esprime le **scelte Touring** sul territorio: spunti e consigli sui temi più vari, dallo sport ai panorami ai prodotti tipici. Negli indirizzi utili identifica quelli che si distinguono per la qualità dei servizi, l'accoglienza e l'autenticità dell'offerta gastronomica.

CONSIGLI TOURING

Info visita

Percorsi d'Autore

Vita, cultura, società

Manifestazioni

Natura, escursioni, turismo attivo

Shopping

Itinerari

Cinema

Enogastronomia

Musica

Piante di città

Boston/I 1: 25 000 (1 cm = 250 m)

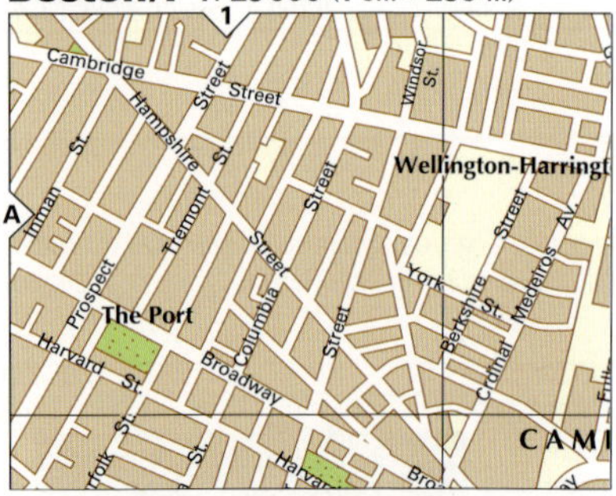

Suddivise in **quadranti**, definiti da lettere e numeri a cui rimandano le indicazioni nelle descrizioni di visita, le piante visualizzano la **rete viaria** cittadina (in giallo, le grandi arterie di attraversamento), i **punti di interesse** e i maggiori **servizi di pubblica utilità**.

Carte territoriali

2 La costa da Boston al confine

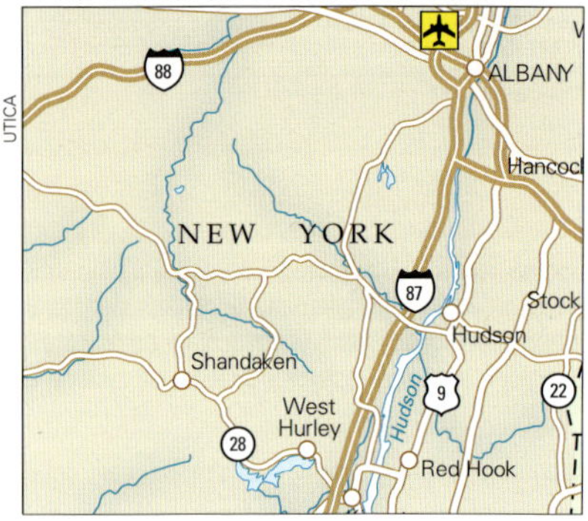

Entro i confini dell'area di visita sono evidenziati i luoghi – città, borghi, siti archeologici, monumenti isolati, parchi – descritti come **soste principali** o indicati come dintorni.

Cartografia stradale

Boston e il New England

- Grande arteria di attraversamento
- Via principale
- Altre vie
- Ferrovia stazione ferroviaria
- HERALD ST. – Accesso alla Silver Line e nome della stazione
- RUGGLES – Accesso alla metropolitana e nome della stazione
- Ospedale / Giardino
- Monumento molto interessante
- Altro monumento interessante
- Chiesa
- Confine di Stato
- Confine di Stato federato
- Confine di Contea
- 90 – Interstate Highway e relativo numero
- 202 – United States Highway e relativo numero
- 9A – State Highway e relativo numero
- Brandon – Località principale dell'itinerario
- Woodbury – Località nei dintorni
- Madaket – Altre località
- Area urbana
- Parco, riserva, area protetta
- Autostrada
- Strada principale
- Altre strade
- Curiosità naturali
- Aeroporto

La carta stradale del New England è riprodotta nel risguardo anteriore della guida: illustra la **rete viaria**, i **collegamenti ferroviari** e le **località** di maggiore interesse turistico.

PREPARARE IL VIAGGIO

DA NON PERDERE

LE DUE STELLE DEL TOURING **

NOTIZIE UTILI

QUANDO È MEGLIO PARTIRE

> In base al clima
> In base agli eventi

PRIMA DI PARTIRE

> Documenti
> Formalità doganali
> Carte e piante
> Budget
> Sicurezza
> Bambini al seguito
> Persone con disabilità

COME ARRIVARE E COME MUOVERSI

> In aereo
> In treno
> Autolinee
> Servizi di navigazione e traghetti
> Automobile e rete viaria
> Taxi e trasporti privati
> Bicletta

INFORMAZIONI UTILI

> Alcol e fumo
> Ambasciata e consolati
> Animali
> Assistenza sanitaria e ospedali
> Bagagli
> Banche e carte di credito
> Comunicazione e media
> Corrente elettrica
> Farmacie
> Informazioni turistiche
> Poste
> Tasse e mance
> Telefoni e internet

EVENTI E MANIFESTAZIONI

DORMIRE

> Alberghi
> Ostelli
> Bed & breakfast e Inns
> Campeggi

MANGIARE

FARE

> Attività e divertimenti
> Sport
> Per la sera

SHOPPING

LIBRI E FILM

PER SAPERNE DI PIÙ

> Carta d'identità
> Boston Citypass
> I giorni festivi
> Il New England in rete
> Unità di misura e taglie
> Orgoglio slow
> Abitudini nei ristoranti
> Numeri utili

DA NON PERDERE **

LE DUE STELLE DEL TOURING

Le due stelle del Touring Club Italiano, che tradizionalmente segnalano luoghi, monumenti, ambienti e opere d'arte, sono una sorta di 'certificato di garanzia' della meta di visita e nel contempo offrono al viaggiatore una rapida ricognizione sui tesori da non perdere. Questi possono accogliere oggi una gamma più ampia di eccellenze aperta ai beni cosiddetti 'immateriali', che abbraccia a tutto tondo l'offerta turistica di una località: dall'enogastronomia alle feste e al folclore, dall'escursione all'aria aperta al panorama. In molti casi sono tesori rinomati e riconosciuti in tutto il mondo (come i Patrimoni dell'Umanità tutelati dall'Unesco, segnalati dal simbolo 🏛), ma spesso riveliamo al viaggiatore anche autentiche 'perle', poco note o dimenticate.

Le 'due stelle' non esauriscono ovviamente l'elenco delle eccellenze: nella guida si trovano numerosi altri punti di grande interesse, contrassegnati da una sola stella. Nel loro insieme costituiscono i tesori che il Touring valorizza per richiamarne sia l'interesse turistico e culturale, sia la necessità di una particolare attenzione e tutela.

1 Boston**, pag. 46
- Beacon Hill**, pag. 54
- Faneuil Hall**, pag. 58
- Freedom Trail**, pag. 60
- Boston Public Library**, pag. 65
- Trinity Church**, pag. 65
- Museum of Fine Arts**, pag. 67
- Isabella Stewart Gardner Museum**, pag. 70
- Harvard University**, pag. 74
- Massachusetts Institute of Technology Mit**, pag. 76
- I luoghi di JFK**, pag. 77

2 Lowell**, pag. 83

3 Cape Cod National Seashore**, pag. 89

4 Inseguendo Moby Dick: balene e balenieri del New England**, pag. 95

5 Newport**, pag. 100
- The Cliff Walk**, pag. 100
- The Breakers**, pag. 101
- Marble House**, pag. 102
- Rough Point**, pag. 102
- National Museum of American Illustration**, pag. 104

6 Rhode Island School of Design (RISD) and Museum of Art** a Providence*, pag. 106

7 New Haven**, pag. 110
- Yale University Art Gallery**, pag. 111
- Yale Center for British Art**, pag. 112
- Beinecke Rare Book & Manuscript Library**, pag. 113

8 Salem**, pag. 118

9 Cape Ann**, pag. 119

10 Kennebunk e Kennebunkport**, pag. 127

11 Portland**, pag. 128
- Portland Museum of Art**, pag. 129

12 Penobscot Bay**, pag. 134
- Passeggiata da Rockport Harbor a Camden**, pag. 136

Il Wadsworth Atheneum Museum of Art decorato da Sol LeWitt

13 Tra i fari del Maine, icone di Stato**, pag. 135

14 Mount Desert Island**, pag. 138
Bar Harbor**, pag. 139
Acadia National Park**, pag. 140

15 Romantiche traversate sui ponti coperti del New England**, pag. 141

16 Wadsworth Atheneum Museum of Art** ad Hartford*, pag. 145
S. Francesco in estasi** di Caravaggio, pag. 145
Collezione di arte americana dal 1700 al 1900**, pagg. 145-146

17 Dal verde all'oro, al cremisi: il grande show del foliage**, pag. 148

18 Worcester Art Museum**, pag. 152
Mosaici romani e medievali**, pag. 152
Sala capitolare dell'abbazia di St.-Jean-Le-Bas-Nueil**, pag. 152

19 Stockbridge**, pag. 158
Norman Rockwell Museum**, pag. 156

20 Sterling & Francine Clark Art Institute** a Williamstown*, pag. 161

21 MassMoca, Massachusetts Museum of Contemporary Art** a North Adams*, pag. 163

22 Woodstock**, pag. 166
Marsh-Billings-Rockefeller National Historical Park**, pag. 166

23 Hanover**, pag. 170
Epic of American Civilization**, murale di José Clemente Orozco alla Baker Berry Library*, pag. 168

24 Burlington**, pag. 177

25 Mount Washington e Cog Railway**, pag. 186

26 Kangamagus Highway**, pag. 187

27 Baxter State Park**, pag. 192

NOTIZIE UTILI

In queste pagine sono raccolte le notizie di carattere pratico che possono servire al momento di organizzare viaggio e soggiorno. Un piccolo vademecum da leggere per partire informati che si completa con gli indirizzi raccolti alle pagine 194-230 della guida.

CARTA D'IDENTITÀ

Toponimi ufficiali degli Stati del New England
Massachusetts, Rhode Island, Connecticut, Maine, New Hampshire, Vermont

Bandiere e motti
Accanto a quella nazionale a stelle e strisce, il New England ha una propria bandiera, rossa, con una croce e un pino. Oltre a una bandiera, ogni Stato ha un soprannome, un motto e una scritta sulla targa.

Massachusetts: un nativo americano su uno scudo blu; The Bay State; *Ense petit placidum sub libertate quietem* (con la spada cerchiamo la pace nella libertà), The Spirit of America.

Rhode Island: un'ancora circondata da stelle; The Ocean State; *Hope* (speranza); Ocean State.

Connecticut: tre viti con grappoli d'uva; The Constitution State; *Qui transulit sustinet* (quel che è stato piantato si sostiene); Constitution State.

Maine: un contadino, un pescatore e al centro un alce che riposa sotto un albero, su sfondo blu; The Pine Tree State; *Dirigo* (io guido); Vacationland.

New Hampshire: la nave USS Raleigh; The Granite State, *Live free or die* (vivi libero o muori; anche sulle targhe).

Vermont: un alce, un pino, una mucca; The Green Mountain State (anche sulle targhe); Freedom and unity (libertà e unità).

Superficie
186 459 km^2

Abitanti
Circa 15 milioni, quasi 5 nell'area metropolitana di Boston.

Capitali
Boston (Massachusetts); Providence (Rhode Island), Hartford (Connecticut), Augusta (Maine), Concord (New Hampshire), Montpelier (Vermont).

Fuso orario
In tutto il New England vige l'Eastern Time: meno 6 ore rispetto all'Italia. L'ora legale è in vigore da metà marzo agli inizi di novembre, con 1-2 settimane rispettivamente di anticipo e di ritardo in confronto all'Italia.

Lingua
La lingua ufficiale è l'inglese; la seconda lingua parlata è il francese, soprattutto nelle zone al confine col Quebec canadese.

Religione
Il New England è una delle aree degli Stati Uniti in cui l'appartenenza religiosa è più debole. Protestanti e cattolici (soprattutto nell'area di Boston) sono i gruppi confessionali più cospicui.

Ordinamento degli Stati
Ogni Stato, membro degli Stati Uniti d'America (repubblica federale basata sulla Costituzione del 1787), ha una sua costituzione, un parlamento, un senato, un governatore e un vicegovernatore eletti ogni 4 anni.

Valuta
Dollaro statunitense $ o Us$.

QUANDO È MEGLIO PARTIRE

In base al clima
Le condizioni climatiche variano molto da Stato a Stato a seconda della stagione. Se in Connecticut, Rhode Island e nel sud del Massachusetts l'estate è calda e la vita da spiaggia può includere un tuffo in mare, verso la costa a nord di Boston fino al Maine e al confine col Canada il sole è caldo, ma non abbastanza per bagni nell'oceano. L'autunno è la stagione più suggestiva, soprattutto durante la cosiddetta 'estate indiana', un periodo particolarmente mite tra fine settembre e metà ottobre in cui il paesaggio prende i colori cangianti degli alberi caduchi. L'inverno può invece essere gelido, anche a Boston e nelle zone del Nord, con picchi di freddo e neve in Vermont, New Hampshire e Maine. A Nord le primavere possono essere piovose, ma maggio e giugno sono ideali per godere dei paesaggi fioriti, delle lunghe giornate di sole e della quiete, senza troppi turisti a riempire le pacifiche strade costiere o di campagna.

In base agli eventi
Sono numerosi gli eventi legati alle ricorrenze festive nazionali, celebrati in tutto il territorio. A Boston sono particolarmente sentite le celebrazioni per San Patrizio (17 marzo), il Memorial Day (ultimo lunedì di

maggio), il Columbus Day (secondo lunedì di ottobre), Halloween e Thanksgiving (quarto giovedì di novembre). Il 4 luglio, Indipendence Day, tutta la città si ritrova all'Esplanade lungo il River Charles e al porto per i concerti open air e lo spettacolo pirotecnico (*bostonharborfest.com*). La stagione degli eventi specifici del New England comincia a fine marzo con decine di festival dedicati allo sciroppo d'acero tra Vermont, New Hampshire e Maine. Tra il 16 e il 18 aprile si svolgono le celebrazioni storiche con rievocazioni e sfilate in costume del Patriots' Day, con fulcro a Concord e Lexington in Massachusetts. Da maggio a settembre si susseguono festival musicali e teatrali sui dolci pendii dei Berkshires del Massachusetts, mentre sulla costa protagonisti delle feste a tema gastronomico sono molluschi e aragoste.

PRIMA DI PARTIRE *i*

Documenti

I cittadini italiani che si recano negli Stati Uniti per turismo o per affari, minorenni o maggiorenni che siano, devono essere in possesso del biglietto di andata e ritorno e di passaporto individuale a lettura elettronica con validità residua di almeno sei mesi oltre il periodo di permanenza negli USA. Non è necessario il rilascio del visto: in base al Visa Waiver Program è sufficiente richiedere l'autorizzazione *ESTA* (*Electronic System for Travel Authorization*) seguendo la procedura online su *https://esta.cbp.dhs.gov* (a pagamento). Per soggiorni più lunghi di 90 giorni e per viaggi di studio o lavoro è necessario rivolgersi alle rappresentanze consolari statunitensi in Italia. L'ingresso nel Paese è sottoposto alla compilazione di un formulario (immigrazione e dogana), distribuito a bordo dell'aereo o alla frontiera. Durante il breve colloquio con il funzionario di U.S. Customs and Border Protection e/o durante l'autodichiarazione ai chioschi automatizzati ogni visitatore viene fotografato e vengono prelevate le impronte digitali. A una diversa procedura deve sottoporsi chi ha visitato per motivi turistici, dopo il 1° marzo 2011, Paesi come l'Iran, l'Iraq, il Sudan e la Siria: in questo caso è necessario richiedere, prima di partire, il visto presso consolati e ambasciate americane in Italia e sostenere un colloquio personale (circa 160 dollari).

Formalità doganali

Beni destinati a rimanere negli Stati Uniti (come i regali) sono esenti da dazio fino a un valore massimo di 100 dollari. Sono in vigore limitazioni piuttosto severe sull'importazione di piante, animali e alcuni generi alimentari. Le medicine devono essere contenute nella loro confezione originale e accompagnate da prescrizione medica. Dettagli sulla regolamentazione vigente sono disponibili sul sito dell'U.S. Customs and Border Protection (*cbp.gov*).

Carte e piante

Per muoversi in automobile sulle strade del New England sono disponibili varie carte stradali, tra cui la Michelin *New England e Hudson Valley* (1:500 000), la Rand McNally *New England Regional Map* (1:200 000), la Hallwag *New England Atlantic Northeast* (1:100 000). National Geographic ha pubblicato mappe di Boston, del Massachusetts e del Maine, nonché delle principali aree naturalistiche della zona: Appalachian Trail, Baxter State Park, Acadia, White Mountain National Forest, Green Mountain National Forest, Mount Mansfield e Stowe, Boston Harbor Island, Cape Cod. Le mappe cartacee sono particolarmente utili nelle zone remote in cui non funzionano cellulari e Gps.

Budget

Il viaggio a Boston e nel New England richiede un budget medio-alto. Nella capitale del Massachusetts si può ipotizzare un budget giornaliero minimo a persona di 100 dollari, che può salire a 300 se non si bada a spese. Vie di mezzo sono possibili scegliendo di alloggiare in B&B e case private. Durante il viaggio è in effetti il pernottamento a costituire la voce di spesa più consistente, soprattutto in alta stagione (estate e tra fine settembre e fine ottobre, in concomitanza col momento del foliage). La scelta, in compenso, spazia tra diverse tipologie di ospitalità, dal motel on the road (soprattutto nelle vicinanze delle località più turistiche), dove si possono spendere tra gli 80 e i 160 dollari per la stanza (spesso con due letti king-size, perfetti per una famiglia), all'inn immerso nella campagna (tra i 120 e i 200 dollari), fino all'hotel di lusso che dispone di spa e altre amenità per rendere più confortevole il soggiorno (dai 250 dollari in su). La voce di spesa meno importante, forse sorprendentemente, è quella legata ai pasti: la presenza di centinaia di *shack*, i caratteristici baracchini mobili, diffusi

BOSTON CITYPASS

Molto utili per organizzare la visita a Boston sono le card prepagate che consentono l'accesso a prezzi scontati a numerose attrazioni e musei. La **CityPass** (*it.citypass.com/boston*) si acquista online, dura 9 giorni e permette l'ingresso al New England Aquarium, al Museum of Science, allo Skywalk Obstervatory, all'Harvard Museum of Natural History e alle Boston Harbor Cruises a circa 60 euro per un adulto e circa 45 per un bambino, con un risparmio del 45%. La **Boston All Inclusive Pass** comprende decine di attrazioni ed è disponibile con validità da 1 giorno a una settimana (da 57 dollari a 175 per adulti, da 39 a 119 per i bambini; *smartdestinations.com*). Più caro, ma comunque conveniente (si risparmia circa il 35%), il **Boston Explorer Pass** (*goboston.com*), che amplia ancora le possibilità. Col **Boston Build Your Own Pass** (*smartdestinations.com*) è possibile scegliere le mete e costruire 'su misura' il proprio carnet di sconti.

ovunque, garantisce la possibilità di mangiare bene a costi contenuti (intorno ai 15 dollari). A Boston e in alcune località turistiche d'élite la gastronomia è di qualità e i prezzi alti: nei ristoranti è difficile spendere meno di 40-50 dollari per un piatto unico e si possono superare anche i 100 per un menu degustazione (bevande e mance escluse). Nel budget vanno considerati anche gli ingressi ai musei (tra i 15 e i 25 dollari), eventuali traghetti per le isole nei pressi della costa, ingressi ad altre attrazioni turistiche. Non mancano però giornate e orari che prevedono l'ingresso gratuito. A Boston si possono acquistare pass turistici prepagati e la **Charlie Card** per spostarsi con i mezzi pubblici.

Sicurezza

Come in molte metropoli, americane e non solo, a Boston ci sono zone più insicure di altre. In ogni caso si tratta di quartieri non di interesse turistico. Norma di buon senso è evitare, soprattutto di sera e di notte, strade isolate o deserte. Meglio prelevare i contanti di giorno e scegliere taxi e servizi di noleggio con conducente accreditati. Nelle zone costiere e rurali del New England i rischi più importanti sono legati alla guida (rispettare i limiti di velocità è essenziale) e alle escursioni più impegnative (meglio, dov'è possibile, seguire trekking guidati).

Bambini al seguito

Viaggiare con i bambini in New England è particolarmente semplice e piacevole. Sono centinaia le attrazioni pensate per tutta la famiglia, a partire da Boston per proseguire lungo le spiagge e nell'entroterra. Le infrastrutture sono ben attrezzate per accogliere i più piccoli (sedute rialzate e menu studiati ad hoc nei ristoranti, stanze familiari negli hotel e negli innumerevoli inn). Nelle aree marine e in generale naturalistiche un'ottima soluzione sono i campeggi dotati di *cabin*, dove genitori e ragazzi possono soggiornare in tutta tranquillità. Non mancano parchi di divertimento e musei specializzati nell'intrattenimento e nella didattica attiva, da scoprire nella sezione Things to do and see/Families & kids del sito *visitnewengland.com*. Tra le attività più apprezzate a Boston, il minitour sulle **Swan Boats**, le imbarcazioni a forma di cigno che solcano le acque della piccola laguna del Public Garden (*swanboats.com*); la visita al **Children Museum** (*bostonchildrenmuseum.org*), che propone decine di attività fruibili anche dai bambini che non sanno l'inglese; e, per i più grandicelli, il **tour in Segway**, il monopattino elettrico (*bostonsegway.com*). Gli adolescenti possono divertirsi a fare shopping: alcune cittadine e mall, i grandi centri commerciali, propongono costantemente offerte assai convenienti su abbigliamento casual e sportivo. Utili spunti su mete adatte ai bambini si possono travare sul sito *quantomanca.it*.

Persone con disabilità

Grazie alla legge Americans with Disabilities Act del 1993 tutti gli edifici pubblici costruiti da allora sono accessibili con sedie a rotelle; gli edifici precedenti si sono attrezzati di conseguenza. I marciapiedi delle città sono muniti di scivoli agli incroci e molti semafori sono dotati di dispositivi acustici per l'attraversamento in sicurezza delle persone non vedenti. I mezzi pubblici di Boston, anche se storici, prevedono ascensori e assistenza a richiesta. I parchi naturali hanno talvolta sentieri attrezzati con passerelle (informazioni utili si trovano sul sito *access.parks.ca.gov*). I posti riservati e in generale i servizi accessibili o dedicati sono indicati in colore blu. Conviene sempre accertarsi dell'accessibilità dei luoghi che si vogliono visitare telefonando o consultando i siti alla voce 'Accessibility'. Particolare attenzione al turismo con disabilità si trova in Massachusetts e in Maine, con informazioni dettagliate sui siti *massvacation.com/explore/accessible-travel* e *visitmaine.com/accesible-travel*

COME ARRIVARE E COME MUOVERSI

In aereo

Punto di partenza per esplorare la regione è **Boston**, collegata con voli diretti Alitalia (*alitalia.com*) e Delta Air Lines (*delta.com*) con Roma e Milano. Ma si può atterrare anche a **New York**, che vanta molti collegamenti diretti in tutte le stagioni. Fanno scalo a Boston Air France (*airfrance.it*) via Parigi, British Airways (*britishairways.com*) via Londra, Lufthansa (*lufthansa.com*) via Francoforte, Swiss (*swiss.com*) via Zurigo, Tap (*flytap.com/it-it/*) via Lisbona. Compagnie aeree locali collegano Boston e New York alle isole principali, in particolare a **Martha's Vineyard** e **Nantucket**: Cape Air (*flycapeair.com*); Nantucket Air (*nantucketairlines.com*); New England Airlines (*blockisland.com*).

Aeroporti del New England. Principale accesso al New England è il **Logan International Airport** di Boston (*massport.com/logan*), situato a meno di 5 km dal centro città e raggiungibile con navette gratuite, metropolitana o bus. A seconda dell'itinerario di viaggio, può essere conveniente utilizzare aeroporti locali facilmente raggiungibili, da Boston e New York, con vettori nazionali come Continental, Delta e Us Airways. I principali sono il **Bangor International Airport** (*flybangor.com*), nel Maine, in posizione strategica per visitare l'Acadia National Park; il **Bradley International Airport** (*bradleyairport.com*), secondo aeroporto della regione, equidistante da Springfield, in Massachusetts, e Hartford in Connecticut; il **Burlington International Airport** (*burlingtonintlairport.com*), principale aeroporto del Vermont; il **Green Airport** (*pvdairport.com*), che serve Providence in Rhode Island; il **Manchester Airport** (*flymanchester.com*), posto 88 km a nord di Boston, nel New Hampshire, possibile alternativa all'aeroporto cittadino; il **Portland Jetport** (*portland.jetport.org*) serve la costa del Maine.

In treno

Viaggiare in treno negli Stati Uniti è sempre un'esperienza speciale e il New England non fa eccezione. La principale compagnia ferroviaria è **Amtrak** (*amtrak.com*), che collega – lungo il cosiddetto Northeastern Corridor – Boston, Providence, Hartford e New Haven a New York City. Il treno ad alta velocità **Acela Express** collega Boston e New York in 3 ore. Altre linee Amtrak per il New England sono il **Vermonter**, che passa da New Haven e Hartford in Connecticut, Springfield e Amherst in Massachusetts e St Albans in Vermont; il **Montrealer**, che attraversa il Vermont settentrionale fino a Montreal, in Canada, lungo la Connecticut River Valley fermando a New Haven in Connecticut, Amherst in Massachusetts ed Essex Junction (per Burlington), White River Junction e Brattleboro in Vermont; il **Lake Shore Limited** che parte da Boston e fa tappa a Worcester, Springfield e Pittsfield prima di attraversare New York e proseguire verso ovest.

Autolinee

Gli autobus possono essere una buona ed economica alternativa di viaggio, anche se, soprattutto nelle aree rurali, non permettono di raggiungere tutte le mete più interessanti. Le compagnie nazionali **Greyhound** (*greyhound.com*) e **Peter Pan** (*peterpanbus.com*) servono il New England e le città della regione. Altre linee locali sono **Concord Coach Lines** (*concordcoachlines.com*), che gestisce le linee da Boston al New Hampshire (Concord, Manchester, Conway, Berlin) e al Maine (Portland e Bangor); **C&J Trailways** (*ridecj.com*), che garantisce i collegamenti giornalieri tra Boston e Newburyport (Massachusetts) e Portsmouth e Dover in New Hampshire; **Dartmouth Coach** (*dartmouthcoach.com*), che collega Hanover (sede del Dartmouth College, da cui prende il nome la linea), Lebanon e New London, tutte località in New Hampshire, a Boston; **Plymouth & Brockton Street Railway Co** (*p-b.com*), che collega le principali località della costa del Massachusetts a sud di Boston, comprese mete turistiche come Cape Cod, Hyannis e Plymouth.

I GIORNI FESTIVI

Capodanno (New Year's Day) 1° gennaio
Martin Luther King Jr. Day Terzo lunedì di gennaio
President's Day Terzo lunedì di febbraio
Memorial Day Ultimo lunedì di maggio
Independence Day 4 luglio
Labor Day Primo lunedì di settembre
Columbus Day Secondo lunedì di ottobre
Veterans Day 11 novembre
Thanksgiving Quarto giovedì di novembre
Natale (Christmas) 25 dicembre

Servizi di navigazione e traghetti

Oltre ai collegamenti per le isole lungo la costa, è possibile profittare di alcune linee di lungo raggio per viaggi originali. Tra le compagnie di navigazione, **Bridgeport & Port Jefferson Steamboat Company** (*88844ferry.com*) collega quotidianamente Long Island (New York) e il Connecticut; **Cross Sound Ferry** (*longislandferry.com*) garantisce tutto l'anno un servizio di traghetti da Long Island a New London in Connecticut; **Fishers Island Ferry** (*fiferry.com*) collega New London e Fishers Island nello Stato di New York; **Lake Champlain Ferries** (*ferries.com*) attraversa l'omonimo lago da Burlington, in Vermont, a Kent nello Stato di New York. **Seastreak** (*seastreak.com*), oltre a collegare Boston a Martha's Vineyard e Nantucket, offre un servizio di traghetti veloci tra le due isole del Massachusetts e il New Jersey e New York nei weekend in alta stagione (6 ore); **Bay Ferries Limited** (*ferries.ca/thecat*) propone un servizio stagionale giornaliero che permette di andare in 5 ore e mezza da Portland, nel Maine, a Yarmouth nella provincia canadese della Nova Scotia.

Automobile e rete viaria

A Boston è sconsigliabile usare l'automobile perché il traffico, soprattutto nelle ore di punta (tra le 7 e le 10 del mattino e le 17 e le 20), è spesso congestionato e caotico. Le quattro (o le due) ruote sono invece il mezzo ideale per scoprire il resto del New England grazie a una rete di strade capillare e ben tenuta. L'arteria principale della East Coast statunitense è la Interstate 95, **I 95**, che corre da Miami al confine del Maine con il Canada (in totale, 3098 km), passando per New Haven (Connecticut), Providence (Rhode Island), servendo Boston e dirigendosi poi verso Portsmouth (New Hampshire) e Augusta (Maine). Strade affascinanti per esplorare il territorio sono le **National Scenic Byways**, riconosciute tali dallo United States Department of Transportation per i loro valori archeologici, culturali, storici, naturalistici, paesaggistici ed estetici. Il New England ne è particolarmente ricco e la mappa completa si trova sul sito *fhwa.dot.gov/byways*. Il Maine vanta anche una strada insignita del titolo di **All-American Road** perché risponde a più d'uno dei requisiti richiesti per la qualifica di National Scenic Byways: si tratta dell'anello di 64 km dell'**Acadia National Park**. Le Scenic Byways sono indicate con cartelli appositi e segnate anche nelle mappe dei singoli Stati.

Documenti di viaggio. Formalmente per guidare negli Stati del New England è necessaria la patente italiana accompagnata dalla patente internazionale rilasciata dagli uffici della Motorizzazione Civile, un permesso di guida, anche in inglese, che aiuta autonoleggi e forze dell'ordine nella lettura del documento. Fa eccezione il Maine dov'è sufficiente la patente italiana. Per l'elenco completo delle regole Stato per Stato si consiglia di consultare il sito del Ministero dei Trasporti (*mit.gov.it/mit/mop_all.php?p_id=22749*).

Autonoleggio. Le principali compagnie di noleggio, presenti presso gli aeroporti, le stazioni ferroviarie e in città (talora anche negli hotel) non accettano di norma guidatori sotto i 25 anni se non, talvolta, con tariffe maggiorate. Tra le più diffuse, **Alamo** (*alamo.com*), **Avis** (*avis.com*), **Budget** (*budget.com*), **Dollar** (*dollar.com*), **Enterprise** (*enterprise.com*), **Hertz** (*hertz.com*). Noleggio anche a ore offre **Zipcar** (*zipcar.com*).

Sicurezza e norme di circolazione. Negli Stati Uniti si circola a destra come in Italia. Cinture di sicurezza e seggiolini per bambini fino ai sei anni sono obbligatori. Il telefono cellulare può essere usato solo con auricolare o viva voce. Il tasso alcolemico nel sangue dev'essere inferiore a 0,08%. Il limite di velocità nelle strade cittadine, se non diversamente indicato, è di 25 miglia all'ora (40km/h circa), 15 miglia all'ora (24 km/h circa) in prossimità delle scuole. Ogni infrazione a queste e ad altre norme del codice della strada comporta il pagamento di multe molto elevate e in alcuni casi prevede l'arresto.

Soccorso stradale. In caso di incidente o di guasto è bene fare riferimento alle istruzioni ricevute dalla società di noleggio. La AAA, Automobile Association of America (*aaa.com*), fornisce informazioni, consigli e assistenza.

Carburante. In città non è facile trovare distributori di benzina (*gas* o *gasoline*). Il prezzo del carburante può variare a seconda della tipologia (benzine con diverso numero di ottani o diesel), della marca e dello Stato, con oscillazioni di circa 70 centesimi al gallone.

Taxi e trasporti privati

I **taxi** di Boston sono bianchi e rispondono a diverse compagnie private tra le quali

Boston Cabs Association (*bostoncab.us*), *Boston Taxis & Vans* (*boston-taxis.com*), *Independent Taxi Operators Association* (*iotataxi.com*). Dai quartieri centrali di Boston all'aeroporto o viceversa le tariffe sono intorno ai 30-35 dollari, mentre per brevi tratte cittadine 10-15 dollari sono in genere sufficienti (ma dipende dal traffico). Occorre lasciare la mancia, calcolando il 15-20 per cento della tariffa finale. Molto utili anche i servizi di **noleggio con conducente** offerti da Uber (*uber.com*) e Lyft (*lyft.com*), che funzionano 24 ore su 24 e sono prenotabili tramite app con le quali si paga direttamente con carta di credito.

Bicicletta

Anche a Boston, come ormai in molte città americane ed europee, l'uso della bicicletta è organizzato e incoraggiato attraverso un servizio di **bike sharing**, Blue Bikes (*bluebikes.com*), che dispone di 1800 biciclette e 200 stazioni. Ideale per godersi un'intera giornata in sella il 24-Hour Pass, che costa 10 dollari ed è acquistabile direttamente agli stalli con carta di credito o tramite l'app gratuita per sistemi iOs e Android. Con il pass è possibile tenere la stessa bici fino a due ore consecutive. È inoltre possibile aggiungere una mezz'ora extra pagando 2,50 dollari. Per trovare le migliori piste ciclabili cittadine si può consultare il sito *boston.curbed.com/maps/best-bike-paths-boston-cambridge-somerville-massachusetts*. Mappe dettagliate e scaricabili con tracce gps di tutte le migliori aree ciclabili del New England e degli itinerari più affascinanti si trovano sul sito *bikenewengland.com*

INFORMAZIONI UTILI

Alcol e fumo

Negli Stati Uniti è possibile acquistare e consumare alcol e sigarette solamente se si sono compiuti 21 anni. Il fumo (anche di sigarette elettroniche) è vietato nei bar, ristoranti, sui mezzi di trasporto, nei parchi e sulle spiagge pubbliche.

Ambasciate e consolati

Ambasciata degli Stati Uniti d'America a Roma: via Vittorio Veneto 121, t 0646741; *https://it.usembassy.gov*
Consolati generali: Milano, via Principe Amedeo 2/10; Firenze, lungarno Vespucci 38; Napoli, piazza della Repubblica
Ambasciata d'Italia a Washington: 3000 Whitehaven Street, t. 2026124400, aperta dal lunedì al venerdì dalle 10 alle 12.30; telefonate 14.30-16; *www.ambwashingtondc.esteri.it/ambasciata_washington*
Consolato generale d'Italia a Boston: 600 Atlantic Avenue, t. 6177229201; *consboston.esteri.it*
Uffici di rappresentanza si trovano a Worcester, Massachusetts e Hartford, Connecticut. Informazioni aggiornate sono disponibili sul sito del Ministero degli Esteri: *esteri.it/mae/it/servizi/italiani/rappresentanze*

Animali

Cani e gatti possono entrare negli Stati Uniti se in buona salute: per il gatto non sono richiesti certificati, ma è passibile di controllo medico all'arrivo; per il cane serve il passaporto veterinario che attesti l'avvenuta vaccinazione antirabbica almeno 30 giorni prima della partenza.

Assistenza sanitaria e ospedali

Tutti i servizi di assistenza sanitaria per i turisti sono a pagamento ed è perciò essenziale stipulare una polizza di assicurazione sanitaria prima della partenza con compagnie private quali Columbus (*columbusassicurazioni.it*) o Allianz Global Assistance (*allianz-assistance.it*).
A **Boston** gli ospedali sono numerosi. I più centrali e vicini agli hotel sono il Massachusetts General Hospital, 55 Fruit Street, t. 6177244100 (*massgeneral.org/Emergencymedicine*), e il Tufts Medical Center, 800 Washington Street, t. 6179837000 (*tuftsmedicalcenter.org*). Vicino a **Cape Cod** si trova il South Shore Hospital, 55 Fogg Street, South Weymouth (*southshorehospital.org*). Altri centri importanti sono il Maine Medical Center di **Portland**, 22 Bramhall Street, t. 2076620111 (*mainehealth.org/maine-medical-center*), e il Berkshire Me-

IL NEW ENGLAND IN RETE

Il sito del Greater Boston Convention & Visitors Bureau è *bostonusa.com* - Altri siti di informazioni turistiche e servizi locali sono: *massvacation.it*, in italiano, per il Massachusetts Office of Travel & Tourism; *ctvisit.com* per il Connecticut; *visitrhodeisland.com* per il Rhode Island; *visitmaine.com* per il Maine; *visitnh.gov* per il New Hampshire; *vermontvacation.com* per il Vermont. Approfondimenti e indirizzi utili si trovano anche sui siti generici *discovernewengland.org* e *visitnewengland.com*

dical Center di **Pittsfield**, Massachusetts, 725 North Street, t. 4134472000 (*berkshirehealthsystems.org/bmc*).

Bagagli

La Transportation Security Administration, l'agenzia americana per la sicurezza dei trasporti, ispeziona i bagagli in transito nel Paese in caso di sospetto ma anche a campione; se sono chiusi con una combinazione o un lucchetto, è legittimata a forzarli per esaminarne il contenuto, e le assicurazioni non coprono il danno. L'alternativa è procurarsi un lucchetto TSA, che può essere aperto – e poi richiuso – con un passepartout in dotazione al personale dell'agenzia.

Banche e carte di credito

La valuta è il dollaro statunitense, diviso in centesimi; le banconote da un dollaro sono molto utili per le mance, ed è quindi consigliabile averne sempre qualcuna con sé. L'insegna ATM segnala la presenza degli sportelli bancomat (diffusi presso banche, supermercati, hotel) dai quali è possibile prelevare contanti in valuta locale con carta di credito evitando spese eccessive o con cambi svantaggiosi. Le carte di credito sono peraltro accettate per pagare un po' ovunque, fatta eccezione per i chioschi e i mercati. Le banche sono generalmente aperte dalle 9 alle 17, talvolta fino alle 18.

Comunicazione e media

I principali quotidiani di Boston sono il 'Boston Herald' (*bostonherald.com*) e il 'Boston Globe' (*bostonglobe.com*), il cui team investigativo Spotlight ha acquistato fama come protagonista del film *Il Caso Spotlight* (Tom McCarthy, 2016). Altri quotidiani diffusi nel New England sono 'The Providence Journal', chiamato localmente ProJo (*providencejournal.com*), il 'Portland Press Herald' (*pressherald.com*) e il più antico giornale degli Stati Uniti ancora pubblicato, l''Hartford Courant' (*courant.com*), fondato in Connecticut nel 1764.

UNITÀ DI MISURA E TAGLIE

Il sistema di misura adottato in tutti gli Stati Uniti (United States Customary Units) è quello comunemente in uso nei Paesi di lingua inglese, diverso dal metrico decimale a cui siamo abituati. Così per esempio si parla di **piedi** (1 *foot* = 30,5 cm), **pollici** (1 *inch* = 2,54 cm), **miglia** (1 *mile* = 1609 m), **pinte** (1 *pint* = 0,47 l), **galloni** (1 *gallon* = 3,78 l) e **libbre** (1 *pound* = 0,45 kg). Anche le taglie americane dei capi d'abbigliamento seguono una scala diversa da quella italiana. Per l'abbigliamento femminile si va indicativamente dalla 2 (36 europea) alla 14 (48); le taglie più richieste sono la 8 e la 10 (42 e 44). Gli uomini invece devono sottrarre 10 punti alla loro taglia italiana (per esempio la 50 corrisponde alla 40 americana).

Corrente elettrica

La corrente è a 110-120 volt e 60 hertz; le prese sono a due buchi e richiedono un adattatore con due lamelle (di facile reperimento in hotel o in negozio) per le spine italiane. I dispositivi elettronici non hanno di norma bisogno di trasformatore di corrente.

Farmacie

Le catene di farmacie (*pharmacies*) con presenza più capillare sono Duane Reade-Walgreens (*walgreens.com*) e CVS (*cvs.com*), con alcuni punti vendita aperti 24 ore su 24 nelle città più grandi.

Informazioni turistiche

In **Italia** non ci si sono uffici turistici nazionali degli Stati Uniti, ma alcuni singoli Stati hanno uno sportello o un agente: lo Stato del Massachusetts con Boston è rappresentato nel nostro Paese da *Thema Nuovi Mondi* (via Pisacane 16, t. 0233105841; *massvacation.it*) con sede a Milano. Sempre a Milano è possibile contattare *Visit Usa Italy* (t. 0262688536; *visitusaita.org*), associazione che riunisce le aziende italiane impegnate nella promozione degli Stati Uniti. Pur non fornendo al pubblico informazioni turistiche, è in grado di dare indicazioni utili su compagnie aeree, tour operator italiani e statunitensi e altre attività. A **Boston** si trovano numerosi uffici di informazione turistica a partire dai chioschi al Boston Common e nei pressi della Faneuil Hall.

Poste

Il sito ufficiale del servizio postale statunitense è *usps.com.* Gli uffici postali, che effettuano le abituali operazioni di spedizione, sono aperti dal lunedì al venerdì dalle 9 alle 17, alcuni anche il sabato fino alle 16. A Boston l'ufficio centrale si trova al 207 di Massachusetts Avenue ed è aperto dal lunedì al venerdì dalle 8 alle 18, il sabato dalle 8 alle 14.

Tasse e mance

Negli Stati Uniti quando si acquista qualcosa bisogna spesso aggiungere al prezzo sul cartellino le tasse, che si calcolano al momento del pagamento in cassa. In New England ogni Stato si regola diversamente ma in generale le tasse sono basse per gli standard americani. In New Hampshire e Rhode Island non ci sono tasse sugli acquisti; in Massachusetts non ce ne sono per spese sotto i 175 dollari (per scontrino), mentre sopra sono al 6,25%; nel Maine sono al 5,5%, in Connecticut al 6,35%, in Vermont al 6%. Anche per le mance ci sono alcuni standard da seguire, tenendo presente che spesso gli stipendi di chi offre servizi sono molto bassi e vengono arrotondati proprio così: in media ai facchini degli hotel si dà un dollaro a bagaglio (almeno 5 per hotel di categoria alta), a camerieri e baristi il 15-20% del conto, ai tassisti il 15%, alle guide turistiche tra 5 e 10 dollari per visite di un'ora.

Telefoni e internet

Il prefisso internazionale per chiamare gli Stati Uniti dall'Italia (o dal proprio cellulare italiano) è 001, seguito dal prefisso e dal numero. Il prefisso di Boston è 617; ogni Stato del New England è diviso in diverse aree e ciascuna ha il suo prefisso. Per telefonare da un numero statunitense in Italia il prefisso è 01139.Tutti i telefoni cellulari di moderna generazione funzionano negli Stati Uniti col sistema del roaming, che innalza notevolmente i costi delle comunicazioni. Prima di partire conviene stipulare un contratto col proprio provider telefonico in modo da usufruire di tariffe agevolate per le chiamate, gli SMS e il collegamento internet all'estero per il periodo necessario. Nella maggior parte degli hotel è disponibile il collegamento wi-fi, a volte a pagamento. Anche molti musei dispongono del collegamento wi-fi gratuito. A Boston **Wicked** è una rete di hot spot con la connessione gratuita: per usufruirne basta inserire la propria mail e il servizio si attiva (una mappa degli hot spot si trova cliccando sul sito *boston.gov/departments/innovation-and-technology/wicked-free-wi-fi*).

EVENTI E MANIFESTAZIONI

Eventi, manifestazioni culturali, celebrazioni storiche, festival a tema gastronomico permettono di cogliere aspetti originali e autentici dell'anima del New England, e ve ne diamo qui un assaggio elencando i principali. Per Boston un calendario dettagliato è consultabile su *timeout.com/boston*

Primavera

Massachusetts. Il 16 aprile a **Concord** e **Lexington** si svolgono le celebrazioni del *Patriots' Day* con la rievocazione storica degli eventi messa in atto da decine di figuranti in costume (*nps.gov/mima/patriots-day.htm*). A **Brimfield** la seconda settimana di maggio si tiene il più grande *Antiques Show*, fiera dell'antiquariato degli Stati Uniti (con repliche a luglio e settembre; *brimfieldshow.com*). A fine aprile gli appassionati di fiori si ritrovano a **Nantucket** per il *Daffodil Festival* (*daffodilfestival.com*), dedicato ai narcisi.
Vermont. Tra le varie manifestazioni intitolate in tutto il New England allo sciroppo d'acero, il *Vermont Maple Festival* di **St. Albans** (*vtmaplefestival.org*), a fine aprile, è uno dei più ricchi di eventi.
Connecticut. Nelle settimane centrali di giugno **Hartford** ospita da più di vent'anni l'*International Festival of Arts & ideas* (*artidea.org*). Nel corso dell'evento decine di concerti, spettacoli e incontri pubblici animano le strade e i teatri della città.
Maine. L'*Acadia Birding Festival* (*acadiabirdingfestival.com*) si svolge tra la fine di maggio e l'inizio di giugno sulla **Mount Desert Island** con decine di iniziative, tra escursioni, workshop, gite in mare dedicate all'osservazione degli uccelli.

Estate

Connecticut. Musica, shopping, degustazioni animano a metà luglio il *Sail Fest* (*sailfest.org*) di **New London**. A metà agosto **Mystic** è teatro dell'*Outdoor Art Festival* (*mysticchamber.org/events/mystic-outdoor-art-festival*), con decine di artisti che espongono e vendono le loro opere per le strade.
Maine. Da 70 anni si tiene a **Rockland** la prima settimana di agosto il *Maine Lobster Festival* (*mainelobsterfestival.com*), dedicato alla tipica prelibatezza locale; mentre a **Yarmouth**, a metà luglio, il Clam Festival (*clamfestival.com*) celebra la vongola.
Massachusetts. Sono eventi culturali classici il *festival di Tanglewood* a **Lenox** (*massvacation.it/immagina/musica/festival-di-tanglewood/*), stagione di concerti en plein air che dura tutta l'estate, e il *Williamstown Theatre Festival* (*wtfestival.org*) di **Williamstown**, che inizia a giugno e finisce ad agosto.
New Hampshire. Location insolite e im-

ORGOGLIO SLOW

La sezione Slow Food del Vermont (*slowfoodvermont.org*) promuove numerose iniziative di tutela e valorizzazione delle tipicità agroalimentari locali comprese nell'Ark of Taste, una lista di prodotti peculiari e protetti tra cui il **sidro** e la gelatina di sidro tipici di tutto il New England, le **patate** delle Green Mountain del Vermont, il **granoturco** Roy's di North Calais, sempre nel Vermont, originariamente coltivato dai nativi americani Abenaki, e i **porri** selvatici molto diffusi in tutta l'area (elenco completo dei prodotti sul sito *slowfoodusa.org/ark-of-taste*). Sempre nel Vermont, nella capitale Montpelier, ha sede il **New England Culinary Institute**, la più importante scuola di cucina dell'intera regione che diploma dal 1980 chef e gastronomi di altissima qualità (*neci.edu*).

merse nella natura caratterizzano il *White Mountain Boogie n' Blues Festival* che si svolge a **Thornton** a metà agosto (*white mountainboogie.com*). Agli inizi di settembre l'*Hampton Beach Seafood Festival* (*hamptonbeachseafoodfestival.com*), ad **Hampton Beach**, è l'occasione perfetta per togliersi la voglia di frutti di mare.

Rhode Island. L'evento dell'anno a **Providence** è il *Waterfire* (*waterfire.org*), con i suoi fuochi d'artificio straordinari. Le affascinanti *Celebrazioni del 4 luglio* a **Bristol** hanno una storia lunghissima, iniziata nel 1785 (*fourthofjulybristolri.com*).

Vermont. La prima settimana di agosto si tiene a **Burlington** il *Festival of Fools* (*vermontfestivaloffools.com*), festa d'arte varia, teatro e musica in strada. A metà mese a **Shelburne Farms**, sulle rive del Lake Champlain, si tiene il *Vermont Cheesemakers Festival* (*vtcheesefest.com*), a celebrazione dell'omonimo formaggio.

Autunno

Connecticut. Tra fine settembre e inizio ottobre a **Westport** si tiene il *Chowdafest* (*chowdafest.org*), evento gastronomico dedicato alle vongole.

Maine. A metà ottobre **Portland** celebra il raccolto e la gastronomia di qualità nel corso dell'*Harvest on the Harbor festival* (*harvestontheharbor.com*).

Massachusetts. Il terzo weekend di novembre la *Thanksgiving Parade* di **Plymouth** (*seeplymouth.com/events/americas-hometown-thanksgiving-celebration-parade*) unisce tradizione, patriottismo e folclore.

Vermont. A **Stowe**, ai primi di ottobre, il *Foliage Arts Festival* (*craftproducers.com*) celebra attraverso l'arte i colori della natura.

Inverno

Maine. Tutto il mese di febbraio la cittadina di **Brunswick** celebra il poeta Henry Wadsworth Longfellow con decine di eventi dedicati (*brunswickdowntown.org/events/longfellow-days-2018*).

Massachusetts. Al Whaling Museum di **New Bedford**, i primi giorni di gennaio sono dedicati alla *Moby Dick Marathon*, lettura pubblica integrale del capolavoro di Melville (*whalingmuseum.org/programs/22nd-annual-moby-dick-marathon*).

New Hampshire. Tra dicembre e gennaio **Lincoln** diventa la capitale delle sculture di ghiaccio (*icecastles.com/lincoln*).

Vermont. Tra la fine di gennaio e gli inizi di febbraio a **Essex Junction** si svolge il *Vermont Farm Show* (*vtfarmshow.com*), fiera dell'agricoltura in auge dal 1931.

DORMIRE

Il New England è ospitale ma non propriamente economico, con ovvie differenze tra Boston, i centri di maggior flusso turistico e le aree più remote. In compenso vanta strutture ricettive sempre accoglienti e spesso a conduzione familiare, soprattutto allontanandosi dalle città.

Alberghi

Le grandi catene alberghiere non sono particolarmente diffuse, se non nelle aree più turistiche. A Boston gli alberghi sono piuttosto costosi e le camere non troppo spaziose. Nelle aree rurali è invece possibile soggiornare nei motel on the road che, seppur spartani, sono generalmente dotati di due grandi letti queen-size (una piazza e mezza) e possono accogliere fino a 4 persone. È sempre bene verificare se il prezzo indicato (solitamente per camera e non per ospite) comprende la prima colazione e il parcheggio (accade raramente nelle città, più spesso fuori dai grandi centri). È frequente trovare in camera bollitore e macchinetta del caffè e talvolta anche il forno a microonde per scaldare pasti veloci.

Ostelli
Una soluzione economica è rappresentata dagli ostelli della gioventù. Hostelling international (*hihostels.com*) ne propone 7 tra Boston, Martha's Vineyard e Hyannis, altri ancora sono indicati sul sito *hostels.com*. Alcuni dispongono anche di stanze private; per un letto si spendono circa 30 dollari.

Bed & breakfast e Inns
Nelle aree rurali, ma anche sulla costa, sono la scelta migliore per assaporare l'atmosfera più autentica del New England. Molti B&B, che offrono pernottamento e prima colazione, e Inn, locande dov'è anche possibile mangiare soltanto, si trovano in dimore storiche, spesso a conduzione familiare e con una lunga tradizione di ospitalità. Può quindi capitare di dormire in una casa vittoriana o in un fienile ristrutturato, in abitazioni a picco sul mare o immerse nei boschi. Sui siti di Airbnb (*airbnb.it*) e Home away (*homeaway.it*) si trovano decine di annunci privati per tutte le tasche, mentre per trovare gli Inn più eleganti e originali i siti di riferimento sono *newenglandinnsandresorts.com* e *distinctiveinns.com*

Campeggi
Non mancano in tutto il New England le aree attrezzate per il campeggio, soprattutto nelle aree rurali e naturali, spesso in zone particolarmente suggestive. Le principali organizzazioni che le gestiscono sono la Kampgrounds of America (*koa.com*) e l'Association of RV Parks (*arvc.org*). Non è possibile fare campeggio libero tranne che in alcune aree della Green Mountain National Forest in Vermont e nella White Mountain National Forest in New Hampshire. Per campeggiare nelle aree protette il sito di riferimento è *recreation.gov*

MANGIARE

Il luogo comune che vuole gli Stati Uniti una pessima destinazione per gli appassionati di gastronomia non vale per il New England. La cucina locale si distingue per l'attenzione alle materie prime, per la filosofia diffusa del movimento *Farm to table*, che privilegia l'uso di prodotti locali (il chilometro zero), per l'accoglienza e i prezzi contenuti, anche per il pesce e i frutti di mare. Discorso a parte richiedono Boston, che vanta alcuni tra i migliori ristoranti degli Stati Uniti (non economici) e Portland, nel Maine, che sta vivendo un vero e proprio rinascimento culinario.

Quando e cosa si mangia
La colazione, il **breakfast**, è uno dei pasti principali in tutti gli Stati Uniti e nel New England può raggiungere vette di qualità altissime. Marmellate locali, *pancakes* da annaffiare con lo sciroppo d'acero, ma anche patate, pancetta, uova, prosciutto e fagioli compongono piatti ricchissimi e deliziosi (anche se ben più costosi del classico caffè e croissant all'italiana): vale la pena di approfittarne in attesa del **lunch**, il pranzo, che è relativamente meno importante (dopo la colazione all'americana, del resto, è difficile che venga fame per molte ore). Abitualmente a mezzogiorno si mangiano sandwich, hamburger o altre specialità locali come la zuppa di vongole (*clam chowder*), il panino con l'aragosta (*lobster roll*), le vongole fritte da gustare possibilmente in un *lobster shack*, un baracchino che cucina a vista il pesce da portare via o da consumare su spartane panchine di legno, spesso vista mare. Alla domenica è molto diffuso il **brunch**, che unisce breakfast e lunch in un pasto lungo e sostanzioso. Il servizio della cena, **dinner**, inizia alle 17 e spesso finisce già alle 21. Abitualmente prevede una zuppa o insalata come antipasto, chiamato *appetizer*, e un piatto principale più completo, chiamato alla francese *entrée*, con carne o pesce accompagnati da verdura.

ABITUDINI NEI RISTORANTI
Qualunque sia il livello del ristorante, fast food esclusi, la regola è aspettare di essere accompagnati al tavolo dal cameriere (*waiter*) che porta anche i menu. Nei ristoranti più alla moda delle città è possibile attendere il tavolo al bancone sorseggiando un drink o una delle tante birre locali. Se si beve acqua, bisogna considerare che quella in bottiglia è più costosa anche delle bibite, mentre la *tap water*, l'acqua del rubinetto, viene servita in caraffa ed è gratuita. Se non si vuole il ghiaccio occorre specificarlo. Si può ordinare il vino al calice o portare via quel che resta della bottiglia eventualmente non terminata. A pasto concluso si possono portar via anche gli avanzi, nella cosiddetta *doggy bag*.

FARE

Attività e divertimenti

A **Boston** decine di tour organizzati permettono di scoprire la città in modo originale. A cominciare dal Boston Duck Tour (*bostonducktours.com*) che prevede un itinerario cittadino su mezzi anfibi capaci di viaggiare su strada e in acqua, offrendo una prospettiva particolarmente divertente. Molti anche i tour tematici legati alla storia e alle degustazioni di birre locali (*historictours.com/boston* e *citybrewtours.com*). Speciale interesse hanno gli itinerari guidati dagli abitanti della città, i *locals* (*toursbylocals.com*), che regalano curiosità e aneddoti. Chi ama muoversi in bicicletta può contattare Urban AdvenTours a Cambridge (*urbanadventours.com*), che propone itinerari alla scoperta di Harvard e di tutta l'area intorno al campus. Per ammirare i panorami cittadini i punti migliori sono la Washington Tower (*mountauburn.org/visit*), lo Skywalk Observatory (*skywalkboston.com*), il Bunker Hill Monument (*nps.gov/bost/learn/historyculture/bhm.htm*), il Piers Park, il Longfellow Bridge. Molte le minicrociere sui fiumi e nel porto di Boston, organizzate anche in notturna (*bostonharborcruises.com*). Nel resto del **New England** le possibilità di escursioni, trekking, whalewatching, passeggiate nei boschi e sulle spiagge sono davvero numerose. Le più curiose sono segnalate sul sito *visitnewengland.com/all/top-10-outdoor-adventures*

NUMERI UTILI

Pronto intervento: **911**
Assistenza generica (non emergenze) a Boston: **311**
Soccorso stradale: **AAA t 18002224357**

Sport

A **Boston** la passione per lo sport è evidente. Dopo le 17 il lungofiume si riempie di joggers che si godono il piacere di correre nel verde ma in pieno centro e all'ombra di un invidiabile skyline. Le venti migliori strade per correre sono suggerite sul sito *boston.com/culture/health/2017/05/19/20-running-routes-to-try-if-you-live-in-boston*. Sul fiume Charles si può anche andare in barca a vela, altra grande passione cittadina: punto di riferimento è il Boston Sailing Center (*bostonsailingcenter.com*), che propone lezioni per principianti ed esperti. I migliori itinerari di hiking e trekking del **New England** sono proposti nel sito *discovernewengland.org/things-do/walking-hiking*. Nei visitor center delle località più vicine alle attrazioni naturali sono disponibili mappe e carte utili per organizzare le escursioni, fondamentali soprattutto nelle aree in cui telefoni cellulari e gps non funzionano.

Per la sera

Se nei centri urbani più o meno grandi la vita notturna è vivace e variegata, con bar e pub, cinema e discoteche, nelle aree rurali si predilige la quiete contemplativa serale, a meno che non sia in corso un festival. Le cittadine lungo la costa, soprattutto in estate, si animano particolarmente con i loro dehors vista oceano e i ristoranti che prolungano il servizio. La meta più stravagante e vivace, anche gay friendly, è **Provincetown** a Cape Cod (Massachusetts), le cui notti estive sembrano non finire mai (l'elenco di bar e locali è consultabile su *visit-provincetown.com*): soprattutto durante la Carnival Week che si svolge nella settimana centrale di agosto (*ptownevents.com*).

SHOPPING

A seconda delle oscillazioni del cambio del dollaro, gli acquisti negli Stati Uniti possono risultare particolarmente convenienti per alcuni articoli di abbigliamento e in specifici periodi di saldi e promozioni. **Boston** offre innumerevoli occasioni per tutti i tipi di tasche. Dal lusso di Copley Plaza e Newbury Street alle offerte del Faneuil Hall Marketplace e del Prudential Center. L'outlet più grande si trova circa 50 km a sud della città ed è il Wrentham Village Premium Outlets (*premiumoutlets.com/outlet/wrentham-village*). Tra gli store più originali e apprezzati, quelli dedicati al merchandising universitario sono riuniti sotto il nome di The Coop e si trovano sia a Harvard sia al Mit (*store.thecoop.com*). Tra le mete riconosciute per lo shopping c'è **Freeport**, nel Maine, dove si concentrano gli **outlet** di decine di marchi americani (Nike, Tommy Hilfiger, North Face, L.L. Beans) a prezzi davvero convenienti (*visitfreeport.com/visit/shop*). Si rivolgono a un mercato più facoltoso gli outlet di Manchester, in Vermont (*manchesterdesigneroutlets.com*).

Viaggiando sulle strade del New England è facile notare la presenza diffusa di **negozi d'antiquariato** e **garage sale** (alla lettera, vendite svuota garage) che propongono migliaia di mobili, memorabilia e oggetti storici introvabili nel resto degli Stati Uniti. Con un po' di esperienza si possono scovare oggetti unici, né mancano in ogni Stato gli *Antiques Trails* (*discovernewengland.org/state-side-antiques-road-trips-new-england*), strade e itinerari costellati di negozi: lungo la Route 4 in New Hampshire, nota anche come Antiques Alley, ben 500 venditori propongono il meglio del New England d'antiquariato.

LIBRI E FILM

Il libro infinito della narrativa newenglander

Il New England è una delle zone degli Stati Uniti a più alto tasso letterario. A cominciare, in un certo senso, dalle origini: da **Ralph Waldo Emerson**, fondatore del Trascendentalismo, e dal suo classico *Nature* (1836) per proseguire coi suoi più fedeli amici e seguaci: **Henry David Thoreau**, autore del classico *Walden ovvero Vita nei boschi*, pubblicato la prima volta nel 1854, **Nathaniel Hawthorne** coi suoi romanzi 'gotici' (*La lettera scarlatta*, 1850; *La casa dei sette abbaini*, 1851), **Louisa May Alcott** con *Piccole donne* (1868). Altro classico della letteratura Newenglander (e mondiale) è *Moby Dick* (1851), che **Herman Melville** scrisse in Massachusetts, mentre di **Mark Twain**, originario del Connecticut, sono imprescindibili *Le avventure di Tom Sawyer* (1876) e *Huckelberry Finn* (1884). Nel lungo elenco degli scrittori ispirati dai paesaggi del New England non mancano i poeti, a partire da **Henry Wadsworth Longfellow** le cui *Tales of a Wayside Inn* (1863) costituiscono un originale racconto in versi della vita nel Massachusetts a quei tempi. Prima di trasferirsi in Inghilterra **Henry James** descrisse il mondo conservatore e ovattato della Boston del 1876 nel romanzo *Le bostoniane*, uno spaccato straordinario per capire la città. Approdò invece al New England, dopo esser stato in Inghilterra, il poeta californiano **Robert Frost**, a cui i versi (poco tradotti in Italia) valsero la celebrità, quattro premi Pulitzer (il primo nel 1924 con *New Hampshire: A Poem with Notes and Grace Notes*) e l'amore incondizionato di John Fitzgerald Kennedy.
Altrettanto prolifico il secondo Novecento. Tra gli autori di maggior successo **John Irving**, con *Il mondo secondo Garp* (1978), un'epopea ambientata tra il 1942 e il 1976 che molto ricorda la vita di Irving stesso tra New Hampshire, Europa e ritorno, e *Le regole della casa del sidro* (1985), romanzo d'amore ambientato nel Maine. Atmosfere completamente diverse ispirano i romanzi di **Stephen King**, che ha ambientato la sua immensa produzione letteraria principalmente nel Maine, dov'è nato (nel 1947 a Portland), da *It* (1986), in cui la cittadina fittizia di Derry è molto probabilmente Bangor, a *La scatola dei bottoni di Gwendy* (2018) che si svolge a Castle Rock, luogo simbolico dell'immaginario del grande scrittore. **Michael Cunningham** ha scelto Cape Cod per lo sfondo di *La casa alla fine del mondo* (1990) e *Dove la terra finisce* (2002), mentre **Elizabeth Strout** racconta in *Olive Kitteridge* (premio Pulitzer 2009) le atmosfere del Maine tra piccoli villaggi sul mare e vite quotidiane solo in apparenza banali. **David Foster Wallace**, fra gli scrittori americani più influenti dell'ultima generazione, ambienta ad Harvard il suo primo romanzo, *Infinite Jest* (1996), caposaldo della letteratura mondiale di fine Novecento. Nel 2017 un'antologia con stralci delle sue opere è uscita in Italia con il titolo di *Portatile*.

New England: una lunga love story cinematografica

Dalle storie d'amore che iniziano nelle aule di Harvard come in *Lovestory* (**Arthur Hiller**, 1970), ai denti affilati dello *Squalo* (**Steven Spielberg**, 1975) che terrorizza la piccola comunità fittizia di Amity in Massachusetts, fino alle trasposizioni sul grande schermo dei classici della letteratura del New England (la prima versione cinematografica de *La lettera scarlatta*, dovuta a **Sidney Olcott**, risale al 1908); e ancora i film tratti dai romanzi del maestro del brivido Stephen King e le tante *Piccole donne* (l'ultima di **Gillian Armstrong** nel 1994), e un premio Oscar come *Il caso Spotlight* (**Tom McCarthy**, 2015), storia vera dell'inchiesta condotta dai giornalisti del *Boston Globe* sui casi di abusi sessuali commessi da sacerdoti della diocesi cittadina su bambini, e *Manchester-by-the-Sea* (**Kenneth Lonergan**, 2016), storia di un uomo e di una famiglia colpiti da lutti... Il New England ha generosamente prodotto cinema e anche televisione, come dimostrano le 11 stagioni de *La signora in giallo*, serie investigativa ambientata nel villaggio fittizio di Cabot Cove, nel Maine, ancora oggi periodicamente trasmessa in Tv. **Boston** è rappresentata non di rado sul grande schermo come una città cupa, ruvida, spesso violenta. Nel 2006 **Martin Scorsese** ne racconta il bene e il male nel thriller *The Departed*, con protagonisti Matt Damon (che nell'area di Boston, a Cambridge, è nato) e Leonardo Di Caprio, tra agenti corrotti e boss della mafia irlandese. Atmosfere cupe già evocate da **Clint Eastwood** nel 2003 in *Mystic River*, tragica storia di abusi su minori e vendette. Violenza e sfide tra poliziotti e delinquenti sono al centro anche di *The Boondock Saints*, film indipendente del 1999 di **Troy Duffy**. Boston sembra non essere mai tranquilla, quasi avesse un'anima misteriosa e un po' folle. Nel 1994 **Stephen Hopkins** porta sullo schermo in *Blown Away* la sfida tra Jeff Bridges e Tommy Lee Jones, un vigile del fuoco e un pazzo omicida bombarolo. I quartieri popolari fanno da sfondo a *Gone Baby Gone* (2007), diretto da **Ben Affleck** (anche lui come Matt Damon cresciuto a Cambridge), e *The Fighter*, di **David O. Russell** (2010), in cui si racconta la storia del pugile di origini irlandesi Micky Ward; a interpretarne il ruolo è Mark Wahlberg, altro attore fiero del suo legame con Boston e protagonista, in qualità di poliziotto, di *Patriots Day* (*Boston - Caccia all'uomo*), il film del 2016 di **Peter Berg** che ricostruisce la caccia all'uomo seguita agli attentati alla maratona di Boston. In controtendenza rispetto a tanta cupezza la serie *Allie McBeal*, andata in onda con successo tra avvocati, intrecci amorosi e scene surreali, dal 1997 al 2002.

I college fanno da sfondo a capolavori intramontabili e film leggeri, comunque iconici e affascinanti anche sul grande schermo. Si è ispirato al Dartmouth College di Hanover, nel New Hampshire, **John Landis** nel suo *Animal House* (1978), esilarante storia di sgangherate confraternite studentesche con un fenomenale John Belushi. Ambiente completamente diverso evoca la finta Welton Academy del Vermont portata sullo schermo da **Peter Weir** in *L'attimo fuggente* (1989), con Robin Williams; sempre ambientato negli anni Cinquanta, questa volta nel Wellesley College in Massachusetts, è *Mona Lisa Smile* (**Mike Newell**, 2003), in cui è Julia Roberts a interpretare il ruolo di un'insegnante illuminata alle prese col tradizionalismo di una scuola femminile. Più contemporanei come ambientazione *Good Will Hunting* (1997), girato da **Gus Van Sant** tra il South Side di Boston e il MIT con protagonisti Matt Damon, Ben Affleck e Robin Williams; *The Skulls* (**Rob Cohen**, 2000), storia di una elitaria confraternita a Yale; *The Social Network* (**David Fincher**, 2010), che racconta i prodromi di Facebook inventato da Mark Zuckerberg ad Harvard; il leggerissimo *La rivincita delle bionde* (**Robert Luketic**, 2001), storia di una bionda californiana che conquista la seriosa Harvard.

Dietro un'apparente vita idilliaca e in perfetto equilibrio tra storia e natura, nei piccoli centri urbani e in campagna si nascondono misteri e inquietudini diventati, sul grande schermo, emblema dell'american way of life nei suoi aspetti più critici e irrisolti. **Vladimir Nabokov** ambienta a Ramsdale, New Hampshire, il capolavoro *Lolita* scritto nel 1955 e portato al cinema da **Stanley Kubrick** nel 1962. Nello stesso periodo, nel 1956, **Grace Metalious** dà alle stampe *I peccatori di Peyton Place*, ambientato in un'immaginaria cittadina del New Hampshire in cui tra gossip, scandali e malelingue si svolgono le vicende della piccola ma irrequieta comunità: dal libro vennero tratti un film (**Mark Robson**, 1957) e uno sceneggiato televisivo, soap opera ante litteram, andato in onda negli Stati Uniti dal 1964 al 1969. Location simili hanno anche il classico *Sul lago dorato* (**Mark Rydell**, 1981), girato sullo Squam Lake con Katharine Hepburn e Henry Fonda in stato di grazia; e *Hotel New Hampshire*, film di **Tony Richardson** (1984) dall'omonimo romanzo di John Irving.

Tra le pellicole ambientate in Connecticut si segnalano la commedia grottesca *Beetlejuice* (**Tim Burton**, 1988) e *Mystic Pizza* (**Donald Petrie**, 1988), che racconta storie di donne nella comunità di origine portoghese di Mystic, cittadina sul mare. A New Canaan, ancora in Connecticut, si svolge *Tempesta di ghiaccio* (**Ang Lee**, 1997), tratto da un romanzo di Rick Moody, perfetta rappresentazione dei dilemmi generazionali e sociali degli anni Settanta in un contesto di provincia borghese. È ambientato nel Maine invece *Le regole della casa del sidro* (**Lasse Hallstrom**, 1999), tratto dal libro di Irving, polpettone romantico di grande successo. Waterford, nella quiete del Vermont, è il set di *Hollywood, Vermont* (2000), film nel film in cui **David Mamet** riesce a immortalare, con effetti comici, le idiosincrasie di due mondi a lui ben conosciuti.

POPOLI CULTURE AMBIENTE

Territorio, popolazione, economia

I Padri pellegrini e Stephen King, le università della Ivy League e le aragoste, le balene e i fari. E poi ancora i Kennedy e *Piccole donne*, i Red Sox e *La Signora in giallo*, i tacchini e gli orsi... Le immagini scolpite nella mente su Boston e il New England sono tante e molto diverse tra loro, raccontano di paesaggi naturali e cultura, di storia e mondanità, di gastronomia ed eroi nazionali. Sei Stati compongono questo mosaico: Massachusetts, Rhode Island, Connecticut, Maine, New Hamsphire e Vermont, incastonati tra l'oceano e le montagne.

Ben più grande della 'vecchia' Inghilterra dalla quale arrivarono i primi coloni, il New England, con i suoi 186 458 km^2 (poco più della metà del territorio italiano), comprende alcuni degli Stati più piccoli degli Usa, a partire dal Rhode Island che è più piccolo di tutti. Effettivamente, dei sei, il Maine ricopre quasi la metà dell'intera area ma occupa solo la trentanovesima posizione nella classifica, per superficie, degli Stati federati. La regione confina con lo Stato di New York a ovest, con il Canada a nord, è delimitata dal canale naturale Long Island Sound a sud e baciata dall'oceano a est e sud-est.

Dalle montagne alla costa

Le colline, le montagne e la costa frastagliata sono il frutto di un lungo processo di erosione dei ghiacci che ricoprivano l'area e che si ritirarono lentamente dopo l'ultima era glaciale, circa 18 000 anni fa. La catena montuosa più importante del New England, che attraversa cinque dei sei Stati, è quella dei monti Appalachi che si sviluppano dal Canada fino all'Alabama per una lunghezza totale di 2400 km; il picco più elevato è il Mount Mitchell nella Carolina del Nord (2037 m), mentre nel New England la vetta è il Mount Washington (1916 m), nelle White Mountains (New Hampshire), la cui cima è di ardua conquista per l'avversità del clima.

Oltre alla catena principale, gli Appalachi comprendono anche una catena parallela con cime di minore importanza: sono le Green Mountains, che attraversano in verticale il Vermont per circa 400 km dal confine col Canada a quello con il Massachusetts. La vetta più alta è Mount Mansfield (1339 m), il cui profilo somiglia a un volto umano disteso col mento in alto. La tipica vegetazione di quest'area include boschi di conifere, querce e i celebri aceri dai quali si estrae il prodotto più caratteristico del Vermont, lo sciroppo.

La costa del New England inizia nel sud-ovest del Connecticut e prosegue fino al nord del Maine, giungendo al confine col Canada per un totale di circa 700 km lineari, 400 dei quali nello Stato del Maine: se si potessero idealmente 'stendere' tutte le penisole, baie e insenature i km sarebbero molti di più, circa 5600. Il Maine conta anche il maggior numero di isole del New England, 3166, seguito dal Massachusetts che ne ha più di 150,

AVVISTAMENTI IN NEW ENGLAND

- **Alci** (*moose*) Per avvistarli, meglio un tour guidato: per esempio con Pemi Valley Moose Tours a Lincoln, New Hampshire (*moosetoursnh.com*).
- **Aquile di mare testabianca** (*bald eagle*) L'uccello simbolo degli Usa è comune in Maine; consigliato il tour a Mount Desert Island con Sea Ventures Custom Boat Tours (*svboattours.com*).
- **Balene** Le megattere (*humpback whale*) sono frequenti in estate al largo di Boston e di Cape Cod: tour di whalewatching sia dalla città sia da Provincetown.
- **Castori** (*beaver*) Spesso è più facile vederne le enormi dighe. Un giro in kayak al Woodford State Park di Woodford, Vermont, assicura avvistamenti.
- **Foche** (*seal*) Il luogo ideale è Chatam, all'estremità sud di Cape Cod: foche nel porto e soprattutto nel Monomoy National Wildlife Refuge, da esplorare con il ferry (*monomoyislandferry.com*).
- **Pulcinella di mare** (*puffin*) Nidificano da giugno ad agosto sulla Eastern Egg Rock Island, in Maine; tour guidati da New Harbor con Hardy Boat Cruises (*hardyboat.com*).
- **Strolaghe** (*loon*) Bellissimi uccelli acquatici dal canto melodioso. Eccellente il Loon Center al Markus Wildlife Sanctuary di Moultonborough, New Hampshire (*loon.org*).
- **Uccelli acquatici** Moltissime le riserve in cui osservare aironi, anatre, trampolieri: tra i luoghi migliori, quelli gestiti dalla Audubon Society (*maineaudubon.org; massaudubon.org*).

molte delle quali disabitate o semplici roccioni che emergono dall'acqua a seconda delle maree. Proprio questa discontinuità territoriale, che alterna lunghe spiagge sabbiose a strette insenature, promontori, isole, è il tratto peculiare della costa.

I fiumi e i laghi

Il New England interno è ricco di acque di fiumi e laghi che ne segnano il territorio. La via d'acqua più importante è il Connecticut River, lungo 653 km, che nasce al confine tra Vermont e Canada e scende attraversando 4 Stati – Vermont, New Hampshire, Massachusetts e Connecticut – fino a sfociare nel Long Island Sound. Il secondo fiume per importanza, il Merrimack, lungo 188 km, ha origine dalla confluenza del Pemigewasset e del Winnipesaukee River, entrambi in New Hampshire, e raggiunge il mare a Newburyport in Massachusetts. Le acque interne coprono una significativa porzione del territorio. Maine e New Hampshire contano centinaia di laghi e stagni, spesso troppo piccoli per avere un nome. Lake Champlain, diviso a metà tra il Vermont e lo Stato di New York, è il più esteso del New England: lungo 172 km e largo 23, profondo al massimo circa 120 m, è posto in una valle tra le Green Mountains e i monti Adirondacks ed è collegato dal Champlain Canal al fiume Hudson, via d'acqua di fondamentale importanza per lo sviluppo economico della zona. Tra i laghi completamente inclusi nel territorio del New England il maggiore è Moosehead Lake, nel Maine interno. Copre un'area di 311 km^2 con 640 km di coste. A forma di testa di alce, è caratterizzato da più di 80 tra isole e isolette: la più grande, Sugar Island, è disabitata per la maggior parte

Un paesaggio del Lake Champlain

Ponte di legno su un ruscello in un bosco del Maine

dell'anno tranne in estate, quando alcune famiglie di villeggianti arrivano a ravvivarla. Terzo specchio d'acqua del New England, il Winnipesaukee, nella regione dei laghi del New Hampshire, ha una superficie di circa 180 km^2 e un gran numero di isole (258) a punteggiarne le acque.

Un territorio ricco di biodiversità

La biodiversità vegetale e animale del New England è legata alle differenze geografiche che caratterizzano i sei Stati. A seconda della prossimità col mare, ma soprattutto a seconda dell'altitudine, cambia la scenografia naturale regalata dalla vegetazione. Nelle pianure e nelle vallate si incontrano aceri da zucchero, faggi, tigli americani, frassini; salendo in collina è la volta di betulle, abeti, pini, mentre più in alto sono gli abeti balsamici a lottare contro il vento. Molte di queste foreste sono state reimpiantate solo agli inizi del Novecento, dopo che i coloni e i loro discendenti avevano disboscato gran parte del territorio per far spazio all'agricoltura e agli allevamenti. Solo alcune aree del nord del Maine e le più inaccessibili del Vermont e del New Hampshire sono rimaste intatte o quasi.
Anche la fauna è variegata. Nei boschi vivono orsi neri, alci, cervi, procioni, martore, nonché tacchini selvatici e varie specie di uccelli. I laghi interni ospitano castori, strolaghe e aquile di mare testabianca. Delfini, balene e foche popolano le acque atlantiche: lo Stellwagen Bank, al largo di Boston e Cape Cod, è un regolare punto di passaggio delle megattere.

Il clima

Le condizioni climatiche in New England possono variare molto tra il sud del Connecticut e il nord del Maine. Il Maine, il Vermont, il New Hampshire e la parte settentrionale del Massachusetts hanno un clima continentale umido con inverni lunghi, freddo e nevicate intense, ed estati abbastanza brevi e moderatamente calde. Nel Massachusetts centrale e orientale, in Rhode Island e nel Connecticut interno il clima è simile, ma con estati più lunghe e calde e inverni più brevi e meno nevosi. La costa del Connecticut ha un clima più temperato che può portare estati molto calde e umide e inverni non troppo freddi. Fortunatamente, i cicloni tropicali sono eventi rari. Particolarità climatica del New England è la cosiddetta 'estate indiana', il periodo d'autunno, tra la fine di settembre e la metà di novembre, durante il quale le temperature sono alte (relativamente alla latitudine in cui si trova la regione) e le giornate particolarmente limpide e soleggiate. Pare che la definizione derivi dal fatto che i nativi della zona, in questo periodo, erano ancora impegnati a cacciare e a fare scorte per l'inverno. Proprio durante l'estate indiana si assiste allo spettacolo del *fall foliage*, quando le foglie degli alberi caduchi cambiano colore: una magia della natura che è tra le maggiori attrattive del New England.

Appalachian Trail, il mitico sentiero dell'Est*

Tra gli escursionisti è diventato un percorso leggendario, ancor di più da quando Bill Bryson ne ha raccontato ogni curva (o quasi) nello spassoso romanzo *A Walk in the Woods: Rediscovering America on the Appalachian Trail* (*Una passeggiata nei boschi*, 1997), ispiratore del film interpretato da Robert Redford e Nick Nolte (*A spasso nel bosco*, 2015; *nella foto, la locandina*). Dalla Georgia al Maine per 3500 km lungo tutta la catena montuosa degli Appalachi (*nella foto sotto*): portare a termine l'Appalachian Trail, tracciato e segnalato fin dal 1937, richiede fatica, organizzazione e – *last but not least* – almeno sei mesi di tempo. Molto più semplice percorrerne una parte, soprattutto nel New England, dove il sentiero attraversa cinque Stati (Connecticut, Massachusetts, Vermont, New Hampshire e Maine) per circa un terzo della lunghezza totale, snodandosi tra boschi, colline coltivate, laghi, praterie dal profumo alpino e arrivando fino al Mount Katahdin nel Baxter State Park. Non che la bassa altezza della catena appalachiana sia sinonimo di una passeggiata facile in ogni suo tratto: in particolare, il New Hampshire e il Maine mettono alla prova anche gli *hikers* più esperti con l'attraversamento di picchi ventosi, freddi e isolati. Varie associazioni ed enti locali assicurano la manutenzione e la segnaletica del sentiero (generalmente, una striscia bianca di circa 5x15 cm) provvedendo a ogni genere di informazione: il consiglio è di informarsi prima sui siti *appalachiantrail.org, nps.gov/appa* e *outdoors.org*, poi presso i visitor center locali. Le stagioni migliori sono forse la fine dell'estate e l'inizio dell'autunno, quando i boschi si riempiono di colori (ma anche di escursionisti); da evitare i mesi da aprile a giugno per il fango e le temibili *black flies* (fastidiosi insetti dei Simulidi simili alle mosche). Segnaliamo alcune passeggiate giornaliere lungo l'Appalachian Trail negli Stati trattati in questa guida:

Connecticut. Lion's Head, Salisbury (zona delle Litchfield Hills). Percorso di difficoltà media, 7,5 km a/r, circa 4 ore di cammino. Viste sulle colline e in giugno bellissima fioritura del *mountain laurel* (l'alloro di montagna).

Massachusetts. Mount Greylock, North Adams (zona dei Berkshires). Percorso circolare di difficoltà media, 3,5 km a/r, circa 1 ora di cammino. La vetta più alta dello Stato: viste spettacolari dal Rounds Rock Trail, antico circo glaciale, al Robinson's Point Trail.

Vermont. Harmon Hill, Bennington. Percorso impegnativo, 5,8 km a/r, circa 4 ore di cammino. La fatica è ripagata dal panorama sulle verdeggianti colline del Vermont e su Bennington.

New Hampshire. Zeeland Trail, Berlin. Percorso facile, 9 km a/r, 4 ore. Inizio sentiero su Zealand Rd, presso Bretton Woods; prima parte piatta, con lago popolato da castori; ultima parte ripida, con arrivo in un rifugio gestito dal club locale.

Maine. Gulf Hagas, Greenville. Percorso difficile, 13 km a/r, 6-7 ore. Fra i tratti più belli, per gli escursionisti esperti: una gola dirupata, pareti scoscese, cascate, pozze d'acqua in cui fare il bagno d'estate.

Popolazione, urbanizzazione, culture

Secondo il dato ufficiale disponibile del 2010, il New England ha una popolazione complessiva di 14 444 865 abitanti che nel 2018, viste le percentuali di crescita (intorno al 3,8%), dovrebbero aver raggiunto i 15 milioni. La densità abitativa è di 90 persone per km^2, assai più alta della media nazionale (34 ab./km^2). Presi singolarmente, i sei Stati raccontano storie molto diverse fra loro. Il più popoloso e densamente abitato è il Massachusetts con circa 7 milioni (324 ab./km^2): la sola Boston conta circa 700 000 abitanti (oltre 5000 ab./km^2), che diventano quasi 5 milioni considerando tutta l'area metropolitana. Al secondo posto il Connecticut, che conta 3,5 milioni di abitanti (285 ab./km^2). New Hampshire e Maine hanno all'incirca la stessa popolazione, 1 400 000 abitanti, cui corrisponde per il New Hampshire una densità abitativa (57 ab./km^2) decisamente più alta rispetto al Maine (17 ab./km^2). Il Rhode Island, con circa 1 milione di abitanti, alza la media della densità dell'intera area (388 ab./km^2). Il Vermont, al contrario, l'abbassa: ha circa 700 000 abitanti e una densità media di 26 ab./km^2.
La maggior parte della popolazione è bianca (più dell'80%), percentuale che cresce fino al 95% nel Maine. La minoranza più consistente è quella di origine latinoamericana (circa il 10%: in Connecticut raggiunge il 14%, in Vermont supera a malapena l'1%), seguita dagli afroamericani, dagli asiatici e dai nativi americani. Le origini della popolazione bianca sono per la maggior parte europee: primeggiano gli irlandesi (19,2%), seguiti dagli italiani (13,6%), dai francesi e francesi canadesi (13,1%), dagli inglesi (11,9%).
La lingua principale è l'inglese, con bilinguismo franco-inglese nelle aree settentrionali di Vermont, New Hampshire e Maine, al confine con il Quebec canadese.
Il New England è una delle aree del Paese con minori appartenenze religiose. I gruppi confessionali più numerosi sono i protestanti e i cattolici, in grande declino negli ultimi anni.

Pesca, industria e alta tecnologia: l'economia del New England

Per ragioni storiche, il New England è da sempre un grande laboratorio per gli Stati Uniti. Le prime colonie riuscirono a prosperare e a espandersi grazie allo spirito d'iniziativa dei coloni stessi, ma anche alla ricchezza che la Nuova Inghilterra aveva loro da offrire. La prima attività economica importante fu la pesca, seguita dall'agricoltura e dal commercio del legname. Legname che servì per costruire villaggi e città ma anche imbarcazioni sempre più evolute e sicure, in grado di solcare gli oceani fino a lontane latitudini. I cantieri di Groton, nel Connecticut, e Bath, nel Maine, sono ancora tra i leader mondiali nella realizzazione di mezzi nautici di vario utilizzo: dalle barche a vela alle navi da guerra. E se il New England non ha mai avuto una corsa all'oro, ha prosperato grazie al granito di cui è ricchissimo.
L'area è stata il cuore della rivoluzione industriale americana quanto la madrepatria britannica lo è stata per l'Europa. Nel 1787 fu inaugurato il primo cotonificio a Beverly,

Storie e culture in un murale di Cambridge, Massachusetts

Studenti tra gli edifici moderni del MIT

Massachusetts, avvio di un'industrializzazione che ebbe nella cosiddetta Blackstone Valley, tra Massachusetts e Rhode Island, il suo epicentro. Luoghi come Lawrence e Lowell in Massachusetts, Woonsocket in Rhode Island e Lewiston nel Maine divennero capitali dell'industria tessile, mentre la Connecticut River Valley fu motore dell'innovazione nelle fabbriche nascenti. Il boom si verificò tra il 1815 e il 1860, quando a lavorare nelle fabbriche vennero reclutati anche donne e bambini, tanto che proprio le donne, in qualche caso, furono spinte a riunirsi in associazioni per difendere i propri diritti: è la storia delle Lowell Mills Girls (proprio a Lowell, a metà Ottocento, il 75% della forza lavoro era composto da donne). Le fabbriche del New England presero poi a reclutare nuovi immigrati dall'Irlanda e dal Canada francese; dopo il 1890, anche dall'Italia e dal Sud dell'Europa. Gli immigrati cambiarono il volto delle città del New England avviando un altro tipo di rivoluzione, che rese i centri urbani sempre più grandi e caotici e, allo stesso tempo, più cosmopoliti e colti.
Quando la Grande Depressione travolse l'economia americana, a partire dal 1929, iniziò un lento ma inesorabile declino che coinvolse in primo luogo l'industria tessile: l'industria bellica continuò per un certo periodo ad alimentare le produzioni locali, ma tra il 1920 e il 1970 tutti i cotonifici chiusero per effetto congiunto della spietata concorrenza proveniente dall'estero, del costo del denaro e del lavoro e del mancato rinnovamento produttivo. La transizione verso il terziario è ancora in corso e ha cambiato la destinazione d'uso di molte fabbriche, come a Lowell dove il vecchio cotonificio è oggi spazio espositivo o a North Adams, Massachusetts, dove uno dei musei d'arte contemporanea più importanti degli Stati Uniti occupa lo stabilimento in cui un tempo si stampavano i tessuti.
L'attuale motore del New England è la ricerca tecnologica, che, grazie alla collaborazione tra i ricercatori del Massachusetts Institute of Technology di Boston, il MIT, e le grandi aziende, si sviluppa in settori come i motori per i jet, i sottomarini nucleari, la farmaceutica, la robotica, gli strumenti scientifici e medici, in un esempio particolarmente riuscito di sinergia tra studiosi, ricercatori e imprenditori. Altro settore in costante sviluppo è quello del turismo: ogni anno circa due milioni di persone provenienti dall'estero scelgono il New England come destinazione delle loro vacanze. Il flusso si concentra prevalentemente tra luglio e agosto e da metà settembre a metà novembre per il foliage. A dimostrazione della perdurante vitalità dei sei Stati da dove tutto ebbe inizio, il prodotto interno lordo del New England è di circa 1000 miliardi (su un totale nazionale di 18 000), con un tasso di disoccupazione intorno al 3,5%, inferiore di un punto rispetto alla media nazionale.

Cronologia storica

Dai Padri pellegrini alla Rivoluzione americana, alla guerra di Secessione: molti eventi fondativi dell'identità americana si sono svolti sulle coste del New England, scandendo le tappe della formazione del Paese. Ma l'importanza di quest'area nella storia politica dura tuttora, grazie sia ai laboratori culturali rappresentati dalle università dell'Ivy League sia alla complessità e diversità di ciascuno dei sei Stati della Nuova Inghilterra.

Dagli Algonchini ai Padri pellegrini

10 000 a.C. Il popolo nativo Algonquin, o Abenaki, si insedia nella regione rinunciando al nomadismo. Gli Algonquin, Algonchini, vivono cacciando alci e renne ma anche coltivando mais, granoturco, fagioli e zucche. Sono circa 20 000 divisi in circa 12 tribù distribuite su tutto il territorio.

1497 L'esploratore italiano Giovanni Caboto (1425-99) raggiunge il New England da Bristol, in Inghilterra, e rivendica la terra per il re Enrico VII (1457-1509), suo mecenate, insieme a tutti i territori a nord della Florida e a est delle Rocky Mountains. Inizia così il dominio britannico dell'area che culmina nella sconfitta della Invencible Armada spagnola nel 1588.

1606 Il re d'Inghilterra Giacomo I (1566-1625) finanzia due spedizioni per stabilire insediamenti in America. Alla Virginia Company viene assegnata un'area in quella che oggi si chiama Virginia, alla Plymouth Company sono garantiti diritti per zone più a nord. Ma la spedizione è sfortunata fin da subito: una delle navi viene catturata dagli spagnoli al largo della Florida, mentre un'altra riesce a raggiungere le coste del New England ma è costretta e tornare in Inghilterra prima dell'arrivo dell'inverno.

1607 In maggio due navi salpano dal porto di Plymouth, in Inghilterra, con a bordo circa cento coloni. Tre mesi dopo riescono a raggiungere la foce del fiume Kennebec, nell'attuale Maine, dove costruiscono il forte St. George. Il primo inverno si rivela particolarmente rigido e nevoso tanto che, un anno dopo l'insediamento, la Popham Colony viene abbandonata. La colonizzazione britannica non comincia sotto i migliori auspici.

1614 La Plymouth Company ingaggia il capitano John Smith (1580-1631) per condurre una spedizione esplorativa più approfondita del territorio. Smith naviga lungo le coste del Massachusetts e scrive un'incoraggiante relazione e guida intitolata *A description of New England*, coniando il nome della regione ed elencandone le straordinarie ricchezze e possibilità per la pesca e l'enorme quantità di legname.

1617 Un'epidemia di vaiolo, portato dai numerosi europei che sbarcano sulle coste del New England alla ricerca di merci preziose come pellicce e legnami, decima le popolazioni dei nativi americani.

1620 Mentre gli esploratori vanno a caccia di tesori nel Nuovo mondo, la Vecchia Europa è scossa da rivoluzioni religiose

Il Boston Tea Party, la protesta dei coloni a Boston nel 1773, in una stampa storica

La statua di John Harvard, il benefattore cui è intitolata l'Università, in Harvard Yard a Cambridge

destinate a esercitare una grande influenza sugli insediamenti oltreoceano. La Riforma, la nascita del protestantesimo, la scissione anglicana operata da Enrico VIII (1491-1547) e la successiva persecuzione dei Puritani conducono un gruppo di intransigenti separatisti della Chiesa d'Inghilterra a negoziare un accordo con la Plymouth Company per finanziare la traversata in America: sono i Pilgrim Fathers, i Padri pellegrini. L'11 novembre, dopo 66 giorni di navigazione, la loro nave, *Mayflower*, approda nell'attuale Provincetown, punta estrema della penisola di Cape Cod in Massachusetts. La zona, un'inospitale lingua di sabbia, non invita a fermarsi; la *Mayflower* prosegue quindi fino alla costa a sud dell'attuale Boston, dove sbarca il 26 dicembre presso la cosiddetta Plymouth Rock. Ha così inizio il primo insediamento stabile nel Nord America.

Le colonie e la Rivoluzione

1621 Grazie alla collaborazione coi nativi americani, i coloni riescono a superare il primo inverno e a ottenere i primi raccolti. Per tre giorni, in autunno, coloni e nativi festeggiano e ringraziano per il raccolto. Da qui nasce la tradizione del Thanksgiving, il giorno del Ringraziamento.

1630 Il vascello mercantile *Arabella* sbarca in America con a bordo mille puritani guidati da John Winthrop (1587-1649). Fondano la Massachusetts Bay Colony e una parte di loro si stabilisce nell'odierna Salem, mentre un altro gruppo, ben più numeroso, segue Winthrop e sceglie di fermarsi sulla collina di Shawmut, alla foce del Charles River. Chiamano la colonia Trimountain, ma presto la rinominano Boston, in onore della città di origine di molti coloni.

1636 I coloni fondano Harvard, primo College in America. Una parte di loro, in contrasto con la severità religiosa di Winthrop, stabilisce nuovi insediamenti in New Hampshire e Rhode Island.

1637 Il peggioramento dei rapporti tra coloni e nativi sfocia in un conflitto con la Pequot Tribe. I coloni hanno la meglio e inizia un lento ma inesorabile declino del popolo nativo.

1686-89 Le colonie si autogovernano senza rappresentanza nel Parlamento inglese. I legami con la madrepatria si fanno sempre più deboli finché Giacomo II costituisce il Dominion of New England, imponendo un controllo più rigido al quale i nuovi americani si dimostrano insofferenti.

1692 Inizia il processo alle streghe di Salem. Alcune donne, a causa di comportamenti ritenuti anomali dalla comunità religiosa della cittadina, vengono accusate di stregoneria e un tribunale appositamente istituito condanna a morte quanti sono riconosciuti colpevoli: l'isteria collettiva conduce alla forca 14 donne e 5 uomini presunti loro seguaci. Dopo pochi mesi il tribunale viene sospeso e le vittime non ancora giustiziate sono liberate. Si chiude così una delle pagine più buie della storia del Nuovo Mondo.

Boston, il monumento a Paul Revere

1704 A Boston viene pubblicato il primo quotidiano d'America, il *Boston News Letter*.

1756-63 La guerra dei Sette anni tra britannici e francesi assicura ai primi il dominio in Nord America. Gli inglesi, dapprima distratti dalla guerra, impongono successivamente ai coloni nuove tasse per ripagare lo sforzo bellico.

1765 Durante il regno di Giorgio III (1738-1820), asceso al trono nel 1760, aumentano le tassazioni su seta e zucchero. Ma è lo Stamp Act, la tassa sui francobolli (o meglio ogni foglio stampato), a scatenare la rabbia dei coloni che sempre più si riconoscono nel grido 'No taxation without rapresentation', ispirato alla Magna Charta. Il balzello va infatti a gravare sui contratti commerciali, sui documenti legali, sui quotidiani e perfino sul gioco delle carte e dei dadi. Samuel Adams, un uomo d'affari locale, fonda l'organizzazione segreta Sons of Liberty.

1766 Lo Stamp Act viene ritirato e sostituito con il Declaratory Act: ogni dominio dell'impero britannico deve continuare a pagare tasse alla madrepatria fino a legge contraria del Parlamento. Per assicurarsi che anche gli americani rispettino la nuova legge gli inglesi inviano a Boston due reggimenti: sono le Giubbe rosse, dal colore della loro casacca, che risultano immediatamente impopolari. I Sons of Liberty entrano in clandestinità.

1770 La sera del 5 marzo, a Boston, la discussione tra un apprendista artigiano e un soldato britannico si trasforma in una manifestazione di piazza di dimensioni inaspettate. Per qualche ora la tensione tra le due parti si limita agli insulti, poi, per rispondere alle provocazioni e alle palle di neve lanciate dalla folla sui soldati inglesi, l'esercito usa le armi. Rimangono uccise cinque persone tra le quali Crispus Attuck, afroamericano poi ricordato come patriota.

1773 Dopo il massacro di Boston una relativa calma sembra regnare nelle colonie, nonostante l'ingombrante presenza dell'esercito inglese. A scatenare la scintilla è l'ennesima provocazione della corona britannica: Giorgio III dà all'East Indian Company il diritto di vendere direttamente in America il tè che prima passava dai commercianti americani. Quando tre navi approdano al porto di Boston con la merce da scaricare, una sessantina di uomini, tra cui i leader politici Samuel Adams (1722-1803) e John Hancock (1737-93), travestiti da nativi, salgono a bordo e rovesciano in acqua 342 ceste di tè. Il *Boston Tea Party* è considerato dagli americani un giustificabile atto di sfida nei confronti degli inglesi.

1774 Il Parlamento inglese risponde al Boston Tea Party con l'Intolerable Act, che impone la chiusura del porto della città, con un blocco navale, finché non sia stata ripagata la perdita del tè distrutto. Il 5 settembre 56 rappresentanti delle diverse colonie americane si incontrano a Philadelphia per stabilire il primo congresso continentale, primo passo verso la formazione di una nazione autonoma.

1775 In febbraio il governo britannico dichiara il Massachusetts in stato di ribellione. Il governatore reale della colonia, il generale Thomas Gage (1721-87), scopre che i ribelli stanno accumulando armi a pochi chilometri da Boston, a Concord, e in aprile ordina l'invio di 700 Giubbe rosse per distruggerle. Ordina anche l'arresto di Sam Adams e John Hancock. L'incisore e fabbro Paul Revere monta a cavallo e da Boston raggiunge i due per avvisare i ribelli di Concord e Lexington. Quando arrivano le truppe inglesi, 400 ribelli americani – chiamati Minutemen per la loro immediata capacità di reazione – sono già pronti a respingere l'attacco. Alla fine degli scontri, il 19 aprile, rimangono uccisi 70 inglesi e 95 americani. È l'inizio della Rivoluzione americana. Poche settimane dopo, a Boston, gli americani s'impossessano di alcuni cannoni inglesi su due colline affacciate al porto, Breed's e Bunker Hill. Gli inglesi li bombardano e costringono alla ritirata lasciando però sul campo più di mille vittime, contro le 150 americane. La strada verso l'indipendenza appare ormai inarrestabile, nonostante l'impreparazione militare dei coloni. Aderiscono alla causa rivoluzionaria anche New Hampshire, Connecticut e Maine, mentre in Vermont i Green Mountain Boys, una banda di ribelli guidati da Ethan Allen, conducono la loro guerra per l'indipendenza dalla colonia di New York e dall'Inghilterra.

1776 In maggio il Rhode Island dichiara la propria indipendenza dalla Corona britannica seguito, poche settimane dopo, dal New Hampshire. Il 4 luglio i leader delle 13 colonie firmano la Dichiarazione d'Indipendenza e per i successivi sei anni gli scontri proseguono, oltre che in New England, in Pennsylvania e Virginia, dove le truppe britanniche chiedono la resa solo nel 1781.

1777 La Repubblica del Vermont dichiara l'indipendenza dalla Gran Bretagna e dalla colonia di New York e proclama la propria Costituzione, la prima ad abolire la schiavitù e a sancire il suffragio universale maschile.

1783 Con i trattati di Parigi finisce la Rivoluzione americana.

Operai, anarchici, schiavi

1787 A Beverly, Massachusetts, viene istituita la Beverly Cotton Manufactory, il primo cotonificio del Paese. Inizia la rivoluzione industriale.

1789 George Washington diventa primo presidente degli Stati Uniti d'America. Vicepresidente è John Adams, originario di Quincy, Massachusetts, che sarà eletto presidente otto anni dopo.

1820 Il Maine conquista l'indipendenza dal Massachusetts e diventa il ventesimo Stato dell'Unione.

1831 William Lloyd Garrison (1805-79) inizia a pubblicare a Boston il giornale abolizionista *The Liberator*, che sostiene la necessità di eliminare la schiavitù in ogni sua forma negli Stati Uniti. Nonostante i mandati di arresto spiccati contro di lui da Stati schiavisti come la Georgia, Garrison continua le pubblicazioni fino alla fine della Guerra civile (1861-65) quando la schiavitù viene finalmente sradicata dalla società americana. L'impegno di molti cittadini del New England a sostegno della causa antischiavista si concretizza nella cosiddetta *Underground Railroad*, rete di itinerari segreti e rifugi in aiuto agli schiavi in fuga: città come Plymouth, Portland e Burlington sono tra le 'stazioni' più importanti nella strada verso la libertà, spesso in Canada, degli schiavi fuggiaschi. Harriet Beecher Stowe, scrittrice e attivista nata a Litchfield, Connecticut, racconta della 'ferrovia sotterranea' nel romanzo *Uncle Tom's cabin*, *La capanna dello zio Tom* (1852).

1897 Si inaugura la metropolitana di Boston, la prima del Paese.

1903 I Boston Red Sox vincono il primo campionato World Series di Baseball.

1923 Alla morte di Warren Hardin gli succede alla presidenza il repubblicano Calvin Coolidge, già vicepresidente, originario del Vermont.

1927 Nicola Sacco e Bartolomeo Vanzetti, il primo sbarcato a Boston nel 1909, il secondo a New York nel 1908, vengono giustiziati per una falsa accusa di omicidio. Il processo ai due anarchici italiani dimostra il persistere delle discriminazioni etniche e sociali nei confronti delle minoranze. Cinquant'anni dopo, nel 1977, il governatore del Massachusetts Michael Dukakis riconoscerà l'errore e li riabiliterà.

Boston, Bunker Hill, la statua al patriota Joseph Warren, partecipante alla battaglia di Lexington

La famiglia Kennedy a Hyannis nel 1948

Dai Kennedy al Terzo Millennio

1960 John Fitzgerald Kennedy, nato a Brookline, sobborgo di Boston, il 29 maggio 1917, viene eletto presidente degli Stati Uniti d'America. Di origine irlandese, è il primo presidente cattolico e il più giovane eletto. Nel breve periodo della sua presidenza, concluso dall'assassinio a Dallas il 22 novembre del 1963, si afferma come protagonista non solo della politica ma anche dell'immaginario americano, mentre la moglie Jacqueline è icona della moda e del gossip.

1966 Il repubblicano Edward Brooke del Massachusetts è il primo afroamericano eletto senatore (per due mandati).

1968 Robert Kennedy, fratello di John e nato come lui a Brookline, è il candidato democratico alle elezioni presidenziali ma viene ucciso a Los Angeles, il 6 giugno, durante i festeggiamenti per la vittoria alle primarie del suo partito in California.

1990 Il 18 marzo due uomini travestiti da poliziotti trafugano dall'Isabella Stewart Gardner Museum di Boston 13 opere d'arte, tra le quali alcuni schizzi di Manet e Degas, tre dipinti di Rembrandt e il *Concerto a tre* di Vermeer, per un valore totale di circa 500 milioni di dollari. Nonostante la ricompensa promessa di 5 milioni di dollari, le opere non vengono mai più ritrovate. È il furto del secolo nonché il più grave reato contro la proprietà commesso negli Stati Uniti.

2000 Il Vermont è il primo Stato dell'Unione a introdurre le unioni civili anche per le coppie omosessuali. Nel 2009 introduce, sempre per primo, i matrimoni per coppie dello stesso sesso.

2004 Mark Zuckerberg, studente alla Harvard University, scrive l'algoritmo che porta alla creazione di Facebook insieme ad alcuni compagni di corso. Pochi anni dopo, grazie al social network, diventerà uno degli uomini più ricchi del mondo.

2013 Durante la maratona di Boston due bombe esplodono uccidendo tre persone e ferendone centinaia. Dopo una caccia all'uomo che coinvolge tutta la città vengono arrestati i due fratelli ceceni ritenuti responsabili dell'attentato. In risposta all'attacco la città adotta il motto 'Boston Strong'.

2015 Il senatore del Vermont ed ex sindaco di Burlington Bernie Sanders si candida, come indipendente, alle primarie del partito democratico per le elezioni presidenziali dell'anno successivo. Sconfitto da Hillary Clinton, mobilita tuttavia un largo appoggio politico, specie tra i giovani, al suo programma di socialismo democratico.

2016 A conferma di uno storico orientamento liberale, in tutti e sei gli Stati del New England la candidata del partito democratico alle elezioni presidenziali, Hillary Clinton, supera il candidato del partito repubblicano Donald Trump, eletto poi presidente.

2018 La squadra di football americano dei New England Patriots partecipa per la decima volta alla finale del Super Bowl.

Il percorso letterario e culturale

Dalla Vecchia Europa alla Nuova Inghilterra l'intreccio culturale è evidente a chiunque sbarchi a Boston e si avventuri sulle strade del New England. Intreccio che si è evoluto di generazione in generazione, dai Padri pellegrini in poi, fino ad arrivare a un'autonomia culturale in grado a sua volta di influenzare il resto del Paese e le sue menti migliori. Dalle prime opere letterarie prodotte nelle colonie ai cenacoli delle grandi università, dagli albori dell'ambientalismo ai prodromi del postmoderno, fino alle evoluzioni tecnologiche che condizionano la vita culturale del Terzo millennio, i sei Stati del Nordest americano sono stati e sono tuttora un laboratorio di attività intellettuali e creative.

Tra poesia, romanzo e natura: i quattro di Concord

Gli inglesi a bordo del *Mayflower* erano consapevoli di affrontare un'avventura epocale attraversando l'oceano per insediarsi nel Nuovo mondo. Per questo fin da subito vollero mettere nero su bianco le loro emozioni e fare una cronaca di quell'esperienza. Anne Bradstreet scriveva poesie e riflessioni, mentre il primo governatore John Winthrop registrò nei suoi diari le vicende della fondazione di Boston. L'esigenza di rendere permanente e di radicare anche culturalmente la nuova vita americana condusse alla fondazione della prima università d'oltreoceano, Harvard, già nel 1636, solo 16 anni dopo lo sbarco, e alla costruzione della prima macchina di stampa (1638).
Per un paio di secoli ci fu una sorta di rodaggio intellettuale, tanto da far scrivere ad Alexis de Tocqueville nel suo *Democrazia in America*: «Gli abitanti degli Stati Uniti non hanno, finora, letteratura». Era il 1835 e di lì a poco la scena sarebbe cambiata completamente. Fosse passato nel New England solo pochi anni dopo, Tocqueville stesso se ne sarebbe reso ben conto. Matite, penne e brevi messaggi rendono infatti ancora oggi tributo alle tombe dei quattro di Concord, Massachusetts: Ralph Waldo Emerson, Henry David Thoreau, Nathaniel Hawthorne e Louisa May Alcott, sepolti vicini al cimitero di Sleepy Hollow come vicini erano stati in vita.
Il primo, studioso di teologia a Harvard e già ministro della chiesa unitaria, si trasferì da Boston a Concord nel 1834 affermandosi in breve come figura di riferimento nel mondo intellettuale americano. Poeta e filosofo, fondatore del movimento trascendentalista, Emerson (1803-82) sottolineava l'importanza della responsabilità morale personale di ogni individuo e l'unità di natura e anima, in una poetica fortemente radicata nelle realtà civili e nel paesaggio stesso del Nuovo mondo. La sua influenza sulla cultura e l'educazione americana è imprescindibile, tanto che il suo discorso agli studenti di Harvard del 1837, *The American Scholar*, è ancora oggi considerato fondativo dell'identità americana: «Per esprimere al meglio le sue qualità intellettuali, il moderno studioso americano deve rigettare le vecchie idee e pensare a se stesso o a se stessa come un essere pensante, e

H.D. Thoreau, la statua presso il capanno di Walden Pond

non come un essere che semplicemente pensa o peggio ripete il pensiero altrui». Allievo, amico e interprete radicale del pensiero di Emerson fu Henry David Thoreau (1817-62), che a Concord nacque e visse fino alla morte. Se per Emerson la natura era strumento di conoscenza, per Thoreau era soluzione esistenziale. Per dimostrarlo si stabilì in una capanna sulle rive dello stagno di Walden, vicino a Concord, per vivere una vita semplice, scrivere e osservare la natura e se stesso al riparo dal brusio e dai traffici di città. Frutto di quel percorso, il libro *Walden o la vita nei boschi*, a metà tra il saggio e il diario, fu un esordio in audace avanguardia per i tempi, poi diventato quasi un testo sacro per la controcultura americana degli anni Sessanta del Novecento insieme al pamphlet *Disobbedienza civile*, in cui Thoreau esprime il suo pensiero sulla Dichiarazione d'indipendenza degli Stati Uniti, il rifiuto della logica del potere e i diritti delle minoranze, fonte di ispirazione per la lotta non violenta anche di Gandhi e Martin Luther King.
Emerson e Thoreau disquisivano di questi e altri argomenti con i colleghi e concittadini Nathaniel Hawthorne e Louisa May Alcott. Hawthorne (1804-64) fu il primo grande romanziere americano. Le atmosfere gotiche dei suoi libri rievocano miti, storie e leggende del New England. Nato a Salem, vi ambientò alcune delle sue opere più note come *La lettera scarlatta* e *La casa dei sette abbaini*, best seller internazionali. Louisa May Alcott (1832-88), dal suo canto, si trasferì con la famiglia a Concord quando ancora era una giovane affascinata dai grandi autori spesso ospiti di suo padre. I suoi ritratti della vita familiare al tempo della Guerra civile, a cominciare dal classico *Piccole donne* (1863-69), sono entrati a buon diritto nella storia della letteratura americana.
A gravitare intorno a questo nutrito circolo intellettuale alcuni non Newenglander come il newyorkese Herman Melville (1819-91), amico di Hawthorne, che scrisse il capolavoro *Moby Dick* (1851) raccontando la sua esperienza a New Bedford, Massachusetts; e Mark Twain (1835-1910), a sua volta amico di Melville, che ad Hartford, Connecticut, scrisse i classici *Le avventure di Tom Sawyer* (1876) e *Huckleberry Finn* (1884). Questo intreccio di amicizie letterarie usava riunirsi anche a Cambridge, Massachusetts, in Brattle Street, proprio dietro l'università di Harvard. Qui il poeta e professore universitario Henry Wadsworth Longfellow (1807-82) apriva le porte della sua casa, mentre componeva alcuni dei poemi più amati dell'epopea rivoluzionaria americana compreso *Paul Revere's House*, sonetto dedicato al fabbro che aveva aiutato i ribelli americani contro gli inglesi. Ma quello di Longfellow non era l'unico circolo culturale di successo. A Boston il Saturday Club di Oliver Wendell, medico, insegnante e scrittore, attirava frotte di intellettuali dal Vecchio e dal Nuovo mondo, tanto che in questi incontri nacque una delle riviste più autorevoli ancora pubblicate negli Stati Uniti, l'*Atlantic Monthly*.

Perbenismo e viaggi di scoperta

Dopo la grande esplosione intellettuale di metà Ottocento, un certo perbenismo culturale si impose a Boston e dintorni. Se Harvard continuava a formare il meglio dell'intellighenzia nazionale, l'organo di censura Watch and Ward Society, fondato a Boston nel 1878, si occupava di vietare la pubblicazione di numerose opere 'immorali' e la loro distribuzione in città, tanto che la Boston Public Library le conservava in stanze chiuse al pubblico. Al drammaturgo Eugene O'Neill fu proibita la messa in scena delle sue pièce, mentre altri scrittori decisero di emigrare in Inghilterra per esprimere liberamente i loro pensieri: a cominciare da Henry James, per un solo anno studente di legge a Harvard, che ambientò a Boston il romanzo drammatico *Le Bostoniane* (1886). Quest'atmosfera ovattata e perbenista segnò anche le generazioni successive, almeno fino alla metà del Novecento. Per sfuggire dalla noia della provincia il giovane Jack Kerouac (1922-69) partì da Lowell, Massachusetts, per viaggiare on the road a sud e a ovest mentre chi cercava quiete e immersione nella natura faceva il percorso inverso e dalla California sceglieva prima il Vermont e poi il nord del New Hampshire, come Robert Frost (1874-1963), uno dei poeti americani più amati.

Dai grandi college alle comunità alternative

Harvard, Yale, Brown e Dartmouth, quattro delle otto università della Ivy League, le più antiche e blasonate del Paese, sono stati luoghi di formazione di decine e decine di protagonisti della cultura e della politica americana, sopperendo così, in qualche modo, alla mancanza di fenomeni letterari di assoluta influenza come nei periodi d'oro del New England. Il contesto in cui hanno studiato e insegnato ha condizionato le opere di John Updike, studente ad Harvard, e di David Foster Wallace, che fu anch'egli brevemente

Foster Wallace, Costello e il rap spiegato ai bianchi

Nell'aprile del 1989 **David Foster Wallace**, qualche semestre prima studente ad Harvard, torna a Cambridge per completare il dottorato in estetica. L'autunno precedente ha tentato il suicidio, ma la voglia di tornare a scrivere non gli manca. Il suo primo libro, *La scopa del sistema* (1987), un adattamento della tesi di laurea, è stato un successo di pubblico e critica. Quando un editor newyorkese gli propone di scrivere un saggio sul rap, ci si butta con entusiasmo coinvolgendo il suo compagno di appartamento e amico **Mark Costello**. Nasce così *Signifying Rappers: Rap and Race in the Urban Present*, pubblicato nel 1990 (*nella foto, la copertina della prima edizione*), in italiano (2014) col titolo *Il rap spiegato ai bianchi*.

Oltre a essere un denso trattato sulla materia, con interessanti spiegazioni sulla nascita e i motivi del successo di un genere musicale, il libro è anche un ritratto di Boston in un momento storico preciso. Foster Wallace è scrupoloso, ai limiti del maniacale nella sua ricerca. Con Costello, scrive, «abbiamo scoperto un entusiasmo imbarazzato, quasi furtivo, e decisamente bianco, per un certo genere di musica chiamato rap/hip hop». I due frequentano tutti i locali con musica dal vivo della città: dal *Western Front* in Western Avenue (oggi chiuso), che era «il migliore locale ska e reggae a nord di New York», al *Green Street* nella via omonima a Cambridge per il blues di Chicago, al *Cantab Lounge* (738 Massachusetts Avenue, Cambridge) per il rhythm'n'blues... Il locale hip hop più 'prestigioso' della città era «una scalcinata ex pista di roller derby degli anni Trenta che portava il nome di Chez Voo Disco Rink». Dopo aver trascorso mesi a studiare la scena rap di Boston, New York, Los Angeles, Chicago, Washington, Minneapolis e St. Louis, i due scrittori realizzano che «alla gente proprio non andavano a genio due facce bianche pulite e sconosciute». *Il rap spiegato ai bianchi* è un viaggio a volte puntuale altre disconnesso in un'epoca complessa la cui musica emergente, il rap, raccontava di un mondo periferico, quartieri difficili, lotte sociali. Un mondo precluso ai bianchi che però non potevano fare a meno di ascoltare quei ritmi sincopati e ripetitivi e quelle frasi spesso in slang incomprensibile e volgare, attraverso le quali si poteva dare un'occhiata al di là della cortina virtuale che separa le due anime della città: «Il rap è il rimbombo frastornante di un'esplosione, si espande esso stesso come un gas e permea l'aridità degli anni Ottanta...». E l'espansione, in effetti, continua.

a Harvard e a Boston ambientò il capolavoro *Infinite Jest* (1996). Ha studiato scrittura creativa alla Boston University la scrittrice di origini bengalesi Jhumpa Lahiri, la cui prima opera di racconti, *L'interprete dei malanni* (1999), ha vinto il premio Pulitzer. Altro premio Pulitzer che del Massachusetts ha fatto la sua seconda casa è Michael Cunningham: nei romanzi *Una casa alla fine del mondo* (1990) e *Dove la terra finisce* (2002) ha raccontato la comunità intellettuale e artistica di Provincetown, piccola cittadina sulla punta di Cape Cod la cui fama di meta turistica d'eccellenza va di pari passo con la tradizione culturale alternativa e gay friendly.

I romanzieri contemporanei

Pur non assomigliandosi tra loro, gli autori del New England del Ventunesimo secolo hanno spesso ambientato nelle città natali o nelle zone limitrofe le loro storie di successo. A partire dal più noto e prolifico, Stephen King, originario di Bangor, Maine, che con oltre 70 romanzi e più di 300 milioni di copie vendute si è imposto come uno degli scrittori più letti del mondo. Nata a Portland, nel Maine, Elizabeth Strout ha vinto il Pulitzer nel 2009 con *Olive Kitteridge*, romanzo ambientato in una piccola comunità di mare sulla costa proprio del Maine di cui descrive le atmosfere rarefatte e nebbiose. È ambientata nel Maine anche la sceneggiatura del film *Le regole della casa del sidro* (Lasse Hallström, 1999), premiata dall'Oscar e scritta da John Irving, originario del New Hampshire. La sua città natale, Exeter, è teatro di romanzi come *Il mondo secondo Garp* (1978) e *Preghiera per un amico* (1989).

L'arte figurativa dal paesaggio all'astrazione

Gran parte dell'immaginario americano sul New England è dovuto a due artisti che, in epoche diverse, ne hanno dipinto il paesaggio. Winslow Homer e Norman Rockwell hanno rappresentato, sulle tele e nei disegni, la natura, l'oceano e la vita quotidiana principalmente del Maine e del Massachusetts, trasformandosi involontariamente in promotori del territorio anche nelle sue valenze turistiche.

Homer, nato a Boston nel 1836, fu pittore e illustratore. Le sue opere hanno contribuito a descrivere l'America del tempo, dalla Guerra civile alla vita delle comunità afroamericane, ai paesaggi osservati e restituiti sulla scia della sensibilità impressionista scoperta durante un viaggio a Parigi. Al ritorno negli Stati Uniti, Homer comincia a frequentare la comunità artistica di Gloucester, in Massachusetts, per poi trasferirsi a Prout's Neck nel Maine dove rimane fino alla morte, nel 1910. Qui raggiunge la maturità pittorica e definisce le peculiarità stilistiche per cui è celebre nel mondo. I cottage sul mare, i pescatori in lotta con l'oceano, la furia degli elementi naturali diventano i soggetti preferiti dei suoi quadri alimentando un immaginario che molti turisti del Ventesimo secolo andranno poi a cercare sulle coste del New England.

Assai diverso il percorso dell'illustratore newyorkese Norman Rockwell (1894-1978), che nelle copertine del magazine *Saturday Evening Post* ha concorso a raccontare cinque decenni di American way of life, dal 1916 e il 1963. In oltre 4000 disegni Rockwell ha illustrato scene di vita quotidiana, inventato pubblicità (iconica quella per Coca-Cola), promosso campagne sociali contro il razzismo (col celebre *The Problem We all Live With* esposto anche alla Casa Bianca). Quando si trasferisce con la famiglia a Stockbridge, Massachusetts, negli anni Cinquanta, immortala la cittadina coperta di neve durante le feste di Natale. La sua rappresentazione della vita tradizionale della provincia americana fissa un'immagine universalmente nota, che ancora oggi fa sospirare i nostalgici di un mondo forse scomparso per sempre.

Il New England ha però ispirato decine di altri artisti americani, a partire da Edward Hopper che ha dipinto Gloucester, nel Massachusetts, Ogunquit e Monhegan Island nel Maine (in una tela chiesta in prestito da Barack Obama per lo Studio Ovale), Cape Cod sempre in Massachusetts. Proprio Cape Cod ospita da circa un secolo una folta

Norman Rockwell, *The Problem We All Live With* (1964), opera esposta al museo di Stockbridge

comunità artistica che ha avuto tra i suoi ospiti anche Jackson Pollock e Willem De Kooning, due pittori che hanno smesso di rappresentare realisticamente il paesaggio esterno per riflettere sui fondamenti del linguaggio visivo e dell'azione pittorica. Significativo anche il ruolo avuto dalla School of the Museum of Fine Arts di Boston nel formare altri artisti iconici del panorama statunitense. Due nomi fra tutti: Cy Twombly e Robert Rauschenberg, maestro della pop art.

Jazz in un giorno d'estate: il Festival di Newport

George Wein era un giovane commerciante che negli anni Cinquanta gestiva a Boston un negozio di dischi, Storyville, specializzato in musica jazz. Fra i suoi clienti c'era una coppia di facoltosi appassionati, i coniugi Elaine e Louis Lorillard, che nel 1954 lo convinsero a organizzare dei concerti della musica amata nell'ameno posto di vacanza di Newport, Rhode Island. Con il supporto economico dei Lorillard, Wein inaugurò la prima edizione quello stesso anno nei locali del Newport Casino e poi, visto il successo, si ripeté negli anni successivi in altre location, vincendo la resistenza degli abitanti della zona che non vedevano di buon occhio affollamenti e rumori.

Il festival visse per almeno un decennio tempi turbolenti, nonostante l'ottima proposta musicale (il giovane Miles Davis, Billie Holiday, l'orchestra di Duke Ellington, Ella Fitzgerald fra gli altri) e un film addirittura, *Jazz On A Summer's Day*, che documentava l'edizione 1958. La situazione si acquietò alla metà dei '60 e Newport diventò un classico, quasi un'assemblea generale della comunità jazz negli Stati Uniti. Memorabili furono soprattutto le edizioni fra il 1969 e il 1971, quando Wein pensò bene, tra mille polemiche, di ospitare anche concerti rock e R&B, accostando Dave Brubeck ai Jethro Tull, Miles Davis a Frank Zappa, BB King (*nella foto*) a James Brown e agli Allman Brothers. Amato e discusso, l'inquieto festival si trasferì nel 1972 a New York assumendo la sigla Newport Jazz Festival-New York, anticipando una tendenza ad affittare il brand che nel 1982 avrebbe portato alla nascita di un **Newport Jazz Festival** anche nel lontano Giappone. Il ritorno nella cittadina del Rhode Island avvenne nel 1981, quando finalmente fu trovata la sede adatta e a tutt'oggi definitiva: quella del **Fort Adams State Park**, immersi nella natura con una splendida vista sul porticciolo di Newport, nel frattempo diventata notevole attrazione turistica. Superata anche la boa dei sessant'anni, il Newport Jazz Festival rimane una delle più importanti rassegne mondiali del genere e in ogni caso ha dalla sua la leggenda, e il fatto di essere stato il primo di una specie di eventi oggi diffusi in tutto il mondo. L'appuntamento annuale prevede tre giornate, venerdì, sabato e domenica, solitamente nella prima decade di agosto.

Riccardo Bertoncelli

Dizionario di arte e cultura

Abenaki. Tribù di nativi americani del New England.
Arts and Crafts. Movimento di architettura e design popolare negli Stati Uniti all'inizio del XX secolo; lo stile pone l'accento sulla semplicità artigianale e sul design funzionale.
Beaux-Arts. Stile affermatosi tra il 1890 e il 1920 sulla scia del classicismo ornamentale diffuso dalla École des Beaux-Arts di Parigi.
Brahmino. Membro delle famiglie storiche, agiate e istruite, dell'élite della Boston ottocentesca; attualmente si riferisce ai bostoniani ricchi e colti.
Coloniale. Stile architettonico del primo periodo della colonizzazione inglese del Nordamerica, caratterizzato da case in legno con grandi tetti a spiovente, finestre piccole e possenti camini centrali.
Downtown. Indica il quartiere centrale cittadino degli affari.
Federale. Stile architettonico diffuso negli Stati Uniti tra il 1785 e il 1815, apportò all'architettura georgiana elementi palladiani.
Georgiano. Architettura coloniale riferita ai periodi di governo britannico dei re Giorgio I e II (1714-1760) precedenti alla Rivoluzione americana; è caratterizzato da linee simmetriche e proporzioni di stampo neoclassico.
Gilded Age. Letteralmente 'età rivestita d'oro', indica gli anni successivi alla Guerra di Secessione, caratterizzati da una forte ripresa economica in una società, secondo Mark Twain, basata sull'apparenza.
Gothic Revival. Stile architettonico europeo affermatosi in America tra il 1840 e il 1880 come espressione della cultura romantica. Deriva dalle cattedrali medievali europee l'inserimento di torri, merlature, finestre ad arco acuto.
Greek Revival. Corrente neoclassica impostasi negli Stati Uniti nella prima metà del XIX secolo. Adotta gli elementi del tempio greco cui aggiunge la cupola.
Lobster pound. Ristorantino informale o chiosco che serve astici appena pescati, tipico del Maine.
Locavore. Chi preferisce consumare cibi e prodotti coltivati localmente 'a chilometro zero'.
Minuteman. Volontario dell'esercito coloniale pronto a prendere servizio in qualsiasi momento per difendere la sua casa o villaggio; formatosi per difendersi dagli attacchi dei nativi, fu il primo corpo militare organizzato dell'esercito americano durante la Rivoluzione contro le truppe britanniche.
National Register of Historic Places. L'elenco dei siti storici del National Park Service; l'inclusione nell'elenco serve a preservare l'integrità di edifici e strutture.
Neoellenico. Stile architettonico diffuso tra la fine dell'XVIII secolo e il 1850 che utilizza elementi delle architetture grecoromane nella costruzione di edifici pubblici e religiosi.
Shack. Capanno o chiosco che serve cibo di strada, soprattutto frutti di mare.
Vittoriano. Stile architettonico tipico dell'età vittoriana (1850-1900), nel New England ebbe diverse varianti: il Richardsonian Romanesque, con elementi romanici come l'arco a tutto tondo; l'American Queen Anne, che fa ampio uso di torrette e abbaini; lo Shingle, caratterizzato da tetti rivestiti con scandole di legno di cedro; il Gothic Revival, che inserisce torrette, guglie e archi a sesto acuto.
Yankee. Termine di incerta origine etimologica, indica un abitante o nativo del New England o degli Stati Uniti nordorientali; una persona o soldato degli Stati nordisti durante la guerra di Secessione; per estensione, un americano.

LA VISITA

1 Boston e dintorni

Se la prima impressione è quella che conta, **Boston**** (700 000 ab.) fa di tutto per confondere. Atterrando al Logan Airport sono i grattacieli di Downtown a mostrarsi per primi in tutta la loro americana razionalità: vetro, acciaio e cemento che indicano affari, dollari e opulenza. Ma se l'altezza non aiuta a cogliere i dettagli, è muovendosi a piedi o con i tram che si comincia a intuire una stratificazione ben più complessa. Con i suoi 350 anni di storia, la capitale del Massachusetts è la più antica città degli Stati Uniti.

Dal passato al futuro: l'appeal dell'Atene d'America

Qui sono nate le istanze indipendentiste dei coloni che scatenarono una rivoluzione, con pochi mezzi, contro una delle nazioni più potenti dell'epoca, quella cara vecchia Inghilterra legata a doppio filo con la nuova ma incapace di comprenderne il coraggio, l'orgoglio e la ferma volontà di farsi nazione a se stante: l'orgoglio degli abitanti di The Hub, il centro di tutto, uno dei tanti soprannomi di Boston, che parte dai lampioni a gas del quartiere di Beacon Hill e arriva ai robot e ai microchip progettati ogni giorno dagli studenti del Massachusetts Institute of Technology. Nel corso dei suoi tre secoli di vita il piccolo villaggio sul mare fondato dai Padri pellegrini ha conosciuto continue trasformazioni, facendosi promotore di lotte per la giustizia sociale e l'uguaglianza. Abolizionisti convinti, i bostoniani hanno accolto e liberato schiavi fuggiti dal Sud ma anche chi arrivava dall'Europa in cerca di lavoro e di un futuro migliore. Irlandesi e italiani soprattutto, che hanno contribuito a cambiare il volto della città con i loro quartieri, i loro bar, le loro feste tradizionali. Agli europei Boston sembra in effetti familiare grazie agli edifici di mattoni rossi, alle chiese simil gotiche e romaniche, ai tram, ai pub e ai ristoranti in cui viene servito un caffè che è buono quasi come a Napoli. L'anima puritana che ha innegabilmente segnato il passato della città è oggi assai più multiculturale e globale. Provengono da oltre cento Paesi del mondo gli studenti che frequentano le prestigiose università locali, Harvard in testa, uno dei centri della cultura mondiale come fu Atene millenni fa. Non a caso un altro soprannome che Boston accetta

con orgoglio ed eleganza è Atene d'America (il copyright appartiene a William Tudor, cofondatore della *North America Review*, che la definì così nel 1819). Tra l'Ottocento e gli inizi del Novecento la città era divisa tra una nobiltà senza sangue blu, ma con tanti dollari, che si riuniva nelle magnifiche residenze di Beacon Hill e Back Bay, i cosiddetti 'brahmini', e una massa affamata e spesso rissosa di scaricatori di porto, operai, piccoli commercianti che vivevano ammassati in case popolari e strade sporche. Oggi, se nei vicoli di Beacon Hill ci si può ancora immaginare che da un momento all'altro sbuchi una carrozza, al porto di operai non se ne vedono più e i dock dove prima lavoravano ospitano eleganti loft per le nuove generazioni di bostoniani più abbienti. L'anima di Boston, in ogni caso, continua a guardare avanti e lo dimostrano i tanti lavori aperti a partire dall'eterno cantiere del Big Dig, il Grande Scavo, il costosissimo progetto stradale iniziato negli anni Sessanta allo scopo di interrare, sopraelevare e diversificare il traffico cittadino. D'altronde tre secoli fa, alla nascita di The City on the Hill (ennesimo soprannome inventato dal governatore e fondatore John Winthrop, che voleva edificare una città su tre colline), il traffico delle automobili non era previsto e anche oggi, forse, l'auto è meglio lasciarla parcheggiata per esplorare da vicino, camminando, le vie di Boston e le tante stratificazioni della sua storia.

Il territorio, l'economia

Costruita alla confluenza dei fiumi Charles e Mystic, Boston è cresciuta e si è espansa grazie al grande porto commerciale costruito alla foce. I primi coloni si stabilirono sulla penisola di Shawmut, ma l'estensione alle altre zone fu rapida e oggi i quartieri cittadini sono ben 23. Per costruirli molte aree furono bonificate utilizzando la terra delle tre colline originali che si alzavano nel territorio, le cosiddette Trimountain (oggi rievocate nel nome di Tremont Street): opere straordinarie di ingegneria iniziate tra Settecento e Ottocento. Oggi la città, in realtà difficilmente scindibile dalla sua grande area metropolitana, Greater Boston, che raggiunge i cinque milioni di abitanti su 124 km^2 di superficie, è una delle più densamente popolate (e ambite) degli Stati Uniti e ogni giorno altri due milioni di persone la raggiungono dai dintorni per lavorare. D'altronde l'economia di Boston è tra le più sviluppate grazie alle decine di imprese hi-tech che operano in collaborazione con le università. Anche il porto continua ad avere rilevanza non solo storica (è il più antico ancora in attività dell'emisfero occidentale), ma anche commerciale. Dal Boston Tea Party ne è passata di acqua sotto i ponti (25 in tutta l'area metropolitana), e non c'è più rischio che merci e container vengano gettati in mare.

Boston, alle origini della nazione

«Una città su una collina non si può nascondere». In uno dei suoi sermoni più famosi, John Winthrop, tra i primi coloni a sbarcare sulla penisola di Shawmut nel 1630, così definiva il destino di Boston. La Massachusetts Bay Colony era una comunità utopica che sognava in grande e i cui membri erano certi che con virtù e impegno sarebbero riusciti a superare ogni avversità: comprese quelle legate alle condizioni climatiche avverse e alla presenza nell'area dei nativi americani algonquin. Contro ogni aspettativa della madrepatria britannica, lo sparuto gruppo di coloni sopravvisse e prosperò in breve tempo dando prova di ostinazione e lungimiranza. Vennero fondate scuole, biblioteche e un'università in grado di formare la futura classe dirigente, che agli inizi coincideva

I grattacieli del Financial District che sovrastano gli edifici storici

Boston, animazione turistica a Quincy Market

con le élite dedite alla diffusione del verbo puritano. Nel giro di un secolo gli abitanti di Boston erano già circa 15 000: i più poveri ammassati nel North End, mentre i ricchi preferivano la sommità di Beacon Hill. Nel frattempo l'Inghilterra era costretta suo malgrado ad affrontare una serie di guerre coloniali assai dispendiose. La fiorente economia commerciale di Boston venne presa di mira da nuove tasse e imposte, ma non ci volle molto perché i coloni d'oltreoceano iniziassero a protestare. L'invio di truppe britanniche, le cosiddette Giubbe rosse, non fece che peggiorare la situazione. Le tensioni quotidiane ebbero uno sbocco cruento il 5 marzo 1770, quando un banale litigio scatenò la reazione armata degli inglesi che uccisero cinque manifestanti, episodio poi passato alla storia come Massacro di Boston. Tre anni dopo furono imposte nuove tasse e un gruppo di rivoluzionari travestiti da nativi gettò nella baia tonnellate di tè stivate su un'imbarcazione inglese: il Boston Tea Party fu un episodio cruciale della storia americana, all'insegna del motto 'no taxation without representation'. Per reazione fu chiuso il porto e dichiarata la legge marziale. I coloni organizzarono allora una milizia, i Minutemen, e si radunarono fuori città, a Concord, dove riuscirono a respingere le truppe inglesi. Gli scontri continuarono a Boston fino al marzo del 1776, quando le Giubbe rosse si ritirarono anche dalla città. Il 4 luglio dello stesso anno nacquero gli Stati Uniti d'America. Nel 1788 lo Stato del Massachusetts diventò uno Stato federato dell'Unione con capitale Boston, sede del governatore: il mito della 'culla della libertà' è suo.

La città nei secoli dello sviluppo

L'indipendenza aprì un periodo di prosperità e di trasformazione. Il porto aumentò il volume dei commerci e la cantieristica navale si affermò come una delle più prestigiose al mondo. Le ciminiere delle fabbriche spuntarono come funghi mutando il profilo della metropoli. Le produzioni di punta riguardavano le concerie, le confezioni, le fabbriche di macchinari. La città trasse impulso economico anche dalla sanguinosa guerra di Secessione (1861-65), rifornendo le truppe nordiste. Divenne necessario creare spazio e abitazioni per nuovi cittadini e le alture che ondulavano il profilo di Boston furono spianate per bonificare con la terra enormi zone paludose, come quella che diede vita ai quartieri di Back Bay e Fenway. Nel frattempo migliaia di emigranti sbarcavano al porto: nel 1850 già 35 000 irlandesi erano fuggiti dalla carestia per trovare lavoro e fortuna a Boston. Ma nella conta dei migranti c'erano anche italiani, tedeschi, libanesi, ebrei che presero a vivere in comunità coese e divise nei diversi quartieri: gli italiani a North End, gli irlandesi a South Boston e Charlestown, gli ebrei russi nel West End. Tutti contribuirono a creare la città come la si vede adesso.
Dopo il devastante incendio del 1872, lo sforzo di ricostruzione condusse la popolazione ad aumentare da 250 000 a 450 000 abitanti in dieci anni. Una piccola cerchia di cosiddetti 'brahmini', composta dalle famiglie dell'élite, teneva saldamente le redini

del potere mentre una parte di ceti più poveri si dibatteva ai limiti della sopravvivenza. Il boom economico manifatturiero cominciò a rallentare già tra le due guerre, per trasformarsi in declino dopo la seconda. Nelle conseguenti sacche di disagio sociale il Partito Democratico trovò l'appoggio politico che contribuì all'elezione alla Casa Bianca del primo presidente di origini irlandesi e cattolico degli Stati Uniti, John Fitzgerald Kennedy, nel 1960. Negli anni successivi l'economia di Boston trasse linfa vitale dalla collaborazione tra società innovative e università, Massachusetts Institute of Technology in primis, con progetti tecnologici che avviarono la nuova rivoluzione digitale. Proprio nei pressi dell'università dove aveva studiato ingegneria elettrica, il programmatore Ray Tomlison inviò la prima email grazie al sistema di comunicazione Arpanet, predecessore di Internet. La rivoluzione hi-tech è andata poi di pari passo con le conquiste sociali, a cominciare dai matrimoni omosessuali: il primo nel Paese è stato celebrato ad Harvard nel 2004. La forza e l'identità orgogliosa di Boston si sono manifestate anche in occasione degli attentati del 15 aprile 2013, durante la maratona cittadina, quando due bombe uccisero tre persone e ne ferirono centinaia. Due film, *Patriots Day* (*Boston, caccia all'uomo*), di Peter Berg (2016), e *Stronger* di David Gordon Green (2017) hanno ricostruito quegli eventi. Fenomeno che accomuna Boston ad altre metropoli americane e del mondo è la gentrificazione che fa esplodere, in interi quartieri, il costo delle case con l'apertura di nuovi locali, ristoranti, studi di artisti, costringendo parte dei vecchi abitanti a spostarsi in aree più economiche e lontane dal cuore pulsante della città, dalla baia e dai suoi scintillanti grattacieli.

La visita

Per scoprire Boston sono necessari almeno 5 giorni. I molti musei e i diversi quartieri, ciascuno con la sua identità, meritano di essere esplorati con calma, muovendosi per lo più a piedi o coi mezzi pubblici. Ideale punto di partenza della visita è il cuore storico della città, dov'è iniziata la storia americana, con il Boston Common e Beacon Hill: parte da qui il Boston Freedom Trail, che tocca tutti i principali luoghi storici collegati tra loro da una lunga linea rossa sui marciapiedi. Orgoglio cittadino sono i musei, a cominciare dal Museum of Fine Arts e dall'Isabella Gardner Stewart Museum, per i quali vanno previste almeno due mezze giornate. Merita un'intera giornata la perlustrazione dei college più importanti, come Mit e Harvard a Cambridge, i cui dintorni sono ricchi di librerie, locali e curiosità architettoniche e artistiche (nonché di altri preziosi musei). Un itinerario tematico ricco di suggestioni è quello dedicato a John F. Kennedy, dalla casa natale alla Library che gli è intitolata. Boston offre anche grandi e rilassanti spazi verdi, parchi animati in estate da spettacoli e concerti gratuiti e centro delle celebrazioni più importanti, dal 4 luglio al Patriot's Day (terzo lunedì di aprile). Nei dintorni, Lexington, Concord, Lowell, cittadine già immerse in un paesaggio rurale, invitano a excursus alle origini della nazione.

i Come muoversi a Boston

La città ha seri problemi di traffico e la circolazione automobilistica può essere snervante. Meglio quindi parcheggiare e procedere a piedi o coi mezzi pubblici. La MBTA (*mbta.com*) gestisce la più vecchia **metropolitana** degli Stati Uniti, costruita nel 1897. I locali la chiamano semplicemente T ed è proprio una T che indica le fermate. Quattro le linee in funzione: Red Line, Orange Line, Green Line e Blue Line. Apparentemente complesso, il sistema della subway è più semplice di quel che sembra quando si arriva. Fondamentale controllare se i treni sono diretti *Inbound*, cioè verso il centro di Boston, o *Outbound*, verso le aree più periferiche. Le linee della MBTA non sono in funzione tra mezzanotte e le cinque di mattina. Il prezzo del biglietto singolo è di 2,50 dollari; con la **Charlie Card**, la carta ricaricabile in vendita presso qualsiasi stazione della metropolitana, il prezzo scende a 2 dollari. Sono disponibili anche tessere turistiche con validità giornaliera o settimanale, in vendita presso le fermate Park Street, Government Center, Back Bay, Alewife, Copley, Quincy Adams, Harvard, North Station, South Station, Hynes e Airport. Per e dall'**aeroporto** Logan (II, *C5*) è in funzione un servizio di bus navette gratuito che conduce alla fermata della metropolitana Airport sulla Blue Line; da South Station parte il bus **Silver Line** che collega direttamente il centro cittadino con l'aeroporto.

0
250
500 m
Cambridge Street
Hampshire St.
Inman St.
Prospect St.
The Port
Harvard St.
Wellington-Harrington
Cambridge Street
Gore Street
Monsignor O'Brien Highway
93
LECHMERE
East Cambridge
Lechmere Canal Park
Spring St.
Charles Street
Binney Street
CAMBRIDGE
Broadway
Galileo Galilei Way
Athenaeum St.
Edwin H Land Boulevard
Charles River
Craigie Drawbridge
Gilmore Br.
Lederman Park
Longfellow Bridge
CHARLES/MGH
Lafayette Sq.
Main Street
Massachusetts Avenue
Mit Museum
Ray & Maria Strata Center
KENDALL/MIT
List Visual Arts Center
Green Building
Great Dome
Memorial Drive
Kresge Auditorium
Massachusetts Institute of Technology MIT
Baker House
Endicott St.
Amherst Alley
River
MIDDLESEX COUNTY
SUFFOLK COUNTY
Harvard Bridge
Charles
Hatch Shell
Storrow Dr.
Pinckney St.
Mount
Chestnut
Charles River Esplanade
Storrow Lagoon
Gibson House Museum
Boston Public Garden
Storrow Drive
Beacon Street
Marlborough
Commonwealth
Newbury
Boylston
ARLINGTON
Back Bay
New Old South Church
Copley Square
COPLEY
Trinity Church
St. James
Bay Village
Kenmore Square
KENMORE
Commonwealth Avenue
HYNES CONVENTION CENTER
Charlesgate
Massachusetts Turnpike
90
Boston Public Library
Back Bay Station
BACK BAY
Yawkey St.
Fenway Park (Red Sox)
Prudential Center Skywalk Observatory
PRUDENTIAL
Back Bay Fens
Mary Baker Eddy Library e Mapparium
Westland Av.
Reflection Pool
Titus Sparrow Park
Huntington Avenue
Boylston Street
Fenway
Queensberry St.
Park Drive
SYMPHONY
South End
MASSACHUSETTS AVENUE
Saranac/New Castle Garden
Isabella Stewart Gardner Museum
Museum of Fine Arts
NORTHEASTERN UNIVERSITY
MUSEUM OF FINE ARTS
Blackstone Sq.
Franklin Sq.
Chester Park
EAST NEWTON ST.
WORCESTER ST.
Huntington Avenue
Columbus Avenue
Ruggles Station
RUGGLES
Tremont Street
Parker Street
Melnea Cass Bd.
Ramsay Park
LENOX ST.
Madison Park High
Ruggles Street
MELNEA CASS BOULEVARD
Roxbury
ROXBURY CROSSING
Malcolm X Boulevard
Jeep Jones Park
Washington
DUDLEY STATION
Albany St.
Harrison Av.

4
5
6
A
B
C
D
E
F
Bunker Hill Monument
Monument Square
Bunker Hill Museum
Charlestown
Tobin Memorial Br.
Charlestown Navy Park
Uss Constitution Museum
Uss Constitution
Charlestown Navy Yard
Mystic River
Central Square Park
East Boston
Border Street
Meridian St.
London St.
Maverick St.
Summer Street
MAVERICK
COMMUNITY COLLEGE
Austin St.
New Rutherford St.
John F. Fitzgerald Expressway
Chelsea Street
Paul Revere Park
Charlestown Bridge
River
North Point Park
Leverett Circle Connector Br.
Leonard P. Zakim Bunker Hill Br.
Charles
Langone Park
Commercial Street
Summer Tunnel
Callahan Tunnel
Dam Rd.
Nashua St.
SCIENCE PARK/ WEST END
North Station (TD Garden)
NORTH STATION
North Washington St.
Old North Church
North End
Charles St.
West End
Lomasney Way
Causeway St.
Prince St.
Endicott St.
Salem St.
Hanover St.
North Sq.
Atlantic Av.
Blossom St.
Merrimac St.
Haymarket Sq.
Paul Revere House
Staniford St.
New Chardon St.
HAYMARKET
Rose Fitzgerald Kennedy Greenway
Christopher Columbus Waterfront Park
Long Wharf (North)
BOWDOIN
Cambridge Street
Congress St.
Armenian Heritage Park
Museum of African American History
GOVERNMENT CENTER
Faneuil Hall
Quincy Market
Boston Harbor Islands Pavilion
AQUARIUM
New England Aquarium
Boston Main Channel
Beacon Hill
Louisburg Square
Massachusetts State House
STATE ST.
Old State House
Long Wharf (Central)
Logan-Hull-Hingham
Vernon St.
Nichols House Museum
Granary Burying Ground
King's Chapel
Old City Hall
Old South Meeting House
Kilby St.
Broad St.
Channel
Spruce St.
Beacon St.
Shaw Memorial
Park Street Church
Downtown Crossing
Rowes Wharf
Frog Pond
PARK ST.
Brewer Fountain
Winter St.
Pearl St.
Oliver St.
DOWNTOWN CROSSING
Financial District
Boston Common
Visitor Centre
Tremont St.
WASHINGTON STREET
Brattle Book shop
Summer St.
Northern Avenue Bridge
Fan Pier Park
Lynn-Salem
Parkman Bandstand
BOYLSTON
CHINATOWN
Dewey Sq.
Seaport Blvd.
Boston Tea Party Ships and Museum
Harborwalk
Institute of Contemporary Art
Hingham
Boylston St.
Central Burying Ground
Essex St.
SOUTH STATION
COURTHOUSE
Northern Av.
Park Pl.
ESSEX ST.
ATLANTIC AV.
Congress St. Bridge
Boston Children's Museum
Boulevard
Stuart Street
Chinatown
South Station
TUFTS MEDICAL CENTER
Kneeland St.
Lincoln Street
South St.
Summer Street
Seaport District
Seaport Boulevard
Eliot Norton Park
Hudson Street
Dorchester Avenue
Fort Point Channel
Congress
WORLD TRADE CENTER
Street
A Street
Massachusetts Turnpike
Herald Street
HERALD ST.
Harrison Av.
Massachusetts Turnpike
South Boston Bypass Road
Summer
SILVER LINE WAY AFTER MANULIFE BUILDING
Massport Haul Boulevard
D Street
East Berkeley St.
Washington St.
Shawmut Av.
Peters Park
EAST BERKELEY ST.
Marine Industrial Park
BROADWAY
West First St.
D Street
E Street
UNION PARK ST.
West Broadway
West 3rd Street
Pappas Way
Malden St.
Plympton St.
Albany Street
West 5th St.
West Broadway
West First St.
K Street
East 1st Street
L Street
West 7th Street
West 5th St.
Old Colony Avenue
East Broadway
Connector Av.
South Boston Bypass Rd.
Dorchester Avenue
West 8th Street
South Boston
G Street
East 5th Street
Thomas Park
Dorchester Street
Damrell St.
Southampton Street
East 7th Street
East 8th Street
93
90

Boston/II 1: 175 000 (1 cm = 1750 m)

0 1750 3500 m

Wakefield
Stoneham
Melrose
Middlesex Fells Reservation
Spot Pond
Malden
Everett
Somerville
Mystic River
Chelsea
Saugus
Lynn
Swampscott
Hawkes Pond
Walden Pond
Breeds Pond
PINE GROVE CEM.
Highland Avenue
Paradise Road
Main Street
BROADWAY
ESSEX COUNTY
MIDDLESEX COUNTY
SUFFOLK COUNTY
Salem Turnpike
North Shore Rd.
Nahant Bay
Nahant
Bass Point
Nahant Harbor
East Point
Salem
Harvard Museum of Natural History
Peabody Museum of Archaeology & Ethnology
Cambridge
Charlestown
Uss Constitution
North End
East Boston
Massachusetts Institute of Technology MIT
West End
Massachusetts State House
Beacon Hill
Boston Common
Boston Public Library
Boston Tea Party Ships and Museum
Institute of Contemporary Art
Downtown Crossing
Seaport District
Fenway
South End
South Boston
Isabella Stewart Gardner Museum
Museum of Fine Arts
Roxbury
Dudley Square
Jones Hill
Seaver St.
Blue Hill Av.
SOUTHEAST EXPRESSWAY
John F. Kennedy Presidential Library and Museum
Winthrop
BOSTON LOGAN INTERNATIONAL AIRPORT
SNAKE ISLAND
Broad Sound
Massachussetts Bay
DEER ISLAND
BOSTON HARBOR
GREEN ISLAND
LITTLE CALF I.
OUTER BREWSTER ISLAND
CALF ISLAND
GREAT BREWSTER ISLAND
MIDDLE BREWSTER ISLAND
SHAG ROCKS
Boston Light
LITTLE BREWSTER ISLAND
NIXES MATE
LOVELLS ISLAND
GALLOPS ISLAND
Fort Warren
GEORGE ISLAND
SPECTACLE ISLAND
LONG ISLAND
THOMPSON ISLAND
RAINSFORD ISLAND
PLYMOUTH COUNTY
NORFOLK COUNTY
ISLANDS NATIONAL RECREATION AREA
MOON ISLAND
Marina Bay
Squantum
Hull
SPINNAKER ISLAND
Allerton
PEDDOCKS ISLAND
HANGMAN ISLAND
NUT ISLAND
SHEEP ISLAND
BUMPKIN ISLAND
Quincy Bay
Houghs Neck
GRAPE ISLAND
SLATE ISLAND
WORLDS END
RACCOON ISLAND
LANGLEE ISLAND
RAGGED ISLAND
SARAH ISLAND
BUTTON ISLAND
Ashmont
Morton St.
North Quincy
Milton Village
Milton
Quincy
Lincoln Street
Hingham
Bare Cove Park
Mill Cove
North Braintree
Weymouth
Randolph Avenue
Braintree
PILGRIMS HIGHWAY
Whitmans Pond
Great Pond
Ponkapoag Pond
YANKEE DIVISION HIGHWAY

1.1 Boston

I quartieri della città hanno una storia e un'anima spesso ben definite. Basta camminare da una zona all'altra per rendersene conto. E proprio a piedi se ne colgono sfumature e segreti. Ben collegati tra loro con la metropolitana, i quartieri si sviluppano sulla baia e sulle due sponde del Charles River. Non esiste un vero e proprio centro con una piazza all'italiana a definirlo, ma prendendo il parco di Boston Common come punto di partenza la scoperta può procedere a centri concentrici, un po' come si è sviluppata la città.

BEACON HILL E BOSTON COMMON

Fin dal 1790 il lato sud di Beacon Hill, affacciato sul verde del Boston Common, è il luogo della ricchezza e del potere cittadino. Intellettuali e politici, poeti e scrittori abitavano le eleganti case nei pressi della State House: un reticolo di piccole strade col selciato acciottolato e l'illuminazione a gas, dove i fasti passati e presenti sono ancora intuibili. Il quartiere resta infatti tra i più ambiti della città, come oltre duecento anni fa sinonimo di benessere e status. Visitabile a piedi, è punteggiato di architetture in stile georgiano e federale in mattoni rossi, con qualche colonna in marmo bianco tipica del Greek revival (tour tematici organizzati da *Boston by foot*; *bostonbyfoot.org*).

Beacon Hill** (I, *C4*). Per raggiungere la 'collina del faro', questo il significato del nome, dove agli inizi del Seicento fu installato appunto un grande faro per avvistare da lontano eventuali minacce provenienti dal mare, bisogna scarpinare in salita dal Boston Common a sud o dal West End a Nord. Ne vale la pena, perché improvvisamente i rumori del traffico si attenuano e ogni insegna appariscente e invadente scompare. Nel reticolo urbano di strade e vicoli acciottolati, tra edifici in stile federale di mattoni rossi, è ancora possibile immaginare come doveva essere la città nei secoli passati: l'illuminazione con lampade a gas garantisce fascino e atmosfera anche all'imbrunire. Al posto delle carrozze sono parcheggiate auto di lusso, ma la qualifica di National Historic Landmark, nel 1962, ha garantito la completa conservazione del patrimonio architettonico. La prima casa costruita qui da un colono, William Blaxton, nel 1625, invero non c'è più, ma una targa segnala il luogo dove sorgeva tra Beacon Street e Spruce Street. Due secoli dopo la collina era divenuta il centro della vita culturale della città: il South Slope, il 'lato sud', accoglieva circoli letterari e molti importanti autori presero casa qui, da Daniel Webster a Henry David Thoreau. Ad accrescere il fascino del quartiere contribuirono anche i ricchi commercianti della città, smaniosi di esibire l'opulenza raggiunta. Oliver Wendell Holmes li definì i 'brahmini' di Boston, una sorta di casta chiusa in se stessa pronta però a elargire una parte delle proprie ricchezze per finanziare ospedali, teatri, musei.
Molte case di Beacon Hill furono progettate dall'architetto Charles Bulfinch (1763-1844) e dai suoi discepoli. L'intenzione originaria era quella di realizzare grandi edifici separati da giardini, ma i costi crebbero

Case in mattoni, pavimento acciottolato e lampioni a gas: una strada di Beacon Hill talmente tanto da costringere Bulfinch ad aumentare la densità edilizia. Esemplificano al meglio la sua opera gli edifici in **Mount Vernon Street** (I, *C3-4*), dalla *Harrison Gray Otis House*, costruita nel 1800 (al N. 85), fino alle tre case, meno imponenti, ai numeri 55, 57 e 59. Al N. 55 c'è oggi il **Nichols House Museum** (I, *C4; tour guidati a pagamento dal aprile a ottobre mar-sab, da novembre a marzo gio-sab; nicholshousemuseum.org*), ideale per avere un'idea di come si viveva a Beacon Hill nell'Ottocento. Henry James definì nel 1890 Mount Vernon Street «la strada più civilizzata d'America», ed effettivamente ancora oggi si può capire cosa intendesse, immaginandola ai suoi tempi. **Louisburg Square** (I, *C4*) è uno degli indirizzi più chic, e costosi, di tutta Boston. Intorno a Halloween e a Natale le decorazioni delle case affacciate sulla piazza offrono uno spettacolo di eleganza e bellezza. Al centro si trova una statua dedicata a Cristoforo Colombo (1850).

BOSTON NELLE CANZONI

- **Sweet Baby** (James Taylor) L'emozione di un ritorno a Boston sotto la neve, passando per le colline del Berkshires, «at the turnpike from Stockbridge to Boston» (al casello da Stockbridge a Boston).
- **The Fenway** (Jonathan Richman & The Modern Lovers) Un grande rocker misconosciuto ha dedicato numerose canzoni alla sua città adottiva. Questo è un inno allo stadio del baseball, 'The Cathedral' come lo chiamano i tifosi dei Boston Red Sox, e ai sogni di un passato perduto.
- **Midnight Rambler** (Rolling Stones) In uno dei loro album più sinistri (*Let It Bleed!*) gli Stones evocano le gesta di Albert DeSalvo, 'lo strangolatore di Boston', terrore della città fra il 1962 e il 1964.
- **Dirty Water** (The Standells) Lo strangolatore fa capolino anche qui, in una canzone di paradossale amore da parte di un grande gruppo garage anni '60. Sono di Los Angeles ma cantano «amo quell'acqua sporca/ Boston, sei casa mia!».
- **I'm Shipping Up To Boston** (Dropkick Murphys) Una vecchia canzone di Woody Guthrie, su un marinaio che ha perso una gamba e va a cercarla a Boston, diventata un inno cittadino fra ironia e orgoglio. Una delle tante canzoni dedicate alla città da un grande gruppo folk punk del nostro tempo.

Museum of African American History* (46 Joy St; I, *C4*). *Visite a pagamento lun-sab ore 10-16; maah.org* - Tra i più importanti National Historic Landmarks della nazione, include due edifici storici: l'**African Meeting House** (1806), il più antico edificio religioso afroamericano costruito negli Usa, e l'**Abiel Smith School** (1835), la prima scuola del Paese costruita allo scopo di educare i bambini afroamericani. Nel 1890 la Meeting House si trasformò in sinagoga, essendosi la maggior parte della comunità afroamericana trasferita altrove (per esempio a Roxbury e Dorchester). Nel 1960 il tempio ebraico chiuse a sua volta e nel 1987 l'African Meeting House riaprì i battenti divenendo tappa del **Black Heritage Trail**, un itinerario a piedi (2,5 chilometri) che ripercorre la storia del movimento abolizionista e degli insediamenti degli afroamericani in città (*mappe per visite in autonomia e tour guidati gratuiti al Museum of African American History; nps.gov/boaf*).

Boston Common* (I, *C4*). Subito ai piedi delle eleganti dimore di Beacon Hill si accampavano un tempo i soldati o pascolavano le pecore. Il Boston Common è il più vecchio parco pubblico del Paese: la città lo acquisì infatti nel 1634 comprandolo al primo colono europeo, William Blaxton, come racconta la placca posta di fronte all'uscita della metropolitana di Park Street. Tra il 1775 e il 1776 vi si stabilirono le truppe inglesi durante l'occupazione e fino al 1830 non era raro trovare animali al pascolo sui prati. L'area è perfetta per una passeggiata rilassante, per un picnic o un giro sui pattini sulla superficie del **Frog Pond**, gelata in inverno. Tra i monumenti che si scoprono passeggiando tra i vialetti, la **Brewer Fountain** (I, *C4*) fu acquistata all'Expo di Parigi nel 1867 mentre lo **Shaw Memorial** è un bassorilievo raffigurante il 54° reggimento di fanteria, il primo composto da neri liberi dell'esercito dell'Unione, col colonnello (bianco) Robert Shaw. Altro monumento dedicato alla Guerra civile è quello che sorge nei pressi dello stagno: eretto nel 1877, celebra i bostoniani che vi ebbero parte importante. Tra gli elementi più fotogenici il **Parkman Bandstand** (I, *C4*), padiglione circolare costruito nel 1912 in memoria di George F. Parkman, munifico mecenate del parco (destinò 5 milioni di dollari alla sua conservazione). Nella parte meridionale dell'area verde si trova il **Central Burying Ground** (I, *C4*), cimitero del 1756 che accoglie anche le vittime della battaglia di Bunker Hill del 1775. Poco distante dalla fermata della

Il laghetto del Public Garden con le caratteristiche Swan Boats

metropolitana di Park Street, il chiosco del **Visitor Centre** ((I, *C4*; aperto tutti i giorni) distribuisce mappe gratuite e informazioni. Da qui parte anche il **Freedom Trail** (vedi box a pag. 60), l'itinerario pedonale che meglio racconta la storia della città.

Public Garden (I, *C3*). Diviso dal Boston Common solo da Charles Street, il giardino pubblico è però assai diverso dal suo verde vicino. Realizzato quando furono prosciugate le strisce di terra fangosa del fiume Charles, negli anni '30 dell'Ottocento, si ispira ai giardini inglesi secondo un progetto realizzato da George F. Meachem nel 1869. Due anni dopo fu aggiunta la laguna centrale. Oggi il giardino ospita centinaia di specie di piante e fiori, salici piangenti e aiuole curatissime che cambiano colore a seconda della stagione. Nel laghetto si trovano le **Swan Boats** (*a pagamento; swanboats.com*), pedalò vintage particolarmente amati da romantici e bambini.

Massachusetts State House* (I, *C4*). *Ingresso gratuito lun-ven; sec.state.ma.us* - Basta alzare lo sguardo dal Boston Common verso nord per vedere la cupola dorata del Campidoglio progettato da Charles Bulfinch. La prima pietra fu posata il 4 luglio 1795 da Samuel Adams e Paul Revere, l'inaugurazione avvenne tre anni dopo. Il modello della State House di Boston ispirò il Campidoglio di Washington e molte altre sedi politiche nel Paese, affermandosi come l'archetipo del palazzo governativo americano. Oliver Wendell Holmes lo definì il «fulcro (*hub*) del sistema solare» e da allora la città stessa prese a essere soprannominata The Hub. Tour guidati (40 minuti) condotti da volontari permettono di visitarne l'interno e di conoscerne vicende storiche e aneddoti. Tra le sale più belle, il **Senato**, col soffitto decorato dal motivo solare disegnato dallo stesso Bulfinch; la **Camera dei rappresentanti**, costruita nel 1875, con il *Sacred Cod* (il merluzzo sacro) appeso al centro; la **Nurses Hall**, sala rivestita di marmi con affreschi raffiguranti i principali eventi della Rivoluzione americana, cosiddetta per il gruppo scultoreo che rappresenta un'infermiera in atto di soccorrere un soldato in guerra. Nel **giardino** antistante, non accessibile al pubblico, si intravedono le statue di importanti personalità del Massachusetts. La **cupola**, in origine ricoperta in rame, fu rivestita con fogli d'oro a 23 carati nel 1872.

Granary Burying Ground (I, *C4*). *Ingresso gratuito, ore 9-17*. A pochi passi dalla State House, questo cimitero del 1660 si trovava un tempo accanto a un granaio e a ciò deve il nome. Immortalato in decine di film e serie televisive, custodisce le spoglie di tre firmatari della Dichiarazione d'indipendenza: Samuel Adams, Robert Treate Paine e John Hancock (in quest'ultimo caso, con dubbi; la notte in cui Hancock fu sepolto, nel 1793, la sua mano fu tagliata da ladri e in seguito fu probabilmente rimosso il corpo). Passeggiare, con qualche brivido, tra le antiche lapidi equivale a un viaggio nella storia della città e del Paese. In una tomba comune giacciono le cinque vittime del Massacro di Boston, ma non mancano personaggi famosi come il filantropo Peter Faneuil o i genitori di Benjamin Franklin.

DOWNTOWN

Edifici storici e grattacieli, chiese e banche. Quella che un tempo era un'area destinata al pascolo delle mucche si è trasformata, nel corso dei secoli, nella parte di città più esposta ai cambiamenti architettonici. Le vestigia del passato coloniale sono incastrate tra edifici moderni e cercarle diventa meta di un'originale caccia al tesoro: a dare una mano ai partecipanti, i turisti contemporanei, sono spesso e volentieri proprio i bostoniani, anche se vanno di fretta: gli elementi dell'orgoglio rivoluzionario americano sono ancora testimonianze da preservare, nonostante il luccichio della modernità sembri quasi volerli soffocare.

Downtown Crossing (I, *C4*). È il distretto dello shopping cittadino, che ha per fulcro, dalla fine dell'Ottocento, tre strade in parte pedonali: **Washington**, **Winter** e **Summer Street**. Già area residenziale con numerosi edifici progettati da Charles Bulfinch, dopo il grande incendio del 1872 che rase al suolo mezza città si trasformò, in effetti, nel centro commerciale di Boston. Tra grandi catene e department store come *Macy's* e *Filene's*, si trovano ancora piccole botteghe e negozi storici: la libreria **Brattle Book shop** (9 West St; I, *C4*; *brattlebookshop.com*) è aperta dal 1825 e allinea sui suoi scaffali oltre 250 000 libri tra nuovi e usati.

Old City Hall* (I, *C4*). Costruito tra il 1862 e il 1865 in stile francese secondo impero, l'edificio ospitò la sede del Comune fino al 1969 e l'anno dopo venne iscritto nell'elenco del National Historic Landmark. Primo in quello stile negli Stati Uniti, ne ispirò molti altri in tutto il Paese. Oggi ospita uffici e ristoranti. Una targa di fronte all'Old City Hall indica il sito della prima scuola pubblica fondata nel 1635 negli Usa, la *Boston Latin*, sulle cui ceneri fu costruito; il mosaico a forma di gioco della campana che decora il marciapiede ricorda come ai suoi banchi si siano seduti, tra gli altri, Benjamin Franklin, Ralph Waldo Emerson e Charles Bulfinch.

Old State House* (206 Washington St; I, *C5*). *Visite a pagamento 9-17; bostonhistory.org* - Nel cuore del Financial District, tra i grattacieli, la Old State House (1713) è il più antico edificio pubblico di Boston conservatosi fino a oggi: qui si riuniva l'assemblea legislativa del Massachusetts prima della Rivoluzione. Un leone dorato e coronato e un unicorno ornano la **facciata** ai lati del timpano; sotto, il balcone bianco da cui fu letta per la prima volta la Dichiarazione d'indipendenza nel 1776. All'interno, lo **scalone centrale** a spirale, in legno, testimonia la maestria degli artigiani settecenteschi. Dopo la Rivoluzione l'edificio è stato di volta in volta usato

King's Chapel (58 Tremont St; I, *C4*). *Visite a pagamento in inverno lun, ven, sab ore 10-16, dom 13.30-16, da aprile a ottobre tutti i giorni 10-16; kings-chapel.org* - Costruita nel 1688 per gli ufficiali al servizio della corona britannica che vivevano in città, la chiesa anglicana non era, per intuibili motivi, molto amata dai bostoniani. Dopo la rivoluzione divenne chiesa Unitaria, fu ingrandita ma conservò alcuni elementi decorativi come le vetrate e il pulpito del 1717 a forma di coppa di vino. La campana all'interno della chiesa è opera del patriota Paul Revere. Nell'adiacente cimitero, **Burying Ground**, il più antico della città (una tomba risale al 1623), sono sepolti importanti personaggi dell'epoca come John Winthrop, governatore della colonia nel 1630-34, e Elizabeth Pain che ispirò l'adultera Hester Prynne nel romanzo di Nathaniel Hawthorne *La lettera scarlatta*.

L'Old State House di Boston

come mercato, borsa commerciale, loggia massonica, sede del Comune. Oggi due piani sono allestiti con cimeli storici della Boston Society mentre un video racconta le vicende che portarono dalla colonia alla repubblica.

Old South Meeting House (310 Washington St; I, *C5*). *Visite a pagamento da aprile a ottobre ore 9.30-15, dal novembre a marzo 10-16*; *oldsouthmeetinghouse.org* - Il suo appuntito campanile ottagonale si staglia verso il cielo circondato da palazzi e grattacieli moderni. Costruita nel 1729 per accogliere le funzioni religiose puritane, era allora il più capiente spazio pubblico cittadino e perciò i ribelli pronti a combattere contro gli inglesi la scelsero per le loro riunioni. Già nel 1765 i Sons of liberty vi organizzarono la protesta contro lo Stamp Act e il 16 dicembre 1773 Samuel Adams fece partire da qui il segnale luminoso che diede il via al Boston Tea Party al Griffin Wharf. In reazione, gli inglesi trasformarono l'Old South Meeting House in una sede delle Giubbe rosse. Oggi l'edificio in mattoni rossi ospita una mostra che ne illustra la storia (durante la visita si possono ascoltare le riproduzioni sonore delle voci che animarono la protesta); frequenti anche i concerti e gli eventi per i bambini.

Faneuil Hall** (I, *C5*). *Aperto tutti i giorni ore 9-17*. La 'culla della libertà': è ancora questo il nome della costruzione in mattoni rossi, in stile georgiano, eretta nel 1742 grazie a una donazione del ricco mercante Peter Faneuil da cui prende nome. Nel 1763 Samuel Adams, tra i padri fondatori degli Stati Uniti, arringò di qui la folla contro il dominio inglese e di fronte si trova infatti una statua che lo ritrae. Utilizzata da sempre come mercato, la Faneuil Hall è sormontata da una banderuola segnavento con in cima una cavalletta dorata identica a quella che sta sull'edificio del Royal Exchange di Londra. Tra il 1805 e il 1806 Charles Bulfinch intervenne ampliando lo spazio sia per il mercato sia per la sala degli incontri pubblici, ancora usata per eventi. I ranger del National Park Service sono a disposizione dei visitatori per dare informazioni sulla storia e le vicende dell'edificio.

Quincy Market* (I, *C5*). È il **mercato** costruito sugli spazi del vecchio mercato cittadino, intorno a Faneuil Hall. Dopo un lungo restauro negli anni '70 del Novecento è diventato il fulcro dello shopping con negozi, ristoranti e bar. Nei due edifici adiacenti, anch'essi in mattoni rossi in stile Greek Revival, prosegue l'infilata di spazi commerciali di varia natura che attira oltre 15 milioni di persone ogni anno.

New England Aquarium (Central Wharf; I, *C5*). *Visite a pagamento da luglio ad agosto dom-gio ore 9-18, ven-sab 9-19, il resto dell'anno lun-ven 9-17, sab-dom 9-18*; *neaq.org* - Oltre 600 creature marine nuotano nella grande vasca cilindrica che sale verticalmente occupando tre piani dell'edificio: tartarughe, squali, razze e decine di altri animali convivono in questo spazio mentre alla base della vasca si trova la piscina dei pinguini. Numerose le mostre e le iniziative collaterali organizzate dall'acquario, comprese immersioni nelle vasche e incontri con le foche del porto, nonché escursioni in barca per l'avvistamento delle balene. Il cinema Imax proietta film sul mare.

NORTH END E WATERFRONT

È la zona dei primi insediamenti di Boston che ha segnato lo sviluppo e il successo economico della città. I moli prosperarono presto grazie alla cantieristica navale mentre il quartiere del North End divenne il centro dell'emigrazione europea, in risposta al bisogno di manodopera sempre crescente. Ancora oggi l'area è per la maggior parte abitata dai discendenti diretti degli emigrati italiani che dalla fine dell'Ottocento sbarcarono a Boston in cerca di fortuna: molte delle case che si addensano nella Little Italy più popolosa del Paese (circa 12 000 abitanti) sono occupate da loro. Negozi e ristoranti italiani caratterizzano i vicoli del North End e durante le feste religiose cattoliche non mancano processioni e fuochi d'artificio. In anni recenti gli ex magazzini sul porto sono stati ristrutturati e trasformati in abitazioni di lusso e anche la zona italiana, con le sue palazzine storiche in mattoni rossi, sta diventando tra le più ambite: per ora l''anima italiana' sembra resistere ma è chiaro che l'onda della nuova migrazione interna, la 'gentrificazione', rischia di stravolgere l'aspetto del quartiere.

Hanover Street* (I, *C5*). L'antica strada è il cuore pulsante di Little Italy, sorta sul tracciato che già i nativi percorrevano per andare verso il mare. I primi coloni la denominarono Orange Tree Lane e solo nel 1708 prese il nome della casata che regnava in Inghilterra al momento dell'insediamento britannico nell'area. Ogni venerdì e sabato si svolge qui l'**Haymarket**, il vecchio mercato all'aperto della città, con decine di bancarelle di alimentari dall'alba al tramonto. Un tempo i venditori erano per la maggior parte italiani, oggi il mix di provenienze e culture è variegato.

Paul Revere House* (19 North Square; I, *C5*). *Visite a pagamento dal 15 aprile a ottobre ore 9.30-17.15, da novembre al 14 aprile 9.30-16.15*; *paulreverehouse.org* - Costruita nel 1680, questa casa di legno è la più antica di Boston. Preservata grazie all'intervento di un bisnipote di Paul Revere, è oggi un piccolo affascinante **museo** dedicato alle gesta del fabbro ed eroe della Rivoluzione americana che partì da qui a cavallo, la notte del 18 aprile 1775, per avvisare i ribelli riunitisi a Concord e Lexington

Gli edifici fronteggianti del Quincy Market e della Faneuil Hall

Freedom Trail, passeggiata sui mattoni della libertà**

Per legare tra loro i molti luoghi di Boston direttamente connessi con la storia della Rivoluzione americana è stata tracciata sui marciapiedi, nel 1951, una linea di mattoni rossi lunga circa 4 chilometri. Una passeggiata perfetta per rievocare le tappe dell'Indipendenza che si può fare in autonomia o seguendo un tour guidato promosso dalla Freedom Trail Foundation (per orari e prezzi *thefreedomtrail.org*). Il percorso inizia al Visitor Center del **Boston Common** (I, *C4*), che è anche la prima tappa: qui erano accampate le Giubbe rosse inglesi durante l'occupazione militare tra il 1775 e il 1776. Si prosegue verso l'angolo nord-ovest del parco per raggiungere la seconda tappa, la **Massachusetts State House**, e proseguire poi verso la **Park Street Church**, simbolo del movimento antischiavista (terza tappa) e l'adiacente **Granary Burying Ground** (quarta tappa), uno dei primi cimiteri di Boston e luogo di sepoltura di patrioti come John Hancock e Paul Revere. Quinta tappa la **King's Chapel and Burying Ground**, dove riposa il fondatore della città, John Withrop. La lunga linea rossa prosegue là dove sorgeva la **First Public School** inaugurata nel 1635 (sesta tappa). Non legata alla Rivoluzione la settima tappa, dedicata a un'ex istituzione culturale, l'**Old Corner Book store**, oggi sostituita da un ristorante. Passi successivi sono l'**Old South Meeting House** (ottava tappa; ingresso a pagamento) e l'**Old State House** (nona). La piazza antistante (decima tappa) è il luogo del **Boston Massacre** del 1770, quando gli inglesi aprirono il fuoco sulla popolazione. Percorrendo State Street fino a Congress Street si arriva alla **Faneuil Hall** (undicesima tappa), la 'culla della libertà'. Da qui si prosegue verso il North End per raggiungere la casa del patriota e rivoluzionario **Paul Revere** (dodicesima tappa; ingresso a pagamento). Una pausa in Hanover Street, cuore di Little Italy, aiuta a riposare le gambe prima di incamminarsi verso la **Old North Church** (tredicesima tappa) e il **Copp's Burying Ground** (quattordicesima), cimitero che ospita le spoglie di tanti soldati rivoluzionari. Si attraversa quindi il Charlestown Bridge verso Charlestown e il **Bunker Hill Monument** (quindicesima tappa), dove una serie di installazioni multimediali illustra la battaglia che vi si svolse nel 1775. Sedicesima e ultima tappa (ingresso con donazione) è la **Uss Constitution**, fregata costruita nel 1797 e orgoglio navale di Boston, con fama di inaffondabilità.

dell'arrivo delle Giubbe rosse inglesi. Padre di 16 figli, Revere abitò queste stanze con la seconda moglie tra il 1770 e il 1800: un breve tour permette di capire com'erano fatte e come si viveva nelle case in quegli anni. In cortile c'è una grande campana di bronzo forgiata dallo stesso Revere, che in vita ne realizzò ben 200. L'edificio accanto, la **Pierce-Hichborn House**, è il più antico in mattoni rossi di tutto il New England.

Old North Church* (193 Salem St; I, *B5*). *Ingresso con donazione o visita guidata a pagamento dal 16 novembre a marzo ore 10-16, da aprile al 15 novembre 9-18*; *oldnorth.com* - Il nome ufficiale è Christ Episcopal Church ed è la più vecchia chiesa di Boston ancora in attività. Fu costruita nel 1723, in mattoni, in stile georgiano analogo a quello della chiesa di St. Andrew's-by-the-Wardrobe a Blackfriars, a Londra. Si lega a un episodio famoso della lotta per l'indipendenza americana: la notte del 18 aprile 1775 il sagrestano Robert Newman appese al campanile due lanterne per avvisare Paul Revere dell'arrivo delle Giubbe rosse inglesi pronte ad attaccare i coloni ribelli a Concord e Lexington; nella poesia di Logfellow, *La cavalcata di Paul Revere*, così è descritto l'allarme: «Una se vengono via terra, due se vengono dal mare...». Oggi si sale sul campanile per godere una bellissima **veduta*** sulla città e sul Financial District in particolare.
All'**interno** della chiesa gli scranni dei fedeli sono separati tra loro in singole 'scatole' pensate per contenere piccoli scaldapiedi con carbone o mattoni riscaldati, rudimentale sistema per combattere i rigori dell'inverno cittadino. Durante la messa domenicale, alle 11, viene suonato il grande *organo*. Le visite guidate conducono in cima al campanile e nella cripta.

Rose Fitzgerald Kennedy Greenway (I, *B-C5*). Là dove correva una superstrada

c'è oggi un viale alberato con decine di *food trucks* e angoli rilassanti nel cuore della città. Inaugurato nel 2008, il **parco** si sviluppa dal North End fino a Chinatown sul tracciato della John F. Fitzgerald Expressway, interrata nell'ambito del grande progetto di riqualificazione viaria chiamato The Big Dig.
All'altezza di **Dewey Square** (I, *C5*) si tiene durante la bella stagione il mercato contadino mentre alle spalle dell'acquario, all'altezza di Quincy Market, è stato inaugurato nel 2012 l'**Armenian Heritage Park** (I, *B5*), realizzato per commemorare le vittime del genocidio armeno e ricordare chi invece riuscì a fuggire e a rifugiarsi a Boston. Numerose le installazioni artistiche lungo il percorso, a partire dal cerchio di animali dello zodiaco con fontana di Ai Wei Wei; non manca una giostra vintage che suscita l'entusiasmo dei più piccoli.

CHARLESTOWN

Per tutto il XIX secolo e fino a metà degli anni '70 del Novecento il Charlestown Navy Yard fu un fiorente cantiere navale, brulicante di operai e di vita. Dopo un periodo di declino, oggi la zona appare in rilancio. Navi non se ne costruiscono più ma gli edifici di lavoro sono stati trasformati in condomini, uffici, ristoranti e locali dai quali di gode una bella vista sulla città e l'oceano. Il quartiere si raggiunge attraversando il Charlestown Bridge, costruito nel 1899, o in traghetto dal Long Wharf.

Uss Constitution* (Charlestown Navy Yard; I, *A5*). *Ingresso gratuito dal 4 novembre al 15 aprile mer-dom ore 10- 16, dal 16 aprile al 1° ottobre mar-dom 10-18, dal 2 ottobre al 3 novembre mar-dom 10-17*; *ussconstitutionmuseum.org* - Attraccata al Pier 1, questa fregata a tre alberi in legno, varata nell'ottobre del 1797, è probabilmente la più famosa nave del Paese e certamente la più antica ancora galleggiante. Durante la guerra anglo-americana del 1812, quando le fiancate di legno di quercia si dimostrarono invulnerabili alle bordate dei cannoni, guadagnò il soprannome di 'Old Ironside' (vecchia dai fianchi d'acciaio). Nel 1897 il Congresso votò perché tornasse al suo porto di Boston. Il ponte superiore è accessibile a tutti; visite guidate gratuite condotte da personale della Marina (30 minuti) conducono a esplorare gli **interni**, dal ponte di batteria alle cabine.

Uss Constitution Museum* (First Ave; Charlestown Navy Yard; I, *A5*). *Visite a pagamento da novembre a marzo ore 10-17, da aprile a ottobre 9-18*; *ussconstitutionmuseum.org* – Il museo adiacente alla nave illustra gli oltre due secoli della sua storia illuminandone la valenza simbolica come 'ammiraglia' della Marina americana, icona dell'amore per la libertà. Nelle sale espositive, strumenti, armi, registri, documenti restituiscono la nave alle sue vicende, alla sua vita e alle sue battaglie, fin dalle origini. Una sezione specifica è pensata per incuriosire i più piccoli.

La *Uss Constitution*, storica fregata attraccata al porto di Boston

Bunker Hill Monument (Monument Square; I, *A5*). *Ingresso gratuito ore 10-16.30; nps.gov/bost* - Con i suoi 67 metri di altezza, l'obelisco in granito svetta sulla città: è il monumento commemorativo della battaglia del 17 giugno 1775, quando un pugno di coloni ribelli fronteggiò le Giubbe rosse inglesi in una strenua battaglia. Alla fine gli inglesi prevalsero, ma con oltre mille soldati caduti: fu la dimostrazione, incoraggiante per altri rivoluzionari, che la potenza britannica non era invincibile. Si possono salire i 294 gradini che conducono alla sommità del monumento per godere di una delle **vedute*** più belle su Boston, sul porto e sulla costa.

Bunker Hill Museum (43 Monument Square; I, *A4*). *Ingresso gratuito ore 10-17; nps.gov/bost* – Posto di fronte al monumento, il museo è incluso nello stesso National Historical Park. Questo spiega perché siano i ranger, d'estate, ad accogliere i visitatori mostrando il funzionamento di baionette e moschetti. L'esposizione si sviluppa sui due piani dell'edificio in mattoni rossi e comprende plastici storici, manufatti d'epoca e un enorme dipinto murale a 360 gradi che racconta la battaglia. Chi scova la firma del pittore ha diritto a un premio.

SEAPORT DISTRICT

Separata dal centro cittadino dal Fort Point Channel, per anni la zona non è stata presa in considerazione da architetti e urbanisti: solo parcheggi e magazzini negli edifici di 'Southie', come viene chiamata dai locali. Negli anni Duemila la svolta: un grande progetto di recupero sta cambiando volto al quartiere, divenuto oggi di tendenza, con l'apertura di nuovi musei, centri congressi, ristoranti e locali. Anche molte start up di giovani imprenditori hanno preso sede in quello che è ormai definito Innovation District. Lo si raggiunge lungo la HarborWalk, passeggiata che attraversa il Northern Avenue Bridge, o con la fermata della metropolitana di South Station.

Boston Tea Party Ships and Museum* (Congress Street Bridge; I, *D5*). *Visite a pagamento, primo tour alle 10, ultimo alle 17; bostonteapartyship.com* - Il Boston Tea Party, l'attacco dei coloni ribelli alle navi inglesi ormeggiate al Griffin's Wharf, si svolse proprio in quest'area la notte del 16 dicembre 1776, avviando la guerra di Indipendenza. Il molo originale, distrutto da un incendio molti anni fa, è stato poi ricostruito e vi sono ormeggiate due **imbarcazioni d'epoca**, la *Eleanor* e la baleniera *Beaver*. Si sale a bordo accompagnati da figuranti che interpretano i momenti salienti di quell'evento, capace di orientare il destino della nazione. Il carattere ludico della ricostruzione – i visitatori possono gettare in mare scatole di tè, immergersi nella realtà virtuale delle battaglie di allora, perfino scegliere, alla fine del tour di un'ora, se essere lealisti o patrioti – non ne pregiudica la veridicità storica. In una sala del museo è esposta l'unica superstite tra le celeberrime scatole di tè, un documentario ricostruisce momento per momento il processo che condusse all'indipendenza delle colonie americane.

Il Boston Tea Party Ships and Museum

RISTORANTI D'ECCELLENZA A BOSTON

- **The Barking Crab** A sottolineare l'anima marina della città, questo indirizzo storico affacciato sul Fort Point Channel ricorda uno dei tanti *lobster shack*, i baracchini delle aragoste, disseminati lungo la costa. Punto di forza tutte le specialità che l'oceano ha da offrire. *88 Sleeper St; barkingcrab.com*
- **Summer Shack** Ostriche, vongole e le immancabili aragoste si gustano in atmosfera estiva tutto l'anno nel quartiere di Back Bay. Decisamente informale, punta soprattutto sulla freschezza dei frutti di mare proposti dallo chef Jasper Whites. *10 Scotia St/50 Dalton Street; summershackrestaurant.com*
- **B&G Oysters** Ristorante elegante nel quartiere di South End, propone classici della cucina del New England in versioni raffinate e gustose elaborate alla chef Barbara Lynch. Da non perdere il *lobster roll*, mitico panino con l'aragosta. *550 Tremont St; bandgooysters.com*
- **Deuxave** Premiatissimo dalle riviste specializzate americane, propone piatti originali della cucina francese realizzati con prodotti a chilometro zero. Il menu è stagionale e comprende specialità di carne e di pesce. *371 Commonwealth Ave; deuxave.com*
- **MrBartley's** Un'istituzione a Cambridge, con decine di scritte che indicano dove si sono sedute le star del cinema, della musica, dello sport venute qui a mangiare un hamburger, dei tantissimi proposti. La lettura del menu, che celebra con ironia personaggi dell'attualità, è parte dell'esperienza. *1246 Massachusetts Ave, Cambridge; mrbartley.com*

Institute of Contemporary Art* (100 Northern Ave; I, *C-D6*). *Visite a pagamento mar-mer ore 10-17, gio-ven 10-21, sab-dom 10-17; icaboston.org* - L'edificio, inaugurato nel 2006, è opera dello studio di architettura e design Diller Scofidio + Renfro e il suo profilo affacciato sull'acqua è diventato in breve uno dei più popolari della città. La collezione d'arte contemporanea cittadina nacque nel 1936, ad Harvard, col nome di Boston Museum of Modern Art, istituzione sorella del MoMa di New York, e molte successive sedi hanno preceduto questa nel Seaport District. Fin dal principio l'Institute of Contemporary Art, ICA (nome assunto negli anni '40), si è distinto per l'originalità delle scelte espositive e la perspicacia nell'individuazione di giovani artisti emergenti, ponendosi come riferimento nel mondo della creatività contemporanea. Tra i maestri esposti per la prima volta qui, negli Stati Uniti, Georges Braque, Oskar Kokoschka e Edvard Munch. Tra i contemporanei, l'ICA ha sostenuto artisti poi divenuti celebri come Bill Viola e Cindy Sherman. Nella sede attuale continua lo sforzo di ricerca alternando mostre di artisti noti e meno noti. Sale ampie e luminose accolgono installazioni, fotografie, video, opere multimediali.

Boston Children's Museum* (300 Congress St; I, *D5*). *Visite a pagamento sab-gio ore 10-17, ven 10-21; bostonchildrensmuseum.org* - Fondato nel 1913 da un gruppo di insegnanti, il museo dei bambini di Boston è secondo solo a quello di Brooklyn, a New York, per antichità nel Paese. Quando nacque, nel quartiere di Jamaica Plain, scopo dei maestri era quello di realizzare un luogo in cui i bambini potessero imparare attraverso il gioco, vivendo ambienti e smontando oggetti per capire com'erano fatti. Nel rispetto di quell'intenzione, mostre interattive uniscono oggi elementi classici e tecnologici per regalare ai più piccoli esperienze emozionanti. Bolle di sapone, pareti per arrampicarsi, allestimenti per viaggiare in mondi lontani e sconosciuti (c'è persino una casa giapponese originale proveniente da Kyoto), laboratori d'arte coinvolgono i bambini in infinite avventure di divertimento e conoscenza. Nello spazio all'aperto si gioca e si fanno picnic in estate.

Chinatown (I, *D4*). Meno storica di quella di San Francisco e meno caotica di quella di New York, la Chinatown di Boston è comunque un quartiere divertente in cui trovare sale da tè, negozi di tessuti, ristoranti gustosi, mercati di carne e verdure. A segnarne l'ingresso la **porta di Chinatown**, dono della città di Taipei. I primi cinesi sbarcarono in città tra il 1870 e il 1880, ma il quartiere ospita oggi anche comunità cambogiane, vietnamite e laotiane e le opportunità di esperienze gastronomiche originali si moltiplicano.

BACK BAY E SOUTH END

Eleganti case vittoriane in mattoni rossi, viali alberati e piazze signorili. Questa l'immagine di aree urbane che fino alla metà dell'Ottocento erano invivibili perché pianeggianti e soggette alle maree. La zona di Back Bay venne bonificata nel 1880 e la conseguente pianificazione urbanistica condusse alla realizzazione dell'attuale or-

Una veduta dalla Charles River Esplanade

dinato reticolo di viali e strade secondarie. Da Commonwealth Avenue, gli Champs-Elysées di Boston, a Marlborough Street, coi vicoli secondari illuminati da lampade a gas, alla modaiola Newbury Street; e più a sud, nel South End, da Tremont Street, via alla moda tra gallerie d'arte e studi di artisti, a Rutland Square. Si trova qui il cuore della Boston benestante e creativa, nonché il centro della comunità LGBT. Back Bay e South End sono da scoprire a piedi, di giorno e di sera quando la vita notturna si anima nelle decine di ristoranti e locali di ogni tipo. Fermate della metropolitana utili sono Copley Square e Back Bay Station.

Charles River Esplanade* (I, *C2-3*). Territorio d'argine del fiume dal 1910, non era particolarmente amato dai cittadini perché spoglio e brullo. Solo in seguito furono piantati alberi e cespugli per abbellire la **passeggiata**, collegata al sistema di aree verdi e spazi aperti progettato dal grande architetto del paesaggio e urbanista Frederick Law Olmsted. Tra il 1928 e il 1936 il parco fu ampliato con la realizzazione di lagune, camminamenti e anfiteatri per concerti all'aperto e divenne una delle mete preferite della borghesia di Boston alla ricerca di un po' di natura e di evasione dal traffico cittadino. Sentieri, piste ciclabili e canali dell'Esplanade, estesa per circa 5 km, continuano a essere apprezzati da jogger, ciclisti e skater e non è raro incontrare uccelli e altri piccoli animali che hanno il loro habitat qui, tra il fiume da un lato e il traffico della Storrow Drive dall'altro. Molto battuto dai ciclisti il **Charles River Bike Path**, che corre alle due rive del fiume Charles in un anello lungo 27 km. In estate numerosi concerti gratuiti si tengono all'**Hatch Shell** (I, *C3*), struttura emisferica del 1940 (restaurata); le celebrazioni del 4 luglio, con lo spettacolo di giochi d'artificio, attirano fino a mezzo milione di persone (calendario degli eventi su *esplanadeassociation.org*).

Gibson House Museum (137 Beacon St; I, *C3*). *Visite a pagamento, tour guidati merdom ore 13, 14 e 15*; *thegibsonhouse.org* - Per farsi un'idea di come doveva essere la vita nelle belle case vittoriane di Back Bay al momento della nascita del quartiere, vale la pena visitare questo edificio completato nel 1860 ed entrato nell'elenco del National Historic Landmark nel 2001. Progettato in stile rinascimento italiano dall'architetto Edward Clarke Cabot, conserva all'interno arredamenti originali, eleganti tappezzerie, tappeti, pitture, sculture, porcellane e fotografie. La casa fu eretta per Catherine Hammond Gibson, vedova di un ricco commerciante, che vi si trasferì col figlio quando ancora la zona era in piena bonifica. Del nipote invece la volontà di preservarne il valore; grazie a lui, già nei primi anni '50 del Novecento era possibile visitare la dimora e pare che lui stesso offrisse agli ospiti incuriositi Martini fatti con il gin prodotto in proprio nella vasca da bagno. Charles Hammond Gibson Jr morì nel 1954 e nel 1957 la casa fu trasformata in autentico museo, anzi in una sorta di capsula del tempo nell'era vittoriana di Boston.

Boston Public Library** (700 Boylston St; I, *D3*). *Ingresso gratuito lun-gio ore 9-21, ven-sab 9-17, dom 13-17; collegamento wi-fi libero; eventi e visite speciali sul sito bpl.org* - Tempio laico della cultura, con i suoi 23 milioni di volumi è una delle più grandi biblioteche pubbliche degli Stati Uniti, seconda solo a quella del Congresso a Washington D.C. Fondata nel 1848, è anche la prima biblioteca a essere aperta al pubblico. L'imponente edificio che la ospita, ultima di varie altre sedi, fu costruito tra il 1887 e il 1895 in Copley Square su progetto di Charles McKim, con vasta **facciata** d'ispirazione rinascimentale italiana. I grandi portali in bronzo sono opera di Daniel Chester French (autore anche della statua di Lincoln al Lincoln Memorial di Washington). All'ingresso si può chiedere una mappa della biblioteca per visitarla in autonomia o aspettare la partenza di uno dei tanti tour guidati. Salendo per lo scalone centrale in marmo si osservano i dipinti di Pierre Puvis de Chavannes raffiguranti la poesia, la filosofia, la storia e la scienza. In cima alle scale si apre la **Bates Hall Reading Room**, maestosa sala di lettura con soffitto a cassettoni in legno: occorre mantenervi un religioso silenzio, quasi ci si trovasse in una basilica romana, che in effetti l'architetura richiama, per non disturbare chi è qui per leggere e studiare. Accanto si trova la **Abbey Room**, affrescata da Edwin Austin Abbey con scene della ricerca del sacro Graal. La galleria al terzo piano è decorata dall'ambizioso **ciclo pittorico di John Singer Sargent** sul Trionfo della religione, dedicato a ebraismo e cristianesimo (1890-1919), interrotto perché al tempo tacciato di antisemitismo. Nelle giornate di sole invita una sosta il **cortile** all'italiana della biblioteca.

Trinity Church** (206 Clarendon St; I, *D3*). *Visite a pagamento mer-sab ore 10-16.30, dom 12.15-16.30; trinitychurchboston.org* - Straordinario esempio di architettura neoromanica, la chiesa fu realizzata da Henry Hobson Richardson nel 1877; il portico d'accesso ispirato a quello di St. Trophime ad Arles, in Francia, fu aggiunto in seguito. Oggi riflettono la sua sagoma le superfici specchianti di un grattacielo (già Hancock Tower, ora 200 Clarendon). Per alzare l'edificio in una zona al tempo ancora paludosa vennero utilizzate tecniche ingegneristiche all'avanguardia: la struttura poggia su 4500 piloni di legno che restano sempre in acqua grazie a un sistema di pompe. La pianta a croce greca modificata fu voluta dal rettore Phillips Brooks che intendeva evocare

La sagoma neoromanica della Trinity Church circondata dai grattacieli

In viaggio sulla October road di James Taylor

I modi garbati e le dolci canzoni non devono trarre in inganno; James Taylor è sempre stato una delle anime più tormentate della canzone d'autore americana e la sua vita una complicata avventura. Nato a Boston nel marzo 1948, Taylor lasciò la città a soli tre anni per crescere in North Carolina, seguendo il padre medico universitario. Lì subì il fascino della musica e cominciò a suonare la chitarra e a scrivere canzoni, con il piacere raccontato nella celebre *Carolina In My Mind*; ma Boston e il Massachusetts non sparirono dal suo orizzonte, e non solo per via delle vacanze estive a Martha's Vineyard. Nella città natale frequentò la Milton Academy e lì cercò di liberarsi dai gravi problemi psichici che lo afflissero negli anni giovanili, con due ricoveri in diverse strutture ospedaliere. I primi riconoscimenti arrivarono però paradossalmente a Londra, dove il ragazzo pubblicò il suo primo LP per la Apple, l'etichetta dei Beatles; poi la base diventò la California e lì iniziò la vera carriera, baciata dal successo soprattutto negli anni '70. Una delle canzoni più famose di quei tempi, *Sweet Baby James*, dipingeva un suggestivo ritratto di una Boston invernale; ufficialmente era dedicata al nipote appena nato, in realtà giocava sull'ambiguità del nome per raccontare qualcosa delle nostalgie dell'autore. Gli anni sono scorsi, l'anima in pena ha continuato a cantare le sue gioie e le sue paure. Un album del 2002, l'apprezzatissimo *October Road*, ha riproposto le nostalgie che dicevamo con la voglia di un uomo maturo di condurre una vita più quieta, lontano dai ritmi metropolitani. Così, dopo la nascita di due gemelli avuti dalla terza moglie, James Taylor ha scelto come residenza Lenox, una cittadina di cinquemila abitanti nella contea di Berkshire, a duecento chilometri da Boston.

Riccardo Bertoncelli

gli elementi delle prime chiese cristiane, per sottolineare la volontà di interagire senza mediazioni con la congregazione e la comunità. La **decorazione interna**, autentico capolavoro di arte pittorica e vetraria, risponde all'ambizione comune di integrare il più possibile arte e architettura: ed è così, come una sorta di dipinto unico senza cornici, che va letta oggi la chiesa. Nell'impresa furono coinvolti solo artisti americani. In particolare John La Farge (1835-1910), che disegnò lo schema dei suoi **dipinti** – evocativi di motivi paleocristiani e bizantini, ma anche medievali e rinascimentali – e li portò a termine in soli cinque mesi sfidando il freddo della chiesa ancora in costruzione. La Farge stesso realizzò alcune delle coloratissime **vetrate**, usando per la prima volta allo scopo un vetro opalescente che favorisce la fusione dei colori e allo stesso tempo cambia riflesso al variare dell'intensità della luce: lo si può notare osservando la vetrata a tre pannelli con *Cristo in trono* nella navata occidentale. Quattro vetrate furono commissionate al pittore preraffaellita inglese Edward Burne-Jones, che le fece poi realizzare da William Morris, padre del disegno industriale: particolarmente affascinanti quelle per le finestre del transetto, sopra il coro, che illustrano la storia del Natale. Il campanile (non accessibile) è ispirato a quello della cattedrale di Salamanca in Spagna.

New Old South Church (645 Boylston St; I, D3). *Ingresso gratuito*; *oldsouth.org* - Prima della costruzione di questa chiesa, nel 1873, la comunità dei fedeli si riuniva nella Old South Church in Milk Street, oggi nota come Old South Meeting House, e di qui viene il nome. L'edificio s'ispira allo stile gotico-veneziano e anche l'interno è decorato con bassorilievi di gusto italiano, mentre le vetrate provengono da Londra. Dal 1897 la sua notorietà è legata anche all'essere linea d'arrivo della Boston City Marathon, la più vecchia maratona cittadina del mondo (anche se la placca commemorativa è posta sulla Boston Public Library).

Prudential Center Skywalk Observatory* (800 Boylston St; I, *D2*). *Visite a pagamento in inverno ore 10-20, in estate 10-22*; *prudentialcenter.com* - Dopo la chiusura dell'osservatorio al sessantesimo piano della John Hancock Tower (ora 200 Clarendon), l'edificio più alto del New England coi suoi 241 m, per godere del miglior **panorama** sulla città occorre salire al 50° piano del Prudential Center, il secondo grattacielo più alto di Boston (228 m). L'audioguida (disponibile anche una versione pensata per i bambini, in inglese) aiuta a individuare ogni dettaglio. Due piani più in su il bar e ristorante *Top of the hub* (*topofthehub.net*) è un altro ottimo punto di osservazione. Il momento migliore per salire è al tramonto.

Mary Baker Eddy Library e Mapparium

(200 Massachusetts Ave; I, *D2*). *Visite a pagamento mar-dom ore 10-16*; *marybakereddylibrary.org* - Costruito in stile neoclassico tra il 1932 e il 1934, l'edificio sorse come sede della Christian Science Publishing Society, la chiesa scientista che oggi alza la sua mole a pochi passi dalla biblioteca. A fondarla nel 1866 era stata Mary Baker Eddy, che dopo una brutta caduta sul ghiaccio aveva sentito il dolore passare leggendo la Bibbia e si era assunta da allora la missione di ripristinare il cristianesimo primitivo anche nella sua valenza di strumento di guarigione: allo scopo scrisse un libro, *Science and Health*, che divenne il testo del cristianesimo scientista, e fondò il quotidiano *Christian Science Monitor*, pubblicato tuttora. Oggi la biblioteca che le è intitolata ospita una singolare collezione di suoi oggetti e scritti. Principale motivo d'interesse è però il **Mapparium***, un gigantesco mappamondo composto da vetrate colorate in cui si entra su una passerella anch'essa in vetro. Realizzato nel 1935, rispecchia (è il caso di dire) le partizioni politiche del mondo del tempo e impartisce dunque un'interessante lezione di storia e geografia. L'eccezionale acustica interna rende udibile anche il minimo bisbiglio.

KENMORE SQUARE E FENWAY

Tutte le strade sembrano condurre a Kenmore Square: Beacon Street, Commonwealth Avenue e persino la Us Route 20, la più lunga highway degli Stati Uniti, terminano qui. Lo snodo è posto al centro del quartiere studentesco della città, dove ha sede la Boston University con decine di istituti e dipartimenti. Alle spalle di Kenmore Square si trova il mitico stadio dei Red Sox, la squadra di baseball cittadina, e più là l'area verde del Back Bay Fens, parte del sistema di parchi ideato da Frederick Law Olmsted (l'artefice del Central Park di New York). Passeggiare dal Charles River Esplanade a qui nel verde è anche il modo migliore per raggiungere i due più importanti musei di Boston: il Museum of Fine Arts e l'Isabella Stewart Gardner Museum (Ⓜ Museum of Fine Arts).

Museum of Fine Arts**

465 Huntington Ave; I, *E1*. *Visite a pagamento sab-mar ore 10-17, mer-ven 10-22; da aprile a ottobre è aperto al pubblico il giardino giapponese (ingresso su State Street, Fenway Entrance); all'interno del museo si trovano due bar e un ristorante*; *mfa.org* - Il museo venne fondato nel 1870 e aperto al pubblico nel 1876 in un edificio di mattoni rossi in stile gotico revival in Copley Square. Nel 1907 le collezioni furono spostate a Fenway, nel nuovo edificio progettato da Guy Lowell in stile neoclassico. Tra il 1916 e il 1925 John Singer Sargent fu incaricato di dipingere gli affreschi che decorano la rotonda e i circostanti colonnati. Nel 1981 fu aggiunta l'ala ovest su progetto dell'architetto I.M. Pei, e altri lavori di ampliamento della struttura sono in corso dal 2008 a oggi. La collezione permanente, accresciuta nel tempo da molte donazioni di magnati appassionati d'arte, conta circa 500 000 opere che spaziano dall'antico Egitto all'arte contemporanea. Numerose e importanti anche le mostre temporanee. Le esposizioni sono divise per aree geografiche su quattro livelli, mentre l'arte contemporanea ha spazi a se stanti.

La Mary Baker Eddy Library e, a destra, la Prudential Tower

Art of the Americas. La collezione comprende pitture, sculture e manufatti del Nord, del Centro e del Sudamerica che coprono oltre 3000 anni di storia. Per l'arte antica spicca una **maschera olmeca** risalente al 900-600 a.C. (al livello interrato). Salendo al primo piano che si entra nel vivo della visita, con la galleria dei ritratti coloniali. Il museo ne possiede 60 realizzati da John Singleton Copley, uno dei maggiori artisti americani del Settecento, celebre soprattutto per i ritratti della ricca borghesia e del clero bostoniano. Fa eccezione nella sua poetica il **ritratto di Paul Revere** (galleria 132), del 1768, in cui l'eroe è raffigurato in abiti di lavoro (era un fabbro). Nella stessa galleria è esposta la celebre **Son's of Liberty Bowl**, la coppa d'argento realizzata dallo stesso Paul Revere in onore dei 92 membri della Camera dei Rappresentanti del Massachusetts che si erano rifiutati di accettare le nuove imposte firmate dalla corona britannica nel 1767. Allo stesso livello (gallerie 121 e seguenti) si trovano gli ambienti perfettamente ricostruiti di **Oak Hill**, la casa della famiglia Derby-West a Peabody, Massachusetts, progettata da Samuel McIntire e perfetto esempio di un'abitazione borghese del New England d'inizio Ottocento (arredi e oggetti furono acquisiti dal museo ed esposti al pubblico già dal 1928). Al secondo piano si esplora l'arte figurativa americana dell'Ottocento che ha il suo maestro in John Singer Sargent. La galleria dei suoi ritratti è magnetica, come lo sguardo della bambina che gioca seduta sul tappeto ritratta nel suo capolavoro, **The Daughters of Edward Darley Boit*** (galleria 232), realizzato a Parigi nel 1882. Rompendo le tradizionali pose dei personaggi ritratti, Sargent compone qui una scena d'interno di sospesa atmosfera in cui si combinano modernità e tradizione, Velázquez e Degas. Basta spostarsi nella sala accanto per ammirare le opere di un altro maestro americano, Winslow Homer. Dopo aver dipinto celebri scene di vita militare durante la Guerra civile e aver trascorso un breve periodo in Inghilterra, Homer si trasferì a Prout's Neck, nel Maine, dove iniziò a dipingere temi legati al lavoro dei pescatori locali, al mare e alle spiagge. In **The Fog Warning*** (galleria 234), tela del 1885, il rapporto tra pescatori e oceano è reso in tutta la sua inquietante tensione: la pesca è andata bene ma il rientro a terra, tra le onde del mare e la nebbia all'orizzonte, non

Museo delle Belle Arti: *The Daughters of Edward Darley Boit*, di John Singer Sargent

Frida Kahlo, *Dos Mujeres*

è scontato. Al terzo piano sono esposte le opere del Novecento, da **Number 10** di Jackson Pollock (galleria 328), del 1949, ai dipinti di Georgia O'Keeff (1887-1986), alle **Dos Mujeres (Salvadora y Herminia)** di Frida Kahlo, opera del 1928 recentemente acquisita (galleria 335).

Arte europea. La collezione si sviluppa tra il primo e il secondo piano con oltre 21 000 pezzi. Al primo piano di particolare interesse è la **Kunstkammer** (galleria 143), microcosmo di meraviglie naturali e artigianali raccolte da vari paesi: manufatti in avorio e automi complessi (il cui funzionamento è spiegato in video su iPad), orologi a pendolo e piccoli oggetti in cocco. I capolavori si concentrano al secondo piano, a cominciare dalla galleria 206 dedicata al rinascimento italiano di cui si ammira la **Madonna delle nuvole***, 'schiacciato' di Donatello scolpito a Firenze nel 1424-35. Nel 1904 il museo acquistò, su suggerimento di John Singer Sargent, un intenso dipinto di El Greco, **Frate Hortensio Félix Paravicino*** (1609), che oggi spicca nella raccolta d'arte spagnola (galleria 250) insieme al **Don Baltasar Carlos con nano** di Diego Velázquez (1632) e al **S. Francesco** di Francisco de Zurbarán (1640-45). Le scuole di pittura dell'Europa del Nord sono rappresentate da capolavori di Hieronymus Bosch (**Ecce Homo***, 1496-1500; galleria 243A) e di maestri fiamminghi e olandesi del Seicento quali Rubens, Van Dyck, Rembrandt. Nella sezione dedicata all'arte francese dell'Ottocento si osservano opere di Manet (*Monaco in preghiera*, 1865), Courbet (*La preda*, 1856), Delacroix (*La caccia ai leoni*, 1858), tutte nella sala 251. È una sorta di preparazione alla galleria 252, in cui è esposto un eccezionale nucleo di 37 opere di Monet, il più cospicuo fuori dal Parigi: da **La giapponese*** (in realtà, la moglie dell'artista travestita), capolavoro del 1876, ai tanti paesaggi di mare e campagna (incluso un *Canal Grande* del 1908). Nell'adiacente sala 255 si ammirano altri dipinti famosi come **La danza a Bougival*** di Renoir (1883), **Da dove veniamo? Cosa siamo? Dove andiamo?*** di Paul Gauguin (1897-98) e **La ballerina***, celeberrima scultura di Degas.

Arte del Mondo antico. Reperti etruschi, greci, romani, egiziani, nubiani affollano le sale al primo e secondo livello, con opere datate tra il 6500 a.C. e il 600 d.C. Tra le più preziose, il **sarcofago della coppia etrusca** (primo piano, sala 117), realizzato tra la fine del IV e il III secolo a.C.; le **mummie egizie** esposte al primo piano (galleria 109); il busto di Augusto del I o II secolo d.C. che si ammira al secondo piano (sala 213) insieme ad altre importanti opere d'arte romana, compresi alcuni affreschi provenienti da Pompei. La collezione è in fase di riallestimento per valorizzarla nel percorso espositivo.

Arte dell'Asia. Il museo conta la più estesa collezione d'arte asiatica al mondo riunita in una stessa sede. Le sale al primo piano sono dedicate soprattutto all'**arte indiana** (*scultura di Ganesh*, galleria 176), del Vicino Oriente e dell'Asia centrale. Una bellissima scala decorata con leoni intagliati e un ingresso a forma di dragone introducono alle **gallerie cinesi** e **giapponesi** del secondo piano, con opere esposte in costante rotazione. Fa eccezione la **stanza del tempio buddhista** (sala 279), una delle meglio conservate del mondo.

Arte contemporanea. La collezione comprende circa 1500 opere realizzate tra il 1955 e oggi da artisti americani e internazionali. Oltre a essere esposte a rotazione nella sezione apposita, la **Linde Family Wing**, le opere sono spesso inserite in altre collezioni permanenti per instaurare cortocircuiti e dialoghi tra passato e presente. Andy Warhol, Rachel Whiteread, Alex Katz, Anish Kapoor, Ellsworth Kelly sono tra gli artisti rappresentati. L'arte contemporanea è protagonista anche di mostre temporanee.

Isabella Stewart Gardner Museum, il chiostro d'ingresso e la sala con l'autoritratto di Rembrandt

Isabella Stewart Gardner Museum**

280 The Fenway; I, *E1. Visite a pagamento 11-17, martedì chiuso*; *gardnermuseum.org* - Il museo, inaugurato nel 1903, è particolarmente semplice da individuare perché è ispirato a un palazzo veneziano, architettura singolare per Boston in cui è espressa la storia di questa istituzione e della fondatrice, cui è intitolato.

Il museo. Isabella Stewart Gardner, nata a New York nel 1840, appassionata di viaggi, d'arte e in particolare di Venezia, manifesta la sua passione collezionistica poco più che ventenne, insieme al marito John 'Jack' Lowell Gardner jr. Nel 1884 la coppia soggiorna per la prima volta a palazzo Barbaro, sul Canal Grande a Venezia, ospite dei proprietari Daniel e Ariana Curtis, originari di Boston. Tra molti artisti che frequentano il palazzo c'è John Singer Sargent, futuro amico e consigliere di Isabella insieme a Bernard Berenson, grande esperto di arte rinascimentale italiana. Proprio durante quei soggiorni felici la Stewart Gardner comincia a concepire il progetto di un suo museo a Boston. Nel 1891 eredita il cospicuo patrimonio paterno e la collezione comincia a prendere forma. Tra i primi capolavori acquistati, *Il concerto* di Vermeer, l'*Autoritratto all'età di 23 anni* di Rembrandt e l'*Europa* di Tiziano. Tornati a Boston, i Gardner decidono di acquistare un terreno nella zona ancora poco sviluppata di Fenway e dopo la morte di Jack, nel 1898, è Isabella a incaricare un architetto, Willard Sears, interprete del gusto Gothic Revival e Renaissance Revival, di dar forma alla sua idea. Nel corso dei molti viaggi in Europa i Gardner avevano acquistato colonne, porte, finestre, balaustre, capitelli, statue: tutti elementi destinati a far parte del nuovo edificio. Isabella stessa si occupa dell'allestimento di quella che diventa contemporaneamente la sua casa e un museo per la città. Ci vive fino alla sua morte, nel 1924, e si assicura che ogni cosa rimanga al suo posto anche dopo: l'allestimento, anche oggi, è esattamente come allora. Non così la collezione: nel 1990 un furto clamoroso sottrae al museo il capolavoro di Vermeer, l'autoritratto e un altro dipinto di Rembrandt, alcuni schizzi di Manet e Degas, opere da allora mai più ritrovate.

Nel 2012 Renzo Piano ha ampliato l'edificio con un nuova ala che ha reso più confortevole e completa la visita, aggiungendo spazio per mostre temporanee, il bar ristorante e sale concerti.

La visita. Il percorso di visita inizia con l'ingresso nel **chiostro** che circonda lo stupefacente giardino interno. Improvvisamente ci si trova realmente trasportati in un altro mondo, molto veneziano in effetti: statue, colonne, bifore e trifore, piante convivono suscitando un effetto al tempo stesso straniante ed emozionante. Al centro del cortile, il **pavimento a mo-**

saico che rappresenta una Medusa è di epoca romana come il sarcofago adiacente. Sulla destra si sviluppa il chiostro in stile spagnolo in cui è esposta la grande opera, spagnoleggiante appunto, di John Singer Sargent, *El Jaleo*. Accanto, la **loggia cinese** affacciata sul giardino del monaco. Sullo stesso piano si trova la **Blue Room**, una Wunderkammer con dipinti di Sargent, Zorn, Curtis e Mancini. Adiacente la **Yellow Room** con un capolavoro di Matisse, *Terrazza a Saint-Tropez*.
Al secondo piano la passione per l'**arte italiana** si esprime nell'importante collezione di oggetti d'arredamento e dipinti di Piero della Francesca, Fra Angelico, Francesco Pesellino. Assai diversa l'atmosfera nella **stanza dedicata agli olandesi**, la cui scarsa illuminazione fu pensata dalla stessa Gardner per meglio introdurre allo spirito del tempo: si trovano qui un Rubens e un Van Dyck e *Il concerto* di Vermeer rubato nel 1990. All'ultimo piano, una stanza è dedicata al Veronese e una a Tiziano, la cui *Europa* commuove molti visitatori del vecchio continente, mentre nella **Long Gallery** a calamitare l'attenzione sono la piccola *Vergine con Bambino* di Botticelli e la duecentesca *vetrata della cattedrale di Soissons* acquistata da Isabella al Louvre. Nella **sala gotica**, le ultime opere esposte sono una *Vergine con Bambino* di Simone Martini e *La presentazione al tempio di Gesù* di Giotto: accanto si trova un ritratto di Isabella Gardner Stewart realizzato da John Singer Sargent, commiato della grande collezionista ai visitatori della sua straordinaria ed eclettica casa-museo.

Fenway Park* (4 Yawkey Way; I, *D1*). *Tour guidati a pagamento tutti i giorni ore 9 -17, durata un'ora*; *mlb.com* - Inaugurato nel 1912, lo stadio di baseball è da sempre la casa dei Boston Red Sox. È il più antico tra gli stadi che ospitano il campionato della Major League Baseball e anche, nonostante continui ampliamenti (circa 37 000 posti a sedere), tra i più piccoli. Nel 2012, anno del centenario, è stato iscritto nel National Register of Historic Landmark. Durante la pausa del campionato di baseball ospita altri eventi sportivi, spettacoli e concerti.

Boston Harbor Islands: tour tra le isole di Boston

Sono 34 le isole al largo del porto di Boston, ideali per escursioni, birdwatching, andare a pesca o semplicemente per rilassarsi al sole e fare una nuotata. Dichiarate parco nazionale (*nps.gov/boha*), sono caratterizzate da una varietà di ecosistemi: spiagge sabbiose, scogliere, paludi, foreste. Si raggiungono con un servizio stagionale di traghetti: l'*Harbor Express* (da maggio a ottobre; *bostonbestcruises.com*) parte dal Long Wharf e in 45 minuti collega la città con la maggior parte delle isole. L'ideale è acquistare un biglietto andata e ritorno per Georges Island o Spectacle Island e usufruire da qui delle navette che raggiungono le isole minori. A **George Island** si trova *Fort Warren*, forte ottocentesco utilizzato come carcere durante la guerra di Secessione; il sito, iscritto nel National Register of Historic Places, è visitabile grazie ai tour condotti dai ranger. D'estate l'isola è animata da concerti, manifestazioni sportive e altre attività accessibili a tutti. **Spectacle Island** (*nella foto*) dispone di un porto turistico e di un servizio di escursioni in kayak con i ranger per principianti. Sulle isole Bumpkin, Grape e Lovells è possibile campeggiare, ma solo previa prenotazione (*reserveamerica.com*). Per le informazioni sulle isole e le escursioni, da maggio a ottobre è aperto il **Boston Harbor Islands Pavilion** sulla Greenway (Rose Kennedy Greenway, Ⓜ Aquarium; *bostonharborislands.org*).

Boston Celtics, Red Sox e gli altri miti dello sport

I lunghi inverni del New England sono forse responsabili della passione sportiva dei suoi abitanti. O forse hanno spinto a inventarne di nuovi da praticare al chiuso, come il professore di educazione fisica dell'International Young Men's Christian Association Training School (YMCA) di Springfield, Massachusetts, James Naismith, che nel dicembre del 1891 fece provare ai suoi studenti un gioco di sua invenzione: un curioso incrocio tra l'hockey e la lippa, dove vinceva chi centrava con una pallonessa di cuoio due cestini di pesche sistemati ai lati opposti del campo. Il **basket** era nato e nel giro di pochi anni avrebbe acquistato popolarità nelle università e nei college della zona. A meno di venti chilometri di distanza un altro professore dell'YMCA, William G. Morgan, inventò per gli studenti più anziani il Mintonette, una via di mezzo tra il tennis e la palla a mano. La prima partita si giocò proprio a Springfield nel 1896 e subito tutti iniziarono a chiamarlo **volleyball**, pallavolo. Entrambi gli sport si diffusero globalmente in pochi anni, anche per la semplicità degli strumenti necessari a giocarli, e il basket, in particolare, divenne uno dei giochi più amati anche dai tifosi, soprattutto di origine irlandese. La squadra dei **Boston Celtics**, fondata nel 1946, divenne in breve una delle più forti del campionato americano, la National Basketball Association (Nba), annoverando tra le sue fila giocatori leggendari come Larry Bird, Robert Parish, Kevin McHale. Oggi gioca al TD Garden (100 Legends Way; I, *B4*; *tdgarden.com*) che condivide col team di hockey **Boston Bruins** (i campionati si svolgono in contemporanea da ottobre a giugno). Proprio l'hockey è un'altra passione locale, importata però dal Canada. Il primo stadio dedicato a questo sport fu costruito nel 1909, la squadra venne invece fondata nel 1924, anno di nascita della National Hockey League (Nhl). Con alterne fortune i Bruins sono entrati nel cuore dei bostoniani e non solo.
Ma la squadra per eccellenza della città sono i **Red Sox**, il team di baseball fondato nel 1901 e dal 1912 padrone di casa dello stadio Fenway Park (I, *D1*; *nella foto*; il campionato si svolge da aprile a novembre). Tra il 1903 e il 1918 vinse cinque volte la World Series, la finale del campionato di baseball americano, obiettivo mai più raggiunto poi fino al 2004. La leggenda imputa il triste primato alla cosiddetta 'maledizione del bambino', legata alla cessione nel 1920 del giocatore più amato, Babe Ruth, ai nemici New York Yankees. L'aura perdente e sfortunata ha però contribuito a rendere i Red Sox famosi nel mondo grazie anche a film e serie tv, che ne hanno alimentato il mito rendendoli simpatici anche a chi non sa nulla di baseball. Simpatia non condivisa coi vincenti per antonomasia, i **New England Patriots**, squadra di football americano tra le più forti della National Football League (Nfl), che nel nome rendono omaggio ai rivoluzionari in lotta per l'indipendenza (anche la mascotte è vestita da Minuteman). Nell'edizione 2018 del Super Bowl sono stati sconfitti dai Philadelphia Eagles, ma con dieci presenze in finale e cinque vittorie le soddisfazioni non sono certo mancate per loro e l'amatissimo quarterback Tom Brady. Per vederli giocare bisogna andare a Foxborough, circa 30 chilometri a sud di Boston (*gillettestadium.com*); la stagione va da settembre a febbraio.

1.2 Cambridge

Parte dell'area metropolitana di Boston, Cambridge (100 000 ab. circa) è un'entità amministrativa indipendente. Il nome deriva dalla blasonata cittadina universitaria inglese mentre un'altra università, quella di Harvard, è il fulcro indiscusso di questa parte di città che si scopre al meglio a piedi o in bicicletta. Una caratteristica di Cambridge, città nella città, sono le piazze sulle quali affacciano i principali edifici e dalle quali diramano le strade e i vicoli spesso affollati dalle migliaia di studenti del campus. Cuore pulsante e punto di partenza ideale per la visita è Harvard Square. Durante la prima settimana di giugno le rive del fiume Charles sono teatro del Cambridge River Festival dedicato alle arti.

Storia e sviluppo urbano. Situata a nord-ovest del centro di Boston, al di là del Charles River, Cambridge venne fondata anch'essa nel 1630 da un gruppo di Padri pellegrini che volevano essere più protetti da eventuali invasioni provenienti dal mare. Le prime case furono costruite nel 1631 intorno all'attuale Harvard Square e il villaggio prese il nome di Newe Towne. Gli abitanti erano contadini e le loro terre si espandevano ben oltre gli attuali confini amministrativi della città. Nel 1636 venne fondato il Newe College, poi rinominato Harvard dal nome di uno dei primi benefattori, John Harvard, per formare i ministri della fede in grado di guidare spiritualmente i coloni originari e i loro eredi nati nella Nuova Inghilterra. Nel 1638 la cittadina prese il nome di Cambridge, confermando la speciale attenzione per la cultura e l'identità educativa che l'identifica tuttora. Proprio nella Cambridge inglese, d'altronde, si era formato John Winthrop, il governatore della colonia che col Cambridge Agreement del 1629 aveva ufficialmente fondato Boston. Collocata a 13 km, la 'nuova' Cambridge combinava perfettamente aspetti rurali e storico-politici e quando George Washington arrivò dalla Virginia per prendere il comando dell'esercito americano di volontari, il 3 luglio del 1775, lo fece proprio al Cambridge Common, riconosciuto ora come luogo di nascita dell'U.S. Army. Dopo la Dichiarazione d'indipendenza la città crebbe e si espanse anche grazie alla costruzione dei ponti che la connettevano più facilmente a Boston: il West Boston Bridge, che accorciava le distanze da 13 a 8 km, risale al 1792 mentre nel 1809 fu la volta del Canal Bridge. In pochi anni la rivoluzione industriale trasformò Cambridge e la sua economia, e il centro si spostò più verso Central Square. Fino agli anni '20 del Novecento l'agglomerato urbano continuò a crescere fino ad arrivare a 120 000 abitanti, per la maggior parte operai nelle tante fabbriche del territorio. Solo dopo la Grande depressione, quando molte industrie chiusero e migliaia di persone furono costrette a emigrare per trovare sostentamento altrove, Cambridge assunse il ruolo di centro culturale più che economico. La presenza in città, oltre che dell'università di Harvard, del femminile Radcliff College, fondato nel 1879, e il trasferimento da Boston del Massachusetts Institute of Technology nel 1916 rinforzarono il suo status di mecca della cultura statunitense. Oggi, con la metropolitana della linea rossa, per arrivare da Harvard Square al Downtown Crossing di Boston ci vogliono 10 minuti ma Cambridge continua a conservare un'identità propria. Oltre alle migliaia di studenti di ogni parte del mondo che ci vivono o raggiungono le università ogni giorno, circa 20 000 persone lavorano a Harvard e al Mit garantendo alla città una vivacità costante.

Edifici (e studenti in relax) della Harvard University a Cambridge

Harvard Square e dintorni (II, *C3-4*). Centro vitale di Cambridge, è popolata ogni giorno dalle migliaia di studenti di oltre cento nazionalità diverse che frequentano i college. Librerie, caffè, club, ristorantini bio, ma anche artisti di strada e giocolieri ne animano la quotidianità. Sulla piazza si affaccia anche l'Harvard Cooperative Society, *the Coop*, dove si acquistano felpe, magliette, libri, tutti rosso granata, il colore dell'università. Poco distante, al 105 di Brattle Street, nota anche col soprannome di *Tory Row* perché abitata da molti sostenitori della corona britannica, si trova il **Longfellow National Historic Site** (*aperto solo in estate*; *nps.gov/long*). L'edificio coloniale fu utilizzato da George Washington come quartier generale durante l'assedio di Boston da parte degli inglesi; dal 1837 e fino alla morte, avvenuta nel 1888, vi abitò il poeta Henry Wadsworth Longfellow. La casa divenne allora un circolo culturale frequentato abitualmente da Nathaniel Hawthorne e molti altri.

Harvard University** (Massachusetts Ave; II, *C3-4*; Ⓜ Harvard). *Visite guidate gratuite*; *harvard.edu* - Più di 70 premi Nobel, 8 presidenti degli Stati Uniti, infiniti premi Pulitzer: Harvard è la più antica e blasonata università americana. Oggi si sviluppa in oltre 400 edifici ma il cuore pulsante del college rimane **Harvard Yard**, dove si affacciano le costruzioni storiche. La più antica è la **Massachusetts Hall**, costruita nel 1720, mentre la più riconoscibile, immortalata in decine di film, è la **Sever Hall** eretta in stile romanico da Henry Hobson Richardson circa un secolo dopo. Poco distante si trova la **Harry Elkins Widener Memorial Library**, la più grande delle 80 biblioteche di Harvard: gli oltre 3 milioni di volumi disposti su 80 km di scaffali la rendono la terza maggiore biblioteca degli Stati Uniti e la quarta nel mondo. La signora Widener, che nel 1912 donò il denaro per costruirla in memoria del figlio morto sul *Titanic*, pose solo due condizioni: che non si potesse mai spostare nemmeno un mattone (impresa difficile che ha costretto ad alcune soluzioni architettoniche complesse, come il recupero di un piano interrato) e che gli studenti per poter essere ammessi sapessero nuotare (oggi, invero, l'esame di nuoto non è più obbligatorio). Tra i volumi più preziosi, una delle prime 200 Bibbie di Gutenberg e le opere complete di Shakespeare, alcune delle quali in copia unica. L'accesso è possibile solo a studenti e ricercatori. Non è possibile entrarci nemmeno con le visite guidate gratuite condotte dagli stessi studenti, che raccontano però molti curiosi aneddoti sul campus, compresi quelli sulla celeberrima statua delle tre bugie posta nel mezzo del giardino interno. Scolpita da Daniel Chester French, lo stesso del Lincoln Memorial di Washington, è dedicata al fondatore (prima bugia) J. Harvard ma non lo ritrae (il soggetto è uno studente, seconda bugia). È

Il seme della folk music a Cambridge

Gli anni d'oro della musica folk americana sono legati senz'altro ai locali del Greenwich Village a New York ma anche Cambridge, l'area universitaria di Boston, ebbe un grande rilievo per l'influsso della vivacissima cultura della popolazione studentesca. Centro di attrazione fu soprattutto un locale, il **Club 47**, fondato nel 1959 con 200 dollari presi a prestito da due studentesse della Brandeis University. Il club richiedeva una tessera che costava un dollaro e dispensava la musica dei giovani talenti folk all'epoca sconosciuti, a cominciare da una Joan Baez ancora adolescente. Dalla originaria sede al 47 di Mt. Auburn Street, il Club nel 1963 si trasferì in uno scantinato di Palmer Street, dove ancora oggi resiste, dopo che nel 1969 ha cambiato sigla in **Club Passim**. Per questo locale tutt'altro che à la page ma ricco di idee sono passati tanti bei nomi del cantautorato americano, da Tom Rush a Eric Von Schmidt, pittore e cantautore, 'il sindaco' della cittadella folk, da Judy Collins a Taj Mahal, da Suzanne Vega a Nanci Griffith. Vuole la leggenda che un imberbe Bruce Springsteen sia stato scartato dopo un'audizione mentre il giovanissimo Bob Dylan, arrivato in autostop da New York, non riuscì ad avere un proprio spazio e si dovette accontentare di esibirsi fra un set e l'altro.

Con gli anni il Club Passim ha ampliato i propri orizzonti e oggi ha una programmazione varia che compete con quella di un altro bel locale più recente di Cambridge, il **Sinclair**, al 2 di Church Street. Per del sano rock e blues tra passato e futuro valgono invece a Boston il **Great Scott**, al 1222 di Commonwealth Avenue, nella zona di Allston, e l'**House Of Blues**, al 15 di Landsdowne Street.

Riccardo Bertoncelli

sbagliata anche la data perché l'università fu fondata nel 1636 e non nel 1638 come c'è scritto. Oggi pare che porti fortuna agli studenti sfregarne la scarpa sinistra, che infatti è ormai lucida. Tra maggio e giugno c'è la stagione delle lauree con le cerimonie che si svolgono nell'Old Harvard Yard, il centro del campus.

Harvard Art Museums* (32 Quincy St; II, *C3-4*). *Visite a pagamento ore 10-17*; *harvardartmuseums.org* - Si compone di tre distinte collezioni per un totale di 250 000 opere circa: il Fogg Museum, il Busch Reisinger Museum, l'Arthur M. Sackler Museum. Dopo un'importante opera di ristrutturazione e ampliamento condotta da Renzo Piano, i tre musei hanno oggi un unico ingresso e percorsi di visita intrecciati fra di loro. Come accade spesso nei musei universitari americani, è possibile ricavarne una visione completa della storia dell'arte mondiale proprio perché le sale espositive sono concepite come luoghi di apprendimento, esattamente come le aule. Secondo un allestimento in ordine cronologico inverso è al terzo piano dell'edificio che sono esposte, per esempio, opere e reperti d'arte classica etrusca (**Statua in bronzo di donna con in mano una melagrana**, v secolo a.C.), romana e greca. Scendendo al secondo piano si arriva all'arte medievale (**Vergine con Bambino** di Cimabue, sala 2440), all'impressionante collezione di **calchi del Bernini** (stanza 2520), all'arte europea tra Quattrocento e Seicento con opere di Simone Martini, Fra Angelico, Sandro Botticelli (**Vergine con Bambino**, sala 2500), al Settecento europeo e americano che mette a confronto in una stessa stanza (la 2220) capolavori di John Singleton Copley (**Ritratto di Abigail Bromfield Rogers**), vedute di Canaletto (**Piazza S. Marco a Venezia**), dipinti del Tiepolo (**S. Rocco pellegrino**), disegni di William Blake dedicati alla *Divina Commedia* di Dante. Sono invece concentrati nella sala 2100 i maestri dell'Ottocento europeo e americano: dalla **Piccola casa a Pontoise** di Paul Cézanne al **Tavolo della colazione** di John Singer Sargent, dai **Pesci rossi** di Claude Monet alla **Falciatrice** di Winslow Homer, dalla **Chiamata alle armi** di Rodin al **Peschereccio a Honfleur** di Corot. Al primo piano si arriva al Novecento con importanti collezioni dedicate alle principali correnti artistiche del secolo. Per il **surrealismo** (sala 1310) sono rappresentati De Kooning, Paul Klee, Georgia O'Keeffe (*Rosso e rosa*), Miro, Léger, Calder, Arp. Per il primo **modernismo** (sala 1300) Brancusi, Man Ray, Picasso, Severini. Affascinante la collezione riferita all'**arte tedesca fra le due guerre** (sala 1500) con lavori di Ernst, Beckmann, Klee, Kandinskij, mentre riconduce a tempi più recenti l'esposizione di opere degli **anni Sessanta** di Sol LeWitt, Bruce Nauman, Joseph Kosuth, Gordon Matta-Clark, Robert Rauschenberg, Georg Baselitz.

Harvard Art Museums, François Boucher, *ritratto di Madame de Pompadour*

Harvard Museum of Natural History (26 Oxford St; II, *C3-4*). *Visite a pagamento ore 9-17*; *hmnh.harvard.edu* - Tre musei in uno con collezioni esposte su un unico piano dedicate a mineralogia e geologia, zoologia comparativa e botanica. L'istituzione ha mantenuto intatto il suo fascino vintage, ma continua a possedere raccolte tra le più complete al mondo. Le **gallerie mineralogiche** includono praticamente ogni tipologia di minerale, roccia e gemma del New England, compresa una delle prime meteoriti collezionate. Le **gallerie zoologiche** devono la loro fondazione al biologo ottocentesco Louis Agassiz e includono la sua personale collezione di aracnidi. Molto completa la sezione di animali tassidermizzati che include uccelli, mammiferi e rettili. Non manca una collezione di scheletri di dinosauro tra i quali spiccano un kronosauro gigante (una sorta di serpente marino preistorico) e lo scheletro di un triceratopo che è stato il primo a essere descritto nella letteratura scientifica. A completare lo spettacolare

Una sala dell'Harvard Museum of Natural History

allestimento, la collezione di scheletri di balena. La **galleria botanica** ha il suo fiore all'occhiello nella **collezione Blaschka***: tra il 1887 e il 1936 Leopold e Rudolph Blaschka, padre e figlio, accumularono la più ampia collezione di riproduzioni in vetro di piante del mondo realizzando 3000 modelli esatti di 850 specie di piante. I cosiddetti fiori di vetro, come sono comunemente conosciuti, avevano in principio uno scopo didattico: ora rappresentano un'opera d'arte vetraria unica e d'impressionante precisione e bellezza.

Peabody Museum of Archaeology & Ethnology* (11 Divinity St; II, *C3-4*). *Visite a pagamento ore 9-17*; *peabody.harvard.edu* - Fondato nel 1866, è uno dei più antichi musei al mondo dedicato all'antropologia e allo studio di popoli e culture dall'antichità a oggi. La collezione archeologica ed etnologica conta un milione e mezzo di pezzi. Imponente anche l'apparato fotografico a disposizione di visitatori e studiosi, con un archivio di 500 000 immagini provenienti da tutti i continenti. Le prime spedizioni ottocentesche condotte dal museo puntarono alla scoperta dei popoli Maya in Centroamerica (la collezione di manufatti e oggetti proveniente dalle rovine di Chichen Itza è al terzo piano) e proseguirono poi sulle tracce dei nativi americani in Arizona e Utah. La collaborazione con gli studiosi di Harvard ha condotto a missioni di ricerca continue dall'Egitto al Sud del Pacifico (quarto piano). La maggior parte degli artefatti sono esposti nel contesto del periodo storico in cui sono stati recuperati. Le tribù native americane delle grandi praterie del Nord, per esempio, sono descritte attraverso le spedizioni degli esploratori Lewis e Clark che tra il 1804 e il 1806 attraversarono l'America del Nord da est a ovest quasi solo su vie fluviali. Lo shop del museo, molto originale, vende oggetti decorativi e folcloristici realizzati da artigiani delle popolazioni raccontate nel museo stesso.

Kendall Square (I, *B2;* Ⓜ Red Line Kendall Square/Mit). Per scoprire la zona 'tecnologica' di Cambridge e i vari edifici del Massachusetts Institute of Technology, è il punto di partenza ideale. Spesso definita anche Technology Square, ospita alcune delle più importanti aziende hi-tech del Paese. Gadget tecnologici, felpe e cappellini del Mit e altri divertenti souvenir si possono trovare nella sede locale di *the Coop*. Sui marciapiedi intorno alla piazza sono murate le placche dell'**Entrepreneur Walk of Fame**, che, sulla scia delle stelle incastonate nei marciapiedi dell'Hollywood Boulevard di Los Angeles dedicati ad attori e registi, celebrano gli imprenditori o i geni della tecnologia che hanno cambiato il mondo. Tra i nomi più noti, quelli di Bill Gates, Thomas Edison e Steve Jobs.

Massachusetts Institute of Technology Mit**

77 Massachusetts Ave; I, *C1-2*; Ⓜ Central. *Visite guidate gratuite*; *mit.edu* - Fondato nel 1861 sulla scia della rivoluzione industriale per formare scienziati e inventori, il campus si articola oggi in numerosi edifici nei dintorni di Central Square. Sul sito *whereis.mit.edu* si può scaricare una mappa interattiva che li indica tutti, insieme alle sculture e alle opere d'arte disseminate nell'area.

Gli edifici. In netto contrasto con lo stile british di Harvard, le costruzioni che ospitano aule, residenze e centri di ricerca sono state progettate nel corso del Novecento dai più grandi architetti del mondo. Tra le più rappresentative è la **Baker House** (Memorial Drive ed Endicott St; I, *C1*), residenza studentesca realizzata nel 1947 dal

Nei luoghi di JFK, mito d'America**

«Ci saranno altri bravi presidenti, ma non ci sarà mai più una Camelot.» Jacqueline 'Jackie' Kennedy, una settimana dopo l'omicidio del marito John 'Jack' Fitzgerald Kennedy, 35° presidente degli Stati Uniti d'America, rilascia la sua prima intervista a *Life Magazine* dopo l'attentato di Dallas e dà un nome a un momento mitico della storia americana: Camelot. Camelot, la fortezza di re Artù – il luogo e il tempo dei Kennedy nell'immaginario collettivo trasposto al presente –, è il New England tra Boston, città del clan Kennedy, e Hyannis Port dove la famiglia trascorreva più tempo possibile. In città sono numerosi i luoghi che rendono omaggio a Kennedy e al suo mito, a cominciare dalla **casa natale a Brookline**, sobborgo oggi inglobato nella grande area metropolitana di Boston, dove all'83 di Beals St il 29 maggio 1917 nacque JFK. Oggi l'abitazione, in cui il piccolo John visse solo tre anni, è National Historic Site (II, *D3*; *tour gratuiti, consigliabile prenotazione; nps.gov/jofi*). Nel 1920 la famiglia si spostò al 51 di Abbottsford Road (dove nacque Robert Kennedy), ma l'abitazione è privata e non si può visitare. Dopo un breve periodo a New York, John ritornò in città per frequentare Harvard e visse alla **Winthrop House** (II, *C3*): le camere che occupava, oggi 'Kennedy suite', ospitano solo relatori in visita. Altra tappa importante nella storia di famiglia è l'**Omni Parker House** (60 School St; I, *C4*; *omnihotels.com/hotels/boston-parker-house*), storico hotel di Boston dove leggenda vuole che il piccolo John abbia tenuto il suo primo discorso a sei anni in onore del nonno, ex sindaco della città. Sempre qui lanciò la sua prima campagna elettorale nel 1946 e chiese in sposa Jacqueline nel 1953, al tavolo 40 del ristorante, anche se il posto preferito per il pranzo era l'**Union Oyster House** (41 Union St; I, *B5*; *unionoysterhouse.com*).

Quando il 9 gennaio 1961, fresco vincitore delle elezioni presidenziali, Kennedy lasciò Boston per trasferirsi alla Casa Bianca tenne un discorso d'addio alla Massachusetts State House: «Per 43 anni, ovunque io fossi, a Londra, a Washington o nel sud del Pacifico, questa è stata la mia casa. E, se dio vuole, ovunque io serva, questa rimarrà la mia casa». Due anni e mezzo dopo, il 23 novembre 1963, il mito di Camelot, e parte del sogno americano, furono spezzati a Dallas. Quell'intenso periodo storico e la vita del presidente possono essere rivissuti alla **John F. Kennedy Presidential Library and Museum**** (Columbia Point; II, *D4*; Ⓜ JFK/Umass, da qui navetta per il museo ogni 20 minuti; *visite a pagamento ore 9-17; jfklibrary.org*.). All'interno dell'edificio in marmo e vetro progettato da I. M. Pei (*nella foto*) il percorso di visita cronologico allinea, in 21 sale, documenti, immagini, video (incluso il famoso dibattito televisivo con Nixon alla vigilia delle elezioni del 1960), abiti. Un viaggio nella storia intenso e istruttivo che focalizza l'attenzione su alcuni momenti cruciali della presidenza, come la crisi missilistica di Cuba, il discorso davanti al Muro di Berlino, i progetti della Nasa per la conquista della Luna. C'è spazio anche per il ruolo che Robert Kennedy ebbe al fianco del fratello in qualità di Attorney General e per la sua campagna elettorale del 1968. Particolarmente emozionanti le immagini scattate dal finestrino del treno da Paul Fusco, che viaggiò con la salma di Bobby, ucciso a Los Angeles il 5 giugno del 1968, fino a Washington e immortalò l'omaggio che l'America profonda diede al candidato sostando lungo i binari.

Il Ray & Maria Strata Center di Frank Gehry, edificio del Massachusetts Institute of Technology

finlandese Alvar Aalto che da ogni stanza offre la vista sul Charles River. Poco distante (44 Massachusetts Ave; I, *C1*) si trovano il **Kresge Auditorium** e l'adiacente cappella cilindrica ideati da Eero Saarinen. Più classico e classicheggiante il **Great Dome** (I, *C1-2*), l'edificio principale dell'università, costruito nel 1916 su ispirazione della Low Memorial Library della Columbia University di New York, a sua volta ispirata al Pantheon di Roma. Non lontano si alza il **Green Building** (I, *B-2*), edificio di 21 piani firmato da I.M. Pei con la scultura di Calder *The Big Sail* appena fuori. Il tour architettonico non può omettere il più originale degli edifici del Mit, il **Ray & Maria Strata Center** (32 Vassar St; I, *B2*), disegnato da Frank Gehry e celebre per il suo aspetto 'accartocciato', particolarmente bizzarro e originale.

Mit Museum (265 Massachusetts Avenue; I, *B1*). *Ingresso a pagamento ore 10-17*; *museum.mit.edu* - Utile per capire quanto siano diverse e variegate le ricerche e gli studi condotti all'università, il museo espone robot, ologrammi, fotografie stroboscopiche, sculture cinetiche. Ironiche e provocatorie le opere dello scultore Arthur Ganson sistemate al primo piano: l'artista ha realizzato una serie di scheletri metallici in movimento, sorta di simil robot senza troppa tecnologia ma con molto senso dell'umorismo.

List Visual Arts Center (20 Ames Street; I, *B2*). *Ingresso gratuito, mar, mer, ven, sab e dom ore 12-18, gio 12-20; listart.mit.edu* - Questa galleria d'arte contemporanea fondata nel 1985, accolta nel Wiesner Building (Building E15) progettato allo scopo da I.M. Pei, rende evidente l'attenzione riservata al Mit al mondo della creatività artistica d'oggi. Nei suoi spazi sono ospitate mostre a rotazione nonché una corposa collezione permanente di opere di artisti di fama internazionale ed emergenti. Il Centro gestisce anche l'immensa collezione di opere d'arte sparse per il campus che si possono rintracciare grazie alla mappa interattiva distribuita gratuitamente anche al List. È così possibile cercare *La grande vela* di Alexander Calder in McDermott Court, lo *Yin/Yang Pavilion* di Dan Graham nella Simmons Hall, la *Figure Découpée* di Pablo Picasso nel cortile della Sloan School of management. La filosofia del LVAC è quella di coinvolgere da vicino gli studenti: ogni anno gli alunni possono prendere in presto le opere più piccole per installarle negli studentati non accessibili al pubblico. Difficile misurare l'influenza di arte e architettura nella formazione degli studenti, certo è che a oggi oltre 90 premi Nobel e 34 astronauti hanno studiato al Mit, senza contare le migliaia di aziende di altissimo livello fondate da ex allievi (30 000, secondo uno studio della Mit Sloan School of Management).

1.3 Dintorni di Boston

A pochi chilometri dall'area metropolitana di Boston, verso ovest, il paesaggio cambia: anche se la grande strada ad anello che collega tutta l'area metropolitana, la Interstate 95, è a pochi passi, la dimensione rurale prende il sopravvento, intervallata da piccole cittadine immerse nei boschi, luoghi-chiave della storia d'America. La Rivoluzione a Concord e Lexington, i circoli letterari e artistici a Concord, l'avvento dell'industria a Lowell hanno contribuito a formare l'identità americana, ma la peculiarità della zona sta nel rapporto con la natura. Basta poco infatti per allontanarsi dal caos cittadino e ritrovarsi in un mondo a parte. Come scrisse Henry David Thoreau nel suo capolavoro *Walden*, «la bellezza si trova fuori dalla porta», ed è fuori porta che vale la pena lasciarsi trasportare.

Lexington* (II, *B2*). Circa 30 km a ovest dal centro di Boston (I-93 North e MA-2 West, uscita 54B), questa cittadina (30 000 ab.) è il luogo dei primi scontri tra i coloni rivoluzionari e le Giubbe rosse dell'esercito britannico. Il 19 aprile del 1775, 77 coloni americani rallentarono le truppe inglesi sulla strada per Concord. All'angolo tra la Massachusetts Avenue (che attraversa la città) e Waltham Street, si trova lo storico **Battle Green** (II, *B2*), il campo di battaglia con la statua dedicata ai Minutemen, i valorosi coloni guidati dal comandante Parker cui è dedicata una pietra che porta l'iscrizione: «Mantenete la posizione. Sparate solo per rispondere al fuoco. Ma se vogliono la guerra, che cominci qui». Nei pressi del parco si trovano le **Lexington Historic Society Houses**, che comprendono tre edifici storici (*visite a pagamento dalla primavera all'autunno inoltrato, biglietto per uno o tutti gli edifici*; *lexingtonhistory.org*): la **Hancock-Clarke House** (36 Hancock St; II, *A-B2*), la **Buckman Tavern** (1 Bedford St; II, *B2*) e la **Munroe Tavern** (1332 Massachusetts Ave; II, *B2*). La prima, costruita nel 1737, era la canonica del reverendo Jonas Clarke che accolse i patrioti John Hancock e Samuel Adams in fuga da Boston dov'erano ricercati dalle autorità britanniche per attività sovversive. Qui arrivò a cavallo Paul Revere per avvertire dell'imminente arrivo delle Giubbe rosse. La Buckman Tavern fu costruita nel 1710 e fino alla Rivoluzione ospitava i viaggiatori e le riunioni cittadine. I rivoluzionari si ritrovarono qui la mattina del 19 aprile prima di tentare il tutto per tutto e arrestare gli inglesi. Servì invece alle Giubbe rosse durante la ritirata a Boston la Munroe Tavern, un buon posto per capire la loro prospettiva sulla battaglia. Proprio qui

La Buckman Tavern di Lexington, luogo di riunione agli albori della Rivoluzione americana

il presidente Washington cenò nel 1789 durante una sua visita a Lexington.
A circa 3 km dal centro della città, a ovest lungo la Route 2A, il **Minute Man National Historic Park** (250 North Great Road, Lincoln; II, *B1*; *visite da aprile a novembre con orari diversi*; *nps.gov/mima*) segna il percorso compiuto dalle truppe britanniche per arrivare a Concord. Al centro visitatori una presentazione multimediale illustra l'impresa di Paul Revere e le battaglie della zona.

Concord*

(II, *A1*). Circa 30 km a nord di Boston (I-93 North e MA-2 West), è un'incantevole cittadina coloniale (18 000 ab.) coi caratteristici campanili bianchi, le strade alberate e una serie di edifici storici visitabili che raccontano le tappe della Rivoluzione americana e il momento di massimo splendore della neonata cultura statunitense: vi si visitano i luoghi legati alla memoria di Ralph Waldo Emerson, Henry David Thoreau, Nathaniel Hawthorne, Louisa May Alcott. Centro di Concord è Monument Square, dove si alza l'obelisco commemorativo della guerra d'Indipendenza.

Concord Museum* e dintorni (200 Lexington Road; II, *A1*). *Visite a pagamento con orari diversi a seconda dei mesi e dei giorni*; *concordmuseum.org* - È il punto di partenza ideale per approfondire la storia politica e culturale della città, gli eventi che l'hanno resa celebre ma anche la vita contadina della regione. Tra i cimeli, una delle due lanterne appese al campanile della Old North Church di Boston per segnalare al patriota Paul Revere i movimenti delle truppe britanniche. Affascinante la sezione dedicata a Henry David Thoreau, con decine di oggetti di sua proprietà e lo scrittoio a cui sedeva nel capanno sulle rive del Walden Pond. Alcuni volontari guidano i visitatori a scoprire i dettagli più interessanti della collezione.
Poco distante (28 Cambridge Turnpike; II, *B1*) si trova la **Ralph Waldo Emerson Memorial House** (*visite a pagamento da metà aprile a ottobre gio-sab ore 10-16.30, dom 13-16.30*; *nps.gov/nr/travel/massachusetts_conservation/ralph_waldo_emerson_house.html*), la casa in cui il filosofo e poeta visse per cinquant'anni, dal 1835, elaborò le sue teorie trascendentaliste e incontrò gli altri protagonisti della scena letteraria e culturale del tempo. Le stanze conservano ancora in gran parte i mobili d'epoca.
Più avanti lungo Lexington Road, al N. 399 (II, *A1*), **Orchard House*** (*visite a pagamento da novembre a marzo lun-ven ore 11-15, sab 10-16.30, dom 13-16.30*; *da aprile a ottobre lun-sab 10-17, dom 11-17; louisamayalcott.org*) è la casa, magnificamente conservata, in cui Louisa May Alcott visse e scrisse il suo romanzo più noto, *Piccole donne*, ambientato proprio a Concord (pubblicato per la prima volta in due volumi

L'Old North Bridge di Concord

Minuteman Bikeway: in bicicletta da Cambridge a Concord*

Si chiama **Minuteman Commuter Bikeway** la pista ciclabile che partendo da Cambridge (Ⓜ Alewife) collega Arlington, Lexington, Bedford e Concord. A Bedford in realtà si divide: il **Reformatory Branch Trail** conduce a Concord (con parti del tracciato condivise con mezzi a motore); il **Narrow Gauge Trail** arriva a North Billerica. Realizzata tra il 1992 e il 1993, la pista segue il tracciato di una vecchia ferrovia abbandonata lungo 16 chilometri: tra boschi, stagni e laghetti è l'ideale per una giornata tra natura e storia, con una serie di punti d'interesse, tutti segnalati, che invitano a una sosta. L'itinerario, in piano e senza particolari difficoltà, è accessibile anche ai non allenati e alle famiglie con bambini. Non mancano punti di ristoro e di assistenza tecnica, servizi e fontanelle d'acqua potabile (mappe scaricabili e dettagli sul sito *minutemanbikeway.org*). Tutto il percorso è ciclopedonale e quindi può essere fatto anche a piedi, al passo o di corsa (se si è appassionati di jogging).
Per il noleggio delle biciclette ci si può rivolgere a numerosi negozi specializzati a Boston. Il più comodo e vicino alla ciclabile è a Cambridge, si chiama *Broadway Bicycle* (351 Broadway; *broadwaybicycleschool.com*) e propone il noleggio giornaliero a 30 dollari (settimanale 120 dollari). In alternativa c'è l'efficiente sistema di bike sharing *Blue Bikes* (molto simile a quelli in funzione anche nelle città italiane). Ci sono diverse opzioni di pass giornalieri da 10 dollari ai quali bisogna aggiungerne 2,50 ogni mezz'ora successiva alle prime due, che sono incluse nel pass (per istruzioni e mappa degli stalli, *bluebikes.com*).

nel 1868-69). Tour guidati conducono alla scoperta dei mille aneddoti che la casa conserva: si scopre così dove le sorelle Alcott mettevano in scena le loro rappresentazioni domestiche e anche il talento artistico della sorella May, che disegnava sugli stipiti e sui muri.

Thoreau Farm (341 Virginia Road; II, *A1*). *Visite guidate a pagamento sab-dom*; *thoreaufarm.org* - Poco distante da Monument Square, è la fattoria dell'infanzia di Henry David Thoreau, il luogo che segnò la sua passione per la natura e la vita nei boschi.

Old North Bridge e dintorni (II, *A1*). Circa 1 km a nord di Monument Square per Monument Street, il **ponte** (*visitabile dall'alba al tramonto*; *nps.org/mima*), è uno dei luoghi cruciali della Rivoluzione americana perché qui i patrioti Minutemen aprirono per la prima volta il fuoco contro gli inglesi costringendoli alla ritirata. Nelle parole di *Concord Hymn*, celebre poesia di Ralph Waldo Emerson: «... fired the shot heard round the world» (spararono il colpo che fu udito in tutto il mondo). Accanto all'Old North Bridge si trova la **Old Manse** (269 Monument St; *visite a pagamento dal 14 aprile a maggio ore 12-16, da giugno a settembre 12-17, da ottobre al 5 novembre 12-16, dal 5 novembre al 14 aprile sab-dom 12-16*; *thetrustees.org*), un'abitazione in legno costruita nel 1769 dal reverendo William Emerson, nonno di Ralph. Accoglie un'interessante collezione di cimeli d'epoca, molti dei quali appartenuti a Nathaniel Hawthorne e alla moglie che per un periodo vissero qui. Nel parco circostante si conserva l'orto biologico piantato da Henry David Thoreau come regalo di nozze per gli Hawthorne.

Sleepy Hollow Cemetery* (Bedford St; II, *A1*). *Aperto dall'alba al tramonto*; *friendsofsleepyhollow* - Poco a nord-est di Monument Square, è il cimitero in cui si trovano, vicine le une alle altre in quello che è chiamato **Author's Ridge** (indicazio-

Le strade dell'arte moderna a Lincoln*

Nel territorio di Lincoln, piccola cittadina nata nel 1654 come filiazione di Concord, circa 7 km a sud-est, si incontrano due sorprendenti 'santuari' di architettura e arte contemporanea. A poca distanza dal Walden Pond, e come il lago immerso nei boschi è il **deCordova Sculpture Park and Museum** (51 Sandy Pond Road; II, *B1*; *visite a pagamento dall'ultimo lunedì di maggio al 12 ottobre ore 10-17, in inverno mer-ven 10-16, sab-dom 10-17*; *decordova.org*). Nato per la volontà di Julian de Cordova (1851-1945), figlio di un ricco mercante giamaicano e a sua volta fortunato imprenditore e appassionato di arte, il museo nasce come collezione privata della casa acquistata da de Cordova a Lincoln nel 1910. Nel 1930 de Cordova la donò alla città con l'accordo che, dopo la sua morte, l'intera proprietà fosse aperta al pubblico e nel secondo dopoguerra un collegio di esperti decise di trasformare la residenza e il parco nel primo museo d'arte contemporanea del New England. Da allora l'istituzione ha continuato a puntare sulle novità e sulla ricerca, espandendo la collezione, che oggi conta più di 3500 opere tra fotografie, dipinti, sculture, new media, e valorizzando lo splendido parco con oltre 60 sculture da scovare tra gli edifici e il bosco: una vera e propria caccia al tesoro tra creazioni di Sol LeWitt, Dan Graham, Antony Gormley, Richard Long (tra i tanti).

Poco lontano dal deCordova, la **Gropius House** (68 Baker Bridge Road; II, *B1*; *visite a pagamento da maggio a ottobre mer-dom ore 11-16, da novembre ad aprile sab-dom 11-16; historicnewengland.org/property/gropius-house*) è uno dei più importanti esempi di architettura modernista degli Stati Uniti. Walter Gropius, fondatore a Weimar della scuola di architettura, arte e design nota come Bauhaus, giunse nel Massachusetts nel 1937 da Londra (dove si era trasferito in fuga dalle persecuzioni naziste) per insegnare ad Harvard. L'anno seguente costruì questa casa per viverci con la famiglia; il progetto, ispirato a un profilo di essenzialità ed efficienza (*nella foto*), valorizza anche il circostante giardino (con uno studio preciso nella scelta di alberi e cespugli). Non esattamente in linea stilistica con le architetture coloniali della zona, la Gropius House rimane straordinariamente moderna ed elegante a ottant'anni dalla costruzione. Cinque anni dopo la morte del grande architetto e designer, nel 1969, la moglie decise di donare la proprietà all'organizzazione non profit Historic New England: dopo la sua morte, nel 1983, la casa è stata trasformata in museo.

ni e mappe sono disseminate ovunque), le tombe di Ralph Waldo Emerson, Henry David Thoreau, Nathaniel Hawthtorne e Louisa May Alcott, protagonisti del fermento culturale che investì Concord alla metà dell'Ottocento e riuniti in circolo conviviale e di pensiero in grado di influenzare poeti, scrittori e pensatori americani e non solo. Matite, penne, messaggi in bottiglia lasciati dagli ammiratori mostrano quanto siano ancora oggi amati e ricordati.

Walden Pond* (II, *B1*). Circa 5 km a sud di Concord, è il laghetto tra i boschi presso cui, in un **capanno** oggi ricostruito (*visitabile in estate*; *mass.gov/locations/walden-pond-state-reservation*), Henry David Thoreau si ritirò a vivere per due anni, due giorni e due mesi nel 1845-47 e scrisse *Walden ovvero Vita nei boschi*, resoconto dell'esperimento esistenziale e saggio sull'importanza del colloquio tra uomo e natura.

Lowell.** Circa 50 km a nord di Boston (I-93 North; I-95b e US-3 North, uscita 5B), alla confluenza dei fiumi Merrimack e Concord, la città (105 000 ab.) deve non a caso il suo nome a Francis Cabot Lowell, imprenditore e fondatore nel 1814 di quello che alcuni considerano il primo stabilimento tessile della storia, dal cotone grezzo alle stoffe finite. La seconda grande rivoluzione americana infatti, quella industriale, ebbe luogo qui. Camminando tra i vecchi stabilimenti e lungo il fiume Merrimack si può solo intuire e vagamente immaginare come doveva essere la città nell'Ottocento. All'inizio del secolo gli stabilimenti tessili, alimentati dal cotone proveniente dal Sud, erano i più importanti del Paese e impiegavano migliaia di operai, compreso un gran numero di donne e bambini. Nel suo periodo d'oro, l'industria attirava manovalanza dal Canada e dall'Europa. Poi, negli anni '30 del Novecento, intervenne la Grande depressione e la maggior parte delle aziende tessili fu costretta a chiudere, svuotando e abbandonando al degrado interi edifici. Oggi molti di quegli stabilimenti, tutelati come National Historical Park, sono coinvolti in un processo di riconversione a usi culturali. Severe strutture industriali accolgono musei e gallerie d'arte in un originale connubio tra storia e creatività. Per scoprirle, l'ideale è seguire la mappa in distribuzione gratuita al **Market Mills Visitors Center** (246 Market St; *ore 9-17*; *nps.gov/lowe*). Al **Boot Cotton Mills Museum*** (115 John St; *visite a pagamento ore 9.30-17*) sono documentati ascesa e declino della città, progressi tecnologici e lotte operaie, storie di migrazioni e di vita quotidiana. Momento clou della visita è però la grande sala con 88 telai automatici ancora in funzione: il rumore assordante comunica un'idea viva delle condizioni di lavoro negli stabilimenti del tempo. È dedicato invece alla più recente vocazione artistica della città il **Brush Art Gallery & Studios** (*ingresso gratuito*; *thebrush.org*), situato accanto al centro visitatori.
Passeggiando per la città, soprattutto nel quartiere chiamato **The Acre**, colpisce la presenza di molti negozi e ristoranti orientali. A Lowell, in effetti, risiede la seconda più numerosa comunità di cambogiani fuggiti negli Stati Uniti negli anni del genocidio perpetrato dai Khmer Rossi, dal 1975 al 1979. Lasciò invece Lowell per mettersi letteralmente sulla strada il suo figlio più illustre, Jack Kerouac (1922-69). In Bridge Street inizia il **Jack Kerouac Commemorative***, un percorso disseminato di stele che riportano brani tratti dalle opere dello scrittore ambientate nella città natale. L'autore di *On the Road* e *Big Sur* è sepolto all'**Edson Cemetery** insieme alla famiglia della moglie Stella Sampas (*indicazioni all'ingresso del cimitero, 3 km a sud del centro*).

Un lungofiume di Lowell

2 La costa da Boston al confine con New York State

Profilo dell'area

La costa del New England a sud di Boston ha sempre visto arrivare (e fermarsi) viaggiatori da ogni provenienza. Qui sbarcarono i Padri pellegrini che nel 1620 fondarono il primo villaggio permanente dei futuri Stati Uniti, Plymouth; qui, a metà Ottocento, si davano appuntamento i balenieri e i mercanti di tutto il mondo; qui, mezzo secolo dopo, gli impressionisti americani scoprirono la bellezza delle campagne e la luce del litorale e sempre qui, nello stesso giro d'anni, iniziarono a soggiornare le élite delle grandi città come New York e Philadelphia. Da allora il fascino di luoghi come Cape Cod e Martha's Vineyard, di Watch Hill e di Greenwich non è mai tramontato: ne sono testimonianza i presidenti, gli artisti, le celebrità che continuando a frequentare l'area hanno contribuito a tenerne alta la fama. Merito di un paesaggio scenografico, a tratti poco contaminato e addirittura selvaggio, delineato da una costa frastagliata che tra Massachusetts e Rhode Island si esibisce in un capo dalla forma singolare, stretta e

2 La costa da Boston al confine con New York State

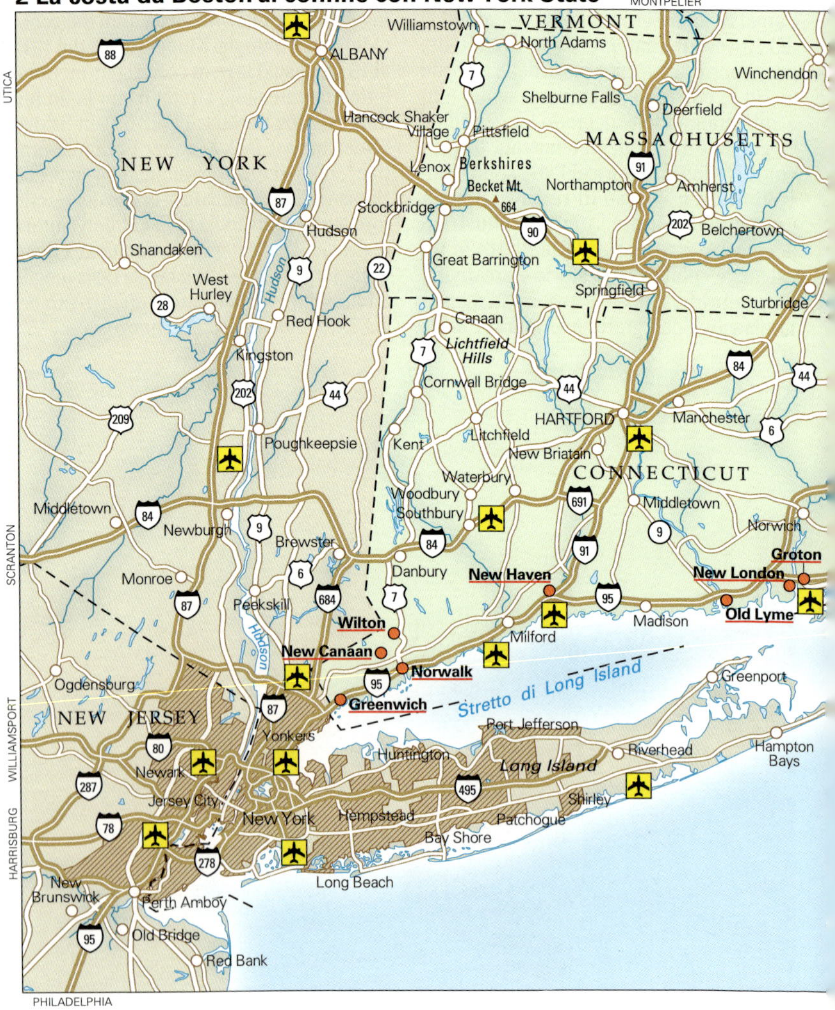

allungata, in una baia profonda e in un buon numero di isole e isolette. Chi arriva oggi in questa parte del New England trova motivi d'interesse naturalistici e storici a volte inattesi: alla notorietà di Cape Cod e delle isole rispondono le meno conosciute Newport, Providence e New Haven, ricche di edifici storici e musei che non sfigurerebbero in una capitale. Nello stesso tempo, trova un'eccellente cucina di mare, antichi fari e lunghe spiagge bordate da dune. Può imbattersi anche, però, in prezzi che tendono a salire alle stelle e in folle di americani che si muovono in estate da sud, in cerca di sole e refrigerio. Difficile trovare allora un angolo tranquillo, ancor più un posto dove parcheggiare l'automobile: la bellezza della zona si lascia percepire molto meglio, in altre parole, durante le mezze stagioni.

In viaggio

La visita si articola in tre itinerari distribuiti grosso modo nei tre Stati affacciati sulla costa meridionale del New England: il **primo** si svolge lungo la fascia costiera del Massachusetts a sud di Boston, da Plymouth a Fall River; il **secondo** nel Rhode Island da Tiverton a Block Island; il **terzo** segue la costa del Connecticut da Stonington a Greenwich. Una veloce rete viaria conduce da una località all'altra: da Boston, per Providence, fino al confine tra gli Stati di Connecticut e New York sono circa 300 chilometri.

Quadro d'unione a pag. 7, riquadro n. 2

2.1 Cape Cod e la costa meridionale del Massachusetts

Una penisola a forma di uncino, lunga oltre 100 km e larga sempre meno di 30; e poi un litorale frastagliato e due grandi isole poco al largo. Così si presenta la costa meridionale del Massachusetts, i cui elementi geografici furono battezzati nel 1602 dall'esploratore inglese Bartolemew Gosnold: anche il nome Cape Cod – ovvero capo merluzzo – si deve alla quantità di pesci che Gosnold trovò nelle acque prospicienti la terraferma. Nel 1620 arrivò il *Mayflower* e la storia della colonizzazione ebbe inizio: e a mano a mano che i villaggi aumentavano di numero e la popolazione cresceva si passò da un'economia basata sull'agricoltura e sulla raccolta del sale (XVII-XVIII secolo) a un'altra incentrata sulla pesca, sulla caccia alla balena (XIX secolo) e sul commercio transatlantico (XIX-XX secolo).

Oggi Cape Cod (*capecodchamber.org*) e le isole di Nantucket e Martha's Vineyard sono tre delle mete più turistiche del New England. Non a caso: il paesaggio è magnifico, tra lagune salmastre, foreste di pini, macchie di *cranberries*, spiagge infinite bordate da dune. E anche l'uomo ha fatto la sua parte: villaggi di pescatori, passerelle di legno che conducono al mare, sontuose ville dipinte di bianco o ricoperte di scandole grigie sono ormai parte integrante del panorama e ne accrescono il fascino. È una regione che si presta a un'esplorazione lenta, magari in bicicletta, fermandosi a gustare pesce e frutti di mare ai chioschi sulle spiagge o a esplorare gallerie d'arte e musei dedicati all'industria baleniera. Ma attenzione: in luglio e agosto la folla è inevitabile e i problemi di traffico e parcheggio sono all'ordine del giorno (a Cape Cod, peraltro, tutti i parcheggi costano d'estate 10-20 $ per una giornata, e molti si riempiono già nelle prime ore del mattino). Se possibile, meglio sfruttare maggio, giugno, settembre e ottobre, quando le temperature sono gradevoli e la tranquillità regna sovrana.

Dall'aeroporto di Boston a Sandwich, prima località su Cape Cod, sono circa 100 km. Da qui si consiglia di proseguire lungo la strada 6A (detta anche Old King's Road), o altrimenti la 28, invece che continuare sulla superstrada 6. Le due strade percorrono rispettivamente il versante nord e sud del capo fino a riunirsi alla 6 nel punto in cui questa diventa una statale e punta a nord. Provincetown è ad altri 100 km da Sandwich. New Bedford, sulla strada che porta in Rhode Island, è a 50 km da Sandwich.

Plymouth*

Un luogo fondamentale per la storia d'America: è a Plymouth (56 800 ab.) che i Padri pellegrini sbarcarono nel dicembre del 1620 a bordo del galeone *Mayflower* ed è qui che fondarono il primo villaggio permanente dei futuri Stati Uniti, cui diedero lo stesso nome della città inglese dalla quale erano salpati due mesi prima.

Plymouth Rock. A commemorare lo storico evento dello sbarco, è la roccia sulla riva del mare sulla quale, secondo la tradizione, i 102 colonizzatori avrebbero messo il primo piede, protetta da un porticato colonnato realizzato da McKim, Mead e White nel 1921. La si individua facilmente percorrendo la strada costiera.

Plimoth Plantation*. 137 Warren Ave; *visite a pagamento ore 9-17*; *plimoth.org* - Per un'immersione nella vita del Seicento, niente di meglio che una visita a questo 'museo vivente' in cui – secondo un modello molto diffuso in America – i figuranti in costume impersonificano vari tipi dell'epoca, illustrano il loro lavoro quotidiano e rispondono a domande e curiosità dei visitatori. La Plantation comprende la ricostruzione del villaggio fondato dai Padri pellegrini, così come appariva nel 1627; quella del villaggio dei nativi Wampanoag che aiutarono i coloni nella difficile sopravvivenza dei primi tempi (il festeggiamento indetto dai Pellegrini per ringraziare i nativi, nel 1621, fu il primo Thanksgiving Day); un centro artigianale; una fattoria che ospita razze di animali comuni nel Seicento e oggi rari. La *Mayflower II*, copia in grandezza naturale dell'originale galeone a tre alberi dei coloni europei, solitamente ancorata nel porto di Plymouth, è fino al 2019 in restauro presso i cantieri navali del Mystic Seaport, Connecticut.

Tacchino o aquila?

Non è un caso che il tacchino sia il piatto simbolo del *Thanksgiving*, il Giorno del Ringraziamento. Quando i Padri pellegrini giunsero sulle coste americane, trovarono i nativi che allevavano tacchini (originari del continente), non polli (originari dell'India e sconosciuti in America). I tacchini selvatici (*Meleagris gallopavo*) vivono ancora oggi nei boschi del New England e di buona parte degli Stati Uniti centrali e orientali: non è difficile incontrarli mentre scorrazzano rumorosamente nel sottobosco alla ricerca di cibo, spesso muovendosi in grandi gruppi. I maschi arrivano a misurare 100-120 cm di lunghezza e a pesare tra i 5 e gli 11 kg. In una lettera del 1784 Benjamin Franklin scrisse che avrebbe preferito il tacchino all'aquila di mare testabianca come animale simbolo della giovane nazione americana: «è un uccello coraggioso, che non esiterebbe ad attaccare un granatiere delle Guardie britanniche».

Cape Cod Canal

È il canale, lungo 11 km, scavato nel 1914 per evitare alle imbarcazioni di navigare attorno alla punta di Cape Cod. Attraversato da tre ponti – chi proviene da Boston percorre il **Sagamore Bridge** –, è fiancheggiato da belle piste ciclabili. Illustra la sua storia il **Cape Cod Canal Visitor Center** (60 Ed Moffitt Dr, Sandwich; *ingresso gratuito da maggio a ottobre ore 10-17*; *capecodcanal.us*), con mostre interattive, strumenti utilizzati durante lo scavo e un pattugliatore su cui si può salire.

Sandwich

Grazioso villaggio (20 600 ab.), fu il primo a essere stato fondato sulla penisola di Cape

In visita al villaggio storico di Plimoth Plantation

Moli e case in riva al mare a Hyannis

Cod nel 1637). La **Hoxie House** (18 Water Str), del 1640, è la casa più antica della zona, mentre il **Dexter Grist Mill** (2 Water Str) è un bel mulino del 1654 sapientemente restaurato. Nelle immediate vicinanze, il **Sandwich Glass Museum** (120 Main Str; *visite a pagamento da aprile a dicembre ore 9.30-17*; *febbraio e marzo 9.30-16*; *sandwichglassmuseum.org*) racconta la storia della produzione vetraria nell'area, in auge nell'Ottocento; vi si ammirano oggetti in vetro antichi e contemporanei e si può assistere a dimostrazioni di soffiatura del vetro. L'**Heritage Museum & Gardens** (67 Grove Str; *visite a pagamento con orari diversi*; *heritagemuseumsandgardens.org*) è un parco con piante di rododendro fiorite a maggio e giugno, una collezione di auto d'epoca, una giostra del 1912 e un parco avventura con *zipline* e ponti tibetani.

Barnstable, Dennis e Brewster

Da Sandwich la strada 6A si snoda piacevolmente verso l'estremità del capo tra belle ville porticate, vasti e curatissimi giardini, negozi d'antiquariato, dimore storiche immerse in un'atmosfera bucolica: è forse l'area che più corrisponde all'immagine di Cape Cod che ha il visitatore europeo prima di arrivare in America. Lungo la strada, che corre più o meno parallela alla Cape Cod Bay, invitano a deviazioni le lunghe spiagge oceaniche, che con la bassa marea si trasformano in enormi distese di sabbia punteggiate da pozze d'acqua salata: tra Sandwich e Barnstable, la **Sandy Neck Beach**, costeggiata da dune e paludi salmastre; a Dennis, la lunghissima **Chapin Memorial Beach**, ottima anche per le famiglie; a Brewster, la **Ellis Landing Beach**. A Yarmouth Port la 6A passa tra una cinquantina di case di capitani di marina, il cosiddetto *Captains' Mile*, mentre a Brewster si può sostare al **Brewster Historical Society Museum** (739 Lower Rd; *visite gratuite gio-sab ore 13-16*; *brewsterhistoricalsociety.org*) e al **Cape Cod Museum of Natural History** (860 Main Str; *visite a pagamento ore 9.30-16*; *ccmnh.org*), interessante anche per bambini e ragazzi: da entrambi i musei partono brevi passeggiate che conducono a spiagge isolate. Sempre a Brewster si segnala il **Brewster General Store** (1935 Main Str; *ore 6-22 in estate, 7-19 in inverno*; *brewsterstore.com*), un emporio nato nel 1866.

Falmouth e Woods Hole

Appena superato il Cape Cod Canal, invece di imboccare la strada 6A si può costeggiare il canale e piegare sulla strada 28 verso l'estremità meridionale della penisola. A North Falmouth è bella la **Old Silver Beach**, mentre a Falmouth è consigliabile la **Menahuant Beach**. Tutta la zona è notevole per il paesaggio e la natura, ideale da percorrere in bicicletta lungo la **Shining Sea Bikeway** (17 km da North Falmouth a Woods Hole). Nel piccolo borgo di Woods Hole, da cui partono traghetti per Martha's Vineyard, si trova la **Woods Hole Oceanographic Institution* (WHOI)**, il maggior centro americano di oceanografia (*whoi.edu*): interessanti sia l'*Ocean Center Exhibit Center* (15 School Str; *da maggio a ottobre lun-sab ore 10-16.30, in agosto anche dom, altri mesi orari ridotti*), il centro visite con mostre interattive in cui è documentato, tra l'altro, il ritrovamento del *Titanic* nel 1986, sia la visita guidata alla struttura (*75 minuti, solo in luglio e agosto lun-ven ore 10.30 e 13.30, prenotazione consigliata*). Entrambe le visite sono gratuite, così come quella al piccolo **Woods Hole Science Aquarium** (166 Water Str; *mar-sab ore 11-16*), a vocazione più scientifica che turistica, che accoglie specie locali tra cui alcune foche.

Hyannis, Yarmouth e Harwich

La parte meridionale di Cape Cod – percorsa dalla strada 28 – è più costruita e densamente popolata rispetto a quella settentrionale: la strada è spesso fiancheggiata da motel, centri commerciali e fast food. Non mancano però occasioni di sosta. **Hyannis** (14 000 ab.), da cui partono i traghetti per Nantucket e Martha's Vineyard, offre un porto piacevole, un distretto d'arte, lunghe spiagge quali **Kalmus Beach** e **Veterans Beach** e numerosi ricordi della famiglia Kennedy. In memoria di John Fitzgerald, che stabilì qui la sua residenza estiva, è eretto il monumento che domina il porto mentre il **JFK Hyannis Museum*** (397 Main Str; *visite a pagamento lun-sab ore 9-17, dom 12-17*; *jfkhyannismuseum.org*) è un piccolo suggestivo museo che raccoglie oggetti, video e fotografie della famiglia (alcune immagini aeree illustrano il Kennedy Compound, la proprietà della famiglia a Hyannis Port, non visitabile). A **Yarmouth** è bella la **Seagull Beach**, a Harwich la **Sea Street Beach**, in fondo alla strada omonima. **Harwich** è nota per la sua baia sempre piena di barche, il *Wychmere Harbor*, e per essere al centro della regione di produzione dei *cranberries*, i mirtilli rossi americani raccolti da settembre a novembre (per visite alle fattorie e date dei festival locali, *cranberries.org* e *harwichcranberryfestival.org*).

Chatham

Il paese (6100 ab.), all'angolo sudorientale di Cape Cod, vale la visita per il contesto naturalistico nonché per l'elegante atmosfera che pervade Main Street. Si può passeggiare curiosando nei negozi, raggiungere le spiagge nelle vicinanze, cercare le tante foche comuni e grigie che popolano l'area. Per avvistarle, è consigliabile un'escursione in barca in partenza dal porto (o da Harwich Port), ma le foche si avvicinano spesso ai pescherecci per cercar cibo anche al **Chatam Fish Pier**, il molo situato a nord del bel faro (1,5 km). Dietro al molo, l'ottimo mercato del pesce è ideale per una pausa ristoratrice.

Cape Cod National Seashore**

Tutta la costa orientale della punta di Cape Cod, lungo l'oceano Atlantico, e parte di quella occidentale lungo la Cape Cod Bay sono tutelate dal Cape Cod National Seashore, istituito nel 1961 per impulso del presidente Kennedy. È una delle aree naturali più belle del New England, con litorali formati da grandi spiagge sabbiose, orlate da dune (si raccomanda di seguire i sentieri segnati camminando sulle passerelle, per evitare l'erosione della costa). In estate è possibile nuotare ovunque.
L'esplorazione può iniziare dal **Salt Pond Visitor Center** (*ore 9-17*; *nps.gov/caco*), lungo la strada 6 presso Eastham, situato in posizione spettacolare a dominio di aree umide e litorale: vi si ritirano le mappe in distribuzione gratuita, si chiedono informazioni ai ranger, si scoprono i sentieri e le piste ciclabili e si visita un piccolo interessante museo dedicato alla storia e alla natura dell'area.

Parte sud. Nei pressi di Orleans, dalla strada 28 si stacca la Beach Road che conduce alla splendida e lunghissima **Nauset Beach**. Poco più a nord, a Eastham, una deviazione dalla strada 6 porta a **Fort Hill**: in breve si raggiunge uno spettacolare punto panoramico sulle paludi e la costa da cui parte il Fort Hill Trail, un sentiero lungo 3 km. Qualche km più a nord, si può imboccare

SPORT A CAPE COD

- **Bicicletta** Su strada, su pista ciclabile o su sterrato: ce n'è per tutti i gusti. Per le famiglie l'ideale è il **Cape Cod Rail Trail** lungo il tracciato dell'ex ferrovia (35 km).
- **Kayak** Numerosi i punti di noleggio e le escursioni guidate. Tra i punti consigliati: **Nickerson State Park** (Brewster), **Bass River** (Horsefoot Cove, Dennis), **Town Cove Landing** (Eastham).
- **Golf** 25 campi pubblici e 15 privati aperti tutto l'anno, in posizioni spettacolari. Alcuni dei principali si trovano a **West** e **South Yarmouth**, **North Falmouth**, **Brewster**, **Dennis**.
- **Escursionismo** Sentieri segnalati facili o di media difficoltà si snodano soprattutto nel **Cape Cod National Seashore** (mappe e consigli al visitor center).
- **Pesca sportiva** Escursioni in alto mare sono organizzate da **Provincetown**, **Hyannis**, **Falmouth**, **Chatam**. Persico spigola (*striped bass*) e pesce serra (*bluefish*) le specie più frequenti.

Il litorale di Cape Cod col faro di Wood End

la Nauset Doane Road, che dal Salt Pond Visitor Center raggiunge la **Coast Guard Beach** e la **Nauset Light Beach**, sorvegliata dall'omonimo faro a strisce bianche e rosse: entrambe le spiagge sono ampie, ideali per una passeggiata e per un bagno nella bella stagione, attrezzate con cabine, docce e servizi igienici.

Parte centrale. Più a nord, dalla strada 6 dirama a destra la strada per la **Marconi Beach** e il **Marconi Station Site**, il sito sull'Atlantico da cui Guglielmo Marconi inviò nel gennaio del 1903 il primo messaggio transatlantico senza fili: una frase di 48 parole, ricevuta correttamente in Cornovaglia (la stazione inglese mandò a sua volta un telegramma di risposta). Il sito originario e le costruzioni non esistono più già dal 1920, in conseguenza dell'erosione della linea costiera, ma il luogo mantiene la sua suggestione; vari pannelli esplicativi illustrano l'evento. Poco più a nord, sempre lungo l'Atlantico, si stendono spiagge ideali soprattutto per il surf: **Cahoon Hollow Beach** e **White Crest Beach**. Sempre nella parte centrale del capo, lungo la Cape Cod Bay (non compresa nel National Seashore), si trova il **Wellfleet Bay Wildlife Sanctuary** (*visite a pagamento 8.30-tramonto*; *massaudubon.org*): è una bella riserva naturale gestita dall'organizzazione non profit da Mass Audubon, con un centro di educazione ambientale, in cui si può camminare tra paludi salmastre, boschi e spiagge avvistando scoiattoli e molte specie di uccelli. Più a nord sempre sul lato della baia sorge la cittadina di **Wellfleet**, con un centro ben conservato ricco di gallerie d'arte e un cinema drive-in costruito negli anni '50 del Novecento.

Parte nord. Mentre la costa piega verso l'estremità settentrionale del capo, una deviazione dalla strada 6 permette di raggiungere il **Cape Cod Highland Light** (*visite a pagamento, in estate ore 10-17.30*), faro del 1797 sul quale si può salire per ammirare il panorama. Vicine altre belle spiagge sull'Atlantico tra cui **Head of the Meadow Beach**, con alcuni scheletri di navi che emergono quando la marea è bassa.

Una spiaggia del Cape Cod National Seashore

Provincetown e dintorni*

Difficile non invidiare gli abitanti di Provincetown (3000 ab.), P-Town per i locali, e facile capire chi dall'inizio del Novecento si è sentito attratto dall'ultimo 'avamposto umano' prima dell'oceano. Il contesto è spettacolare, tra spiagge incontaminate, dune, lagune, le acque dell'Atlantico che incontrano quelle della Cape Cod Bay. La comunità residente è famosa per lo spirito libero e anticonformista. Da quando, nel 1899, Charles Webster Hawthorne vi fondò la Cape Cod School of Art, decine di pittori, tra cui Mark Rothko, Jackson Pollock, Edward Hopper, hanno piantato i cavalletti nella zona; negli anni a seguire e in particolare dagli anni Settanta in poi la comunità gay iniziò a sceglierla come residenza e meta per le vacanze estive, fino a trasformarla nella più popolare destinazione LGBT della East Coast. A Provincetown si può arrivare per fare lunghissime passeggiate sulla sabbia, visitare le eleganti gallerie del centro, salire su una nave a 'caccia' di balene, osservare l'abbigliamento arcobaleno della gente, ballare tutta la notte in uno dei locali lungo il mare: in nessun caso si rimarrà delusi.

Centro cittadino. La passeggiata a piedi o in bicicletta per Provincetown può iniziare dall'estremità orientale dell'abitato, dove si trova il **Provincetown Art Association & Museum** (PAAM, 460 Commercial Str; *visite a pagamento da giugno a settembre ore 11-17 con chiusure posticipate in luglio e agosto; negli altri mesi gio-dom 12-17; paam.org*); il bel museo, aperto nel 1914, conserva molti lavori degli artisti che a Cape Cod trovarono casa e ispirazione, con notevoli opere, tra gli altri, di Charles Hawthorne e Edward Hopper. Lungo l'asse di **Commercial Street** si incontrano varie gallerie d'arte, tra cui quella di *Albert Merola* (al N. 424) e la *Gallery Voyeur* (al 444). Poco più avanti (al N. 356), l'originale **Provincetown Public Library** (*lun ore 10-17, mar-gio 10-20, ven 10-17, sab-dom 13-17; provincetownlibrary.org*) conserva tra gli scaffali di libri, nell'edificio di un'ex chiesa, anche il modello in scala 1:2 del veliero *Rose Dorothea*, vincitore di una famosa regata nel 1907. Commercial Street prosegue tra locali, guesthouse e ristoranti. Sul molo Mac Millan si trova il **Whydah Pirate Museum** (*visite a pagamento ore 10-17; whydah.org*), che conserva gli oggetti recuperati nel 1984 dalla nave pirata *Whydah*, affondata al largo di Marconi Beach nel 1717; sulla destra di Commercial Street, il **Pilgrim Monument & Provincetown Museum** (High Pole Rd; *visite a pagamento luglio e agosto ore 9-19, negli altri mesi 9-17; pilgrim-monument.org*) racconta la storia della comunità: dalla cima della struttura in granito, alta 77 m, costruita nel 1907-10 e ispirata alla torre del Mangia a Siena, si ammira un bel panorama marino.

Escursioni in mare. Dal porto di Provincetown partono alcune tra le più 'produttive' escursioni di whalewatching – osservazione delle balene – della costa est degli Usa. Loro meta è lo **Stellwagen Bank National Marine Sanctuary**, riserva che tutela un tratto di oceano con bassi fondali in cui megattere e balene franche si radunano da maggio a ottobre in cerca di cibo. Spesso i cetacei si avvicinano molto alle barche, e

gli avvistamenti sono memorabili. Le partenze dal Mac Millan Pier sono frequenti in alta stagione (Dolphin Fleet Whale Watch; *whalewatch.com*).

Dintorni. Poco a nord di Provincetown si trova il secondo centro visite del Cape Cod National Seashore, il **Province Lands Visitor Center** (*da marzo a ottobre ore 9-17*), con una bella terrazza di osservazione sul tetto accessibile anche di notte per ammirare il cielo stellato. Si può proseguire di qui per la splendida **Race Point Beach**, sulla punta nord del capo, ideale per lunghe passeggiate. A ovest della cittadina si stende invece la **Herring Cove Beach**, frequentata dai bagnanti e dalle famiglie perché il mare è quasi sempre calmo, mentre a sud la **Long Point Beach** è accessibile con una lunga camminata (attenzione alle maree!). Tutta la zona è attraversata dalla **pista ciclabile** di Province Lands, 13 scenografici chilometri tra dune e *cranberry bogs*, macchie di mirtilli rossi americani.

Nantucket*

Circa 50 km a sud di Cape Cod, Nantucket (*nantucketchamber.org*) è un mondo a parte. Nessun motel, nessuna catena di alberghi, nessun centro commerciale popola quest'isola (272 km^2, 9500 ab.) allo stesso tempo rilassata e pretenziosa, curatissima e selvaggia. Prospera per l'industria baleniera nella prima metà dell'Ottocento (salpa di qui la nave *Pequod*, nel *Moby Dick* di Herman Melville), Nantucket è oggi meta dell'alta società americana e orgogliosa della propria identità, percepibile soprattutto nell'architettura straordinariamente omogenea delle case: è raro incontrare edifici non ricoperti da canoniche scandole grigie. D'estate è affollata da migliaia di persone che la visitano in giornata: se le finanze lo permettono – l'isola è costosa – è consigliato soggiornarci ed esplorarla in bicicletta o servendosi del Wave Shuttle Bus, per evitare le folle che si fermano nella cittadina principale e scoprire gli angoli più nascosti.

Nantucket Town*. È il porto d'attracco dei traghetti e il maggior centro urbano dell'isola. Ai negozi di souvenir vicino ai moli seguono presto vie acciottolate, boutique di lusso, incantevoli case storiche restaurate, piccoli raffinati giardini. Un ambiente da esplorare a piedi o in bicicletta, partendo magari dall'eccellente **Whaling Museum*** (13 Broad Street; *visite a pagamento da maggio a ottobre ore 10-17, orari ridotti nelle altre stagioni*), museo dedicato al rapporto tra l'isola e la caccia ai cetacei allestito in una ex fabbrica di candele a base di olio di balena. A una breve introduzione sulla storia dell'isola, segue una grande sala dominata dallo scheletro di un capodoglio lungo 14 m, spiaggiato sull'isola nel 1998, con oggetti utili a documentare le modalità della caccia; alle pareti, le singolari biografie dei balenieri più noti. Negli spazi successivi è descritta l'industria dell'olio di balena, mentre al primo piano (che ospita anche mostre temporanee) è esposta una collezione di oggetti realizzati con denti e ossa dei cetacei. Si può anche assistere alla proiezione di filmati dedicati all'isola e alla caccia alle balene.
La Nantucket Historical Association (*nha.org*), che gestisce il museo, tutela anche altri edifici storici la cui visita (2-3 ore) permette di farsi un'idea della storia di Nantucket e nello stesso tempo di esplorare il villaggio (*gli edifici sono aperti da fine maggio a inizio ottobre ore 11-16, il biglietto è cumulativo con il museo; alla biglietteria è disponibile una mappa*). Federal Street e poi a destra Main Street conducono, in particolare, all'imponente **Hawden House*** (96 Main Str), edificio in stile Greek Revival, simbolo dell'età dell'oro della baleneria,

i Come arrivare a Nantucket e a Martha's Vineyard

Numerose tratte marittime portano alle isole, sia in traghetto sia con navi più veloci; alcune compagnie effettuano solo servizio passeggeri, altre trasportano i veicoli (anche se, soprattutto d'estate, è consigliabile lasciare l'auto in terraferma e girare le isole in bus, bicicletta e a piedi). Per **Martha's Vineyard** (Vineyard Haven e Oak Bluffs), partenze da New Bedford con Seastreak (*seastrak.com*, stagionale); da Woods Hole con Steamship Authority (*steamship authority.com*); da Falmouth Harbor con Island Queen (*islandqueen.com*, stagionale); da Hyannis con Hy-Line Cruises (*hylinecruises.com*). Per **Nantucket**, partenze da Hyannis con Steamship Authority (*steamshipauthority.com*) e Hy-Line Cruises (*hylinecruises.com*), compagnia che collega anche direttamente le due isole; da Harwich Port con Freedom Cruise Line (*nantucketislandferry.com*, stagionale); da New Bedford con Seastreak (*seastreak.com*, stagionale). Per tutti gli orari: *vineyardferries.com* e *nantucketferries.com*

L'Oldest House di Nantucket, con le pareti e il tetto rivestiti di scandole grigie

eretto nel 1846 per il baleniere William Hawden, e alla vicina, più semplice casa detta **Greater Light** (8 Howard Str). Lungo Pleasant Street verso sud si arriva all'**Old Mill** (50 Prospect Str), grande mulino del 1746. Dal mulino si scende verso il mare per York Street. Girando a destra su Union Street si arriva al **Nantucket Lightship Basket Museum*** (49 Union Str; *non compreso nei biglietti della NHA*; *visite a pagamento da fine maggio a inizio ottobre mar-sab ore 10-16.30*; *nantucketlightshipbasketmuseum.org*), piccolo museo dedicato agli splendidi cestini intrecciati nella seconda metà dell'Ottocento dagli annoiati marinai delle *lightship*. Queste erano essenzialmente fari galleggianti, preposte ad avvisare le barche della presenza di secche: i marinai rimanevano a bordo per mesi e per ingannare il tempo intessevano intorno a una forma cestini di rattan, oggi pregiati oggetti d'artigianato. Dal museo si torna in breve al centro cittadino, da cui si raggiunge, in 15 minuti verso nord, la bella **Oldest House***, semplice edificio del 1686 rivestito di scandole grigie, isolato nel verde, esempio di architettura del primo insediamento inglese nell'isola. Per stendersi su una spiaggia ci sono la **Children's Beach**, ideale per le famiglie, appena a nord del porto, e la **Jetties Beach**, 1,5 km a nord-ovest, attrezzata.

Siasconset e dintorni*. In meno di 14 km, Milistone Road porta da Nantucket Town a **Siasconset**, sulla costa orientale dell'isola; la strada è fiancheggiata da una pista ciclabile con poco dislivello, che corre tra prati, campi e pinete. Il villaggio, detto anche *'Sconset*, è delizioso: un paio di caffè, un mercato, giardini rigogliosi e molte curatissime case ricoperte di scandole, con una bella spiaggia appena più in basso. La scenografica **Bluff Walk***, forse la più bella passeggiata dell'isola, segue la costa inoltrandosi tra splendide ville dai nomi altisonanti e poetici ('Bocciolo di rosa', 'Ala di gabbiano'): per imboccarla, dal crocevia principale bisogna prendere Front Street (una stradina pedonale col terreno ricoperto di gusci frammentati di conchiglie), poi, prima che questa ritorni su Broadway Street, piegare a destra. Un breve tratto di strada asfaltata porta all'inizio del sentiero in terra battuta, sulla sinistra, segnalato da un cartello: da qui si inizia a camminare al limitare dei giardini delle proprietà private, con le case di vacanza sulla sinistra e l'oceano sulla destra. Atmosfera, scorci panoramici e 'spirito di Nantucket' sono garantiti. Giunti al termine del sentiero, occorre ritornare sui propri passi. Poco a nord dell'abitato il **Sankaty Head Lighthouse** è un bel faro in posizione panoramica, costruito nel 1850 e già spostato verso l'interno a seguito dell'incessante erosione della costa.

Da qui, per tornare a Nantucket Town (16 km), si può chiudere il circuito seguendo la bella Polpis Road, anch'essa fiancheggiata da una pista ciclabile con varie salite e discese tra brughiere, laghi e pinete.

A circa 4 km da Nantucket Town si incontra lungo la strada lo **Shipwreck and Lifesafing Museum** (158 Polpis Rd; *visite a paga-*

mento da fine maggio a inizio ottobre ore 10-17, dom 12-17; nantucketshipwreck.org), dedicato alla storia dei naufragi avvenuti attorno all'isola.

La costa meridionale. Sulla costa a sud di Nantucket Town, facilmente raggiungibili in bicicletta o in bus, si trovano le comunità di Cisco e Surfside, caratterizzate da belle spiagge ondose: **Cisco Beach** (6 km dal centro) è la migliore per il windsurf, **Surfside Beach** (6 km dal centro) è frequentata dai più giovani. Sulla strada per Cisco si incontra la **Cisco Brewery**, che produce birre, vino e distillati, con tour e degustazioni in stagione.

Madaket e dintorni. Madaket Road porta in 10 km da Nantucket Town all'omonimo villaggio, in realtà un gruppo di case sparse all'estremità occidentale dell'isola. È il luogo migliore per aspettare il tramonto, su una lunga spiaggia selvaggia. Anche qui si può arrivare lungo una facile ciclabile.

Martha's Vineyard*

Più vicina alla terraferma di Nantucket (solo 11 km), più varia come paesaggio, più popolata (16 000 ab.) ma leggermente più piccola (232 km^2, all'incirca come l'isola d'Elba), l'isola di Martha's Vineyard (*mvy.com*) è un'altra meta privilegiata dei vip della East Coast, che qui possiedono magnifiche tenute e seconde case, e per le folle che amano seguirli da vicino: non a caso è la seconda location per numero di matrimoni negli Stati Uniti, dopo Las Vegas. L'atmosfera è comunque rilassata, tutt'altro che pretenziosa: merito della comunità locale formata da artisti, amanti della natura, agricoltori biologici, ristoratori e imprenditori che paiono immuni da affarismi rampanti. Come a Nantucket, anche a Martha's Vineyard non sono presenti catene di hotel o fast food. Il curioso nome dell'isola venne dato, pare, da Bartolemew Gosnold che vi arrivò nel 1602: Martha era sua figlia mentre *vineyard* indica un luogo dove crescono rampicanti (*vines*).

Vineyard Haven. Centro commerciale dell'isola e porto, offre un piccolo centro ricco di gallerie d'arte e boutique, lungo Main Street, e un piacevole porto molto frequentato.

Oak Bluffs*. È l'altro porto dell'isola e la più turistica tra le cittadine di Martha's Vineyard, in cui si concentrano negozi, gelaterie, locali, ristoranti. Ad attirare l'attenzione sono soprattutto i **Campgrounds*** (alla lettera, campeggi), sorta di villaggio nel villaggio composto da circa 300 casette di legno, originali e coloratissime, costruite nella seconda metà dell'Ottocento dai seguaci di una chiesa metodista. Gli edifici, ancora abitati e chiamati 'gingerbread cottages' (cottage di pan di zenzero), sono disposti tra gli alberi attorno a una grande costruzione detta **Tabernacle** (1879), utilizzata per eventi e concerti.

Il villaggio dei Campgrounds a Oak Bluffs, su Martha's Vineyard

Inseguendo Moby Dick: balene e balenieri del New England**

Perché proprio lungo la costa sud del New England, tra Settecento e Ottocento, fiorì il *whaling*, ovvero la caccia alla balena? In primo luogo perché le acque del Nord Atlantico erano ricche di cetacei, attratti da abbondanti fonti di nutrimento. Ma anche perché a Nantucket e New Bedford, i due centri che vantano la palma di 'capitale della baleneria', si svilupparono le condizioni per una vera e propria industria, cosa che non era successa in altre parti del mondo. Soprattutto a New Bedford, la presenza della minoranza quacchera, liberale, storicamente perseguitata, portò a un sistema egualitario di impiego che tendeva ad accogliere ogni uomo abile, senza considerarne razza o credo: sulle baleniere s'imbarcava una singolare mescolanza di bianchi, neri, reietti, nativi americani, immigrati dall'Africa, dalle Azzorre e da Capo Verde (altri due centri della baleneria mondiale). Gente che aveva l'avventura nel sangue e nulla da perdere: i marinai di Nantucket – una volta che le popolazioni di cetacei vicino alla costa diminuirono – furono i primi americani a doppiare capo Horn entrando nel Pacifico (1791), a raggiungere le Hawaii (1819) e l'Antartide (1821), in poche parole a solcare le acque di tutto il globo sempre a caccia di balene da arpionare.

Le loro storie sono incredibili: come quella della *Essex*, la baleniera che nel 1820 fu speronata da un capodoglio nel Pacifico centrale e i cui marinai vagarono per mesi tra mare e terra. Tanti rischi e tanta fatica per portare a casa, se la spedizione aveva successo, merci preziose: l'olio, innanzitutto, ricavato dal grasso di balena e utilizzato come combustibile per l'illuminazione, per realizzare candele e anche come lubrificante delle prime macchine industriali; e poi le ossa e i fanoni (le lamine di cheratina che servono a certe specie di balene per filtrare l'acqua), usati per corpetti femminili, sostegni per gonne e vari altri oggetti. **Nantucket** conobbe il suo apogeo tra il 1800 e il 1840; **New Bedford** tra il 1827 e il 1870, con l'apice nel 1857 quando la flotta di baleniere sparse nelle acque del mondo contava 329 natanti e 10 000 uomini. Dopo il 1870, il declino: il petrolio iniziò a soppiantare l'olio di balena e la moda femminile prese altre strade. L'ultima baleniera salpò nel 1927. Oggi la grande storia della baleneria americana, resa immortale da *Moby Dick* e dai vari film che hanno portato il capolavoro di Melville sul grande e piccolo schermo, rivive nei musei di Nantucket (*nella foto*), New Bedford e **Mystic**, dove filmati, fotografie, racconti, oggetti illustrano quell'epopea (le località sono collegate dal Massachusetts Whale Trail; *whaletrailma.com*). Tra i reperti più interessanti, gli *scrimshaw*, termine che indica tutti i manufatti realizzati dai marinai nel loro tempo libero, spesso vere e proprie opere d'arte: denti eburnei di capodoglio incisi e dipinti, aghi per cucire, tagliapasta, aspi (utensili per avvolgere i fili) e così via. Nei musei – soprattutto a New Bedford – alla parte storica si affianca quella scientifica e educativa, perché non si può sottacere che molte specie di cetacei furono ridotte all'orlo dell'estinzione dalla caccia forsennata. Oggi popolano abbondantemente le acque intorno al New England e l'emozione più grande è sempre quella di partecipare a un'escursione di **whalewatching**, l'osservazione delle balene nel loro ambiente naturale. Si parte da Provincetown, Boston, Hyannis e altre località costiere.

La costa selvaggia di Martha's Vineyard presso Aquinnah

Passeggiare tra le vie dei Campgrounds – soprattutto intorno al Tabernacolo e poi su Clinton Street – equivale a essere catapultati in un mondo di fiaba, come *Hansel e Gretel* o *Alice nel paese delle meraviglie*: si rimane sbalorditi e divertiti di fronte a una profusione di tinte pastello, decorazioni intagliate, portici e sedie a dondolo.
Altre mete interessanti raggiungibili a piedi sono il **Flying Horse Carousel** (15 Lake Ave; *ingresso a pagamento da fine maggio a inizio ottobre ore 10-22*), la più antica giostra in attività senza interruzioni degli Stati Uniti (1876), e l'**Ocean Park**, grande spazio verde circondato da belle case. Nei dintorni, invece, è bello percorrere la strada che porta all'**East Chop Lighthouse**, tra le più panoramiche dell'isola; tra le spiagge lungo Beach Road, **State Beach** è particolarmente adatta alle famiglie.

Edgartown*. Beach Road, la strada costiera da Oak Bluffs verso Edgartown, corre tra l'oceano e una laguna interna in ambiente suggestivo; bella anche la pista ciclabile che porta da una cittadina all'altra (10 km). Edgartown è la più tranquilla e signorile delle cittadine dell'isola, tutta linda con le sue case coloniali in legno dipinte di bianco: dimore costruite nell'Ottocento dai capitani di Marina che facevano fortuna con la caccia alle balene. Una passeggiata lungo Main Street conduce a osservare l'**Old Whaling Church** (1843), in stile Greek Revival, e la **Vincent House** (1672), la più antica casa dell'isola; altre belle case aristocratiche si vedono in South Water Street, mentre percorrendo North Water Street si arriva all'**Edgartown Lighthouse**. Di fronte al porto si vede l'**isola di Chappaquiddik**, collegata con un piccolo traghetto: la si può raggiungere per trovare spiagge appartate e certo più tranquille, nell'alta stagione estiva, rispetto a quelle di Martha's Vineyard.
A sud di Edgartown, facilmente accessibile anche in bicicletta, si stende invece la magnifica **South Beach** (o Katama Beach), la spiaggia più selvaggia dell'isola, orlata di dune per 5 km e ideale per i surfisti.

West Tisbury. Da Edgartown e da Vineyard Haven partono le strade che conducono alla parte occidentale dell'isola, detta Up Island, più bucolica e meno popolata dell'orientale. La Edgartown-West Tisbury Road, in particolare, passa attraverso bei boschi arrivando alla piccola comunità di West Tisbury. Una sosta permette di dare un'occhiata all'**Alley's General Store**, dove si trova di tutto; alla **Field Gallery and Sculpture Garden**, con esposizione interna di opere d'arte contemporanea e un prato con grandi sculture realizzate dall'artista Tom Maley; e alla **Grange Hall**, bell'edificio del 1859.

Menemsha. Una deviazione da Chilmark verso nord-ovest conduce a questo porticciolo di pescatori dov'è stato girato il film *Lo squalo*. Bella la spiaggia e piacevoli i chioschi lungo il porto dove gustare pesce e frutti di mare freschissimi. Imboccando invece la State Road verso Aquinnah si passa attraverso uno dei paesaggi più belli di Martha's Vineyard, tra laghetti costieri e colline ricoperte di boschi.

Aquinnah*. È il punto più occidentale dell'isola, in cui tutti vengono per ammirare le scogliere formate da una parete di argilla mista a ciottoli e sabbia digradante verso l'Atlantico. Scenograficamente dominate dal **Gay Head Lighthouse**, faro in mattoni alto 15 m, proprio grazie alla loro composizione eterogenea le scogliere mostrano diverse sfumature di colore, specialmente nelle tarde ore del pomeriggio. Ai piedi si estende l'**Aquinnah Public Beach**, raggiungibile con una passeggiata di 10 minuti: è vietato avvicinarsi e raccogliere rocce, ma la spiaggia è lunghissima e offre spazio per tutti.

New Bedford*

Era il 3 gennaio 1841 quando Herman Melville salì a bordo della *Acushnet* e salpò da New Bedford verso il Pacifico, smanioso di cacciare balene e capodogli. Cinque anni dopo, trasfuse le esperienze di quel viaggio in una serie di libri che culminarono in *Moby Dick* (1851), da molti considerato il Grande romanzo americano. New Bedford (95 000 ab.) conserva molti ricordi del suo periodo d'oro, tra il 1840 e il 1860, quando era la capitale mondiale della caccia alla balena e 'la città che illuminava il mondo', con l'olio di balena usato come combustibile per lampade. Oggi al posto delle baleniere c'è la nutrita flotta di pescherecci che fa della città il primo porto per la pesca commerciale d'America, ma il passato continua a vivere negli edifici, nei musei e anche nella composizione della popolazione cittadina: l'industria baleniera impiegava molti abitanti delle isole Azzorre e di Capo Verde e ancora oggi circa la metà degli abitanti è di origine portoghese.

Centro cittadino*. Tutti gli edifici storici della città sono inclusi nel **New Bedford Whaling National Historical Park***, il cui centro visitatori (33 William Str; *ore 9-17, da gennaio a marzo chiuso lun-mar*; *nps.gov/nebe*) è il punto di partenza ideale per l'esplorazione della città. Vi si trovano un piccolo museo che racconta la storia di New Bedford e un teatro che proietta un film in tema. Opposti al centro sono la **US Custom House** (1836), in stile Greek Revival, dove i mercanti pagavano le tasse e registravano le carte, e il New Bedford Whaling Museum con la Seamen's Bethel. Proseguendo verso il mare, in breve su North Water Street si incontra la **Rodman Candleworks**, una fabbrica di candele realizzate con lo spermaceti (la sostanza cerosa presente nel capo dei capodogli); sul lungomare si trovano il **Wharfinger Building**, che ospita una piccola esposizione, e lo **schooner Ernestina**, peschereccio del 1894.

New Bedford Whaling Museum*. 18 Johnny Cake Hill; *visite a pagamento da aprile a dicembre ore 9-17, da gennaio a marzo gio-sab 9-16, dom 11-16*; *whalingmu*

New Bedford Whaling Museum, la sala col modello della baleniera *Lagoda*

Fall River, due navi del Battleship Cove

seum.org - Aperto nel 1907, è il più completo ed esauriente museo del New England dedicato alla caccia alle balene e alla biologia e conservazione dei cetacei, meritevole di una visita di almeno un paio d'ore; alle esposizioni permanenti, che comprendono sezioni legate alla storia locale, si aggiungono frequenti mostre temporanee. Nella grande sala all'ingresso sono sospesi gli imponenti scheletri di una balenottera azzurra, di una megattera e di una balena franca e del suo feto. Tra le varie sale al primo piano, una è dedicata ai cetacei, con lo scheletro di un capodoglio spiaggiatosi a Nantucket nel 2002; altre agli *scrimshaw*, gli oggetti fabbricati con ossa e denti di balene, dei quali il museo conserva la più vasta collezione al mondo; altre ancora alla storia della baleneria, con cartine, pannelli didattici, giornali di bordo, strumenti, e alla storia della regione. Il Jonathan Bourne Building ospita il **Lagoda**, un modello in scala 1:2 (lungo 27 m e alto 15) dell'omonima baleniera costruita nel 1826 (il modello è del 1916). Nello stesso padiglione, un'installazione permanente esplora il fenomeno dell'emigrazione dalle isole Azzorre nel New England del sud e a New Bedford in particolare.

Seamen's Bethel e Mariners' Home*.

15 Johnny Cake Hill; *ingresso incluso nel biglietto del New Bedford Whaling Museum* - La suggestiva cappella di legno detta Seamen's Bethel, costruita nel 1832, di fronte al museo, è descritta da Melville in *Moby Dick*: Ismaele e il suo compagno polinesiano Queequegsat vi si recano a contemplare i cenotafi degli uomini morti in mare e ad ascoltare un sermone pronunciato da un pulpito a forma di prua di nave. I cenotafi ci sono ancora; il pulpito era un'invenzione di Melville ma in suo onore è stato realizzato nel 1959. Collegata alla cappella, la Mariners' Home (1787), che per oltre cento anni alloggiò marinai di tutto il mondo, ospita quattro piccole esposizioni, una delle quali dedicata alle trasposizioni cinematografiche di *Moby Dick*.

Fall River

Ultima città costiera del Massachusetts prima del Rhode Island, Fall River (87 300 ab.) è meta di visita per il **Battleship Cove*** (5 Water Str; *visite a pagamento ore 9-16, da novembre a marzo le navi sono visitabili solo ven-dom e il museo è chiuso*; *battleshipcove.org*), memoriale di guerra e museo marittimo che conserva alcune navi storiche ancorate nella Mount Hope Bay. A colpire è soprattutto la *USS Massachusetts*, un colosso lungo 205 m in servizio dal 1942 al 1947 e sopravvissuto a 35 battaglie nella seconda guerra mondiale. Tra le altre navi, la *USS Joseph P. Kennedy Jr*, che fu impegnata nelle guerre di Corea e del Vietnam; la *USS Lionfish*, sottomarino che combatté nel 1945 al largo del Giappone; la *Hiddensee*, nave costruita nel 1984 nella Germania Est; due motosiluranti.

al 1901 e ispirata al castello francese di Asnières, la villa fu commissionata dal magnate del carbone Edward Berwind, che la volle munita di tutti i comfort moderni, aria condizionata ed elettricità comprese. A Berwind – che utilizzava The Elms per due o tre mesi all'anno – la dimora serviva soprattutto come luogo di incontro sociale e galleria d'arte: per l'inaugurazione, con una festa ispirata al Settecento francese, non si badò a spese. Nella visita colpisce soprattutto il **giardino d'inverno**, luminoso spazio di ricevimento al piano terra.

Rosecliff*. 548 Bellevue Ave; *visite a pagamento ore 9-17, ultimo ingresso 16*. L'ereditiera Theresa Fair Oelrichs – suo padre era uno dei Bonanza Kings, i re dell'argento del Nevada – chiese all'architetto Stanford White di ispirarsi al Grand Trianon di Versailles nella costruzione di questa sua villa, pensata per organizzare grandi feste. All'inaugurazione della dimora, nel 1902, furono in molti a rimanere sbalorditi davanti all'enorme **sala da ballo**, alle finestre aperte verso il mare, alla profusione di marmi e lampadari. In ogni stagione estiva Theresa dava sei party – tra i più memorabili della Gilded Age – spendendo in totale circa mezzo milione di dollari (12 di oggi); si calcola che cambiasse d'abito circa 280 volte. Non è un caso che nella villa, ancora utilizzata per ricevimenti, siano stati girati film come *Il Grande Gatsby* e *True Lies*. Al primo piano si tengono esposizioni temporanee.

Isaac Bell House*. 70 Perry Str; *visite a pagamento da giugno a settembre ore 10-17*. Assai diversa dalle altre Mansions, questa villa edificata nel 1883 da McKim, Mead & White è uno degli esempi più riusciti di Shingle Style americano, stile 'autoctono' cui si sarebbe ispirato anche Frank Lloyd Wright. Vi si uniscono elementi del movimento Arts and Crafts inglese, dettagli dell'architettura coloniale americana, intuizioni di derivazione giapponese: l'insieme, dominato dal legno, è armonico e luminoso. La Isaac Bell House (il nome è quello del suo proprietario, broker del cotone) è spoglia di arredi interni.

Newport, un festival da leggenda

Il successo del festival jazz di Newport accese una lampadina nella testa del suo fondatore, **George Wein**. Nel 1959 Wein si accorse che il rock&roll stava declinando mentre salivano le quotazioni della musica folk, specie presso il pubblico dei college. Così accarezzò l'idea di organizzare piccoli show acustici e, visto l'interesse, allestì a Newport anche una rassegna di folk, invitando nomi illustri come Pete Seeger e il Kingston Trio oltre a una giovanissima, sconosciuta **Joan Baez**. Il clamore fu tale da convincerlo a insistere, espandendo la rassegna fino a tre giornate, e in breve il Festival diventò un importante punto di riferimento per la comunità della musica popolare, in una stagione di grande interesse per quel genere, legato anche alle tematiche sociali e libertarie dell'epoca. Un'edizione memorabile fu quella del 1963, documentata da numerosi dischi dell'etichetta Vanguard; edizione che fra l'altro vide l'esordio del giovane **Bob Dylan**, nei giorni caldissimi di *Blowin' In The Wind*. Dylan tornò ancora nel 1964, ormai acclamato come re di quella scena, e nel 1965, quando abdicò con una mossa sorprendente che fece scandalo: nel santuario della musica acustica osò esibirsi con strumenti elettrici, suonando a un volume tale da infastidire molti presenti e contrariando l'ala purista del movimento. Fu una tragicommedia che si concluse con Dylan nei camerini dopo solo un quarto d'ora, richiamato per un'ultima canzone intesa come vero e proprio commiato non solo dal pubblico di Newport ma da tutta la scena folk: *It's All Over Now, Baby Blue*. Un bel documentario di Murray Lerner disponibile anche in DVD, *Festival*, documenta il periodo d'oro 1963-65.

I fasti dei primi anni '60 non si sarebbero più ripetuti ma il **Newport Folk Festival** (*newportfolk.org*) ha continuato a esistere, testimoniando la resilienza della musica folk anche negli anni del rock dominante, del punk, del grunge, delle nuove musiche elettroniche. Bob Dylan è tornato a sorpresa a calcare quel palcoscenico nel 2002, senza peraltro voglie di vendetta o di nostalgia, e nel 2008 Wein con nuovi soci ha festeggiato felicemente il cinquantesimo. La location è sempre quella incantevole del **Fort Adams State Park** e la consuetudine, molto discussa, è quella di mettere in vendita i biglietti prima di avere stilato un preciso calendario. Un festival sulla fiducia, insomma, che d'altro canto ama regalare anche interessanti show non previsti dal cartellone.

Riccardo Bertoncelli

Dall'oceano in tavola: specialità di mare nei chioschi

Sulla costa del New England non mancano mai i chioschi, i *diner* e i ristoranti che servono pesce e frutti di mare: la pesca è tra le industrie più fiorenti della regione e la freschezza è garantita. Il prodotto principe è il **lobster**, l'astice, ma ugualmente diffuse e altrettanto famose sono le **clams**: sorta di vongole (dette *quahog*) più grandi di quelle mediterranee, con le quali si prepara una zuppa detta **clam chowder**, il piatto forse più caratteristico della cucina regionale. La versione classica è fatta con vongole sminuzzate, patate a cubetti e cipolle immerse in una crema più o meno densa a base di latte o panna; in una versione del Rhode Island al latte si sostituisce il brodo (**clear chowder**). In ogni caso la zuppa viene irrobustita con **oyster crackers**, piccoli crackers salati serviti a parte (che non hanno niente a che fare con le ostriche!). La *clam chowder* era apprezzata anche da Melville, che ne fa una particolareggiata descrizione nel suo romanzo *Moby Dick*; e tra i 32 barattoli Campbell's disegnati da Andy Warhol – la serie del 1962 che è tra i simboli della pop art – uno è quello della *New England Clam Chowder*, con tanto di istruzioni sulla latta: '*Important! Add whole milk*' (Importante! Aggiungere latte intero).

National Museum of American Illustration.** 492 Bellevue Ave; *visite a pagamento da maggio a ottobre gio-dom ore 11-17, nei restanti mesi ven 11-17; tour guidati ven ore 15*; *americanillustration.org* - In **Vernon House**, villa costruita nel 1898, Judy e Laurence Cutler espongono dal 1998 la loro collezione di dipinti e disegni utilizzati come illustrazioni per libri, periodici, quotidiani, pubblicità e stampe: una raccolta originale di immagini, spesso iconiche, attraverso le quali si può leggere la storia e la cultura americana tra il 1870 e il 1950. Tra gli artisti rappresentati, Maxfield Parrish (1870-1966) e Norman Rockwell (1894-1978), con nuclei particolarmente cospicui; e ancora J.C. Leyendecker (1874-1951), Howard Pyle (1853-1911), considerato il padre dell'illustrazione americana, Newell Convers Wyeth (1882-1845). Suggestivo l'allestimento, con i dipinti e i disegni a tappezzare le pareti della Mansion.

Kingscote. 253 Bellevue Ave; *visite a pagamento da giugno a settembre ore 10.30-16.30*. Tra le prime Mansion di Newport, venne edificata nel 1839 in stile Gothic Revival, con una bella sala da pranzo decorata da vetri di Tiffany e un soffitto di sughero.

Chepstow. 120 Narragansett Ave; *visite a pagamento da giugno a settembre ore 10-17*. Realizzata nel 1860 in stile italiano, ospita una collezione di quadri paesaggistici ottocenteschi della Hudson School River.

Chateau-Sur-Mer. 474 Bellevue Ave; *visite a pagamento da giugno a settembre ore 10-17*. Villa vittoriana del 1852, costruita per un ricco commerciante con la Cina, ha un bel parco disseminato di alberi centenari.

I DINTORNI DI NEWPORT

Scenic Ocean Drive*. Inizia al termine meridionale di Bellevue Avenue questa strada panoramica che costeggia per circa 15 km la penisola a sud di Newport, snodandosi tra bellissime case, giardini che arrivano al mare e baie appartate popolate da foche. Il **Brenton Point State Park**, all'estremità sudoccidentale, offre viste incantevoli ed è uno dei luoghi migliori in cui aspettare il tramonto insieme alla piccola penisola di Castle Hill, poco più a nord: vi sorge il **Castle Hill Light**, faro del 1890 accessibile tramite una fitta rete di sentieri. L'Ocean Drive continua su Harrison Avenue (da cui si prende la deviazione per il Fort Adams State Park) e termina in Wellington Avenue, punto di vista scenografico sul **Claiborne Pell Bridge**, costruito nel 1969 e conosciuto come Newport Bridge, il ponte sospeso più lungo del New England (3428 m).

Fort Adams State Park*. 90 Adams Drive; *visite guidate a pagamento da giugno a ottobre ogni ora 10-16, in novembre-dicembre e aprile-maggio alle 12 e 14*; *fortadams.org* - Lungo la Scenic Ocean Drive, il parco tutela la più estesa e complessa fortificazione costiera americana, edificata nel 1824-57. Bella la vista dalle mura sulla Narragansett Bay e interessante il reticolo di tunnel sotterranei.

Norman Bird Sanctuary. 583 Third Beach Road, Middletown; *visite a pagamento ore 9-17*; *normanbirdsanctuary.org* - Circa 7 km a est della città, è una riserva faunistica e un centro di educazione ambientale con oltre 10 km di sentieri tra paludi e boschi.

Newport Car Museum. 1847 West Main Road, Portsmouth; *visite a pagamento ore 10-16; newportcarmuseum.org* - A Portsmouth, 10 km a nord di Newport, ospita una collezione privata di oltre 50 vetture storiche, Ford Shelby, Chevrolet Corvette e altre.

Green Animals Topiary Garden. 380 Cory's Lane, Portsmouth; *visite a pagamento; newportmansion.org* - A poca distanza dal Newport Car Museum, è un giardino affacciato sulla Narragansett Bay (gestito dalla Preservation Society of Newport Count) in cui si possono ammirare oltre 80 alberi e cespugli tagliati in forme di animali e geometriche.

Beavertail State Park. All'estremità meridionale dell'isola di Conanicut, collegata a Newport dal Clairborne Pell Bridge, è un parco dallo splendido scenario costiero, con sentieri in riva al mare, scogli su cui si infrangono le onde e uno dei fari più antichi della costa atlantica (1856).

Providence e dintorni*

Capitale del Rhode Island, Providence (178 000 ab.) è una città piacevole da esplorare, anche se la topografia non facilita la visita: situata su due colline e sul tratto di pianura in mezzo, la attraversano due fiumi e due strade di grande scorrimento (*interstate*). L'intero Downtown è iscritto nel National Registry of Historic Places ma la parte più interessante è quella di College Hill, dove sorgono le istituzioni accademiche. La presenza di scuole e università importanti contribuisce alla vivacità di Providence, popolata di giovani in ogni periodo dell'anno, ricca di locali e ristoranti.

Centro cittadino. La passeggiata può iniziare dalla **Rhode Island State House** (Smith Str; *visite guidate su appuntamento; rilin.state.ri.us*), la sede del Congresso del Rhode Island realizzata nel 1904 da McKim, Mead e White che per la cupola si ispirarono a quella di S. Pietro a Roma. Al fondo di Smith St, oltre il Providence River, si trova il **Roger Williams National Memorial***. In un vecchio edificio all'angolo tra Smith e North Main Street, un piccolo centro visite (282 Main Str; *aperto ore 9-17, da gennaio a marzo chiuso lun-mar; nps.gov/rowi*) racconta la storia di Roger Williams, un libero pensatore che si insediò nell'area nel 1636, strinse amicizia con la tribù Narragansett e fondò una comunità in cui ogni persona poteva pensare, agire e pregare in accordo con la propria coscienza, senza paura di essere perseguita dalle istituzioni. Gli americani vedono in Williams il precursore di ogni forma di laicità dello Stato. La parallela di North Main, **Benefit Street**, è la strada di Providence che conta più edifici storici, in stile coloniale, federale e revival: al numero 251 spicca il **Providence Athenaeum** (1838), bella biblioteca in stile Greek Revival che fu frequentata da Edgar Allan Poe (*lun-gio ore 9-19, ven-sab*

Providence, la Rhode Island State House

Waterfire, festival sui fiumi

Tra maggio e ottobre, per 15 volte all'anno, Providence mette in scena il grande spettacolo del WaterFire (*waterfire.org*): decine di bracieri ardenti vengono accesi nei corsi d'acqua cittadini, mentre sulle sponde si danno il cambio gli artisti, ballerini e musicisti. A inventare l'installazione fu Barnaby Evans nel 1994 e da allora l'evento si ripete tutti gli anni: è un'occasione suggestiva per esplorare il centro di Providence passeggiando lungo l'acqua.

9-17, dom 13-17; orari ridotti da maggio a settembre con chiusura domenicale; *providenceathenaeum.org*). Poco lontano, il **John Brown House Museum** (52 Power Str; *visite a pagamento mar-ven ora 13-16, sab 10-16*; *da dicembre a marzo aperto solo sabato*) è una villa del 1788 tra le più ricche dell'epoca, in cui furono ospiti presidenti e intellettuali; la si può visitare con un interessante tour guidato o con audioguida.

Brown University* (*brown.edu*). College Street, da Benefit Street, conduce al cancello in ferro battuto di questa Università fondata nel 1764 e parte della Ivy League, che accomuna le otto più prestigiose ed elitarie università private degli Usa. Si può fare una passeggiata nel **campus**, dominato dalla *University Hall* (1770) e dal gigantesco *Lamp/Bear*, l'orso-lampada azzurro realizzato dall'artista contemporaneo Urs Fischer (in prestito all'università fino al 2021).

Rhode Island School of Design (RISD) and Museum of Art.** Poco lontano dall'Università, la più importante scuola d'arte degli Usa conserva nel suo **museo** (20 North Main Street e 224 Benefit Str; *visite a pagamento mar-sab ore10-17, dom entrata gratuita*; *risdmuseum.org*) oltre 100 000 opere dall'antichità ai giorni nostri. Fondata nel 1877, la grandiosa istituzione si compone di cinque edifici: ultimo in ordine di realizzazione è il **Chase Center**, progettato dal celebre architetto spagnolo Rafael Moneo (2008), che funge come ingresso principale del complesso, su North Main Street, ed è collegato con le altre quattro strutture da un ponte di vetro. Dall'ingresso si sale al livello 3, dove sono organizzate mostre temporanee. Passando il ponte si giunge al livello 4, dove sono esposte le collezioni di **stampe, disegni e fotografie**, quelle di **arte moderna e contemporanea** e quelle di **arti decorative e design**. Spiccano, tra gli oggetti attinenti a quest'ultima, lo **scrittoio** e la **sedia per signora*** realizzati dalla Gorham Manufacturing Company nel 1903: si tratta di un'opera elaborata, in ebano, argento e vari altri materiali, ricca di significati simbolici, che richiama i motivi floreali dell'Art Nouveau europea, le forme rococò francesi, i disegni ispano-moreschi

Rhode Island School of Design and Museum of Art, reperti egizi in una sala del museo

tradizionali. Notevoli anche un **tavolo da biblioteca** di Frank Lloyd Wright (1910-11) e **una scrivania-libreria** di produzione americana (1760-1785).
Al livello 5 si trovano la collezione di **arte antica** (con pezzi greci tra cui vasi, monete, una testa di donna in marmo del V secolo a.C.); una sezione assai ampia di **pittura e scultura europee**, con opere, tra gli altri, di Rodin, Degas, Cézanne, Manet (*Le Repos**, 1870-71, splendido ritratto della pittrice Berthe Morisot); la collezione di **pittura e scultura americane** (sviluppata anche al livello 6), in cui si segnalano la tela di George Wesley Bellows *Rain on the River* (1908) e la scultura lignea *Negro Head* di Nancy Elizabeth Prophet (prima del 1927), prima laureata nera alla RISD nel 1920. Al livello 6 sono esposti alcuni **oggetti egizi** (tra cui una figura di donna del 3700 a.C., una scatola di pittura del Nuovo Regno, un sarcofago e una mummia del periodo tolemaico). Nella successiva **sezione d'arte asiatica** brillano la collezione di *stampe giapponesi* del periodo Edo (1603-1868) appartenuta ad Abby Aldrich Rockefeller e il grande *Buddha** ligneo seduto del XII secolo, in cui il Buddha (oggetto di culto in un tempio) è raffigurato in meditazione in una posa simile a quella in cui appare dipinto al centro di tanti mandala. Allo stesso livello è esposta la ricca **collezione di costumi e oggetti tessili***, con pezzi dal 1500 a.C. a oggi: si va da un paio di mocassini di nativi americani a un frammento da una tomba egizia, da tessuti del rinascimento italiano a vesti da preghiera buddhiste, a creazioni dei designer americani dell'Ottocento e Novecento.
Alla RISD sono collegate varie gallerie d'arte, tra cui *Sol Koffler* (169 Weybosset Str) e *Risdjworls* (10 Westminster Str).

Culinary Arts Museum at Johnson & Wales University. 315 Harborside Blvd; *visite a pagamento mar-sab ore 10-17; culinary.org* - È un piccolo museo dedicato alle arti culinarie che piacerà agli appassionati per i suoi storici *diner*, gli affascinanti oggetti da cucina, i pannelli sui grandi chef attraverso le epoche e sull'evoluzione nel tempo delle cucine professionali.

I dintorni. Circa 8 km a nord di Providence, la città di **Pawtucket** conserva interessanti memorie storiche. Qui, nel 1793, Samuel Slater costruì la prima filanda azionata ad acqua di tutto il Nord America avviando quella che sarebbe stata poi chiamata rivoluzione industriale. Una storia che si può approfondire allo **Slater Mill*** (67 Roosevelt Ave; *visite a pagamento da maggio a ottobre mar-dom ore 10-16; slatermill.org*), il primo dei molti mulini che sorsero sul fiume Blackstone: nei locali si conservano molte macchine tessili dell'epoca, spesso di sorprendente semplicità. Le visite guidate illustrano l'ascesa e il declino dell'industria della lana e del cotone, le condizioni di lavoro degli operai, i cambiamenti sociali e infrastrutturali legati alla nuova vita di fabbrica. Di fronte al mulino è posto il visitor center (175 Main Street; *lun-ven ore 10-17, sab-dom 10-16*) del **Blackstone River Valley National Historical Park** (*nps.gov/blrv, nps.org/blac*), il parco che tutela l'intero corso del fiume tra Massachusetts centrale e Rhode Island con aree verdi e siti d'importanza storica come *Slatersville*, 25 km circa a nord di Providence, il primo villaggio operaio d'America (1807).

Block Island*

Isola di 25 km^2 posta a circa 20 km dalla costa, è raggiungibile in traghetto (sia tradizionale sia veloce) da Point Judith, ma in luglio e agosto anche da Newport e New London, in Connecticut. Presa d'assalto durante le giornate estive, tranquilla al momento della partenza dei *ferries* e nel resto dell'anno, l'isola (1000 ab.) affascina per i suoi ritmi lenti e la natura integra: chilometri di spiagge, dune, stagni salmastri, praterie da esplorare in bicicletta e a piedi. Molti i sentieri tra cui il **Greenway Trail** (24 km), nel sud. In primavera e autunno la sosta di varie specie di uccelli migratori fa di Block Island un paradiso per i birdwatcher.

Spiagge e ville nel Rhode Island occidentale

La fascia costiera tra Newport e il Connecticut è disseminata di lunghe spiagge sabbiose che si affollano durante la stagione estiva, lagune e stagni d'acqua salmastra dichiarati aree protette per la fauna selvatica, cittadine tranquille. La spiaggia più scenografica è probabilmente **Scarborough State Beach**, presso Point Judith, con tutti i servizi, mentre la piccola comunità di **Watch Hill**, al confine con il Connecticut, è meta di celebrità sin dalla fine dell'Ottocento quando vi furono costruite grandi ville ricoperte di scandole, più discrete e meno sontuose di quelle di Newport. Bella una passeggiata lungo la **East Beach**, tra l'oceano e le ville, o a **Napatree Point**.

2.3 La costa del Connecticut

Tra il Rhode Island e lo Stato di New York si situa il Connecticut, terzo Stato meno esteso degli Usa (14 371 km^2) e quarto più densamente popolato (3,57 milioni di abitanti, 248 ab/km^2). Alcuni caratteri – la costa sabbiosa, l'interno collinare e ricoperto di boschi, la storia simile a quella delle colonie più a est – lo accomunano agli altri Stati del New England ma alcuni statistici preferiscono includerlo nella cosiddetta 'Tri-State Area', che comprende anche New York e New Jersey, per via della vicinanza all'area metropolitana della Grande Mela. Il suo nome deriva da quello dell'omonimo fiume, che lo attraversa da nord a sud: Connecticut deriva da varie traslitterazioni inglesi del vocabolo algonquino che significa 'lungo fiume di marea'. Lo sviluppo della linea di costa è abbastanza lineare, specialmente se confrontato con quello del Massacchusetts e del Rhode Island: il litorale in massima parte si affaccia sul Long Island Sound, lo stretto di mare tra la terraferma e Long Island (New York), ed è ricco di spiagge lunghe e sabbiose. Qui vennero fondate, fin dal 1630, le prime colonie inglesi alcune delle quali, il 14 gennaio del 1639, adottarono gli Ordini fondamentali del Connecticut, considerati la prima Costituzione scritta americana: motivo del soprannome 'The Constitution State' attribuito allo Stato.

Le parti più interessanti del tratto costiero sono la fascia attorno alla foce del Connecticut River, con varie cittadine e mete di visita popolari, e la città di New Haven, con la celebre università di Yale. New Haven dista circa 220 km dall'aeroporto di Boston, circa 160 da Newport e soltanto 130 dall'aeroporto JFK di New York.

Stonington

Provenendo dal Rhode Island, il primo paese che si incontra è questo grazioso villaggio sul mare (930 ab.), molto frequentato d'estate. Una piacevole passeggiata percorre Water Street, ricca di case ottocentesche, negozi e ristoranti, e arriva all'**Old Lighthouse Museum** (7 Water Str; *visite a pagamento da maggio a ottobre gio-mar ore 10-17*), il vecchio faro trasformato in museo; per tornare c'è la parallela Main Street. Nei dintorni di Stonington la campagna è ben preservata e ricca di scorci bucolici.

Mystic e dintorni*

Il villaggio di Mystic (4200 ab.) visse nell'Ottocento il suo periodo di gloria grazie all'industria baleniera e alla costruzione di velieri e navi mercantili. Oggi ospita l'attrazione più importante del Connecticut, il Mystic Seaport.

Il Mystic Seaport, sulle rive dell'omonimo fiume

Mystic Seaport*. 105 Greenmanville Ave; *visite a pagamento da marzo a ottobre ore 9-18, ultima entrata 17; negli altri mesi 10-17, ultima entrata 16; in dicembre aperto gio-dom; mysticseaport.org* - Situato sulle rive del fiume Mystic, nella sede degli ex cantieri navali George Greenman & Co Shipyard, questo articolato museo marittimo illustra al meglio il rapporto tra l'oceano e Mystic, e più in generale il New England costiero, e nello stesso tempo diverte i visitatori con molte attrazioni e dimostrazioni dedicate alle famiglie.

La prima delle sue tre parti, l'**Henry B. Dupont Preservation Shipyard**, è costituita da enormi padiglioni dov'è possibile osservare l'attività di restauro di antiche imbarcazioni in legno. Accanto sorge il grande **Village**, ricostruzione di un villaggio costiero dell'Ottocento con numerosi edifici (la scuola, la drogheria, la fabbrica delle corde, la stamperia...), in cui figuranti in costume illustrano il loro lavoro, e quattro navi visitabili ancorate sul fiume, tra cui il *Charles W. Morgan* (1841), l'ultima baleniera di legno ancora galleggiante, e il *Joseph Conrad* (1882), nave scuola a vele quadre. La terza parte comprende numerosi musei e gallerie, tra cui il moderno ed eccellente **Stillman Building**, dedicato alla storia della caccia alle balene. Se si ha poco tempo a disposizione e si è costretti a fare delle scelte, ci si può limitare a visitare lo Shipyard, le navi ancorate sul fiume e lo Stillman Building.

Mystic Aquarium. 55 Coogan Blvd; *visite a pagamento da aprile a settembre ore 9-17.50, negli altri mesi orari ridotti; mysticaquarium.org* - Un moderno acquario fatto per piacere alle famiglie: tra gli ospiti, alcuni beluga, squali, pinguini e leoni marini che si esibiscono in divertenti spettacoli.

Foxwoods. Circa 18 km a nord di Mystic, tra i boschi del Connecticut, sorge il **Foxwoods Resort Casino**, un enorme e alquanto spaesante complesso di casinò, cinema, sale concerti e hotel realizzato dalla tribù nativa Mashantucket Pequot. Nei pressi è aperto anche il **Mashantucket Pequot Museum & Research Center** (110 Pequot Trail, Mashantucket; *visite a pagamento da giugno a settembre mer-dom ore 9-17, da ottobre a maggio 10-16; pequotmuseum.org*), un grande e moderno centro interattivo dedicato alla storia della tribù, con mostre, filmati e la ricostruzione di un villaggio indiano del Cinquecento.

Groton

In questa città sul fiume Thames (40 000 ab.) ha sede la US Naval Submarine Base, la principale base di sommergibili statunitense. Al suo interno lo **Historic Ship Nautilus & Submarine Force Museum** (1 Crystal Lake Rd; *visite a pagamento mer-dom ore 9-17; usnautilus.org*) ospita il *Nautilus*, il primo sottomarino a energia nucleare del mondo e il primo a passare sotto il Polo Nord.

New London

Alla metà dell'Ottocento, New London (28 000 ab.), cittadina alla foce del Thames, era base di 200 baleniere. Conserva alcune case storiche, tra cui le **Hempsted Houses** (1678), e il piacevole **Historic Waterfront District**, sul mare, da cui partono i traghetti per Block Island.

Old Lyme

Presso l'estuario del fiume Connecticut, il villaggio (7500 ab.) è passato alla storia per aver accolto la Lyme Art Colony, una colonia di artisti che tra il 1900 e il 1920 diede impulso al movimento impressionista americano. Le loro vicende sono ben raccontate nel **Florence Griswold Museum*** (96 Lyme Str; *visite a pagamento mar-sab ore 10-17, dom 13-17*; *flogris.org*), che comprende diversi edifici e il parco attorno. Povera di risorse e piena di debiti, Florence Griswold (1850-1937) cominciò ad affittare alcune camere della sua casa attorno al 1899; uno dei primi ospiti fu il pittore Henry Ward Ranger, che poi tornò con altri colleghi artisti dando vita a un vero e proprio movimento. Oggi si visitano la casa in stile georgiano con opere di Ranger, William Chadwick, Childe Hassam, Willard Metcalfe appese alle pareti ma anche dipinte sui muri e sulle porte di legno; inoltre lo studio di Chadwick, i giardini e la Krible Gallery (2012), dedicata a esposizioni temporanee.

New Haven e dintorni**

La storia di New Haven (130 000 ab.), centro portuale fondato dai puritani nel 1638, è strettamente legata a quella di Yale, una delle università più prestigiose degli Stati Uniti, nata nel 1701, il cui campus è inglobato nella città. Proprio il fermento

L'Ivy League, la Lega dell'Edera

Cosa hanno in comune l'ex presidente Barack Obama, l'attrice Emma Watson, l'ex premier Romano Prodi, la produttrice Shonda Rhimes, il fondatore di Facebook Mark Zuckerberg, la principessa Vittoria di Svezia? Tutti hanno studiato in una o l'altra delle quattro università del New England appartenenti alla **Ivy League** (lega dell'Edera), titolo che accomuna le otto più prestigiose ed elitarie università private degli Stati Uniti d'America. Caratteri condivisi da tutte e otto: si trovano nel Nordest degli Usa; vennero (quasi tutte) fondate durante il periodo delle Tredici colonie; ogni anno figurano ai primi posti nelle classifiche dei migliori college al mondo. A parte questo, sono sorprendentemente diverse. Basta visitare le quattro del New England per capire come l'atmosfera che in ognuna si respira sia unica e come i campus siano specifici mondi a sé. Eccole, dalla più piccola alla più grande (per numero di studenti). Il **Darmouth College**, a Hanover, è immerso nella quiete bucolica dei boschi del New Hampshire: alla prima nevicata, ci si trova a mezzanotte a fare a palle di neve nel Green del campus. A Providence, Rhode Island, la **Brown University** è famosa per il suo pensiero liberale e ha un campus indisciplinato e piacevolmente raccolto sulla College Hill. Con l'antica **Yale University** si raggiungono altre dimensioni: premi, fama e prestigio si riflettono negli imponenti edifici neogotici circondati dalla città di New Haven, in Connecticut. E poi c'è la **Harvard University**, a Cambridge, Massachusetts, il college più antico d'America e il più influente, con un meraviglioso campus che sprizza energia e creatività tra librerie, artisti di strada, pub e negozi vintage. Durante il viaggio, in ogni caso, almeno un college andrebbe visitato: per ritrovarsi nelle atmosfere di tanti film e soprattutto toccare con mano una delle realtà più caratteristiche dell'*American way of life*.

New Haven, il centro storico e l'Università

universitario è responsabile negli ultimi decenni della rivitalizzazione del centro urbano, che è oggi vivace, ricco di locali e negozi oltre che di istituzioni culturali di assoluto prestigio.

Centro cittadino*. Una breve e piacevole passeggiata può iniziare dal **New Haven Green**, lo spazio verde che i fondatori scelsero come centro spirituale della città. Ai lati si visitano tre chiese risalenti al 1812-1816: la neogotica **Trinity Church**, la **Center Church** in stile georgiano, la **United Church** in stile georgiano-palladiano. Ai lati opposti del parco si trovano due **centri visitatori**: quello di Yale all'angolo tra Elm Str e Temple Str (*yale.edu/visitor; visite guidate di un'ora ai complessi universitari*) e quello di New Haven all'incrocio tra Chapel Str e College Str (*visitnewhaven.com*). Proprio lungo Chapel Street si incontrano, uno di fronte all'altro i due maggiori musei cittadini, la Yale University Art Gallery e lo Yale Center for British Art. Limitrofo al New Haven Green, con ingresso da High Street è l'**Old Campus di Yale**, tra edifici in stile neoclassico e negotico e prati curatissimi: suggestiva l'atmosfera universitaria, soprattutto nella bella stagione quando gli studenti affollano gli spazi verdi con i loro portatili e gli skateboard. All'incrocio di High Street con Wall Street si trova la Beinecke Rare Book & Manuscript Library (da cui Wall Street e Temple Street riconducono in breve al New Haven Green). Poco distante il **Grove St Cemetery** (227 Grove Str; *ore 9-16*) conserva tra le altre le tombe di Samuel Morse e Charles Goodyear. Più lontani l'**Audubon Arts District** (Audubon Str) e, verso nord, lo Yale Peabody Museum of Natural History.

Yale University Art Gallery.** 1111 Chapel Str; *ingresso gratuito mar-ven ore 10-17, sab-dom 11-17; da settembre a giugno gio 10-20; artgallery.yale.edu* - Primo museo universitario dell'emisfero occidentale, venne fondato nel 1832 dal pittore John Trumbull che donò all'istituto oltre cento dipinti riguardanti la rivoluzione americana. Oggi è un grandioso contenitore di opere e oggetti provenienti da tutto il mondo, articolato in tre edifici: la **Street Hall** (1866) e l'**Old Yale Art Gallery Building** (1928), in stile neogotico; il **Louis Kahn Building**, disegnato nel 1953 da Louis Kahn, in stile modernista con forme geometriche pure e utilizzo di cemento, acciaio e vetro. La visita richiede almeno un paio d'ore (utile munirsi di una cartina all'ingresso).
Al piano 1 si trovano le sale dedicate all'**arte africana** (con maschere dell'Africa occidentale e centrale e oggetti di terracotta del Sahel) e all'**arte delle antiche Americhe**. Dalla scenografica **Scuplture Hall**, sala neogotica con reperti di **arte antica**, assira,

New Haven, lo Yale Center for British Art

greca e romana, si accede allo spazio in cui è illustrata la vita nella città romana di **Dura Europos** in Mesopotamia (attuale Siria), scavata dagli archeologi di Yale negli anni '20 e '30 del Novecento. Tra i vari reperti ritrovati nella città, alcuni eccezionali relativi agli edifici di culto: pitture da una casa-chiesa cristiana (233-256 d.C.), decori di un'antichissima sinagoga (244 d.C.), un mitreo ricostruito.
Il piano 2 è dedicato all'**arte asiatica** e all'**arte europea**, quest'ultima in particolare rappresentata da molti capolavori. Spicca la ricca collezione di dipinti toscani del Duecento e Trecento, tra i quali un *S. Andrea e S. Jacopo* dalla Pala del Carmine di Pietro Lorenzetti (1327-29). Tra i maestri italiani sono rappresentati Pollaiuolo (*Ercole e Deianira*, 1475-80), Gentile da Fabriano (*Madonna col Bambino**, 1424-25), Pontormo (*Madonna del libro*, 1545-46); Tiziano (*Circoncisione di Gesù*, 1510). I fiamminghi sono presenti, tra gli altri, con Bosch (*Allegoria dell'Intemperanza*, 1495-1500), Holbein (*Mercante anseatico*, 1538), Rubens e Van Dyck. Numerosi i capolavori dell'Ottocento, con opere di Delacroix, Corot, Monet, Degas, Vuillard, Cézanne, Manet. Si trova qui anche uno dei più celebri ed emozionanti quadri di Van Gogh, *Il caffè di notte*** (1888).
Il piano 3 ospita una sala sull'**arte indopacifica** e un grande spazio dedicato all'arte e al design moderni e contemporanei. L'arte tra gli anni '20 e '40 del Novecento è rappresentata dalla **collezione della Société Anonyme**, un'associazione di artisti fondata da Katherine Dreier e Marcel Duchamp con Man Ray: comprende opere di Duchamp stesso, Brancusi, El Lissitzky, Mondrian. Notevole anche la raccolta di **dipinti americani** dal 1945 in poi: tra le 'punte', *Number 13A: Arabesque* di Jackson Pollock (1948) e *Blam* di Roy Lichtenstein (1962).
L'ala est del museo, nella Street Hall, accessibile dal piano 2 e 3 dell'edificio principale, è dedicata all'**arte americana**: il piano 1E alle arti decorative (notevole la collezione di argenti dal Seicento all'Ottocento), il piano 2E a dipinti e sculture. Quest'ultima collezione, assai vasta, permette di ripercorrere attraverso l'arte le fasi salienti della nazione: un sintetico excursus storico può partire dal nucleo originario di Trumbull (*La dichiarazione d'indipendenza, 4 luglio 1776*, 1786-1820), proseguire con Albert Bierstadt, pittore dei paesaggi incantati del West (*La Valle di Yosemite*, 1873) per arrivare alle tele di Hopper e alla loro enigmatica, poetica sospensione (*Western Motel*, 1957).

Yale Center for British Art.** 1080 Chapel Str; *ingresso gratuito mar-sab ore 10-17, dom 12-17; britishart.yale.edu* - A prescindere dal contenuto, già il contenitore vale la visita: a ospitare lo Yale Center for British Art, inaugurato nel 1977, è infatti l'ultimo **edificio** disegnato da Louis Kahn (1901-74), che utilizzò acciaio e vetro per realizzare una struttura leggera, armoniosa, in cui la luce naturale fosse il più possibile diffusa e non ci fosse bisogno – se non di sera – di utilizzare quella artificiale per illuminare le opere. L'interno, geometrico, è organizzato attorno a due corti coperte, dove Kahn impiegò travertino, legno di quercia e cemento. L'insieme è di grande effetto.

Il **museo** ospita la più vasta collezione di arte britannica fuori dal Regno Unito (in riferimento, in particolare, al periodo che va dal 1697 al 1851), donata da Paul Mellon alla Yale University nel 1966: circa 2000 dipinti e 200 sculture dal medioevo all'età contemporanea, 20 000 disegni e acquerelli, 40 000 stampe, 35 000 libri rari e manoscritti; presenti anche autori europei e americani che hanno vissuto e lavorato nel Regno Unito.
La visita inizia dal quarto piano, dove in sei spazi sono esposte opere dal 1550 al 1850: si segnalano i piccoli ritratti di gruppo del Settecento (Gainsborough, *La famiglia Gravenor**, 1754); i dipinti di animali e di sport (Seymour; Stubbs, *Cavallo attaccato da leone*, 1762); i paesaggi e le vedute di città (Turner, *The Dort**, 1818; Bonington, *Corso Sant'Anastasia, Verona*, 1828; Constable, *Hadleigh Castle*, 1829). Tra i ritratti, spicca quello di *Mrs. Abington come Miss Prue in 'Love for Love' di William Congreve** (1771) di Reynolds. Al terzo piano, in quattro spazi, sono conservate opere dal 1850 a oggi: tra le più notevoli, *L'Enfant du Regiment* di Millais (1854), *Mrs. James Guthrie* di Leighton (1864), *Notturno in blu e argento* di Whistler (1872-78), *On the Downs* di Munnings (1920), *Studio per una testa di papa urlante* di Bacon (1952). Al secondo piano si tengono mostre temporanee e una sala è dedicata ai libri rari e alle stampe.

Beinecke Rare Book & Manuscript Library.** 121 Wall Str; *visite gratuite lun ore 10-19, mar-mer-gio 10-17, ven 9-17, sab 12-17, dom 12-16*; *beinecke.library.yale.edu* - Una delle più grandi biblioteche al mondo riservata interamente ai manoscritti e ai libri rari, è ospitata in un singolare edificio del 1963, un cubo senza finestre con muri composti da granito e pannelli di marmo che attenuano gli effetti della luce. La torre di vetro centrale, visibile solo dall'interno, ospita 180 000 volumi, mentre nel sotterraneo ne sono conservati oltre un milione. Al piano ammezzato sono esposti alcuni libri permanentemente, tra cui una *Bibbia* di Gutenberg del 1455, e altri a rotazione. Davanti all'edificio, in un cortile infossato, una scultura di Isamu Noguchi, **The Garden** (1960-64), rappresenta il tempo (la piramide), il sole (il cerchio) e il caso (il cubo).

Yale Peabody Museum of Natural History*. 170 Whitney Ave; *visite a pagamento mar-sab ore 10-17, dom 12-17*; *peabody.yale.edu* - Museo di storia naturale d'importanza mondiale, fondato nel 1866, conserva straordinarie collezioni di animali, vegetali, minerali e manufatti umani. All'esterno campeggia la ricostruzione di un *Torosaurus* a grandezza naturale (3x7 m). Tra gli highlights: al primo piano, la collezione di **oggetti** inca provenienti da Machu Picchu in Perù (lo scopritore, Hiram Bingham, era docente a Yale) e la **Great Hall of Dinosaurs**, con lo scheletro di un giovane brontosauro e il grande murales *The Age of Reptiles* (1947); al terzo piano, la **collezione ornitologica** e i diorami dedicati alla **fauna nordamericana**. Frequenti le esposizioni temporanee.

La costa. New Haven è a pochi chilometri dal mare e lungo la costa del Connecticut, a ovest del fiume omonimo, non mancano i parchi in cui camminare e fare sport. Provenendo dal Rhode Island e a est di New Haven, l'**Hammonasset Beach State Park**, a Madison, ha una bella e lunga spiaggia fiancheggiata da una pineta. A ovest di New Haven, a Milford, si trova il **Silver Sands State Park**; il vicino **Connecticut Audubon Coastal Center** (*ctaudubon.org*), a Milford Point, è un centro di educazione ambientale che dà accesso ad aree umide, paludi costiere e dune, meta ideale per appassionati di natura e anche famiglie con bambini.

Uno studente e una bacheca dell'Università di Yale

La Glass House di New Canaan, progettata dall'architetto statunitense Philip Johnson

Norwalk

La città (86 000 ab.) è uno storico centro di produzione di ostriche e meta di gite dei newyorkesi (Manhattan è a solo un'ora di treno). I visitatori si concentrano nel piacevole quartiere di gallerie, ristoranti e boutique denominato SoNo, abbreviazione di South Norwalk. Attirano le famiglie con bambini il **Maritime Aquarium** (10 N Walter Str; *visite a pagamento ore 10-17, d'estate 10-18*; *maritimeaquarium.org*), con animali marini locali, e lo **Stepping Stones Museum for Children** (303 West Ave; *visite a pagamento ore 10-17, da ottobre a maggio chiuso lun*; *steppingstonesmuseum.org*), ricco di mostre interattive per i più piccoli.

Wilton

Nei pressi di Wilton (18 000 ab.), 15 km circa all'interno di Norwalk, il pittore J. Alden Weir (1852-1919) trasformò una rustica fattoria in un luogo di villeggiatura per se stesso e i suoi amici. Era il 1882: la Weir farm divenne così il fulcro di uno dei più importanti movimenti dell'impressionismo americano e, dopo la morte di Weir, continuò a essere fonte di ispirazione per altri artisti fino agli anni '50 del Novecento. Oggi il sito è tutelato dal **Weir Farm National Historic Site** (735 Nod Hill Rd; *ingresso gratuito da maggio a ottobre ore 10-16, terreni aperti tutto l'anno dall'alba al tramonto*; *nps.gov/wefa*): non ci sono opere degli artisti ma la storia del luogo può essere ripercorsa attraverso vari materiali al centro visitatori, visite guidate agli studi degli artisti, tour autoguidati nel parco.

New Canaan

La notorietà di New Canaan (20 000 ab.), a pochi km dalla costa, è legata alla cosiddetta **Glass House*** (199 Elm Str; *visite guidate a pagamento da maggio a novembre gio-lun*; *theglasshouse.org*), una delle case moderne più famose del mondo. Costruita nel 1949, ispirata da Mies van der Rohe, fu progettata dall'architetto Philip Johnson per se stesso e il compagno David Whitney, che la utilizzarono fino alla morte, avvenuta nel 2005 a sei mesi di distanza l'uno dall'altro. Consta di un blocco di vetro trasparente (17 m x 9,8 m x 3,2 m), posto su un podio di mattoni; l'interno è un unico spazio aperto. Nei **giardini** sorgono altre strutture progettate da Johnson, realizzate in seguito: la *Brick House* (casa totalmente in mattoni, contraltare della Glass House), un padiglione, due gallerie, una 'portineria' in stile decostruttivista e altre ancora.

Greenwich

Quasi al confine con lo Stato di New York, è una cittadina benestante (63 000 ab.) in cui si visita il ben conservato quartiere di **Old Greenwich**, con case in stile vittoriano e bellissimi parchi urbani, come il *Binney Park* e il *Greenwich Point Park* (accesso con un pass da acquistare alla Town Hall) esteso lungo la costa. Il **Bruce Museum** (1 Museum Dr; *visite a pagamento mar-dom ore 10-17, mar gratuito*; *brucemuseum.org*) ospita mostre temporanee, collezioni naturalistiche e opere della Cos Cob Art Colony, la comunità di impressionisti che si costituì a Cos Cob intorno al 1890.

3 La costa da Boston al confine canadese

Profilo dell'area

La costa Nord del New England profuma di salsedine e sudore, ma anche di pesce appena pescato e colori a olio. Frastagliata e ruvida, ha ispirato nel tempo scrittori e pittori, viaggiatori e cultori del vivere bene, incantati dalla straordinaria convivenza tra le forze potenti della natura e la delicatezza dei paesaggi umani. Le città e i villaggi che si incontrano da Boston seguendo le strade costiere (la 107 verso Salem, la 127 per Cape Ann, poi la US 1 per il Nord) hanno un passato costruito dai primi pellegrini quattro secoli fa. La relazione con il mare ne ha definito l'economia e forgiato il carattere. Fin dagli inizi la pesca e la costruzione di velieri realizzati per solcare i mari del mondo hanno rappresentato l'oro della regione. Attività complesse, dure, sempre in sfida con quell'oceano che si scorge talvolta da lontano e poi improvvisamente vicinissimo dietro a una curva. Proprio quell'epopea di eroi semplici e grandi lavoratori ha contribuito al fascino di un territorio magari poco mondano, ma che ha costantemente attirato la curiosità di artisti e creativi in cerca di ispirazione. Dagli inizi dell'Ottocento in poi, dal Massachusetts al Maine, la costa divenne meta del pellegrinaggio laico di paesaggisti americani che si ritiravano in cottage a strapiombo sul mare per cogliere ogni sfumatura dell'acqua, delle onde, delle scogliere, dei fari e trasferirla sulle tele. Un artista come Winslow Homer seppe raccontare a colpi di pennello storie di uomini che sfidavano ogni giorno gli elementi naturali, restandone comunque affascinati. Quei dipinti colpirono la curiosità di facoltosi collezionisti di Boston e New York che iniziarono a visitare la costa, innamorandosene, acquistando terreni per costruire bellissime case con vista sull'oceano. Iniziò così il flusso di turisti, prima solo benestanti, poi tutti gli altri. Flusso che, soprattutto in estate, continua anche oggi. Per rilassarsi in spiaggia e gustare l'eccellente gastronomia locale (con le onnipresenti aragoste), cercare pezzi d'antiquariato, camminare tra boschi e oceano, ammirare le decine di fari e immaginare di viverci, lasciarsi ispirare e magari dipingere, come faceva Homer dal balcone sulle rocce e sull'acqua della sua abitazione (ora casa-museo) a Prout's Neck, nel Maine.

In viaggio

Il **primo itinerario** segue la costa del Massachusetts da Boston a Plum Island percorrendo verso nord la 107 fino a Salem (circa 25 km), la 127 da Salem a Cape Ann (circa 30 km), poi la 133 e la 1A fino al confine con il New Hampshire (circa 50 km). Il **secondo** si svolge in New Hampshire lungo la strada costiera 1A tra Hampton Beach e Portsmouth (circa 30 km). Il **terzo** risale il Maine da Kittery all'Acadia National Park (circa 320 km). La direttrice principale è la US 1, dalla quale diramano strade secondarie che riportano sulla costa (un percorso più rapido è quello sull'autostrada I-95, in alcuni tratti a pedaggio).

Il faro di Pemaquid Point sulla costa rocciosa del Maine

3 La costa da Boston al confine canadese

Quadro d'unione a pag. 7, riquadro n. 3

3.1 La costa settentrionale del Massachusetts

Collegata a Boston da linee di metropolitane suburbane, la costa che da Salem, la celebre città delle streghe, arriva a Cape Ann fu tra le prime a essere colonizzate dai Padri pellegrini. Una parte di quelli che sbarcarono a Plymouth decisero di proseguire a nord in cerca di diverse fortune. La pesca e la cantieristica navale hanno costituito per secoli la base dell'economia costiera. Oggi è il turismo la principale fonte di reddito. Sportivi in cerca di avventure marine, artisti in vena di ispirazioni creative, birdwatcher col binocolo sempre al collo (soprattutto a Plum Island), appassionati di storia e di avventure per mare trovano in questi 50 chilometri di costa opportunità diverse da vivere in ogni stagione.

Salem**

La prima immagine che viene in mente pensando alla cittadina del Massachusetts (43 000 ab.) sono le streghe, e la caccia non metaforica che subirono sul finire del '600: nel 1691 alcune giovani del luogo dichiararono di aver subito un maleficio e come responsabili furono indicate tre donne, una schiava, una mendicante e un'anziana signora. L'anno seguente la psicosi collettiva portò all'istituzione di un tribunale che giustiziò 20 persone accusate di stregoneria o complicità, tra uomini, donne e bambini. Nel 1693 il tribunale fu disciolto e una Corte di giustizia assolse chi era ancora detenuto. Eppure Salem racchiude in sé la quintessenza marittima del New England. Nel Settecento visse il periodo di maggior splendore grazie all'intraprendenza di Elias Hasket Derby, un ricchissimo commerciante che diventò il primo milionario d'America facendo la sua fortuna in Estremo Oriente: più volte doppiò il Capo di Buona Speranza con il suo veliero *Grand Turk*, arrivando fino in Giappone e riportando in città straordinari tesori. Molti ne seguirono le orme fondando poi la East India Marine Society per custodire diari di bordo e carte nautiche. Nello statuto della nuova compagnia si richiedeva la fondazione di un museo che potesse custodire 'curiosità naturali e artificiali' collezionate dagli equipaggi durante questi viaggi. Curiosità che furono il nucleo originale del **Peabody Essex Museum*** (161 Essex Street; *visite a pagamento mar-dom ore 10-17; gratuito per i bambini; pem.org*), inaugurato nel 1799 e ritenuto il più antico del Paese ancora in funzione. Tra i pezzi più affascinanti collezionati nel corso dei secoli, quelli provenienti dall'India, come la brocca del Gujarat rivestita in madreperla del 1570; dalla Cina (curiosa e originale la zuppiera settecentesca in porcellana a forma di granchio), dal Giappone, col Buddha in legno ricoperto di foglie d'oro risalente al XII secolo, dalle isole del Pacifico (con oggetti e copricapi delle tribù locali esposti nella sezione dedicata all'arte oceanica).

Salem, la Casa dei sette abbaini

Ma Derby lasciò in eredità alla città anche il **Derby Wharf**, lungo pontile (800 m) oggi fulcro del **Salem Maritime National Historical Site*** (193 Derby Street; *ingresso gratuito ore 9-17*; *nps.gov/sama*), il primo sito storico nazionale istituito negli Stati Uniti (nel 1938) che comprende 12 edifici storici e tutta l'area sul lungomare che conduce al vecchio porto della cittadina. È qui che si capisce l'anima marittima di Salem. Percorrendo fino in fondo il Wharf si accede al faro del 1871 e al grande veliero *Friendship*, replica dell'originale del 1797. Uno dei romanzi che meglio rievoca le atmosfere puritane del New England del Seicento e Settecento è *La casa dei sette abbaini* di Nathaniel Hawthorne, pubblicato nel 1851. L'autore vi racconta le vicende di una famiglia e di una casa tra cupe maledizioni, leggende ipnotiche e isteria collettiva. L'opprimente vita quotidiana di quegli anni si percepisce visitando proprio quella **casa** (54 Turner Street; *visite a pagamento da novembre a giugno ore 10-17, da luglio a ottobre 10-19*; *7gables.org*), profittando di un tour guidato che coniuga storia reale e invenzione letteraria.
Tra fantasia e realtà, Salem non nasconde il suo passato legato alla caccia alle streghe. Tra i tanti siti più o meno autentici si segnala la cosiddetta **Witch House** (310 Essex Street; *ingresso a pagamento da maggio a novembre ore 10-17*; *salemweb.com/witchhouse*), la casa in cui visse il magistrato Jonathan Corwin: incaricato di indagare su alcuni casi di stregoneria, condusse molti interrogatori proprio qui, al primo piano della casa (così almeno narrano le leggende). Non mancano anche tour notturni, tenuti da sedicenti investigatori del paranormale e parapsicologi, per scovare i tanti fantasmi che pare vivano in città (Spellbound Tours, *spellboundtours.com*; Salem Night Tours, *salemghosttour.com*).
Per una passeggiata più rilassante, **Chestnut Street** è ideale con le sue vecchie case perfettamente conservate (e abitate): come la **Stephen Phillips Memorial Trust House** (34 Chestnut Street; *visite a pagamento da giugno a ottobre mar-dom ore 10-17, da novembre a maggio solo sab-dom*; *philipsmuseum.org*), museo con arredi originali, una collezione di carrozze e auto d'epoca.

Cape Ann**

L'altro Capo di Boston (meno famoso di Cape Cod), da cui dista circa 50 km, è un'oasi di tranquillità immersa nella natura. Molto affollate d'estate, soprattutto nei weekend, le località del promontorio conservano un quieto fascino che combina lo spirito avventuroso dei pescatori e la sobria eleganza di abitazioni e ville affacciate sul mare. La prima comunità di coloni europei arrivò qui nel 1623, quando una parte dei Padri pellegrini si separò da quelli che si erano installati a Plymouth: l'area del promontorio, per la prima volta mappata da John Smith e da lui battezzata Cape Tragabigzanda, in onore di una sua amante a Istanbul, ebbe poi nome dalla regina Anna di Danimarca, consorte di Giacomo I Stuart. La pesca

Cape Ann, la Good Harbor Beach a Gloucester

rappresentò a lungo la principale fonte di ricchezza. Oggi ad alimentare l'economia locale sono soprattutto i turisti, specie in estate: oltre alle cittadine costiere, sono spesso le spiagge ad attirare chi arriva qui, magari sfuggendo alla calura cittadina di Boston (i collegamenti del MTBA, il sistema pubblico di treni tra il centro della città e Gloucester e Rockport, sono un'ottima alternativa all'utilizzo dell'auto e al conseguente faticoso parcheggio).

Manchester-by-the-Sea. Deve gran parte della sua popolarità all'omonimo film scritto e diretto da Kenneth Lonergan e vincitore di due premi Oscar nel 2016, ma la cittadina (5000 ab.), affacciata sull'oceano, fondata dagli europei nel 1629, originariamente dedita alla pesca, si è aperta al turismo già dal 1845. Il primo a costruire un cottage sulla spiaggia fu il poeta di Boston Richard Dana, seguito poi da una schiera di altri intellettuali e borghesi della città. Oggi molto di quel fascino di metà Ottocento è sbiadito ma la spiaggia, che dista un chilometro e mezzo dal centro – chiamata **Singing Beach**, spiaggia che canta, per via del suono che si produce camminando sulla sabbia – è tra le più apprezzate da chi cerca una veloce fuga da Boston cui è connessa per metropolitana.

LE SPIAGGE DI CAPE ANN

- **Wingaersheek Beach** Raggiungibile percorrendo la Route 128 fino all'uscita 13, è una distesa di sabbia con dune circondata dalle rocce, tra le quali, durante la bassa marea, si formano piscine naturali.
- **Good Harbor Beach** A metà strada tra Gloucester e Rockport (Route 127A), è caratterizzata dalla sabbia bianca e ideale per sperimentare il body surf (sdraiati sulla tavola, non in piedi) o per fare una passeggiata, con la bassa marea, fino a Salt Island.
- **Stage Fort Park** Comprende due spiagge, Half-Moon Beach, intima e quieta, e Cressy's Beach, ancora più tranquilla perché più distante dal parcheggio.
- **Long Beach** Tra Gloucester e Rockport, si stende alla fine di Rockport Road (un chiosco di gelati indica l'ingresso alla spiaggia): è lunga, ovviamente, sabbiosa e piatta. Ideale per famiglie con bambini.
- **Back Beach** Lungo la Route 127 a Rockport, è una striscia di sabbia perfetta per chi ama le immersioni e anche per rilassarsi e godersi la brezza estiva.

Gloucester. Allorché la prima comunità di coloni inglesi, tutti pescatori, si insediò a Cap Ann, subito, nel 1923, venne fondata Gloucester (30 000 ab.), che è dunque una delle città più antiche del New England. La cittadina portuale ha continuato da allora a vivere e prosperare grazie alla pesca ispirando film e libri, a cominciare da *Capitani coraggiosi* di Rudyard Kipling (1897) per finire con *La tempesta perfetta*, film di Wolfgang Petersen (2000) con George Clooney, Mark Wahlberg e Diane Lane. Anche se il turismo ha diversificato l'economia locale, i pescherecci ancora abbondano attraccati alle banchine o in manovra nel porto.
La passeggiata in città può iniziare dal **monumento ai dispersi in mare**, sul lungomare (*They that go down to the sea in ships*, come recita l'iscrizione), per proseguire al **Cape Ann Museum** (27 Pleasant St; *visite a pagamento mar-sab ore 10-17, dom 13-17; capeannmuseum.org*), dov'è conservato un gigantesco modellino del porto presentato alle esposizioni colombiane del 1893. Per scoprire storie, leggende e segreti dei pescatori, presso il **Gloucester Maritime Heritage Center** (23 Harbor Loop; *visite a pagamento da giugno a ottobre ore 10-18; maritimegloucester.org*) c'è la mostra interattiva *Fitting Out*, che dà anche l'occasione di cimentarsi nel tracciare rotte marittime o nell'antica arte dei nodi. Per rendersi

Motif Number 1, tradizionale casa di pescatori ricostruita sul molo di Rockport

conto di come può essere la vita su uno *schooner*, il peschereccio locale, si può partecipare a un'uscita a vela di due ore, con tutti i comfort, proposta da **Schooner Thomas E. Lennon** (Rogers Street; *sabato mattina per ogni adulto un bambino salpa gratis*; *schooner.org*).
Gloucester, però, è nota anche per la sua vena creativa. Vi risiede infatti una vivace comunità di artisti di ogni genere, la **Rocky Neck Art Colony** (*rockyneckartcolony.org*), erede della gloria locale, il pittore Fitz Hugh Lane (1804-65), maestro nelle vedute marine e nei dipinti di navi a vela. Da giugno a ottobre, il primo giovedì del mese, le gallerie organizzano le celebri *Nights on the Neck*, serate con inaugurazioni, performance e spettacoli in tutta la cittadina tra Washington Street e Main Street.

Rockport. Circondata da tre lati dalle acque dell'oceano, la cittadina (7000 ab.) deve il nome al ruolo del suo porto nell'Ottocento, quando i blocchi di granito estratti nelle cave vicine venivano imbarcati e spediti via mare da qui. Oggi è una deliziosa località turistica con decine di piccoli negozietti, ristoranti di pesce e punti panoramici, un po' affollata d'estate, quando è meglio parcheggiare lungo la MA 127 provenendo da Gloucester e prendere uno dei tanti autobus navetta che conducono in città. La prima tappa di una passeggiata è **Dock Square**, da dove osservare, e fotografare, il *fishing shack*, capanno da pesca dipinto di rosso e decorato con boe colorate noto col nome di **Motif Number 1**, soggetto di decine di dipinti dei tanti artisti che hanno scelto Rockport come musa.
Tappa successiva, il celebre **Bearskin Neck**, una penisola che si allunga nella baia il cui nome, alla lettera, 'pelle d'orso', pare derivi da una leggenda: uno zio avrebbe salvato il nipote attaccato da un orso uccidendolo col suo coltello da pescatore. Qualche chilometro a nord di Rockport lungo la MA 127 l'**Halibut Point State Park and Reservation** (*thetrustees.org*) tutela cave di granito naturale ormai abbandonate, ma particolarmente suggestive. Per rinfrescarsi meglio le piscine naturali che l'oceano, perché qui la corrente è particolarmente intensa.

Essex. La località richiama gli appassionati di storie marittime all'**Essex Shipbuilding Museum** (*visite a pagamento da giugno a ottobre mer-dom ore 10-17, da novembre a maggio sab-dom 10-17; essexheritage.org*), che raccoglie modelli, cimeli e diorami di pescherecci: tra il Seicento e il Novecento nel piccolo paese furono costruiti più *shooner* che in ogni altro luogo d'America.

Cape Ann, una veduta di Manchester-by-the-Sea

Dogtown. L'entroterra di Cape Ann, piuttosto selvaggio e non edificato, deve il suo nome proprio al fatto di essere stato abbandonato e lasciato ai cani già dal 1830. Per esplorarlo, è meglio affidarsi agli esperti di Walk the Words (*walkthewords.com*) che conducono all'ex villaggio coloniale, alle misteriose incisioni su pietra apparentemente risalenti alla Grande depressione e alle formazioni rocciose di origine glaciale che caratterizzano l'area.

Newburyport

La cittadina (18 000 ab.), affacciata sulla foce del Merrimack River, si raggiunge da Boston seguendo la US 1 (circa 60 km). Alla fine del Settecento prosperava grazie al porto mercantile e alla lavorazione dell'argento. Oggi ha mantenuto il fascino di quel tempo grazie alla sapiente conservazione delle sue architetture. Il centro si sviluppa tra Water Street e State Street, dove si trovano i principali edifici storici, le gallerie d'arte e le boutique. Un bel lungofiume, il Matthews Memorial Boardwalk, conduce al **Custom House Maritime Museum** (25 Water Street; *visite a pagamento con orari diversi*; *customhousemaritimemuseum.org*), edificio neoclassico in granito che espone una bella collezione di cimeli a testimonianza del passato marittimo della città. Un'altra interessante collezione si conserva nella **Cushing House Museum & Garden** (98 High Street; *visite a pagamento da giugno a ottobre mer-ven ore 10-16, sab-dom 12-16*; *newburyhistory.com*), dimora in stile federale con 21 stanze arredate con mobili e accessori di produzione locale; alcuni reperti di origine asiatica sono frutto dei primi scambi commerciali con la Cina del Settecento.

Plum Island

Si trova 8 km a sud di Newburyport lungo la Plum Island Turnpike ed è un autentico paradiso per i birdwatcher, ma anche per chi vuole semplicemente godersi l'aria dell'oceano. Quest'isola-barriera davanti alla costa del Massachusetts prende il nome dai cespugli di prugne selvatiche, *plums*, che crescono sulla costa. Lunga 14 km e stretta, Plum Island è caratterizzata da enormi spiagge sabbiose, soprattutto a nord. Il resto dell'isola è occupato dai 19 km^2 del **Parker River National Wildlife Refuge** (*ingresso a pagamento, aperto dall'alba al tramonto; fws.gov/refuge/parker_river*), che ospita centinaia di specie di piante e animali nei diversi habitat della riserva, tra spiagge, dune, saline, acquitrini salmastri, bacini d'acqua dolce e foreste marittime. Le specie di uccelli avvistati sono circa 300: in primavera e in autunno si osservano i migratori (passeriformi e trampolieri), in inverno uccelli acquatici e rapaci (tra cui le civette delle nevi). Una fitta rete di sentieri muniti di torri e piattaforme di osservazione rendono agile e piacevole la perlustrazione dell'isola; è consigliato munirsi di mappa al *centro visite* (*ore 11-16*), che offre belle mostre, un auditorium e un'ampia vetrata sulle paludi.

3.2 La costa del New Hampshire

Nonostante l'urbanizzazione piuttosto intensa, la costa del New Hampshire – lunga solo 29 chilometri – è ben tenuta e molto apprezzata per le immense spiagge e le insenature nascoste. Non è una zona sofisticata come molte altre del litorale del New England, e conserva un suo fascino popolare e a modo suo divertente tra *clam shack* (baracchini semoventi in cui si gustano ottime vongole take away), gallerie commerciali piene di famiglie, motel e inn affacciati sulla spiaggia, bancarelle di frittelle e sale giochi. L'*Hampton Beach Area Chamber of Commerce* (169 Hampton Boulevard; *aperto dalle 10 alle 17; hamptonbeach.com*) fornisce mappe e informazioni sulle attrazioni turistiche utili per partire alla scoperta della zona.

Hampton Beach e dintorni

Inizia già nel Massachusetts l'**Hampton Beach State Park**, che vanta una lunga distesa di sabbia protetta da dune. In estate il problema più grande può essere quello del parcheggio (lo spazio in spiaggia non manca invece; informazioni sul sito *nhstateparks.org/visit/state-parks/hampton-beach-state-park.aspx*). Altre spiagge notevoli per una giornata dedicata all'abbronzatura sono la **Jennes State Beach** e la **Wallis Sands State Beach**, che offre anche prati per fare picnic o far giocare i bambini. Per passeggiate e visite guidate un riferimento è il **Seacoast Science Center** a Rye (570 Ocean Boulevard; *visite a pagamento ore 10-17; seacoastsciencecenter.org*), che ospita anche enormi acquari e una vasca con pesci che si possono toccare.

Portsmouth

Arrivando in città (21 000 ab.) la prima cosa che si nota è la sua doppia anima di centro portuale, in accordo col nome, e di raffinata meta turistica. Nel 1623 i primi coloni inglesi fondarono qui un piccolo insediamento e lo chiamarono Strawbery Banke, prendendo spunto dai molti cespugli di fragole che crescevano nei dintorni. Il nome attuale fu assunto nel 1653 in onore del colono John Mason, ex capitano al porto di Portsmouth, in Inghilterra, nella contea di Hampshire da cui deriva anche il nome dello Stato. Di quel passato e dei secoli che seguirono la città mantiene numerose ben preservate architetture, che una passeggiata nell'area pedonale del centro storico permette di osservare con agio. Alcune sono diventate affascinanti musei che regalano un'immersione nella storia. Tour storici in città sono proposti tutti i giorni dalla *Portsmouth Historical Society*, al 10 di Middle Street (*portsmouthhistory.org*)

Il Memorial Bridge sul Piscataqua River tra Portsmouth, New Hampshire, e Badger's Island nel Maine

Uno scorcio di Portsmouth dalle acque del porto

Market Square. In estate si anima con artisti di strada e musicisti, da osservare e ascoltare seduti ai tavoli all'aperto dei tanti caffè della piazza.

Prescott Park. 105 Marcy Street; *prescottpark.org*. È il posto giusto per un picnic all'aperto in estate. Ospita l'omonimo festival con concerti, proiezioni di film all'aperto ed eventi gastronomici.

Strawbery Banke Museum. All'angolo tra Hancock Street e Marcy Street; *visite a pagamento con biglietto valido due giorni da maggio a ottobre ore 10-17; strawberybanke.org* - Buon punto di partenza per entrare nel passato di Portsmouth, questo agglomerato di costruzioni d'epoca è introdotto da guide in costume che raccontano la storia dei 38 edifici presenti, una decina dei quali ammobiliati: dalla **Pitt Tavern** del 1766, focolaio della passione che animò la guerra d'Indipendenza, alla **Goodwin Mansion**, residenza ottocentesca che testimonia il fulgore della città in quel periodo, alla **Shapiro House**, restaurata per rievocare la vita degli immigrati ebrei russi agli inizi del Novecento.

Warner House. 150 Daniel Street; *ingresso a pagamento da giugno a ottobre ore 11-16; warnerhouse.org* - Elegante edificio in mattoni del 1716, in stile georgiano, è una dimora trasformata in museo in cui si conservano opere d'arte, arredamento storico e una bella collezione di artigianato locale. Ma a colpire è soprattutto il **murale** di arte rurale che decora la scala. Pare che il parafulmine sia stato installato nel 1762 sotto la supervisione diretta di Benjamin Franklin.

John Paul Jones House. 43 Middle Street; *ingresso a pagamento da maggio a ottobre ore 11-17; portsmouthhistory.org* - Fu la residenza dell'eroe della Rivoluzione americana John Paul Jones, che visse qui mentre sovrintendeva alla costruzione della nave *USS America*. Nell'edificio, del 1758, sono esposti arredamenti, vetrerie, armi e documenti dell'epoca.

Wentworth-Coolidge Mansion Historic Site. 375 Little Harbor Road; *ingresso a pagamento in giugno, luglio e agosto mer-dom ore 10-16, in maggio e settembre ven-dom 10-16; wentworthcoolidge.org* - Alla periferia sud della città, fu la residenza del primo governatore del New Hampshire, Benning Wentworth: fu lui a importare in America i lillà che crescono nel parco e sbocciano da allora ogni maggio.

3.3 La costa del Maine

Gli americani chiamano questa costa *Vacationland* e le auto targate Maine portano stampato il motto dello Stato: *The way life should be*, la vita come dovrebbe essere. Percorrendo le strade litoranee entrambe le definizioni diventano chiare. I primi coloni sbarcarono da queste parti, a Popham Beach, a sud di Bath, nel 1607, ma non resistettero a lungo: appena un anno dopo tornarono in Inghilterra. A partire dal 1620 altri pellegrini sfidarono l'apparente inospitalità dei luoghi intuendone il potenziale, nonché l'innegabile unicità paesaggistica. Certo lo spazio non mancava lungo i quasi seimila chilometri di costa tra insenature, baie e promontori; bisognava però capire come guadagnarsi da vivere. La pesca e le costruzioni navali furono la soluzione e, in breve tempo, le due attività delinearono l'identità del Maine. Nel 1642 York si era già affermato come primo porto commerciale e, da allora, i successi economici delle sue colonie attirarono sullo Stato le attenzioni del vicino Massachusetts, che lo acquistò nel 1677. Nel 1820 il Maine si unì agli Stati Uniti d'America e ottenne l'indipendenza. Eredità di questo passato sono le decine di case coloniali e in stile federale che rendono affascinanti le città e i villaggi. Le eleganti architetture dialogano col paesaggio costiero, frastagliato, ruvido, talvolta anche ostile, frutto dell'azione erosiva di antichi ghiacciai. Ancora oggi i pescherecci partono all'alba per solcare l'oceano in cerca delle onnipresenti aragoste e ancora oggi le navi costruite nei cantieri di Bath e di Kittery godono del più alto prestigio. Può persino capitare di avvistare uno dei mitici *windjammer*, i velieri in legno che hanno fatto la storia della navigazione e oggi sono la scelta più chic per una vacanza in barca. In luglio e agosto, in alcune località, c'è rischio di sovraffollamento e traffico, ma lungo l'interminabile costa e nelle 3166 isole ognuno può trovare il suo spazio, dove lasciarsi ispirare dalla natura, dall'oceano e dalla luce che cambia a ogni ora.

Kittery

Porta d'ingresso meridionale del Maine, è frequentata in prevalenza dagli appassionati di shopping che possono sbizzarrirsi in oltre 120 negozi disseminati ai due lati della US 1. Si può poi imboccare la **Route 103** in direzione est verso Kittery Point, da cui si staccano decine di sentieri escursionistici e ciclistici. La **vista** è meravigliosa e spazia fino a Portsmouth nel New Hampshire, al faro Whaleback Ledge e alle vicine isole di Shoals. Per informazioni sui sentieri e mappe gratuite della zona si consiglia una tappa al **Kittery Visitor Information Center** (US 1 e I-95; *mainetourism.com*).

York Village, York Harbor e York Beach

Chiamati comunemente 'gli York' (12 000 ab. in totale), rappresentano la sintesi perfetta di quello che ha da offrire il Maine meridionale tra antichi villaggi, attività portuali, pesca ed enormi spiagge. Prima tappa, **York Village** fu uno dei primi insediamenti inglesi nel Maine, come viene raccontato nel *Museums of Old York*, un agglomerato di nove edifici storici del XVIII-XIX secolo che si sviluppano lungo York Street, Lindsay Road e il York River. Punto

Case sulla scogliera a York

di partenza della passeggiata è il *Visitor Center* (3 Lindsay Road; *ingresso agli edifici storici a pagamento, da giugno a ottobre lun-sab*; *oldyork.org*), sistemato in un vecchio granaio. Particolarmente interessanti sono l'*Old York Gaol* (1719), la prigione; l'*Emerson-Wilcox House* (1742), con una bella collezione di oggetti e arredi di varie epoche; l'*Elizabeth Perkins House* (1731), che riflette i gusti vittoriani dell'ultima famiglia che ci visse.

A 1,5 km da York Village lungo la US 1A si trova **York Harbor**, il porto con imbarcazioni di vario genere. Tutt'intorno si osservano decine di eleganti cottage costruiti a fine Ottocento, quando la zona cominciò a diventare meta turistica della borghesia cittadina. Una delle residenze visitabili è la **Sayward-Wheeler House** (9 Barrett Lane Extension; *ingresso a pagamento, aperto il secondo e quarto sabato dal 1° giugno al 15 ottobre, tour guidati di un'ora*; *historicnewengland.org*), costruita nel 1718, ristrutturata nel 1760 da Jonathan Sayward, ricco mercante locale, e aperta al pubblico dagli eredi intorno al 1860. L'abitazione è un perfetto esempio di casa d'epoca con arredi originali, tra cui l'orologio a pendolo del 1750-70, cineserie, ritratti della famiglia Sayward di metà Settecento.

Considera l'aragosta: dove assaggiare la regina dei crostacei

«Fino a un momento imprecisato dell'Ottocento, l'aragosta era cibo per i ceti bassi, consumato solo dai poveri e dagli internati. Persino nel duro ambiente penale dell'America degli albori alcune colonie avevano leggi che vietavano di dare aragosta più di una volta a settimana perché veniva considerato crudele e anomalo, come costringere la gente a cibarsi di topi. Uno dei motivi di questo umile status era la loro copiosità nel vecchio New England.» *Considera l'aragosta*, saggio di David Foster Wallace da cui è tratta la citazione (e che dà il titolo a un suo libro del 2005), è in realtà un lungo reportage sul **Maine Lobster Festival** a Rockland (*mainelobsterfestival.com*), che si svolge tutti gli anni ai primi di agosto: una cinque giorni dalla quale è difficile uscire con le mani pulite. L'aragosta – in realtà l'astice americano: la specie in questione, con due grandi chele, è molto diversa dall'aragosta mediterranea e più simile all'astice europeo – è diventato un alimento di lusso solo nel secolo successivo ma nel Maine, dove la sua industria è tra le principali, è ancora possibile gustarla freschissima e a prezzi decisamente contenuti. Basta fermarsi in uno dei tantissimi Lobster Shacks o Pound, piccoli baracchini direttamente sul mare con qualche panchina di legno dove gustarla bollita, intera o nei panini (i celebri *lobster roll*), insieme a qualche vongola intinta nel burro fuso. La stagione migliore della pesca è l'estate, che è quindi il periodo in cui le aragoste sono più fresche (molti Lobster Shack sono aperti solo da metà maggio a metà ottobre).

Ecco alcuni indirizzi scelti per la freschezza del pesce e la spettacolarità della location: **Five Island Lobster Co** a Georgetown (1447 Five Island Road); **The Clam Shack** a Kennebunkport (sul ponte della cittadina, vista porto storico); **The Lobster Pound** a Lincolnville Beach (2521 US 1); **Barnacle Billy's** a Ogunquit (70 Perkins Cove Road); **Shaw's Fish & Lobster Wharf** a New Harbor (129 Route 2); **Boothbay Lobster Wharf** a Boothbay Harbor (97 Atlantic Avenue); **Trenton Bridge Lobster Pound** a Trenton (1237 Bar Harbor Road); **Bayley's Lobster Pound** a Scarborough (9 Avenue 6, Pine Point); **Cape Neddick Harborside Restaurant** a Cape Neddick (60 Shore Road); **Cook's Lobster & Ale House** a Bailey Island (68 Garrison Cove Road).

Case sulla spiaggia a Wells Beach

Una decina di chilometri a nord di York Harbor lungo la US 1A, **York Beach** è stata sin dalla fine dell'Ottocento una meta prediletta dalle famiglie in cerca di momenti di riposo e divertimento. È facile immaginare come doveva essere allora perché tutto ha lo stesso spirito un po' vintage, ma rilassante. Per spostarsi da una spiaggia all'altra si consiglia lo *York Trolley* (*yorktrolley.com*), un colorato autobus navetta che fa la spola tra le località.

Ogunquit

Da York Harbor, proseguendo lungo la US 1 per 13 chilometri in direzione nord, si raggiunge questa località turistica (900 ab.) apprezzata fin dalla fine dell'Ottocento. Comunità artistica vivace, oggi Ogunquit si propone come una piccola Provincetown, con una folta comunità LGBT e una vita notturna divertente e non convenzionale. Di giorno è bello camminare sulla **Marginal Way**, piacevole sentiero (1,5 km) sopraelevato lungo il mare con bellissimi punti panoramici sull'oceano e le immense spiagge fino a raggiungere Perkins Cove, una raccolta insenatura punteggiata dalle barche. Per scoprire la vena artistica della cittadina, l'**Ogunquit Museum of American Art** (543 Shore Road; *ingresso a pagamento da inizio maggio a fine ottobre lun-sab ore 10-17, dom 13-17*; *ogunquitmuseum.org*) propone un'interessante collezione di dipinti, sculture e fotografie di arte americana con una ricca sezione dedicata agli artisti del Maine. In più, si trova in spettacolare posizione con vista sull'oceano.

Wells e le sue spiagge

Priva di un vero e proprio centro, la cittadina, circa 8 chilometri a nord di Ogunquit lungo la US 1, vanta le migliori spiagge della zona da scoprire a bordo dell'autobus navetta *Shoreline Trolley* (*shorelineexplorer.com*). Tra le più belle si segnalano **Crescent Beach**, con piscine naturali tra le rocce su cui in estate ci si riposa al sole; **Drakes Island Beach**, con belle dune; **Wells Beach**, tre chilometri di sabbia dorata molto apprezzati da villeggianti e surfisti.

Kennebunk e Kennebunkport**

Separate da otto chilometri e due fiumi, le due cittadine condividono un passato comune e un'atmosfera di mare molto rilassata. Se la prima (11 000 ab.) conserva un centro storico e caratteristico, la seconda (3500 ab.) è un concentrato di fascino tipicamente *Maine style*, prediletta tra gli altri dall'ex presidente George Bush senior, che ha una grande proprietà a Cape Arundel. Presso la **Kennebunk-Kennebunkport Chamber of Commerce** (16 Water Street; *gokennebunks.com*) è possibile reperire informazioni e mappe delle due cittadine e delle spiagge della zona. Prima tappa di un piacevole tour tra storia e relax, il **Brick Store Museum** di Kennebunk (117 Main Street; *ingresso a pagamento mar-gio-*

ven ore 10-17, mer 10-18, sab 10-16, dom 12-16; brickstoremu seum.org) nacque nel 1825 come negozio di tessuti e merceria in stile federale; oggi ospita una collezione di oggetti vari che raccontano la storia della zona. Al museo organizzano anche passeggiate di architettura storica in città da maggio a settembre.

Spostandosi a Kennebunkport, il **First Families Kennebunkport Museum** (8 Maine Street; *ingresso a pagamento, per gli orari consultare il sito kporthistory.org*) ha sede in una splendida magione in stile Greek Revival, con colonne doriche e sontuosi arredamenti. La società storica che lo gestisce apre le porte anche di altri edifici in città, tra i quali una vecchia prigione e una scuola. La passeggiata può continuare nei dintorni di **Dock Square**, tra piccoli caffè, ristoranti, graziosi negozi d'artigianato e boutique. Un bel sentiero, il **Parson's Way Shore Walk**, segue la costa rocciosa per quasi 8 km: parte da Dock Square e prosegue su Ocean Avenue lungo il fiume oltrepassando la St. Ann Church fino al Walker's Point.

Le prime due settimane di dicembre Kennebunkport ospita un grande festival natalizio con illuminazioni e parate che la rendono, se possibile, ancor più magica (*christmasprelude.com*).

Old Orchard Beach

Capitarci in inverno o primavera può essere un po' deprimente, perché la località balneare – 25 km a nord di Kennebunk sulla US 1 – sembra quasi andare in letargo, ma in estate si accende come un grande luna park. Negozi di gadget e dolci, giostre e insegne luminose: insomma, tutto quello che può offrire una cittadina pronta a ospitare i fanatici della tintarella. Simbolo di Old Orchard Beach, il **Palace Playland** (1 Old Orchard Street; *ingresso a pagamento da aprile a ottobre con orari diversi; palace playland.com*) è un parco di divertimenti di fronte alla spiaggia che da sessant'anni fa divertire bambini e adulti. Un giro sulla ruota panoramica e una porzione di vongole fritte completano l'esperienza.

Portland**

Il poeta Henry Wadsworth Longfellow la definì «la bella città seduta sul mare». Maggior centro del Maine (66 000 ab.), Portland è in effetti una delle città più interessanti e alla moda di tutta la costa orientale grazie a una scena gastronomica e culturale invidiabile. Fondata nel 1633 come villaggio di pescatori, si sviluppò fino a diventare il più importante porto del New England. Costruita su una penisola affacciata sulla

Casco Bay, conserva un patrimonio architettonico di epoche e stili diversi: dai magazzini di mattoni rossi nella zona portuale, perfettamente restaurati, alle eleganti ville vittoriane in collina. Una sosta di qualche giorno permette di godere appieno dell'atmosfera cittadina, tra l'alacrità mattiniera dei pescatori e le lunghe serate della vita mondana. Punto di partenza per la scoperta della città è il *Greater Portland Convention and Visitors Bureau* (14 Ocean Gateway Pier; *visitportland.com*), nei pressi del porto: non resta poi che mettersi in marcia (a proposito, Portland è una delle città più attente ai pedoni, scrupolosamente rispettati sulle strisce pedonali). Per esplorare i dintorni, il progetto realizzato dall'associazione ambientalista *Portland Trails* (*portlandtrails.org*) ha mappato e cura oltre 80 km di sentieri multiuso, il più noto dei quali, il *Back Cove Loop*, lungo circa 5 km, offre splendide *vedute* del centro urbano.

Old Port. Attivo fin dal Seicento, il vecchio porto è ancora vivace a tutte le ore. Vi approdano i pescherecci e le barche attrezzate per il whalewatching, le crociere turistiche e gli yacht dei facoltosi turisti provenienti da Boston o New York. Il consiglio è di lasciare l'auto in uno dei tanti parcheggi a pagamento della zona e proseguire a piedi per *Commercial Street*, che costeggia l'acqua e lungo cui, oltre alle vetrine dei tanti negozi più o meno caratteristici, si osservano anche gli edifici di mattoni rossi costruiti dopo il grande incendio del 1866. Nell'Ottocento la zona ospitava fabbricanti di candele e sarti addetti alla cucitura e riparazione delle vele, oggi vi si susseguono piccole boutique, gallerie d'arte e ristorantini in cui gustare il meglio della cucina di pesce locale. All'**Harbor Fish Market** (9 Custom House Wharf; *harborfish.com*) si respira, alla lettera, l'odore del pesce freschissimo, tra aragoste e vongole appena pescate. Non lontano, presso il **Portland Fish Exchange** (6 Portland Fish Pier; *ingresso libero; pfex.org*), la borsa del pesce, è possibile assistere alle trattative e osservare i pescatori che riparano le reti. Sempre dal porto partono le linee di traghetti che collegano Portland alle isole della Casco Bay, nonché le escursioni turistiche a *Bailey Island* (56 Commercial Street; *cascobaylines.com*).

Art District. La zona si sviluppa dalla cima di Exchange Street e prosegue verso ovest fino al Museum of Art. L'arteria principale è **Congress Street** (è possibile parcheggiare a pagamento lungo la strada o nei numerosi parcheggi a ore dei dintorni e proseguire a piedi). Dopo una passeggiata tra negozi e gallerie, chiama alla visita (di almeno un paio d'ore) il **Portland Museum of Art**** (7 Congress Square; *visite a pagamento con orari diversi*; *portlandmuseum.org*), che espone, in tre edifici distinti, collegati tra loro, la più importante raccolta d'arte del Maine. La visita inizia nell'edificio più moderno intitolato a Charles Shipman Payson e progettato dall'archistar I.M. Pei, procede nella LDM Sweat Gallery in stile Beaux-Arts quindi nella McLellan House, in stile federale. Il museo ospita una straordinaria collezione di arte americana con capolavori di Winslow Homer, John Marin, Andrew Wyeth, Edward Hopper, Marsden Hartley. Il celeberrimo paesaggio marino intitolato *Weatherbeaten** (*Colpiti dal tempo*), probabilmente l'opera più famosa e rappresentativa di Homer, si trova qui insieme ad altri 16 suoi dipinti e circa 400 illustrazioni. Tra le altre preziose opere esposte, dipinti di Monet, Picasso, Renoir, Chagall, De Chirico. Il museo ospita anche mostre d'arte e fotografia contemporanea, nonché un parco di sculture in cui è bello aggirarsi in una giornata di sole.

Barche e taxi acquei attraccati al molo di Portland

Edifici in mattoni nella zona portuale di Portland

giardino pubblico aperto a tutti. La **Victoria Mansion** (109 Danforth Street; *visite a pagamento da maggio a ottobre e in dicembre lun-sab ore 10-15.45, dom 12-15.45; victoriamansion.org*), costruita tra il 1858 e il 1860 in stile italiano, è la dimora più sontuosa del suo stile rimasta nella zona. Il progetto fu realizzato da Henry Austin per Ruggles Morse, albergatore, e sua moglie Olive. Gli arredamenti, molti originali dell'epoca, sono le uniche opere rimaste del designer newyorkese Gustave Herter (1830-98). Notevoli anche le pareti e i soffitti affrescati, i marmi, i candelabri a gas e una scala in mogano.

Verso est lungo Congress Street si raggiunge un punto panoramico molto apprezzato, il **Portland Observatory*** (138 Congress Street; *ingresso a pagamento da fine maggio a inizio ottobre; portlandlandmarks.org*). Posto in cima a Munjoy Hill, la collina che identifica anche il quartiere più alla moda del momento, fu costruito nel 1807 dal capitano in pensione Lemuel Moody come torre per le segnalazioni marittime ed è l'ultimo edificio del suo genere rimasto nel Paese. La visita guidata conduce fino alla terrazza panoramica dalla quale si gode una straordinaria vista sulla città e sulle isole della baia che, nelle giornate particolarmente terse, si spinge fino alle White Mountains del New Hampshire.

Per chi viaggia con bambini, il poco distante **Children's Museum & Theatre of Maine** (142 Free Street; *visite a pagamento mar-dom ore 10-17; kitetails.org*) è concepito come un'avventura interattiva nella quale i ragazzi possono per qualche ora trasformarsi in pescatori, veterinari, attori, ma anche imparare nozioni di scienza, biologia e fisica nonché capire i meccanismi di una camera oscura.

La visita dell'Art District prosegue con due dimore storiche che illustrano il passato della città e la sua evoluzione architettonica e commerciale. La **Longfellow House and Garden** (489 Congress Street; *visite a pagamento in maggio ore 10-17, da giugno a ottobre lun-sab 10-17, dom 12-17; mainehistory.org*), la casa d'infanzia del poeta Henry Wadsworth Longfellow (1807-82), è la prima residenza in mattoni costruita a Portland e il più antico edificio della penisola (1785), caratterizzato da un piccolo portico e quattro camini sul tetto; all'interno conserva gli arredi originali della casa, compresa la scrivania del giovane poeta, nonché riproduzioni della tappezzeria e dei tappeti. Dopo il tour guidato si può godere anche del Longfellow Garden, il

West End. A ovest dell'Art District, è un tranquillo quartiere caratterizzato da decine di edifici storici molti dei quali iscritti al National Register of Historic Places: una sequenza di case vittoriane, gotiche, in stile italiano o coloniale con vista sul mare. L'esplorazione può iniziare in cima alla **Western Promenade**, punteggiata di panchine dalle quali godere piacevoli vedute sull'oceano e la baia. Conserva arredi e oggetti originali e d'epoca, comprese cineserie, argenterie e oggetti militari, il **Neal Dow Memorial** (714 Congress Street), edificio costruito nel 1829 in stile federale in cui tra il 1804 e il 1897 visse il sindaco Dow, abolizionista convinto (pare che la casa fosse una fermata della 'ferrovia sotterranea' che aiutava gli schiavi a fuggire verso il nord), fautore dei diritti delle donne e proibizionista ante litteram (introdusse leggi contro il consumo di alcol già nel 1851). Si affaccia invece sul fiume Stroudwater, appena fuori città, il **Tate House Museum** (1267 Westbrook Street; *visite a pagamento da giugno a ottobre lun-sab ore 10-16, dom 13-16*; *tatehouse.org*), casa del 1755 costruita dal capitano George Tate, incaricato dalla Corona inglese di sovraintendere al taglio e al trasporto nella madrepatria dei tronchi dei giganteschi alberi locali, impiegati per costruire i vascelli della British Royal Navy. Unica abitazione aperta al pubblico del periodo prerivoluzionario, conserva gli arredamenti originali del capitano e della sua famiglia.

Fort Williams Park. Un po' fuori mano rispetto al centro (6,5 chilometri a sud-est), ma ideale per una passeggiata immersi nella natura e nella cultura, il parco custodisce le rovine del forte dal quale prende nome, una base di artiglieria in attività a fine Ottocento poi riutilizzata, con l'aggiunta di bunker e postazioni di tiro, durante la seconda guerra mondiale e rimasto in funzione fino al 1969. Non lontano si staglia il **Portland Head Light**, il più antico dei 52 fari ancora attivi del Maine, realizzato nel 1791 per ordine di George Washington e gestito fino al 1989 da un custode la cui abitazione è stata trasformata in museo (1000 Shore Road; *ingresso a pagamento con orari diversi*; *portlandheadlight.com*).

Freeport

Fondata nel 1789, la cittadina (8000 ab.) ha trovato il suo spazio sulle mappe, e sugli itinerari di viaggio, solo a partire dal 1917 quando Leon Leonwood Bean aprì il primo negozio L. L. Bean. Mosso dalla personale necessità di tenere i piedi caldi durante l'inverno del New England, Bean disegnò delle scarpe da caccia in pelle (sopra) e gomma (sotto) che hanno rivoluzionato il destino del mondo dell'outwear e di Freeport. Oggi **L. L. Bean** rimane aperto ogni giorno e, dagli anni Ottanta, altri 150 brand internazionali hanno deciso di aprire qui outlet che propongono straordinari affari nelle decine di negozi e boutique affacciati sulla Main Street e sulle strade limitrofe. Anche dal punto di vista architettonico la cittadina non ha perso il suo fascino: grazie a un regolamento urbanistico molto restrittivo che vieta l'abbattimento di qualsiasi edificio storico è possibile trovare un McDonald's all'interno di un edificio neoellenico del 1850 (con insegna particolarmente discreta) e Abercrombie & Fitch negli spazi dell'ex biblioteca di fine Ottocento. Dal porto salpano numerose compagnie che conducono alla scoperta della baia. A cominciare da **Seguin Island Ferries** (*seguinislandferry.com*), che propone escursioni in giornata e anche il pernottamento sull'isola per osservare le foche e i loro cuccioli che si rilassano sulle rocce. L'attrazione più originale di Freeport è il **Desert of Maine** (95 Desert Road; *ingresso a pagamento da maggio a ottobre*; *desertofmaine.com*), un vero e proprio deserto con tanto di sabbia e dune. Responsabile di questa bizzarria fu il coltivatore di patate William Tuttle, che, arrivato in zona nel 1797, insistette nella sua attività unendola allo sfruttamento intensivo dei pascoli: il risultato fu l'erosione del terreno a tal punto da far riemergere il sottostante deserto

Fort Williams Park, il Portland Head Light al tramonto

di originale glaciale. Durante la visita si cammina sulle dune che hanno ricoperto alberi e la stessa fattoria.

Brunswick

Da Freeport, verso nord, la US 1 porta a incontrare una sequenza indimenticabile di piccoli centri affacciati sul mare o sui fiordi che conducono all'oceano, ciascuno con la sua peculiarità. Il primo è Brunswick (20 000 ab.), che ha l'aria, però, più della piccola città che del villaggio. Fondata nel 1794, è nota per il Bowdoin College che ebbe tra i suoi studenti più illustri Robert Peary (1856-1920) e Donald MacMillan (1874-1970), celebri esploratori polari (Peary fu il primo a raggiungere il Polo Nord nel 1909). Ne rievoca le avventure e celebra la memoria il **Peary-MacMillan Arctic Museum**, presso il College (*ingresso gratuito mar-sab ore 10-17, dom 14-17*; *bowdoin.edu/arctic-museum*), che espone anche molte fotografie della spedizione artica scattate da MacMillan. Caratteristico di Brunswick è anche l'ampio patrimonio di architetture storiche gestito dalla Pejepscot Historical Society (*pejepscothistorical.org*), che tutela numerose case-museo visitabili con un unico biglietto cumulativo. Una delle tappe più apprezzate di un tour storico cittadino è la **casa** in stile federale neoclassico al numero 63 di Federal Street, che Harriet Beecher Stowe e la sua famiglia affittarono dal 1850 al 1852 nel periodo in cui il marito, il reverendo Calvin Ellis Stowe, insegnava al Bowdoin College. Qui la Stowe, grande promotrice della causa abolizionista, scrisse *La capanna dello zio Tom* e ospitò John Andrew Jackson, uno schiavo in fuga dalla Carolina del Sud la cui storia è descritta in una lettera spedita alla sorella. Oggi l'edificio, tutelato dal Bowdoin College e visitabile gratuitamente su appuntamento (*bowdoin.edu/stowe-house*), è un National Historic Landmark. La **Harriet's Writing Room**, proprio vicino all'ingresso, è uno spazio pubblico in cui i visitatori sono invitati a riflettere sull'opera e sull'eredità culturale e sociale della scrittrice.

Harpswell

Imboccando da Brunswick verso sud la strada 123 si raggiunge questo piccolo centro di pescatori (4800 ab.) affacciato sul mare, che comprende nel suo territorio *Harpswell Neck*, tre grandi isole collegate da ponti – *Sebascodegan Island*, *Orr's Island* e *Bailey Island* (il ponte tra le ultime due è in pietra, unico nella zona) – nonché altre 200 piccole isole. Chi arriva fin qui è ripagato dagli straordinari paesaggi ma anche dalla *Cook's Lobster House*, ristorante che propone dal 1955 alcuni dei più buoni piatti di pesce di tutta la costa (68 Garrison Cove Road; *cooklobster.com*).

Bath

La cosiddetta 'città delle navi' sorge circa 18 km a nord di Brunswick: i cantieri di Bath (8300 ab.), in effetti, cominciarono la loro attività nel 1607 e la proseguono tutt'oggi. Dai velieri in legno alle navi da guerra (durante il secondo conflitto mondiale), alle navi da crociera contem-

Case vittoriane nel villaggio marino di Wiscasset

poranee, la frenetica attività cantieristica balza agli occhi di chiunque si trovi a transitare lungo Main Street nei giorni feriali intorno alle 15.30, quando il cambio turno degli operai – circa 5600 i dipendenti attuali – provoca ingorghi. Eredità di questa matrice industriale sono le numerose dimore affacciate sulla Front, la Centre e la Washington Street: un mix affascinante di stili, federale, Greek Revival, italiano, che è possibile ammirare con una passeggiata nel centro storico. Spiccano fra le altre la **casa in stile federale** del 1820 al 360 di Front Street, l'**edificio in Greek Revival** del 1810 al 969 di Washington Street e la **dimora vittoriana** color lampone al 1009 di Washington Street. Tutte e tre sono oggi locande. Il **Maine Maritime Museum*** (243 Washington Street; *visite a pagamento ore 9.30-17, orari prolungati in estate*; *mainemaritimemuseum.org*), sulla sponda occidentale del Kennebec River, custodisce dipinti, modelli, installazioni interattive che introducono alla storia di Bath, ma propone anche esperienze di varia natura. Da giugno a ottobre col biglietto del museo è possibile visitare i cantieri della *Bath Iron Works*, in estate vengono organizzati tour in barca sul fiume per vedere una decina di fari da vicino, mentre la visita al *Percy & Small Shipyard*, un cantiere navale ottocentesco che ancora costruisce navi in legno, è anche l'occasione per ammirare un modello a grandezza naturale del *Wyoming*, il più grande veliero in legno mai realizzato. In un altro edificio è allestita una mostra permanente sulla pesca delle aragoste.

Popham Beach State Park

Circa 22 km a sud di Bath, il parco tutela una delle spiagge più belle dell'intera costa del Maine, incorniciata tra le foci dei fiumi Kennebec e Morse. Qui sbarcarono i primi coloni inglesi nel Maine nel 1607. Lungo i dieci chilometri di sabbia sono allestite numerose aree picnic e non mancano bagnini in servizio durante tutta l'estate. È bene però fare attenzione alla potenza delle onde oceaniche e anche agli orari di alta e bassa marea, grazie alla quale si possono raggiungere alcuni degli isolotti non distanti dalla costa. Testimonianza storica del periodo della Guerra civile è il **Fort Popham State Historic Site**, forte di granito affacciato sul mare.

Wiscasset*

Circa 16 km a nord di Bath lungo la US 1, Wiscasset (3600 ab.) si è autodefinito 'Maine's Prettiest Village', quintessenza del villaggio marino del Maine. Fondato nel 1663, adagiato sullo Sheepscot River, vanta come Bath un passato cantieristico e portuale importante che ha lasciato in eredità molti eleganti edifici affacciati su **Main Street** (la US 1). Una passeggiata nel piccolo centro conduce a scoprire piccole boutique, negozi antiquari, caffè e ristoranti specializzati in piatti di pesce. Aperto al pubblico per visite e tour guidati, il **Castle Tower** (2 Lee Street; *ingresso a pagamento da giugno a ottobre mer-dom ore 11-16*; *historicnewengland.org/property/castle-tucker*) è una sontuosa residenza situata su una collina che s'affaccia sul

fiume. Costruita nel 1807 in stile federale a somiglianza di una dimora scozzese, fu di proprietà prima di un giudice, poi di un capitano di marina; conserva tesori vittoriani con arredi e carta da parati dell'Ottocento.

Boothbay Harbor

Villaggio di pescatori, oggi una delle cittadine più accoglienti di tutta la costa del Maine (2100 ab.), lo si raggiunge da Wiscasset seguendo verso sud la Route 27 (16 km circa). Affacciato su un'insenatura, Boothbay Harbor conserva una serie di architetture vittoriane molto ben tenute; un ponte pedonale attraversa il porto collegando le due parti del paese. La piacevole passeggiata sul lungomare può proseguire lungo **Commercial Street**, con numerosi piccoli negozi di artigianato, Todd Avenue e Towsend Avenue. Da qui vale la pena imboccare McKown Street fino alla cima della collina, dalla quale si apre un bellissimo **panorama** sull'intera baia. Il **Coastal Maine Botanical Gardens** (Barters Island road; *ingresso a pagamento da aprile a ottobre ore 9-17*; *mainegardens.org*) è un grande parco botanico affacciato sul mare, con sentieri che si snodano tra i boschi, prati e giardini ornamentali fra cui uno dedicato ai bambini con decine di sculture in pietra, ponti tibetani, piccole strutture col soffitto in erba e persino un labirinto. Molto interessanti, i tour guidati da esperti botanici si svolgono in estate partendo dal centro visitatori.

Pemaquid Peninsula

Immersa nella natura, la si raggiunge da Boothbay risalendo per la Route 27 fino alla US 1, puntando a nord e imboccando poi a Damariscotta verso sud la Route 130, che l'attraversa. È la penisola più estesa del Maine e uno dei suoi scenari più caratteristici, con le rocce striate e frastagliate bagnate dall'oceano. Il faro rosso sulla punta, **Pemaquid Point***, è il soggetto preferito di migliaia di artisti più o meno dilettanti che lo immortalano in dipinti e fotografie. Ai piedi del faro è possibile visitare anche la casa del custode.

Monhegan Island*

Quest'isola rocciosa, appartata e spopolata (circa 70 ab.), raggiungibile in circa un'ora e mezza di traghetto da Port Clyde, New Harbor e Boothbay Harbor (*monheganboat.com*; *hardyboat.com*), fin dall'Ottocento accoglie artisti e amanti della solitudine in cerca d'ispirazione e quiete. Distrazioni come negozi e bar in effetti non se ne trovano e anche il clima non sempre è dei migliori, con fitte nebbie improvvise e l'oceano intorno spesso burrascoso. Eppure Monhegan Island ha un fascino che calamita ogni anno migliaia di persone nel suo remoto paradiso. L'isola è perfetta per escursioni a piedi – sui circa 27 km di sentieri spesso travolti dalla natura stessa e ancor più affascinanti per questo (la mappa, gratuita, si trova nelle locande dell'isola e all'approdo dei traghetti) – e ancora per la contemplazione, il riposo, la lettura e la pittura. In estate vari artisti aprono i laboratori al pubblico. Per informazioni sulle attività locali si può visitare il sito *monheganwelcome.com*.

Penobscot Bay**

L'essenza stessa del Maine costiero è racchiusa in questa baia, la cui immagine identifica lo Stato in decine di film, serie televisive, racconti, dipinti. Più di 1500 km di costa frastagliata caratterizzata da rocce di granito a strapiombo sul mare, piccoli villaggi, memorabili vedute sull'oceano attirano fotografi e pittori. I 50 km che da

Monhegan Island, il faro e il piccolo museo dell'isola

Tra i fari del Maine, icone di Stato**

Indispensabili per i naviganti di ieri e di oggi, affascinanti per i viaggiatori col loro profilo sull'orizzonte, i fari del Maine sono iconici quanto la costa frastagliata che devono segnalare. In tutto ce ne sono 66, 55 dei quali ancora in attività. Costruiti per la maggior parte agli inizi dell'Ottocento, erano avamposti e sentinelle intesi a proteggere i vascelli dalle insidie delle nebbie. A controllarne il funzionamento provvedevano i guardiani dei fari, dediti a un lavoro tanto romantico quanto faticoso, spesso isolati per mesi e in condizioni meteorologiche estreme. Agli inizi del Novecento il passaggio dall'illuminazione a gasolio a quella elettrica, seguita, pochi decenni dopo, dall'automazione dei fari a opera della US Coast Guard, ha reso inutile la presenza dei guardiani e dissolto la patina romantica caratteristica del loro ruolo di guide e soccorritori dei marinai in difficoltà. Oggi alcuni fari sono visitabili, altri sono stati trasformati in musei, altri ancora predisposti al pernottamento e soggiorno. L'elenco completo si trova sul sito dell'ente del turismo del Maine (*visitmaine.com*).

I fari più belli. **Bass Harbor Light**, sull'estrema punta meridionale di Mount Desert Island, nell'Acadia National Park, con possibilità di entrare nella stazione alla base del faro; **Cape Elizabeth Light**, in realtà una coppia di fari costruiti nel 1828 a sud di Portland, non accessibili ma perfettamente visibili (e fotografabili) dalla fine della Two Lights Road; **Cape Neddick Light** (*nella foto*), noto anche come Nubble Light, posto su uno sperone di roccia a York Beach ma non accessibile; **Monhegan Island Light**, raggiungibile in circa mezz'ora di cammino dal porticciolo, con la casa del guardiano trasformata in piccolo museo di storia dell'isola; **Pemaquid Point Light**, alla fine della Route 130, su cui in estate è possibile salire mentre la casa del guardiano è ora un museo dedicato ai pescatori (*pemaquidpoint.org*); **Portland Head Light**, il faro più antico del Maine, costruito nel 1791, con la casa del guardiano trasformata in museo (sul faro non si può salire); **West Quoddy Head Light**, a Lubic, nell'estremo nord del Maine, quasi al confine con il Canada, costruito nel 1808 su mandato del presidente Thomas Jefferson, a strisce rosse e bianche.

Dove dormire. Il secondo piano del **Pemaquid Point Light** è affittabile settimanalmente dagli inizi di maggio a metà novembre (*mainecoastcottages*) e può ospitare fino a quattro persone; **Goose Rocks Light**, su un isolotto roccioso, è più isolato e complicato da raggiungere (bisogna prendere il traghetto da Rockland a North Haven, e da qui un'altra imbarcazione), in compenso è dotato di ogni comfort e può ospitare fino a otto persone (*beaconpreservation.org*); **Little River Lighthouse**, a Cutler, nell'estremo nord-est del Maine, dispone di tre camere affittabili in luglio e agosto (*littleriverlight.org*).

Port Clyde a ovest, all'ingresso della baia, vanno al villaggio di pescatori su Deer Island a est si possono percorrere in mezza giornata, ma tutta la zona merita una sosta più lunga. Di seguito alcune consigliabili tappe, inclusa una puntata a nord fino a Bucksport e Bangor.

Rockland. Fino a pochi anni fa questa cittadina (7100 ab.) era solo una tappa di passaggio verso nord, fiorente porto commerciale con tanti pescherecci e cittadini orgogliosi delle proprie tradizioni marinare. Oggi è diventata una meta coinvolgente non solo per la palpabile vivacità che la caratterizza soprattutto sulla Main Street, ma anche per due importanti eventi e un museo che ne hanno cambiato il volto. Nella prima settimana di agosto si svolge a Rockland il *Maine Lobster Festival* (*mainelobsterfestival.com*), maggior evento mondiale dedicato all'aragosta, l'oro locale, mentre il weekend dopo il 4 luglio la città ospita il *North Atlantic Blues Festival* (*northatlanticbluesfestival.com*), una due giorni di concerti di prestigio dedicati al blues. Il resto dell'anno l'interesse si concentra sul **Farnsworth Art Museum*** (16 Museum Street; *visite a pagamento da fine maggio a inizio ottobre ore 10-17, mer 10-20, nel resto dell'anno chiuso lunedì; farnsworthmuseum.org*), uno dei più preziosi piccoli musei d'arte del Paese. La collezione comprende il meglio dell'arte americana degli ultimi due secoli, con opere, tra gli altri, di Fitz Henry Lane, George Bellows, Edward Hopper. Nell'adiacente **Wyeth Center**, un'ex chiesa, sono esposti i lavori della famiglia Wyeth: dalle illustrazioni di Newell Convers Wyeth (1882-1945), che hanno decorato tanti libri pubblicati nel secolo scorso, ai dipinti del figlio Andrew (1917-2009), importante esponente del realismo americano, alle opere del nipote James in continuità con le tradizioni di famiglia. Da Rockland partono escursioni, da mezza giornata a sei giorni, a bordo dello *schooner Ladona*, uno yacht costruito nel 1922, poi completamente ristrutturato, sul quale fare colazione e pranzare mentre si naviga nella baia (*schoonerladona.com*).

Camden. Circa 12 km a nord di Rockland lungo la US 1, questa cittadina (4800 ab.) è tra le più caratteristiche della costa del Maine. Un modo scenografico di arrivarci è la **passeggiata**** che parte da Rockport Harbor, prosegue oltre il ponte e sale fino a Central Street; da qui si svolta a destra su Russell Avenue che diventa Chestnut Street appena raggiunta Camden. Lungo la strada (percorribile anche in auto) si trovano alcune delle abitazioni più belle del Maine in uno splendido paesaggio di acque e boschi: affascinante, in autunno, lo spettacolo del foliage. Camden vanta anche una nutrita flotta di *windjammer*, imbarcazioni a vela ideali per brevi o lunghe crociere capitanate da esperti marinai (*sailangelique.com*; *sailheron.com*; *maineschooners.com*). Ai primi di settembre, il *Windjammer Festival* (*camdenwindjammerfestival.org*) riunisce nel porto decine di imbarcazioni storiche. Ma le attrattive di Camden vanno oltre il suo rapporto con l'oceano. Le dimensioni raccolte la rendono perfetta per una passeggiata tra i negozi, i bar e le gallerie situate sulla Main Street e intorno al porto. Suggestivi anche i tour alla scoperta delle architetture storiche cittadine, in stile federale, vittoriano o Greek Revival (una mappa gratuita è disponibile presso la Camera di commercio, 2 Public Landing; *mainedreamvacation.com*). Per una vista panoramica sulla cittadina, il porto e la baia vale la pena salire (a piedi o in auto) sulle **Camden Hills**, a nord del centro.

Isleboro. Piccola isola che si raggiunge in traghetto da Lincolnville (*maine.gov/mdot*), circa 10 km a nord di Camden lungo la US 1. Per scoprirla l'ideale è un'escursione in bicicletta su un itinerario circolare lungo 45 km. Se ne godono splendide vedute sulla Penobscot Bay ed è anche possibile, a **Pendleton Point**, incontrare foche che si riposano sugli scogli.

Searsport. Se la cittadina (2600 ab.) è conosciuta come la capitale dell'antiquariato del Maine una ragione c'è: il suo **Antique Mall**, sulla US 1 a nord dell'abitato, ospita 60 negozi d'antichità e in estate tutta la strada si riempie di decine di bancarelle da entrambi i lati. Il luogo ideale, dunque, per acquistare souvenir originali, lampade, complementi d'arredo. Il **Penobscot Maine Museum** (2 Church Street; *visite a pagamento da fine maggio a ottobre*; *penobscotmarinemuseum.org*) è un piccolo interessante museo che illustra la cultura marinara di tutta la baia. La collezione risale per lo più alla prima metà dell'Ottocento e include modellini di imbarcazioni, fotografie, strumenti di navigazione e un gran numero di altri oggetti nautici.

Bucksport. La cittadina (5000 ab.), cui si giunge deviando dalla US 1 verso nord, sorge sul sito abitato già 5000 anni fa da una popolazione preistorica nota come Red Paint People. Oggi è nota soprattutto per il **Penobscot Narrows Bridge***, che scavalca il Penobscot River. Il ponte, inaugurato nel 2006, è una meraviglia ingegneristica. È più alto della Statua della Libertà e la sua *torre di osservazione*, 646 m, è la più alta del mondo: vale quindi la pena fermarsi e salire (*ingresso a pagamento*) per una visione mozzafiato a 360 gradi. Si trova qui anche il più grande forte storico del Maine, **Fort Knox**: costruito tra il 1844 e il 1869, non ebbe mai grande parte nelle vicende militari e divenne base per l'addestramento delle truppe durante la Guerra civile e la Guerra ispanoamericana (è disponibile un biglietto cumulativo per l'osservatorio e il forte, aperti da maggio a ottobre con orari diversi; *fortknox.maineguide.com*).

Bangor. Circa 30 km a nord di Bucksport lungo la Route 15, Bangor è la seconda area metropolitana più grande del Maine (153 000 ab.). Nell'Ottocento la città, detta Queen City, era centro commerciale e base per l'esportazione del legname proveniente dalle North Woods; oggi, grazie al suo aeroporto, è scalo ideale per chi, arrivando da Boston o New York, vuole dirigersi sulla costa o all'Acadia National Park. Il **Maine Discovery Museum** (74 Main Street; *visite a pagamento; mainediscoverymuseum.org*), con i suoi tre piani e le oltre 60 attrazioni interattive pensate per i bambini, introduce in modo divertente ai mondi della natura, della scienza, dell'arte. Migliaia di persone vengono però ogni anno a Bangor incuriosite dalla città di **Stephen King**, spesso protagonista, sotto il falso nome di Derry, nei romanzi del celebre autore di best seller. L'autore vive proprio qui e i fan possono vedere la sua casa, nonché numerosi luoghi kinghiani, grazie a tour studiati ad hoc per gli appassionati (*sk-tours.com*).

Castine e dintorni. È il centro principale (1300 ab.) della **Blue Hill Peninsula**, che si attraversa percorrendo le Route 175 e 166: tra boschi, scorci sulla baia e sulle isole, piccoli villaggi di pescatori, la penisola è un'oasi di quiete e silenzio (non in estate, quando il numero di turisti aumenta considerevolmente). Castine è una cittadina dal passato turbolento e affascinante. Fondata all'inizio del Seicento, ebbe importanza strategica durante la rivoluzione americana per la sua posizione in riva all'oceano: lo

Un panorama sul porto di Camden dal Mount Battie, nelle Camden Hills

I mirtilli: l'oro blu del Maine

Il Maine produce circa il 25 per cento dei mirtilli coltivati nel mondo e il 90 per cento dei mirtilli selvatici (più piccoli e decisamente più gustosi). Guidando sulla US 1 verso nord, in direzione del Canada (in particolare nella Washington County), non è raro vedere le piante che aprono in giugno i loro fiorellini bianchi e i cui frutti maturano in luglio e agosto, assumendo il caratteristico colore blu violaceo. Durante la stagione, decine di fattorie lungo la strada espongono cartelli per la vendita diretta e i frutti si possono gustare anche nei pancakes o nelle deliziose *blueberry pies* servite in ogni ristorante. Didattico e originale, **Wild Blueberry Land** a Columbia Falls (US 1; *wildblueberryland.com*) è una fattoria e negozio in cui si scoprono tutti i segreti del mirtillo: difficile non notarlo sulla strada perché anche l'edificio è a forma di frutto. Per celebrare le proprietà dell'oro blu del Maine, nella seconda metà di agosto si svolge a Union il **Wild Blueberry Festival** (*unionfair.org*), occasione per scoprire lo spirito agricolo del Maine.
L'elenco completo delle fattorie autorizzate alla vendita diretta è disponibile sul sito del *Maine Department of Agriculture* (*getrealmaine.com*).

testimoniano i resti di **Fort George**, costruito nel 1779 e sempre aperto. Invita a una piacevole passeggiata il centro storico, con architetture d'epoca e viste mozzafiato sulla Penobscot Bay. Una mappa, disponibile nei numerosi negozietti, guida alla scoperta della storia locale tra eleganti edifici: dalla *Ives House*, rifugio estivo del poeta Robert Lowell, all'Unitarian Church (costruita nel 1790 e rimaneggiata nel 1831).
Proseguendo lungo le strade 166, 175 e 176 in 32 km si arriva a **Blue Hill**, villaggio circondato dai campi di mirtilli, cui deve il nome. Un tempo noto per le miniere di granito e di rame, oggi è celebre per i suoi laboratori di ceramica (tra cui la *Rackliffe Pottery* al 132 di Ellsworth Road; *rackliffepottery.com*), le gallerie e i numerosi negozi di antiquariato. Ai primi di settembre vi si svolge la *Blue Hill Fair* (*bluehillfair.com*), fiera dedicata all'agricoltura e alla gastronomia locale. La 176 e la 15 verso sud conducono alla **Deer Isle** (l'isola del cervo), in realtà un arcipelago di isole unite da ponti. Di cervi non se ne vedono più, purtroppo, ma il paesaggio affascinante e romantico ha attirato qui artisti e creativi, che vi hanno aperto i loro studi. Al *Deer Isle Village* si trova anche un'apprezzata scuola di artigianato, la **Haystack Mountain School of crafts** (89 Haystack School Drive; *haystackmtn.com*), dov'è possibile iscriversi a uno dei tanti corsi proposti in estate o partecipare a tour guidati (a pagamento). Sulla punta estrema della Blue Hill Peninsula, raggiungibile per la Route 15, **Stonington** è un villaggio di pescatori che ha mantenuto uno strettissimo legame con la sua tradizione marinara. Negozi e ristoranti si concentrano sulla *Main Street* e al porto. Si parte di qui per raggiungere l'Isle au Haut, posta proprio di fronte.

Isle au Haut. Un traghetto postale la raggiunge da Stonington (tra le due e le cinque volte al giorno, una o due la domenica, a seconda della stagione; *isleauhaut.com*), percorrendo in 45 minuti circa 13 chilometri di mare. Il primo europeo a scoprire l'Isle au Haut fu l'esploratore francese Samuel de Champlain, da cui il nome ('isola alta'), che la raggiunse nel 1604, anche se non mancano tracce di precedenti colonizzazioni. Parte del territorio è compresa nell'Acadia National Park, con decine di sentieri ben tracciati. Sull'isola non ci sono molti negozi, quindi è meglio attrezzarsi per eventuali picnic; per lo shopping artigianale c'è invece lo *Shore Shop Gifts* (*maineshoreshopgifts.com*), dov'è possibile acquistare manufatti in legno e miele.

Mount Desert Island**

Circa due milioni di visitatori all'anno raggiungono quest'isola collegata alla terraferma con una serie di ponti, una delle mete più spettacolari di tutto il New England. Per evitare traffico e sovraffollamento turistico l'ideale sarebbe andarci fuori stagione, ma la varietà di paesaggi e l'ampiezza dell'Acadia National Park, che occupa gran parte della Mount Desert Island, garantiscono comunque indimenticabili esperienze nella natura. Si può seguire il perimetro dell'isola in automobile lungo la strada panoramica, o scegliere tra gli innumerevoli sentieri di varia difficoltà che si inoltrano nelle foreste. Decine sono anche i laghi, gli stagni e gli specchi d'acqua in cui tuffarsi in piena estate, mentre fra le attività marine spiccano il whalewatching, la navigazione in barca a vela tra le isole, le escursioni in canoa o in kayak. L'isola, estesa per 280 km^2, fu esplorata per la prima volta agli inizi del Seicento dal francese Samuel de Champlain. La chiamò Ile des Monts Déserts (pronunciato *dessert* dagli americani), guardando la cima granitica della Cadillac Mountain che con i suoi 465 m è, in effetti, un punto panoramico perfetto per apprezzare la complessità e la bellezza geografica della zona. In molti salgono all'alba per assistere, primi negli Stati Uniti, al sorgere del sole. Tutti i quattro paesi dell'isola meritano una visita: Bar Harbor, a nord-est, è il centro più importante con ristoranti, negozi, locande; sul Somes Sound, lungo e ampio fiordo che quasi divide in due l'isola, si trovano Northeast Harbor, meta di vacanze chic, e il più popolare Southwest Harbor; a sud è Bass Harbor, più tranquillo villaggio di pescatori.

Bar Harbor.** Fin dall'Ottocento è una località di villeggiatura (5200 ab.) molto apprezzata, anche per impulso dei pittori paesaggisti Thomas Cole e Frederick Church, protagonisti della Hudson River School, che vi soggiornarono e dipinsero a lungo. I loro quadri destarono la curiosità dei ricchi collezionisti che cominciarono ad arrivare qui, desiderosi di ammirare dal vivo la magia di Mount Desert Island. Fecero costruire a Bar Harbor le loro sontuose ville e cottage per l'estate ma nel 1947 un terribile incendio ne distrusse la maggior parte e la cittadina cambiò volto, trasformandosi in meta anche della nuova borghesia, meno abbiente ma più numerosa. Lungo *Main Street, Mount Desert Street* e *Cottage Street* si concentra la maggior parte delle attività commerciali, ma occasioni per brevi quanto suggestive passeggiate nella natura non mancano anche nei confini del comune. **Shore Path** è un incantevole sentiero pedonale, lungo 800 m, che inizia nei pressi dell'Agamont Park: sul mare, regala scorci memorabili sulle Porcupine Islands. Affascinante e poco impegnativa è anche la passeggiata a **Bar Island**, la piccola isola di fronte alla cittadina che si può raggiungere a piedi durante la bassa marea (*per gli orari, leggere attentamente i cartelli sull'isoletta*). Una volta attraversata la lingua di sabbia, sull'isola si passeggia in salita tra boschi e prati fioriti e dalla cima si gode un bel panorama su Bar Harbor. Uscendo dal paese verso sud si raggiunge l'**Abbe Museum** (26 Mount Desert Street; *ingresso a pagamento da maggio a ottobre ore 10-17, in inverno gio-sab 10-16, chiuso in gennaio; abbemuseum.org*), un piccolo museo dedicato alle tribù indigene del Maine, i Wabanaki, affiliato allo Smithsonian Institution di Washington. Vi sono esposti manufatti originali, utensili di osso, punte di lance e presentate esposizioni temporanee utili a capire il passato remoto della zona.

Northeast Harbor. Si trova circa 20 km a sud di Bar Harbor, seguendo le Routes 3 e 198. Proprio qui le ricche famiglie che ave-

Case nel centro di Bar Harbor

Un paesaggio dell'Acadia National Park

vano perso i loro cottage durante l'incendio del 1947 decisero di ricostruire le loro proprietà. Merita una sosta per ammirare i piacevoli panorami e le bellissime architetture mimetizzate nella natura.

Southwest Harbor. Si raggiunge attraversando il Somes Sound, il braccio di mare che la separa da Northeast Harbor. Più rustica, ospita nel suo piccolo trafficato porto molte imbarcazioni e pescherecci pronti a salpare per il mare aperto. Si può cercare accoglienza in locande e piccoli hotel più economici che altrove, in ottima posizione per visitare l'Acadia National Park.

Bass Harbor. Assai meno mondano degli altri (e con meno possibilità di pernottamento), il paese garantisce quiete e solitudine in molti mesi dell'anno. Attira gli appassionati di fari per la presenza del **Bass Harbor Head Light**, costruito nel 1858.

Acadia National Park.** Unico parco nazionale di tutto il New England, fu istituito nel 1916 grazie alle donazioni di ricchi possidenti terrieri e protegge circa 195 km^2 di territorio, oltre 120 dei quali su Mount Desert Island, all'incontro tra mare e montagna. All'interno del parco si snodano 200 km di sentieri e anche nei periodi più affollati basta uscire dai più battuti per godere in solitudine della natura. Un modo comodo e veloce per esplorarlo è seguire in automobile la **Park Loop Road**, un anello circolare lungo 43 chilometri. L'ingresso per i veicoli è a pagamento da maggio a ottobre (info sul sito *nps.gov/acad*). Per iniziare la visita e la scoperta del parco è consigliabile far tappa all'**Hulls Cove Visitor Center** (Route 3), a 5 km da Bar Harbor. Vi si trovano un plastico in 3D dell'isola, un breve video gratuito (15 minuti) che illustra tutto quello che il parco ha da offrire, mappe, guide e il programma delle escursioni guidate dai ranger. Tra le più belle si segnalano l'**Acadia Mountain Trail**, un anello circolare di 4 km piuttosto impegnativo, e l'**Ocean Path Trail**, escursione più lunga (7 km) ma molto più facile che va da Sand Beach a Otter Point, suggestivo scenario di scogliere di granito con sfumature rosa a picco sul mare: lungo il percorso si incontra il **Thunder Hole**, voragine nel granito riempita dalle onde a seconda della forza del mare in quel momento. Poco lontano si stende una delle spiagge di sabbia più apprezzate e con servizio di sorveglianza estivo, **Sand Beach**: la temperatura dell'acqua non supera mai i 13 gradi, nemmeno in estate, quindi il tuffo è per i più coraggiosi. Un po' più tiepida l'acqua di **Echo Lake**, bellissimo lago nel cuore dell'isola, anch'esso con servizio di vigilanza. Assai bella anche l'ascensione alla **Cadillac Mountain**, così chiamata dall'esploratore francese che la scalò agli inizi del Seicento e che in seguito fondò la città di Detroit. Si può salire in auto e poi imboccare il **Cadillac Mountain Summit Loop**, un sentiero ad anello lungo 800 m dal quale si gode un'impagabile veduta su Frenchman Bay.

4 Il New England rurale

Profilo dell'area

Colline, fattorie, piccoli villaggi che incarnano la quintessenza dell'*American way of life* degli anni Cinquanta, con gli alti campanili a punta, le case bianche di legno, i prati ben curati e persino mucche particolarmente fotogeniche che sembrano educate a stare in posa davanti ai rossi fienili. Immagini che, a un primo sguardo, possono risultare quasi stucchevoli e fuori dal tempo. Eppure, dietro questa bellissima facciata da cartolina l'entroterra del Connecticut, del Massachusetts, il Vermont e il New Hampshire meridionali celano uno spessore storico e culturale unico nel panorama statunitense, con le collezioni artistiche e i musei disseminati sul territorio e i festival culturali che animano le estati.

Gli orgogliosi Newenglander hanno a cuore la tutela e la valorizzazione del territorio. I movimenti *farm to table* che sostengono la filosofia del cibo a chilometro zero, nelle campagne del Vermont e in Massachusetts, sono fieri dei tanti birrifici artigianali e offrono un sostanzioso parco di degustazioni. Se la caccia al più bel ponte coperto è un must, specie durante le settimane dell'estate indiana, sono molte le sorprese inaspettate che in questo lembo d'America hanno attratto negli anni scrittori – come Mark Twain –, poeti, artisti, registi e gente del jet set in cerca di un buen retiro o più semplicemente di riposo e ispirazione.

Romantiche traversate sui ponti coperti del New England**

Innegabilmente romantici, emozionanti da percorrere, icone che identificano il paesaggio del New England, i ponti coperti ne punteggiano tutto il territorio con una particolare densità nel Vermont (oltre 100 ponti coperti originali) e nel New Hampshire (66). Il ponte più lungo (137 metri), tuttora aperto al traffico, è condiviso proprio tra questi due Stati: si trova tra **Windsor** (Vt) e **Cornish** (Nh) e attraversa il Connecticut River (*nella foto*). Tra i più fotogenici in Vermont anche il **Creamery Covered Bridge** di Brattleboro e il **Green Covered Bridge** di Arlington. A **Swanzey**, nel New Hampshire, sostengono che il ponte coperto locale sia il più antico degli Stati Uniti, ma mancano documenti a riprova. Di certo il **Bartlett Bridge** a Glen è uno dei più turistici, visto che ospita oggi un negozio di souvenir. Potrebbe essere invece il più corto di tutti il **Prentiss Bridge** di Langdon, che raggiunge a mala pena i dieci metri. In Connecticut si contano solo tre ponti coperti storici, uno dei quali, il **West Cornwall Covered Bridge**, è anche noto come Kissing Bridge perché, attraversandolo, le carrozze rallentavano per garantire un po' di privacy ai passeggeri innamorati. È stato completamente ricostruito il più antico ponte coperto del Massachusetts, l'**Upper Sheffield**, sorto nel 1837 ma distrutto da un incendio nel 1994.

4 II New England rurale

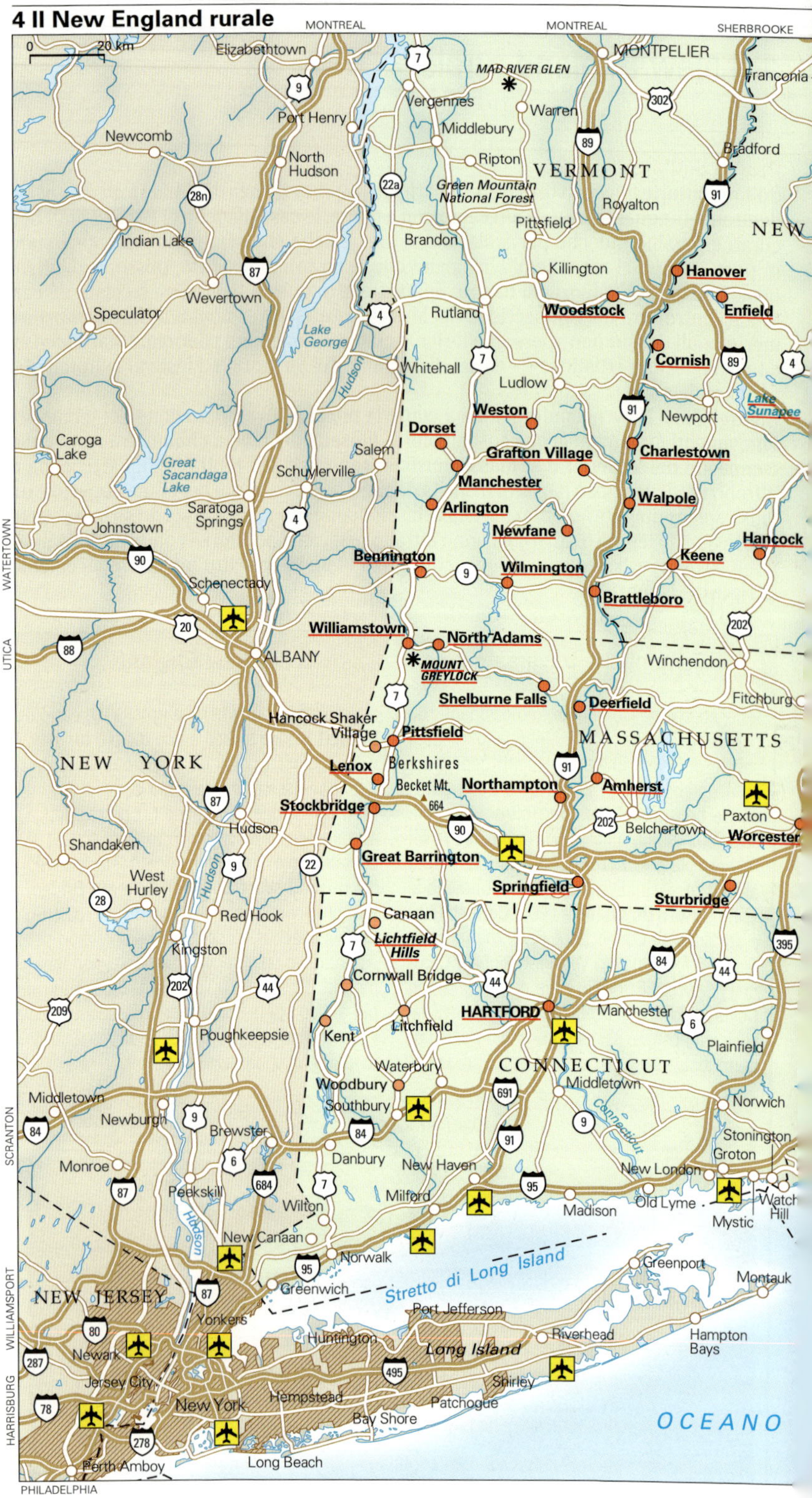

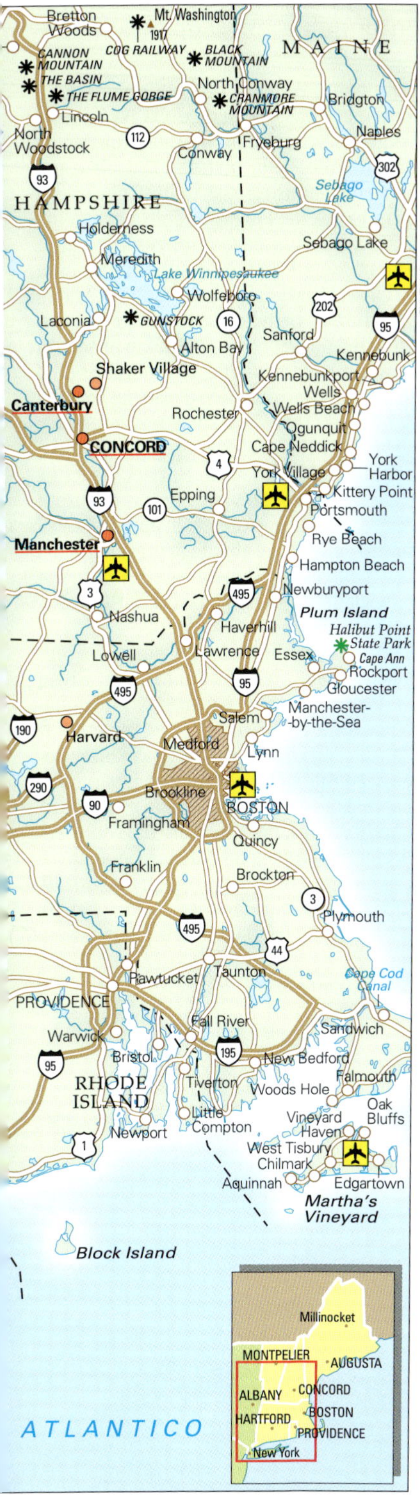

Quadro d'unione a pag. 7, riquadro n. 4

In viaggio

L'area di visita si presta a molteplici opportunità di esplorazione e gli itinerari seguono la suddivisione per Stati solo per semplicità. Così il **primo** si svolge nel Connecticut settentrionale, il **secondo** abbraccia il Massachusetts centrale e i Berkshires, il **terzo** percorre il Vermont meridionale e il **quarto** la parte meridionale del New Hampshire. Niente vieta però di programmare un itinerario trans-statale da sud a nord (o viceversa), sia nella parte più occidentale sia in quella più centrale del territorio. Per la prima proposta, la direttrice Litchfield Hills-Berkshires-Vermont occidentale segue la Route 7, che attraversa molti dei graziosi centri urbani della regione in corrispondenza dei quali si trasforma in Main Street; per la seconda la strada di riferimento è la 91, che da Hartford, costeggiando il Conncecticut River, raggiunge Springfield e poi Northampton per proseguire quindi nel Vermont al confine con il New Hampshire (Brattleboro, Hanover).

Colori di Bennington, nel Vermont

4.1 Hartford e il Connecticut settentrionale

La parte settentrionale del Connecticut è generalmente molto meno visitata dai turisti stranieri rispetto alla fascia costiera. Eppure conserva scenari bucolici e riposanti – nelle Litchfield Hills e nella valle del fiume Connecticut – e istituzioni culturali di primo livello, a partire dai musei della capitale Hartford. Per chi viaggia in automobile, le distanze sono limitate: da Boston a Hartford sono circa 160 km (90 minuti di viaggio), da Hartford alle Litchfield Hills circa 50 (45 minuti di viaggio). L'area può essere esplorata agevolmente anche facendo una deviazione dal Massachusetts centrale e occidentale o dalla costa (tra New Haven a Hartford ci sono 65 km, 40 minuti di viaggio).

Hartford*

Non sono molti gli italiani che hanno sentito nominare Hartford (125 000 ab.), la capitale del Connecticut. Ancora meno quelli che vi si recano in visita. Un peccato, perché la città vanta una storia non meno interessante di altre metropoli più blasonate e istituzioni culturali di altrettanto prestigio. Hartford venne fondata nel 1635 e gli Ordini fondamentali della colonia (1639) sono generalmente ritenuti la prima Costituzione scritta d'America: ecco perché sulle targhe automobilistiche del Connecticut è scritto 'Constitution State'. I secoli successivi furono di sviluppo e prosperità, soprattutto l'Ottocento quando proprio questa fu, a lungo, la città più ricca della Nazione: il benessere derivò anche dalla massiccia produzione della pistola .45 Colt e dal boom dell'industria assicurativa, che esordì proprio qui, nel 1794, allorché un residente assicurò la sua casa contro gli incendi. Ancora oggi Hartford è soprannominata 'la capitale assicurativa del mondo'. Anche la cultura ne beneficiò: a Hartford vennero fondati il più vecchio quotidiano ancora in attività negli Usa (1764, *The Hartford Courant*) e il museo pubblico d'arte più vecchio del Paese (1842, Wadsworth Atheneum); a Hartford vissero e scrissero letterati del calibro di Mark Twain, Harriet Beecher Stowe e Wallace Stevens (le case dei primi due sono state trasformate in musei). Oggi il centro della città è abitato in prevalenza dai ceti meno abbienti mentre la popolazione più agiata risiede nella fascia periferica.

Centro cittadino. La passeggiata può iniziare dalle rive del Connecticut River, da tempo fulcro di un progetto di riqualificazione e valorizzazione ('Riverfront Recapture') che ha portato alla realizzazione di sentieri, campi sportivi, aree picnic, parchi collegati tra loro (eventi e mappe su *riverfront.org*). Poco lontano dal Founders Bridge, il **Connecticut Science Center** (250 Columbus blvd; *visite a pagamento ore 10-17, in alcuni mesi invernali chiuso lunedì*; *ctsciencecenter.org*) è un vasto centro scien-

tifico di moderna concezione con oltre 165 mostre interattive, quattro laboratori e un teatro 3D. State St e Central Row conducono a Main St, dove si trova l'**Old State House** (800 Main St; *visite a pagamento in estate mar-sab ore 10-17, in inverno lun-ven 10-17; cga.ct.gov/osh*), la prima sede dell'assemblea legislativa del Connecticut (1797-1873): nella sala del Senato è esposto un famoso ritratto di George Washington opera di Gilbert Stuart (1801). Non lontani, sempre su Main St, sono la **Travelers Tower** del 1919 (*ingresso gratuito, in estate ore 10-15*), con bel panorama dall'alto, la **Center Church** (costruita nel 1807, sul sito della prima di età coloniale) e il Wadsworth Atheneum. Il **Bushnell Park**, inaugurato nel 1861, il primo parco del Paese finanziato con denaro pubblico, ospita una giostra del 1914; più in alto spicca il **Connecticut State Capitol** (*visite guidate lun-ven; wp.cga.ct.gov/capitoltours*), imponente e fantasioso edificio del 1879 che Frank Lloyd Wright definì ridicolo: vi si osserva una profusione di marmi e graniti, dettagli neogotici e una cupola rivestita in foglia d'oro.

Wadsworth Atheneum Museum of Art**.

600 Main St; *visite a pagamento mer-ven ore 11-17; sab-dom 10-17; ore 13 tour guidati gratuiti previo pagamento del biglietto d'entrata; thewadsworth.org* - Fondato nel 1842 da Daniel Wadsworth, è il più vecchio museo pubblico d'arte degli Usa ancora in funzione, eccezionale contenitore di oltre 50 000 opere frutto di acquisizioni e lasciti tra cui quello di J. P. Morgan, celebre banchiere nativo della città. Fu il primo museo americano ad acquistare opere di Caravaggio, Mondrian, Dalí e il primo a realizzare mostre su Picasso e sui surrealisti. Le sale sono dislocate in cinque edifici collegati tra loro, in una veste che un lungo restauro ha reso moderna, bella e funzionale.

Capolavori d'arte cinese al Wadsworth Atheneum Museum of Art di Hartford

Al livello 1 sono esposte opere d'arte contemporanea, **arte europea e americana** dal 1900-1945 (Dalí, Miró, Magritte) e opere dall'antichità al rinascimento (splendido *cammello in maiolica** della dinastia Tang, 720-750; *Testa di angelo* di Fra Angelico, 1440-45); colpisce per imponenza la **Great Hall*** della sezione Morgan 1.
Al livello 2 si ammira, nelle sale Avery 2, la collezione di arti **decorative americane dal 1600 al 1865*** (tra cui mobili di Chaplin e Howard). Sempre al livello 2, la sezione Morgan 2, con la scala centrale decorata dalle spirali policrome di *Whirls and Twirls* di Sol LeWitt (2004), espone capolavori europei di arte barocca, rococò e neoclassica, fino al 1900. Spiccano il **S. Francesco in estasi**** di Caravaggio (1595-96), *Giuditta e la sua serva con la testa di Oloferne* di Orazio Gentileschi (1621-24), un *cestino di fiori** in porcellana della scuola di Meissen (1751), **Claude Monet che dipinge nel suo giardino di Argenteuil*** di Renoir (1873), **La spiaggia di Trouville*** di Monet (1870). Nel **Cabinet of Art and Curiosity***, spazio che ricrea una Wunderkammer settecentesca, l'oggetto più bello è la **Nautilus Cup*** del tedesco Jeremias Ritter, conchiglia decorata in argento dorato del 1630. Al livello 3, oltre a spazi per mostre temporanee, si trova la sezione Avery 3 con una grande **collezione di arte americana dal 1700**

Un panorama di Hartford

Wadsworth Atheneum Museum of Art, l'opera di Sol LeWitt che avvolge la scala centrale

al 1900**. Vi sono ripercorsi due secoli di storia della nazione: ritratti coloniali, capolavori della Hudson River School (tra cui un nucleo di opere del paesaggista Frederic Edwin Church e di Thomas Cole), tele di artisti cosmopoliti come Sargent e Whistler, scene urbane di Sloan, interpretazioni della natura come **The Lawrence Tree*** di Georgia O' Keeffe; e ancora mobili di Wright, sculture innovative di Calder, dipinti espressionisti di Pollock. All'esterno giganteggia **Stegosaurus**, scultura di Alexander Calder del 1973.

Mark Twain House & Museum*. 351 Farmington Ave*; tour guidati a pagamento ore 9.30-17.30, in gennaio e febbraio chiuso martedì; prenotazione online consigliata, soprattutto in alta stagione; marktwainhouse.org* - Samuel Langhorne Clemens, meglio noto come Mark Twain, visitò Hartford per la prima volta nel 1868, a 33 anni, e se ne innamorò: «non hai conosciuto la bellezza, se non sei stato qui», scrisse in un articolo per un quotidiano di San Francisco. Nel 1870 si sposò e l'anno dopo si trasferì a Hartford, dove tra il 1873 e il 1874 si fece costruire una casa dall'architetto Edward Tuckerman Potter. In quella casa Clemens visse 17 anni – "i più felici della mia vita", amava ripetere – e scrisse molti suoi capolavori, tra cui *Le avventure di Tom Sawyer* e *Le avventure di Huckleberry Finn*. Oggi il sito, molto ben organizzato, permette di conoscere da vicino un grande protagonista della letteratura americana. In un edificio moderno varie sale illustrano la vita, le opere e le idee di Clemens, con un documentario, installazioni permanenti, esposizioni temporanee dedicate a particolari aspetti della sua attività creativa. Tour guidati conducono quindi in visita all'elegante villa in mattoni rossi e neri, all'epoca esempio di tecnologia moderna (riscaldamento centralizzato, sette bagni, acqua corrente calda e fredda, sistema d'allarme a batteria: Clemens era molto interessato alle novità del tempo); viene descritta in dettaglio la vita quotidiana della famiglia (Clemens ebbe tre figlie) e rievocato il carattere dello scrittore, inguaribile entusiasta e maldestro investitore che nel 1891 dovette trasferirsi in Europa e poi iniziare a tenere conferenze in giro per il mondo per pagare i suoi debiti.

Harriet Beecher Stowe Center. 77 Forest St; *tour guidati a pagamento lun e mer-sab ore 9.30-17, dom 12-17; harrietbeecherstowecenter.org* - Tutti conoscono *La capanna dello zio Tom*, celebre romanzo del 1852 che ebbe un ruolo importante nel promuovere la causa abolizionista; in pochi ricordano l'autrice, Harriet Beecher Stowe (1811-1896), che visse a Hartford in una villa del 1871 oggi trasformata in museo e centro di ricerca. Le visite guidate della casa, proprio di fronte alla Mark Twain House, sono un buon modo per conoscere opera e personalità della scrittrice e attivista statunitense. Particolare accento è posto sul suo impegno sociale e sulle tante passioni per cui si batté nella vita. In America Stowe è molto conosciuta anche per il best seller *La casa della donna americana*, trattato sull'efficienza domestica scritto insieme alla sorella.

New Britain

Ex città industriale (72 000 ab.) 15 km a sud-ovest di Hartford, New Britain conta due storici locali che richiamano folle da tutto lo Stato: il **Capitol Lunch** (510 Main St; *capitollunch.com*), che dal 1929 produce hotdog con salsa segreta, e il vicino **Avery's** (520 Corbin Ave*; averysoda.com*), che dal 1904 vende bibite e acque di seltz fabbricate in un vecchio granaio con tecnologia degli anni Cinquanta. Meta culturale è invece il **New Britain Museum of American Art*** (56 Lexington St; *visite a pagamento dom-mer e ven ore 11-17, gio 11-20, sab 10-17; nbmaa.org*), fondato nel 1903 e interamente dedicato allo sviluppo dell'arte moderna americana. Particolare spazio, con opere di molti artisti delle varie scuole, viene dato alla ritrattistica coloniale, all'Hudson River School, all'impressionismo americano e alla Ash Can School, che negli anni '20 del Novecento si dedicò a raffigurare scene di vita in città. Spiccano i cinque affreschi murali dipinti a New York nel 1932 da Thomas Hart Benton, **The Arts of Life in America*** (acquistati dal museo nel 1953), dedicati alle 'arti' quotidiane degli anni Trenta: musica, giochi, balli, sport. Frequenti le mostre temporanee.

Connecticut River Valley

Discendendo da Hartford verso sud la valle del fiume Connecticut in direzione della foce, presso Old Lyme, si scoprono una campagna piacevole, cittadine storiche, buoni indirizzi per mangiare e pernottare. Invitano a una sosta il **Dinosaur State Park** (400 W St, Rocky Hill; *visite a pagamento con orari diversi a seconda della stagione; dinosaurstatepark.org*), con impronte di dinosauri, diorami e aree da picnic; il **Gillette Castle** (67 River Rd, east Haddam; *visite a pagamento da maggio a ottobre gio-dom ore 11-17; ct.gov/deep/gillettecastle*), singolare palazzo in pietra ispirato ai castelli del Reno e realizzato nel 1919 dall'attore teatrale William Gillette (noto anche per aver interpretato Sherlock Holmes in un film muto del 1916); la cittadina di **Chester**, rinomata per i negozi di antiquariato; quella di **Essex**, ormai vicina alla foce, sede del *Connecticut River Museum* dedicato all'ecologia della regione. Da Essex si può partire per un'escursione nella valle con treno a vapore e battello (Essex Steam Train & Riverboat Ride; *essexsteamtrain.com*).

Litchfield Hills*

Colline ricoperte di boschi, laghi e cascatelle, chiesette bianche su prati verdi, fattorie, piccoli paesi collegati da strade sinuose: la parte nordoccidentale del Connecticut è un eden rurale frequentato dagli americani soprattutto nel periodo del foliage, quando le foglie si accendono, ma piacevole e rilassante anche in primavera e in estate. Senza i grandi musei e i richiami culturali dei vicini Berkshires del Massachusetts, la regione è proprio per questo ideale per un'escursione nella natura.

Woodbury e dintorni. Situata al margine meridionale delle Litchfield Hills, Woodbury (10 000 ab.) è la capitale dell'antiquariato del Connecticut, con decine di negozi su Main Street. Non lontano, il grande **Lake Candlewood** è una meta popolare in autunno, specialmente presso lo *Squantz Pond State Park* a New Fairfield; la **Shepaug Dam**, diga sul fiume Housatonic, è da dicembre a marzo il luogo migliore per osservare le aquile di mare testabianca (prenotazione necessaria, accoglienza da parte di volontari con binocoli e cannocchiali; *facebook.com/baldeagles*).

Un interno della Mark Twain House di Hartford

Dal verde all'oro, al cremisi: il grande show del foliage**

Il celebre scrittore britannico Rudyard Kipling, che visse anche nel Vermont, scrisse nel 1900: «Nessuna penna può descrivere il mutamento delle foglie – l'insurrezione del popolo degli alberi contro l'anno che finisce. Ha iniziato un piccolo acero, diventato improvvisamente rosso sangue contro una cortina di pini verde scuro. Il mattino dopo c'è stato un segnale di risposta dalla palude, dove crescono i sommacchi. Tre giorni dopo le colline erano in fuoco fin dove l'occhio umano poteva arrivare, e le strade ricoperte di oro e di cremisi». Pochi spettacoli della natura, nel New England, sono scenografici tanto quanto il foliage autunnale, ovvero il momento in cui, ogni anno, milioni di foglie diventano gialle, arancioni, dorate, rosse, viola: i colori si propagano per valli e colline, sulle montagne e lungo la costa, fanno da sfondo ai campanili bianchi dei villaggi e alle case coloniali, ai laghi color cobalto e ai ponti coperti, creando uno scenario unico al mondo. Quello che qui rende tanto speciale il fenomeno – di per sé diffuso ovunque nel mondo ci siano alberi decidui – è la vastità dei boschi e la loro composizione: molte specie diverse, ognuna delle quali si colora a suo modo, crescono una accanto all'altra e a colpire, oltre al panorama rurale, è proprio il mosaico di tonalità che si viene a dipingere. Basterebbe l'osservazione del foliage per giustificare un viaggio in New England.

Alberi e colori. Quali alberi cambiano colore? A diventare cremisi, rossi e scarlatti – i pigmenti responsabili si chiamano antocianine – sono querce rosse (*red oak*), sorbi (*ash*), alcuni aceri (*maple*), sassofrassi (*sassafras*) e cornioli (*dogwood*); il sommacco (*sumac*) diventa viola. I gialli invece – qui i pigmenti sono i carotenoidi – sono quelli di betulle (*birch*), olmi (*elm*), pioppi (*poplar* e *aspen*) e aceri striati (*striped maple*). Le foglie dell'acero da zucchero (*sugar maple*) possono diventare gialle, arancioni e rosse anche sullo stesso albero e contemporaneamente; quelle dei faggi (*beech*) da gialle diventano marroni. In mezzo agli alberi caducifogli ci sono spesso anche conifere sempreverdi, che aggiungono il verde alla tavolozza di colori.

Il periodo migliore. Gli alberi del New England non cambiano colore contemporaneamente: si inizia con le regioni settentrionali di Maine, Vermont e New Hampshire (picco a fine settembre) e si prosegue con le parti centrali degli stessi Stati (picco a inizio ottobre); poi a metà ottobre il picco raggiunge la costa del Maine e del New Hampshire e i Berkshires del Massachusetts, per terminare a fine ottobre con Connecticut, Rhode Island e la costa del Massachusetts. Detto questo, ogni specie si comporta in modo diverso (chi perde le foglie prima, chi dopo) e ogni anno è diverso dal precedente: le condizioni meteorologiche influiscono parecchio sul fenomeno del foliage, anticipandone o posticipandone l'inizio. Per ridurre al minimo i rischi (niente è garantito!), si può puntare sulla seconda settimana di ottobre

nell'area più frequentata (sud Vermont, Berkshires). In ogni caso occorre prenotare con mesi di anticipo: il foliage attrae irresistibilmente gli stessi americani e le folle che si muovono tra le colline in autunno sono paragonabili a quelle che affollano le spiagge in estate.

Le aree migliori. Una premessa: se capitate in un'area del New England quando il foliage è nel suo pieno splendore, vedrete alberi colorati ovunque, dai parchi urbani di Boston alle foreste selvagge dell'interno del Maine. Anche il parcheggio dell'hotel potrebbe regalare fotografie spettacolari. Ciò detto, se l'intenzione è quella di costruire un facile itinerario seguendo i panorami più belli, si può partire dalle Litchfield Hills del Connecticut, continuare attraversando i Berkshires del Massachusetts, percorrere la statale 7 o la strada 100 in Vermont fino a Burlington e terminare quindi a North Conway in New Hampshire, percorrendo la Kancamagus Scenic Byway. Ma le possibilità sono davvero infinite.
Nel **Connecticut**, sono strategiche tutta la Housatonic River Valley e la zona delle Litchfield Hills: in particolare Lake Candlewood e Lake Waramaug, Kent e dintorni (Macedonia State Park), Housatonic Meadows State Park. In **Massachusetts**, i Berkshires si colorano ovunque: a partire da Mt Greylock State Reservation fino a Great Barrington. Consigliabile il *Mohawk Trail*, lungo la strada 2 da North Adams a Greenfield; più a sud, la strada 20 è un'ottima alternativa alla trafficata 90. Nel **Vermont**, Burlington e il Lake Champlain sono ottimi posti per l'osservazione, così come la strada 15 e poi 108 che si dirige a Stowe, verso est (poco più a est si trova l'Elmore Lake, *nella foto*). Da nord a sud si consigliano la statale 7 (che passa per Manchester) e la panoramicissima parallela strada 100, che si inoltra tra le colline seguendo il Mad River. Nel **New Hampshire**, si gode lo spettacolo dei colori a Bretton Woods (magari dalla zipline) e North Conway (dal finestrino della Conway Scenic Railroad). Consigliata soprattutto la Kancamagus Scenic Byway (NH 112), 55 km da Conway a Lincoln, attrezzata con parcheggi lungo la strada (contrariamente a molte altre); da Lincoln si prosegue per il Franconia Notch State Park, altra zona che difficilmente lascia delusi. Nel **Maine**, attorno a Wiscasset, notevoli le strade ME 218 e ME 194; la passeggiata da Rockport a Camden, dove gli alberi sono a picco sul mare; e poi tutto l'interno, specialmente attorno al Baxter State Park.

Attività collaterali. Per tutto il New England l'autunno è alta stagione: troverete ovunque grandi folle, ma anche negozi aperti, fattorie che propongono i loro prodotti, festival e attività di vario tipo. Una delle immagini più belle la offrono i campi di zucche arancioni pronte per Halloween. A North Adams, Massachusetts, va in scena ogni anno tra settembre e ottobre la *Northern Berkshire Fall Foliage Parade.*

West Cornwall, l'ottocentesco ponte coperto che scavalca il fiume Housatonic

Litchfield e dintorni. La cittadina (8400 ab.) che dà il nome a tutta la zona venne fondata nel 1719 e visse il suo periodo di gloria tra la fine del Settecento e il 1840: passavano di qui le carrozze dirette da Hartford ad Albany, nello Stato di New York. La ferrovia cancellò questa funzione e oggi Litchfield è un tranquillo paese di campagna, dove si visitano (con un opuscolo fornito gratuitamente dall'ufficio turistico) belle case d'epoca, la prigione storica, la prima scuola di legge in lingua inglese del mondo (1784); numerose le escursioni nei parchi statali dei dintorni, mentre il **Lake Waramaug** è tra i luoghi più frequentati per il foliage autunnale. Poco a sud, il paese di **Bethlehem** è celebre per la *Christmas Fair* (*christmastownfestival.com*); vi si visita la *Bellamy-Ferriday House and Garden*, casa-museo del 1750 costruita dal teologo Joseph Bellamy. A ovest di Litchfield, il paese di **Bantam** è noto localmente per il *Bantam cinema*, ospitato in un fienile rosso: assistere a un film o a un incontro *Meet the Filmaker* è un'autentica 'Litchfield experience'.

Kent e dintorni

Se c'è da scegliere una strada per esplorare le Litchfield Hills, la numero 7, che segue la valle del fiume Housatonic, è senz'altro la più scenografica e panoramica, soprattutto in autunno. Percorrendola da sud, da New Milford, si arriva in breve al borgo di **Kent** (3000 ab.), centro culturale della zona che invita a una piacevole passeggiata: la via principale è ricca di piccole gallerie d'arte, librerie e caffè e in estate si tiene un popolare festival jazz (*litchfieldjazzfest.com*). Meno di 10 km a nord, al **Kent Falls State Park**, una breve escursione porta a belle cascatelle nel bosco (la più alta è l'ultima, in cima al sentiero; dislivello totale di 76 m).

West Cornwall e dintorni. A nord di Kent e del Kent Falls State Park, la statale 7 risale la valle fino a West Cornwall, dove un bellissimo ponte coperto, costruito nel 1864, attraversa l'Housatonic; lo scenografico tratto successivo del fiume, per circa 20 km, è considerato il più favorevole in assoluto dagli appassionati di pesca a mosca. Nei dintorni, l'**Housatonic Meadow State Park** offre sentieri e bacini per i pescatori, mentre la **Mohawk Mountain Ski Area** (*mohawkmtn.com*) è l'area sciistica più grande del Connecticut.

Canaan e dintorni. La statale 7 arriva a Canaan e prosegue in Massachusetts verso Great Barrington. Circa 20 km a est, lungo la strada 44, **Norfolk** è meta di vacanze per molti newyorkesi. Il bel *municipio* in stile arts & crafts è sede di concerti (*infinityhall.com*) e la musica è protagonista anche dell'estivo *Norfolk Music Festival* (*norfolkmusic.org*). Circa 15 km a ovest di Canaan, **Lakeville** è una raffinata cittadina persa tra i campi, sito di un famoso autodromo che Paul Newman definì il più bello d'America (*limerock.com*).

4.2 Il Massachusetts centrale e i Berkshires

Bastano un paio di ore in auto da Boston (e tre da New York) per immergersi letteralmente in un mondo a parte, dove la natura è dirompente o addomesticata, ma senza prepotenza. Già dagli inizi dell'Ottocento i dolci pendii del Massachusetts interno erano meta privilegiata di chi sentiva il bisogno di respirare aria pulita e rigenerante. Nel 1820 il Mount Holyhoke passò alla storia come prima località di villeggiatura montana d'America: sulla sua vetta fu costruita la Prospect House, con otto camere a disposizione dei turisti a beneficio dei quali si apriva una straordinaria vista sulla valle del Connecticut River ('salire in vetta' non doveva essere una grande impresa, visto che il monte in questione è alto appena 285 metri). Thomas Cole, uno dei principali esponenti della scuola paesaggistica dell'Hudson River, contribuì a far conoscere a tutti la meraviglia di queste zone dipingendo la sua *Veduta dal Mount Holyhoke* nel 1836. Oggi il quadro è al Metropolitan Museum di New York e migliaia di persone si sono innamorate del Massachusetts rurale guardandolo. Lo stesso effetto che hanno avuto le illustrazioni di Norman Rockwell realizzate a Stockbridge, cuore dei Berkshires, la regione quasi al confine con lo Stato di New York le cui colline e villaggi sono la quintessenza dell'immagine del New England. Ma non è solo rivolta la passato l'anima della zona, anzi: nelle piccole e medie cittadine che punteggiano il paesaggio si svolgono alcuni dei festival più innovativi del Paese e si trovano collezioni d'arte moderna e contemporanea di altissimo livello. Un'unione perfetta tra cultura e natura difficile da trovare altrove in forme così felici. Meno visitato, meno bucolico nel paesaggio ma altrettanto ricco di attrazioni culturali è il Massachusetts centrale, che in alcune città, universitarie e non, offre altri spunti di visita.

Per chi viaggia in automobile, le distanze sono limitate: da Boston a Worcester sono circa 75 km (un'ora di viaggio); da Worcester ai Berkshires 160 (un'ora e 40 minuti di viaggio). Per quanto riguarda i Berkshires, utile alla programmazione del viaggio può essere il sito *berkshires.org*, che suggerisce tappe tematiche, dà consigli pratici e informazioni sul calendario sempre fitto di appuntamenti del Massachusetts occidentale; utile anche *berkshiregrown.org* (per prodotti gastronomici, fattorie e mercati agricoli).

Worcester

La seconda città del New England per numero di abitanti (184 000), dopo un passato basato sull'industria manifatturiera – tra le invenzioni di cui è orgogliosa, la busta da lettere moderna e il filo spinato, oltre alle *cards* spedite per San Valentino – nel

I diner di Worcester, icona americana*

I *diner*, vere e proprie icone americane, offrono un'esperienza culinaria semplice, eccellente e tipicamente americana: ci si siede al tavolo o al bancone e si gustano club sandwich, patatine fritte, panini di tutti i tipi e spesso *breakfast* serviti durante tutta la giornata. Non solo, l'architettura dei locali è rimasta spesso quella d'altri tempi: negli anni Trenta era di moda il legno e i diner somigliavano a vagoni ferroviari, negli anni Cinquanta si usava dappertutto metallo scintillante. In Massachusetts i *diner* si trovano ovunque, ma a Worcester se ne trovano di storici: si dice che furono inventati proprio qui! Tra i più belli, il *Miss Worcester Diner* (300 Southbridge St), il Ralph's *Chadwick Square Diner* (95 rear Prescott St), il *Corner Lunch* (133 Lamartine St), *il Boulevard Diner* (155 Shrewsbury St).

periodo postbellico ha dovuto reinventarsi e cercare nuove vie di sviluppo. Ci sta riuscendo grazie ai piccoli college, alla gastronomia e alla scena culturale, la più attiva del Massachusetts dopo quella di Boston.

Worcester Art Museum.** 55 Salisbury St; *visite a pagamento mer-dom ore 10-16*; *worcesterart.org* - Il più ricco museo del Massachusetts dopo il Fine Arts di Boston, fondato nel 1896, è frutto dei generosi lasciti dei magnati delle industrie locali. Oggi conta circa 38 000 opere dall'arte egizia all'arte contemporanea. Il WAM fu il primo museo al mondo ad acquistare un dipinto di Monet raffigurante le celebri ninfee (1910) nonché un dipinto di Gauguin (1921), oltre a essere uno dei primi musei americani a esporre fotografie come opere d'arte (1904). Dopo l'acquisizione della Higgins Armory Collection (2013), ospita una vasta raccolta di **armi e armature***, seconda in America soltanto a quella del Metropolitan Museum of Art. La visita inizia dal livello 1, strutturato intorno alla grande **Renaissance Court** in cui sono esposti **mosaici romani e medievali**** databili dal I al VI secolo, provenienti da una campagna di scavi del 1932-1939 condotti ad Antiochia (oggi Antakya, in Turchia). Le sale adiacenti accolgono opere d'arte antica (Egitto, Grecia, Roma), medievale e asiatica; spicca la collezione di **stampe e opere giapponesi*** dal Seicento all'Ottocento. Una sala è completamente occupata dalla grande **sala capitolare**** (1150-90) dell'abbazia benedettina di St.-Jean-Le-Bas-Nueil vicino a Poitiers, in Francia, già sconsacrata durante la Rivoluzione francese e poi ridotta a stalla; venduta al museo nel 1927, fu trasportata in America pietra per pietra. La ricostruzione del luogo in cui si riunivano i frati è perfetta, e l'effetto di straniamento garantito. Al livello 2, oltre alle esposizioni temporanee, undici sale sono dedicate all'**arte europea** con un'eccezionale sfilata di capolavori dal Trecento al Novecento. Tra gli altri maestri si segnalano: Piero di Cosimo (*Bacco scopre il miele*, 1499), Andrea del Sarto (*S. Giovanni Battista*, 1517), El Greco (*Maddalena penitente*, 1577), Adiaen Van de Venne (*Paesaggio invernale*, 1615), Bernardo Strozzi (*La chiamata di S. Matteo**, 1620), Alonso Cano (*Cristo che porta la croce*, 1635-37), Thomas Gainsborough (*Ritratto delle figlie dell'artista**, 1763-64), Vincent Van Gogh (*Ritratto di uomo con cappello**, 1882), Paul Gauguin (*Donna che medita**, 1891), Claude Monet (*Ninfee**, 1908), Vasilij Kandinskij (*Senza titolo 629*,

Collezionisti in paradiso

Migliaia di venditori (fino a 6000) e centinaia di migliaia di acquirenti: il **Brimfield Antique Show** è la mecca di ogni collezionista di antiquariato, mobili e giocattoli. Si svolge all'aperto in una grande area circa 10 km a ovest di Sturbridge, lungo la US 20, ed è una delle più grandi fiere antiquarie all'aperto di tutto il Nord America. Dura tre settimane e viene organizzata ogni anno, solitamente a metà maggio, ai primi di luglio e ai primi di settembre. Per informazioni: *brimfieldshow.com*

L'Old Sturbridge Village

1936). Ai livelli 3 e 4, meno estesi dei precedenti, sono esposte **arte contemporanea**, **arte precolombiana** e **arte americana**, quest'ultima con particolare focus sulla pittura coloniale e sull'impressionismo americano. Spiccano le opere di Winslow Homer (*Ragazzi e gattino**, 1873; *Tempesta*, 1883), John Singer Sargent (*Veneziane al pozzo*, 1870-72; *Alligatori nel fango**, acquerello del 1917); Frank Benson (*Ritratto delle mie figlie**, 1907), Childe Hassam (*La stanza della colazione**, 1911).

Old Sturbridge Village

1 Old Sturbridge Village Road, Sturbridge; *visite a pagamento da giugno ad agosto mer-dom ore 9.30-17, in altri mesi orari ridotti; osv.org* - Situato sulla US 20 a metà strada tra Worcester e Springfield, è un villaggio restaurato e ricostruito, con una quarantina di edifici visitabili trasportati qui da tutta la regione.
L'idea è stata quella di ricostruire la vita di un paese del New England attorno al 1830; molte strutture, dalla fucina del fabbro alla scuola, sono 'abitate' da interpreti in costume che spiegano, intrattengono e raccontano ai visitatori la loro giornata e i loro mestieri. Si osservano anche tre mulini ad acqua e una grande fattoria, con razze di animali dell'epoca. Il contesto è bucolico, gli attori convincenti, l'atmosfera turistica (come prova il gran numero di motel, negozi e fast food sorti accanto all'ingresso del villaggio).

Springfield

Caratteristica di Springfield (153 000 ab.), più che la piacevolezza del centro urbano, è la vivacità della vita culturale con istituzioni museali diverse e interessanti (Springfield Museums). Siamo nella patria del basket e nel luogo natale dello scrittore e fumettista Dr. Seuss, assai conosciuto in America: due eventi che portano in città migliaia di visitatori ogni anno.

Springfield Museums*. 21 Edwards St; *visite a pagamento a tutti i musei con un unico biglietto, mar-sab ore 10-17, dom 11-17; springfieldmuseums.org* - Cinque musei (e un giardino) riuniti in una unica struttura. Il **George Walter Vincent Smith Art Museum*** – decorato da vetrate di Tiffany – espone le eclettiche collezioni donate da Smith e dalla moglie, tra cui armature di samurai giapponesi, tappeti mediorientali, una delle più grandi raccolte di cloisonné cinesi fuori dall'Asia e acquerelli italiani

Una scultura al The Amazing World of Dr. Seuss Museum di Springfield

ottocenteschi. Il **Michele and Donald D'Amour Museum of Fine Arts**, sistemato in un edificio Art Déco del 1933, ospita opere d'arte americana, asiatica ed europea: vi si vedono dipinti di Pissarro, Renoir, O'Keeffe, Picasso e *Il Monumento storico della Repubblica americana** di Erastus Salisbury Field, celebre dipinto che idealizza la storia degli Stati Uniti in un paesaggio urbano con edifici di fantasia (1867-1888). Lo **Springfield Science Museum** comprende anche un planetario, mentre il **Lyman and Merrie Wood Museum of Springfield History** è noto soprattutto per la collezione di motociclette Indian Motocycle e due Rolls-Royce (negli anni '20 del Novecento la sede americana della Rolls-Royce produsse centinaia di vetture proprio a Springfield). Nel 2017, ultimo dei musei di Springfield, è stato inaugurato **The Amazing World of Dr. Seuss Museum***, dedicato allo scrittore e fumettista Dr. Seuss (nato a Springfield nel 1904 e morto nel 1991), autore di celebri libri per bambini e vera e propria icona americana: Theodor Seuss Geisel – questo il vero nome – è celebrato sia attraverso il racconto della vita (lettere, fotografie, disegni originali, diorami dello studio e della sala da pranzo) sia con mostre interattive in cui si comprende come la sua opera abbia contribuito a rivoluzionare il processo di apprendimento del bambino attraverso la lettura. All'esterno, un giardino ospita alcune sculture ispirate ai suoi lavori.

Naismith Memorial Basketball Hall of Fame. 1000 W Columbus Ave; *visite a pagamento in luglio-agosto ore 10-17, nel resto dell'anno con orari diversi*; *hoophall.com* - Gli appassionati di pallacanestro non potranno mancare la visita al luogo che celebra la città e l'inventore di uno degli sport oggi più popolari al mondo: era il dicembre del 1891 quando James Naismith, insegnante di educazione fisica, spinto a ideare qualcosa che potesse divertire gli studenti durante le lezioni di ginnastica al chiuso, prese due cesti di legno per raccogliere le pesche, li appese alle pareti della palestra dello Springfield College e scrisse 13 regole di un nuovo gioco (12 delle quali in vigore ancora oggi). Ad accogliere i visitatori, in un grande edificio a forma di palla, pannelli didattici sull'origine del basket e racconti di grandi campioni, oltre a campi di prova, giochi, filmati di partite passate alla storia.

Springfield Armory National Historic Site. All'angolo tra Federal e State St; *ingresso gratuito ore 9-17*; *nps.gov/spar* - La più grande armeria federale del Paese, istituita da George Washington qui a Springfield, dal 1794 al 1968 si occupò della costruzione, dell'immagazzinamento, della riparazione, dei test e dello sviluppo relativi a tutte le armi utilizzate dall'esercito americano. La sua storia e i progressi tecnici ottenuti nel campo in due secoli sono illustrati nel **Main Arsenal**, il vecchio magazzino ora trasformato in museo e sito storico nazionale. Tra le migliaia di armi da fuoco, una delle collezioni più vaste al mondo, spiccano moschetti e fucili usati durante le varie guerre ma soprattutto il gigantesco organo composto da 645 moschetti reso celebre da una poesia antimilitaristica di Henry Wadsworth Longfellow, *The Arsenal at Springfield*, scritta nel 1843.

Amherst* e Northampton*

Chi pensa che tutta la vita universitaria del Massachusetts passi da Harvard e dintorni, qui dovrà ricredersi: perché a nord di Springfield la cosiddetta Pioneer Valley – un corridoio verdeggiante creato dal fiume Connecticut – ospita nelle cittadine di Amherst (38 000 ab.) e Northampton (28 000 ab.), situate a una dozzina di chilometri l'una dall'altra, prestigiosi college e università affollati di vivaci comunità di studenti. È questa una delle aree più *liberal* e progressiste del New England, popolata da migliaia di studenti, abitata da una folta comunità omosessuale e sede di numerose organizzazioni artistiche e intellettuali spesso pioniere della cosiddetta 'cultura alternativa'. Il contesto giusto per farsi coinvolgere in un'atmosfera frizzante – soprattutto in primavera e in autunno – e trascorrere un po' di tempo fra interessanti musei, caffè biologici, negozi di dischi e di libri usati, concerti improvvisati e ristoranti etnici (per informazioni sui tanti eventi in programma, *amherstarea.com* e *explorenorthampton.com*).
Amherst e Northampton sono unite da un itinerario escursionistico e ciclabile lungo circa 12 km che corre lungo il tracciato della vecchia ferrovia, il **Norwottuck Rail Trail** (*mass.gov/locations/norwottuck-rail-trail*).

L'interno del Naismith Memorial Basketball Hall of Fame di Springfield

La casa di Emily Dickinson ad Amherst

Centro di Amherst. La passeggiata può iniziare dall'*Amherst College* (*amherst.edu*), a sud del centro urbano, dove sono aperti alle visite gratuite il **Mead Art Museum** (41 Quadrangle Dr; *orari vari, spesso fino a mezzanotte*), eclettica collezione di opere d'arte da tutto il mondo, e il **Beneski Museum of Natural History** (11 Barrett Hill Rd), che espone mammut e scheletri di dinosauri. Verso nord si estende l'*Amherst Green*, ampio spazio verde sul quale affaccia lo storico *Lord Jeffrey Inn*. Oltre, deviando a destra su Main St si arriva all'**Emily Dickinson Museum** (280 Main St; *tour guidati a pagamento da marzo a dicembre ore 11-16*; *emilydickinsonmuseum.org*), che comprende la casa in cui visse la poetessa, nata e morta ad Amherst (1830-86), e quella del fratello. Più a nord per Pleasant St si giunge al **West Cemetery**, dove sono sepolte le personalità locali: la lapide di Emily Dickinson si trova lungo il vialetto principale, in fondo al cimitero; bei murales raffiguranti le celebrità locali sono dipinti sulle facciate posteriori di alcuni edifici che delimitano il cimitero.

Eric Carle Museum of Picture Book Art*. 125 W Bay Rd; *visite a pagamento lun-ven ore 10-16, sab 10-17, dom 12-17*; *carlemuseum.org* - Isolato in mezzo alla campagna meno di 10 km a sud di Amherst e 10 km a est di Northampton, il museo è stato fondato e inaugurato nel 2001 da Eric Carle, celebre illustratore e autore di *The Very Hungry Caterpillar* (1969, in italiano *Il piccolo bruco Maisazio*), uno dei libri per bambini più venduti al mondo. Dedicato all'arte dell'illustrazione, soprattutto di libri per bambini, comprende una collezione permanente e sale per mostre temporanee, ma è anche e soprattutto un bellissimo spazio in cui sperimentare la propria creatività grazie ai laboratori rivolti a piccoli e adulti. Lo shop del museo è straordinariamente fornito di libri illustrati per bambini. Nei pressi si trova l'**Atkins Farms Country Market** (1150 West St/MA 116), una fattoria-mercato in cui si assaggiano prodotti locali.

Centro di Northampton. La passeggiata può iniziare dall'**Hotel Northampton** (36 King St), dal 1927 il migliore della città, per proseguire a sud su Pleasant St e a destra su Main St, lungo cui si incontra anche il centro commerciale **Thornes Marketplace** (150 Main St), con negozi e ristoranti. In Elm Street, prosecuzione di Main Street, inizia l'area occupata dallo **Smith College** (*accesso libero, cartine e visite guidate durante la settimana all'Office of Admissions*), uno dei più grandi college femminili degli Stati Uniti, fondato nel 1875 (vi hanno studiato, tra le altre, la poetessa Sylvia Plath e la cuoca e gastronoma Julia Child). Piacevole la passeggiata per il grande campus tra edifici storici, una casa del tè giapponese e lo stagno detto *Paradise Pond*, su cui si affacciano le serre vittoriane del giardino botanico (Lyman Conservatory, 15 College Lane). L'istituzione più importante del college e della cittadina è però lo **Smith College Museum of Art*** (20 Elm St; *visite a pagamento mar-sab ore 10-16, gio 10-20, dom 12-16*; *smith.edu/artmuseum*), in cui sono esposte circa 25 000 opere di ogni epoca e provenienti da tutto il mondo (spesso lasciti di ex studenti del college). Quattro i livelli, il principale dei quali è dedicato a mostre temporanee. Al terzo piano sono

Le bionde del New England. Ma anche le rosse, le more...

Tutto merito dell'ex presidente Jimmy Carter che nel 1979 liberalizzò il mercato della birra rendendo più semplice produrla anche in piccole quantità, persino in casa. Allora i microbirrifici in tutti gli Stati Uniti erano 89, oggi sono più di 4000 con una particolare concentrazione negli Stati del Nord, New England compreso. D'altronde la prima *publick house*, una sorta di pub ante litteram, venne aperta in Massachusetts già nel 1634, pochi anni dopo lo sbarco dei Padri pellegrini. In ognuno dei sei Stati si trovano decine di microbirrifici nonché Beer trail, ovvero itinerari della birra che segnano, tappa per tappa, gli indirizzi da non perdere. Ecco i riferimenti online: **Connecticut**, *ctvisit.com/trail/beer*; **Rhode Island**, *visitrhodeisland.com/things-to-do/libations/breweries-distilleries*; **Massachusetts**, *massbrewersguild.org*; **Vermont**: *vermontbrewers.com/brewery-trails*; **Maine**: *visitmaine.com/things-to-do/dining-and-nightlife/the-maine-beer-trail*; **New Hampshire**: *visitnh.gov/things-to-do/food-and-drink/breweries*. Ovunque c'è un grande, contagioso spirito Newenglander: i microbirrifici sono tutti diversi tra loro eppure tutti accomunati dalla passione di fare le cose in 'casa' per gli amici o compaesani; non ce n'è uno che non venda il suo *growler*, ovvero il contenitore da riempire con la birra alla spina ogni volta che si desidera. Per assaggiarle tutte non basterebbe una vita, ma alcune valgono davvero l'esperienza.

Wachussett Brewery, Massachusetts. Ormai non è più micro il birrificio di **Westminster**, visto che produce milioni di birre ogni anno: ma lo spirito è sempre quello del 1994, quando tre ragazzi s'inventarono un'attività e furono travolti dal successo. «Vendiamo per l'85% in Massachusetts e per il 99% nel New England», dichiarano con orgoglio: come dire, la globalizzazione non fa per noi. Tour ed eventi (175 State Road East; *wachusettbrewingcompany.com*).

Tree House Brewing Company, Massachusetts. Decine di blog li mettono al numero uno delle classifiche locali: i superlativi si sprecano per questo microbirrificio di **Charlton**, vicino a Worcester (129 Sturbridge Rd; *http://treehousebrew.com*) che vende pochissime varietà al giorno, solo nel suo punto vendita e solo a certi orari. Il tempo speso in coda si dimentica presto, quando si degusta il nettare profumato, sublime, perfettamente equilibrato.

Hill Farmstead Brewery, Vermont. Per il *New York Times* una delle migliori birre statunitensi viene prodotta qui, non lontano da **Stowe** (403 Hill Road, Greensboro Bend; *hillfarmstead.com*). Il fondatore e mastro birraio Shaun Hill ha creato la sua prima bionda per un esperimento scientifico al liceo e ora vanta nel suo palmares anche una medaglia d'oro della Beer World Cup. Le sue birre classiche portano i nomi degli avi e si possono provare da lui o in pochissimi locali della zona.

Whetstone, Vermont. Microbirrificio e ristorante affacciato sul Connecticut River a **Brattleboro** (36 Bridge Street; *whetstonestation.com*), pluripremiato per le sue poche ma ottime birre da gustare nel beergarden. Sono talmente fieri delle loro produzioni che mettono online le ricette.

Allagash Brewing Company, Maine. Dal 1995 il microbirrificio di **Portland** (50 Industrial Way; *allagash.com*) produce birre ispirate alle migliori lager del Belgio. Fin dall'inizio ha puntato su sostenibilità ambientale e sulla comunità locale. Tour gratuiti tutto l'anno tutti i giorni, con assaggi.

Atlantic Brewing Company, Maine. Tutto è iniziato con un barile di birra prodotto nel 1990 dall'Acadia Brewing, ma le richieste hanno costretto presto ad aumentare le produzione. D'altronde, cosa c'è di più Maine style di una birra ai mirtilli? Oggi ci sono due sedi sulla **Mount Desert Island** (15 Knox Road e 52 Cottage Street, Bar Harbor; *atlanticbrewing.com*), ma le birre sono in vendita in molti locali di tutto lo Stato e non solo.

esposte opere realizzate in Africa, America ed Europa dopo il 1800, organizzate attorno al tema 'Tradizione e trasformazione': tra gli artisti rappresentati, Degas, Corot, Courbet, Cézanne, Monet, Seurat, Bierstadt, Sargent. Al secondo piano il tema è invece 'Sacro e secolare', sviluppato attraverso opere eseguite prima del 1800 in America, Europa e nel mondo antico. Sempre al secondo piano è il *Cunningham Center for Prints, Drawings and Photographs*. Al piano più basso trovano spazio le opere successive al 1950 e la *Carol T. Christ Gallery for Asian Art*, dedicata all'arte asiatica.

Dintorni di Northampton. Circa 8 km a sud, sulla riva occidentale del Connecticut River presso *Holyoke* (US 5), si trovano 134 impronte di tre specie diverse di **dinosauri**: l'accesso al sito è facile e ben segnalato. Qualche chilometro più a sud si può salire sulla cima del **Mt Holyoke**, tutelato dallo Skinner State Park, per una bella vista sulla valle e il Connecticut River.

Deerfield e dintorni

Circa 25 km a nord di Northampton, lungo la strada 91 e poi la 5, l'**Historic Deerfield Village** (*historic-deerfield.org*) è un villaggio formato da alcune case settecentesche e ottocentesche che affacciano su un'unica strada, tutte ben conservate e ammobiliate con arredi d'epoca. È già piacevole vederle dall'esterno, per entrarci occorre un biglietto d'ingresso (*ore 9.30-16.30, in alcune case visite guidate; da dicembre a marzo solo sab e dom*). Poco a sud, il vecchio mulino in legno di Montague, del 1842, si è trasformato oggi nel **Montague Bookmill**, enorme e affascinante negozio di libri usati, venduti a metà prezzo, in cui si legge seduti su comodi divani e si prende un caffè ammirando il Sawmill River da ampie vetrate (440 Greenfield Rd; *dom-mer ore 10-18, gio-sab 10-20, in inverno 10-18*; *montaguebookmill.com*).

Shelburne Falls

Gallerie d'arte, negozi d'artigianato, un ponte fiorito e un fiume che l'attraversa: non si può dire che Shelburne Falls (1800 ab.) non sia pittoresca. La sua attrazione principale è il **Bridge of Flowers**, ponte ricoperto di piante e fiori curato da volontari sin dal 1929, ma interessanti sono anche le **Glacial Potholes**, poco lontano (in fondo a Deerfield Ave), 'marmitte dei giganti' formate nel letto roccioso del fiume dall'effetto vortice di acqua e pietre di varie dimensioni: alcuni cerchi sono quasi perfetti. Da Shelburne Falls parte il *Mohawk Trail*, la panoramica strada numero 2 che in circa 100 km arriva a Williamstown.

Great Barrington e dintorni

Nella cittadina (7100 ab.), la prima che si incontra provenendo dalle Litchfield Hills del Connecticut, si trovano alcuni dei migliori ristoranti dei Berkshires, assieme a gallerie d'arte, birrifici artigianali a energia solare, caffè biologici e ristoranti a chilometro zero: una piacevole atmosfera a metà tra il raffinato e il bohémien – ma siamo pur sempre tra le colline. Dopo una

Il ponte coperto di fiori a Shelburne Falls

L'edificio del Norman Rockwell Museum di Stockbridge

passeggiata su Main St, è bella l'esplorazione dei dintorni, punteggiati di fattorie dove raccogliere frutta (dai mirtilli alle mele) e ideali per passeggiate: a sud verso lo sperone calcareo di *Bartholemew's Cobble*, a nord verso *Monument Mountain*, entrambi gestiti da The Trustees (*thetrustees.org*). Nell'angolo sudoccidentale del Massachusetts, a circa 25 km da Great Barrington si trovano invece le **Bish Bish Falls**, una scenografica doppia cascata.

Stockbridge**

Attraversata dalla Route 7, che qui diventa Main Street, la cittadina (2000 ab.) è un compendio dell'*American way of life*. Belle case di legno bianche in stile Greek Revival immerse in giardini curatissimi, viali alberati, piccoli negozi di artigianato, l'albergo storico con le classiche sedie a dondolo in legno sul portico. Capita che sembri familiare anche se è la prima volta che la si vede. Il motivo è presto detto: il grande illustratore e pittore Norman Rockwell visse qui gli ultimi 25 anni della sua vita e ritrasse ogni angolo, ogni abitante, ogni ambiente del paese. Stockbridge ispirò decine di illustrazioni e copertine per il *Saturday Evening Post* e poi per *Look Magazine*. Alla sua morte, nel 1978, l'artista aveva già deciso di donare al pubblico molte delle sue opere e la casa-studio, fulcro del **Norman Rockwell Museum**** (9 Glendale Road; *visite a pagamento da maggio a ottobre ore 10-17, da novembre ad aprile lun-ven 10-16, sab-dom 10-17*; *nrm.org*). Oggi il museo custodisce la più ricca collezione di suoi lavori, compresi alcuni tra i più celebri quali *Four Fredooms** (in prestito ad altre istituzioni fino al 2020), quattro illustrazioni realizzate per il *Saturday Evening Post* nel 1943 per raccogliere fondi per la guerra; il *ritratto di John Fitzgerald Kennedy* del 1960; *Golden Rule*, dipinto del 1961 raffigurante un mosaico di persone di fedi ed etnie diverse, ispirato alle missioni umanitarie delle Nazioni Unite; *Home for Christmas**, del 1967, in cui la Main Street di Stockbridge è ritratta sotto un candido manto di neve. L'illustrazione di Rockwell vale da guida per la passeggiata di oggi lungo Main Street: dalla biblioteca al negozio di antiquariato, dal vecchio ufficio al Red Lion Inn (fermata della diligenza dal 1773 e da allora albergo: vale la pena curiosare nella lobby) allo studio dell'artista che appare a destra, illuminato all'interno da un colorato albero di Natale, tutto è al proprio posto. Stockbridge sembra essere rimasta esattamente la stessa, orgogliosa di quello che era e intenzionata a conservare al meglio l'aspetto che l'ha resa celebre (per questo, ad esempio, non ci sono semafori). Altro figlio illustre di Stockbridge è lo scultore Daniel Chester French (1850-1931), che visse e lavorò nella tenuta di **Chesterwood** (4 Williamsville Road; *visite a pagamento da fine maggio a metà ottobre ore 10-17*; *chesterwood.org*). Autore di opere iconiche nell'immaginario americano come la statua di Abramo Lincoln nel Lincoln Memorial di Washington, quella dedicata ai Minuteman a Concord, il monumento a John Harvard nel cuore dell'Università di Harvard, French

Un interno della grande dimora di Edith Warthon a Lenox

trascorreva qui tutte le sue estati lavorando a nuovi progetti. La casa e lo studio sono rimasti intatti e accolgono quasi 500 sculture, alcune delle quali incompiute. Assai diversa dall'atmosfera quasi pastorale della tenuta di Chesterwood è quella che si respira a **Naumkeag**, un'enorme proprietà appartenuta all'ex ambasciatore americano in Gran Bretagna Joseph Hodges Choate e ora nel National Register of Historic Places (5 Prospect Street; *visite a pagamento da fine maggio a metà ottobre ore 10-17*; *thetrustees.org*). Costruito nel 1885, il 'cottage', come lo definiva il proprietario, è una perfetta testimonianza della cosiddetta Gilded Age, con le sue 44 camere, gli arredi eclettici e sontuosi e un vasto giardino all'italiana ornato di aiuole, fontane e statue tra le quali è piacevole perdersi specialmente in estate.

Lenox* e dintorni

Nell'apparente quiete bucolica, questa cittadina (5000 ab.) attraversata dalla Route 7 è in realtà un vivace centro culturale da almeno due secoli, tanto che la 'nobiltà' americana della East Cost – i Vanderbilt, i Carnegie, i Westinghouse – soprattutto tra il 1880 e il 1920, nel pieno della Gilded Age, la scelse come buen retiro facendovi costruire eleganti cottage. Per un anno e mezzo visse qui Nathaniel Hawthorne e vi si trasferì, nel 1899, anche la scrittrice e poetessa Edith Warthon, prima donna a vincere il premio Pulitzer nel 1921 col romanzo *The Age of Innocence* (*L'età dell'innocenza*). Nel 1902 la Wharton si fece costruire una residenza principesca, **The Mount** (2 Plunkett Street; *visite a pagamento da maggio a ottobre ore 10-17*; *edithwharton.org*), in cui intratteneva i suoi amici intellettuali, tra i quali Henry James. Appassionata di interior design, si occupò personalmente degli arredi della magione nonché dei circostanti giardini all'italiana: il suo libro *The decoration of houses*, manuale sulla decorazione d'interni, suscitò una vera e propria moda tra le signore dell'alta società. All'interno della proprietà, National Historic Landmark dal 1971, si può fare oggi anche un *ghost tour* sulla scia di un'altra passione della Wharton, quella per il paranormale e per i fantasmi (sosteneva ce ne fossero molti a The Mount).

Appena fuori Lenox, verso ovest, **Tanglewood** è sede estiva della Boston Symphony Orchestra e del *Tanglewood Music Festival* (*tanglewood.org*), uno dei più prestigiosi eventi musicali estivi degli Stati Uniti: la prima edizione risale al 1934 e da allora centinaia di artisti di tutto il mondo si sono esibiti allo Shed, uno spazio per concerti con 6000 posti a sedere, e nei prati circostanti. I concerti più attesi sono quelli della Boston Symphony Orchestra nei weekend di luglio e agosto. L'ideale è arrivarci col necessario per mangiare all'aperto cercando, nel verde, il luogo con l'acustica migliore. Lenox è anche centro di varie attività sportive, meditative e olistiche improntate all'ecostenibilità.

Circa 30 km a nord lungo la Route 7 **Jiminy Peak** (*jiminypeak.com*) è la prima stazione sciistica a energia eolica degli Stati Uniti (in estate le piste si trasformano in tracce perfette per escursioni in bici e passeggiate), mentre a poca distanza dal centro cittadino il **Kripalu Center** (*kripalu.org*) è il più importante centro di yoga del Nordest americano (costruito secondo principi di sostenibilità ambientale), con decine di corsi, seminari, lezioni e possibile pernottamento.

Pittsfield*

Capoluogo della contea di Berkshire, la città (42 000 ab.) è centro della regione, sede dei servizi istituzionali e della camera di commercio (66 Allen Street; *lun-ven ore 10-17, sab 12-17*) presso cui ottenere informazioni turistiche sulla città e sui Berkshires. Il centro conserva numerosi edifici storici risalenti alla Gilded Age, tra i quali il **Colonial Theatre** degli inizi del Novecento, iscritto nel National Register of Historic Places. Ma negli ultimi anni Pittsfield sta investendo in un processo di riqualificazione culturale tanto da esser stata definita, dal *Financial Times*, la Brooklyn dei Berkshires. La scena gastronomica è tra le più varie della zona e non manca un singolare e interessante museo, il **Berkshire Museum*** (39 South Street; *visite a pagamento lun-sab ore 10-17, dom 12-17*; *berkshiremuseum.org*). Fondato nel 1903 da Zenas Crane, industriale della carta, ospita una serie di collezioni molto diverse tra loro, con spazi dedicati a scienza, arte e storia. Spiccano i dipinti della Hudson River School e capolavori europei di Cézanne e Renoir. Negli anni Trenta il museo fu il primo negli Stati Uniti a commissionare due sculture cinetiche ad Alexander Calder, *mobiles* tutt'ora esposte ai lati del proscenio del teatro interno. Il recente processo di rinnovamento e ampliamento ha portato all'inaugurazione di un'ala dedicata alla tecnologia.

Dal 1850 al 1863 a Pittsfield visse Herman Melville, nella residenza di Arrowhead ora nota come **Herman Melville House*** (780 Holmes Road; *visite a pagamento nei mesi estivi ore 9.30-17*; *berkshirehistory.org*). Qui scrisse le sue opere più importanti, compreso *Moby Dick*, che terminò e pubblicò nel 1951. Fu l'amicizia con Nathaniel Hawthorne (dedicatario del capolavoro), che abitava nella vicina Lenox, a convincere Melville a lasciare New York e acquistare la fattoria. I suoi luoghi preferiti fanno ora parte del **Melville Trail**, un percorso segnato da pannelli esplicativi che ne raccontano la frequentazione. Ne sono tappe la casa a Arrowhead; l'*Hancock Shaker Village* pochi km a ovest (vedi box a pag. 171); il *Berkshire Atheneum* (1 Wendell Avenue; *pittsfieldlibrary.org*), la biblioteca che conserva lettere, foto, oggetti personali e le prime edizioni dei libri di Melville; il *Crane Museum of Papermaking* (Housatonic Street, Dalton; *crane.com*), pochi km a est, ovvero il museo della carta prodotta qui dall'Ottocento con fibra di cotone e non cellulosa (carta che Melville amava usare e con la quale sono fabbricati i dollari dal 1879); il cottage di Hawthorne a Lenox; il *Mount Greylock* (il picco più alto dello Stato con i suoi 1200 m) e la *Monument Mountain*, scalando la quale Hawthorne e Melville divennero amici.

L'Hancock Shaker Village intorno a Pittsfield, uno dei luoghi in cui amava passeggiare Herman Melville

Williamstown, l'ingresso allo Sterling & Francine Clark Art Institute

Williamstown*

A differenza di altre cittadine dei Berkshires, Williamstown (7700 ab.) è pervasa da una vivace atmosfera studentesca: merito del Williams College, università di arti liberali (discipline umanistiche) tra le più prestigiose ed elitarie degli Stati Uniti, che con i suoi edifici – separati da grandi spazi verdi - occupa il centro cittadino.

Williams College Museum of Art* (15 Lawrence Hall Dr; *ingresso gratuito ore 10-17, gio 10-20; in inverno chiuso mercoledì; wcma.williams.edu*). Il museo dell'università raduna una straordinaria collezione di circa 15 000 opere dall'arte egizia a oggi, con particolare focus sull'arte contemporanea, la fotografia e la pittura indiana. Vanta anche la più importante collezione di opere del pittore postimpressionista Maurice Prendergast e di suo fratello Charles. Davanti al museo la scultura *Eyes (Nine Elements)* di Louise Bourgeois (2001), che ne è diventata il simbolo.

Sterling & Francine Clark Art Institute**. 225 South St; *visite a pagamento mar-dom 10-17; clarkart.edu* - Poco lontano dal centro di Williamstown, in mezzo ai boschi dei Berkshires, si trova uno dei luoghi più sorprendenti di tutto il New England: un vasto e bellissimo museo conosciuto tra l'altro per ospitare la più grande collezione di impressionisti francesi fuori dall'Europa. La storia di 'The Clark', com'è solitamente chiamato, coincide con quella di Robert Sterling Clark e della moglie Francine, che grazie alla fortuna ereditata dal nonno di lui – manager della Singer, la famosa azienda delle macchine per cucire – collezionarono dal 1911 un'enorme quantità d'opere d'arte. Alla fine degli anni Quaranta scelsero di trasferire il loro tesoro da New York (ne era prevista la donazione al Metropolitan Museum, ritenuto però insicuro in clima di Guerra fredda) a Williamstown, dove il padre e il nonno di Sterling erano stati *trustees* (finanziatori e membri del consiglio) del Williams College, e per esporlo al pubblico fecero costruire un museo, inaugurato nel 1955.
Inizialmente i Clark si erano concentrati sulla **pittura italiana** e **fiamminga** e nel museo si ammirano, tra l'altro, una bellissima *Madonna con bambino** di Piero della Francesca (1475-82), una *Pietà* del Perugino, una *Madonna con bambino e S. Giovanni Battista** della scuola di Botticelli (1490-1500). Poi il loro gusto si spostò sui **francesi dell'Ottocento** – in particolare sui lavori della scuola di Barbizon e sugli impressionisti – e su artisti americani come Sargent e Homer. Fra le tantissime opere che meritano di essere citate: tra i francesi, *Danzatrici nell'aula** di Degas (1880), alcuni

Sterling & Francine Clark Art Institute, le *Danzatrici nell'aula* di Edgar Degas

bronzi di danzatrici sempre di Degas, *Cattedrale di Rouen in piena luce** e *Scogliere di Etretat** di Monet (1892-94), *Carmen** di Toulouse-Lautrec (1884) e molte opere di Renoir, tra cui un *Autoritratto** (1899) e *Donna che dorme con un gatto** (1880); rappresentati anche Manet, Morisot, Pissarro e poi opere neoclassiche, come *Il mercato degli schiavi** di Gérôme (1884). Tra gli americani si segnalano le opere di Sargent (*Fumo d'ambra grigia**, 1880; *Bambini napoletani sulla spiaggia*, 1879), di Inness e di Remington (*Amici o nemici?**, 1902-05). Nel 2007, il museo ha ricevuto in donazione **The Manton Collection of British Art***, ricca di oltre 200 opere di artisti inglesi come Turner, Gainsborough e Constable. Non mancano una collezione di **argenti europei e americani*** di grande valore e una raccolta di **stampe** di artisti come Dürer, Munch, Toulouse-Lautrec.
The Clark, in realtà, non è solo un museo pubblico, ma anche un centro di ricerca e di programmi accademici che include una grande biblioteca d'arte. Negli anni recenti sono continuati i lavori di ingrandimento e di valorizzazione della struttura e dei terreni circostanti (mappa all'entrata), in cui è gradevole passeggiare dopo la visita delle collezioni: nel 2001 il paesaggista Reed Hilderbrand ha ridisegnato i terreni del campus, piantando mille alberi; nel 2008 e nel 2014 gli spazi a disposizione del museo sono stati ampliati con l'aggiunta di due nuovi edifici progettati da Tadao Ando, rispettivamente il **Lunder Center at Stone Hill** (sulla collina dietro al museo; è il centro di ricerca) e il **Clark Center** (nei pressi del museo, per mostre temporanee ed eventi).

North Adams*

Le atmosfere idilliache dei Berkshires cambiano volto giungendo in questa cittadina (13 000 ab.) al confine con il Vermont. Già da prima della Rivoluzione americana North Adams era centro di attività produttive grazie alla confluenza dei due rami del fiume Hoosic, che garantiva l'energia idraulica necessaria per produrre legname, mattoni e scarpe. Dal 1860 le produzioni si concentrarono nel settore tessile, coi rifornimenti all'esercito dell'Unione. La Grande depressione del 1929 arrestò bruscamente il mercato e sembrò condannare la città al declino, ma durante la seconda guerra mondiale le fabbriche vennero riutilizzate per l'industria bellica ad alta tecnologia. Dopo il conflitto la produzione si spostò nel settore dei materiali elettrici e dei semiconduttori, finché, negli anni '80, la concorrenza estera non costrinse alla chiusura degli stabilimenti. North Adams rischiava di diventare una città fantasma. La soluzione e la salvezza nacquero da un incontro: da una parte l'allora direttore del Williams College Museum of Art, Thomas Krens (ora al Guggenheim di New York), che stava cercando uno spazio in grado di accogliere opere di arte contemporanea di grandi dimensioni non inseribili nei musei tradizionali; dall'altra l'allora sindaco della città, John Barrett III, che gli propose di utilizzare allo scopo gli enormi edifici del complesso industriale abbandonato di Marshall Street. Le fondamenta del **Mass-Moca, Massachusetts Museum of Contemporary Art**** (1040 MassMoca Way; *visite a pagamento in autunno, inverno, primavera tutti i giorni tranne martedì ore 11-17, in estate dom-mer 10-18, gio-sab 10-19; massmoca.org*) erano poste e nel 1999 si aprirono le porte di quello che nel corso degli anni, con vari ampliamenti, è diventato il più grande centro per l'arte contemporanea degli Stati Uniti. Il calendario delle mostre temporanee è intenso come quello dei concerti, degli eventi pubblici e degli spettacoli. La collezione permanente include più di cento *wall drawings* (disegni sui muri) di **Sol LeWitt,** concepiti lungo tutta la carriera dell'artista americano che ha contribuito allo strabiliante allestimento: forme geometriche, colori, contrasti, scritte e indicazioni, pensieri e impercettibili segni sul muro occupano enormi sale nelle quali è un piacere perdersi. In uno degli edifici del museo sono installate tre monumentali opere del tedesco Anselm Kiefer (quello dei *Sette grattacieli celesti* in mostra permanente all'Hangar Bicocca di Milano), esposte fino al 2028, mentre in un altro sono protagoniste le sculture di Joseph Beuys. Al MassMoca c'è anche da tenere le orecchie ben aperte: nel corridoio che conduce dalla retrospettiva dei lavori di LeWitt all'atrio del museo l'artista Julianne Swartz ha installato altoparlanti nascosti dai quali provengono le voci di 24 persone che, mixate e rimasterizzate, sembrano quasi rievocare i suoni di una fabbrica. Un tunnel della memoria industriale di North Adams.

Danza, teatro e musica nei Berkshires

Il **Tanglewood Music Festival** (vedi pag. 159) è senz'altro il più famoso, ma nella zona dei Berkshires sono moltissimi i festival organizzati da giugno ad agosto, spesso in location all'aperto e davvero scenografiche. Per gli appassionati di musica classica, **Aston Magna** (*astonmagna.org*) a Great Barrington; per la danza, **Jacob's Pillow** (*jacobspillow.org*) a Lee; per il teatro, opere di Shakespeare nella tenuta **The Mount** (*edithwharton.org*) a Lenox, spettacoli alternativi al **Williamstown Theatre Festival** a Williamstown (*wtfestival.org*).

Mt Greylock State Reservation

Per ammirare il più alto *panorama* dei Berkshires bisogna salire sulla **War Veterans Memorial Tower** (28 m di altezza) in cima al Mount Greylock (1047 m): vi si arriva da maggio a ottobre sia da North Adams sia da Lanesborough. Sul tragitto da Lanesborough si incontra il centro visitatori di Greylock; in cima, il rifugio Bascom Lodge offre pernottamento e pasti.

Wall drawings di Sol LeWitt al Massachusetts Museum of Contemporary Art di North Adams

4.3 Il Vermont meridionale

«Ditemi che hanno un vecchio mulino.» «È andato a fuoco.» «Come faccio a chiamare il film *Il vecchio mulino*, se non ho un vecchio mulino.» «Cambia il titolo.» Una delle scene più esilaranti del film del 2002 *Hollywood, Vermont* di David Mamet rivela la quintessenza delle cittadine dello Stato (che Mamet conosce bene perché ne ha fatto la sua casa).
Non appena si varca il confine, una peculiare atmosfera avvolge i paesaggi, accrescendone il fascino. L'assenza di cartelloni pubblicitari, proibiti per legge dal 1967, preserva la bellezza di colline, fattorie, strade poco battute. In ogni stagione, sotto la neve in inverno, in autunno con i mille colori delle foglie, in primavera e in estate quando il verde dei prati è acceso e cangiante, il Vermont si mostra in tutte le sue sfaccettature. Il paesaggio parla da solo ma è il carattere degli abitanti a completare l'esperienza: anticonformisti, strenui difensori dei diritti civili, progressisti e amanti della tecnologia, i *Vermonters* sono orgogliosi di essere diversi dagli altri americani. Lo spirito indipendente ha una storia antica che nasce con la Repubblica del Vermont, allorché, dal 1777 al 1791, la popolazione si emancipò non solo dagli inglesi ma anche dai vicini Stati del New Hampshire e di New York. Quest'anima originale e un po' ribelle si coglie in ogni città e villaggio. Due direttrici attraversano lo Stato da sud a nord: la Route 7 e la US 100, una delle strade più belle d'America, da percorrere a velocità ridotta per immortalare con lo sguardo e la memoria ogni scorcio. La proposta di viaggio che segue le percorre seguendo un anello quasi circolare di 240 km, da sud a nord e di nuovo a sud.

Wilmington (Mt Snow)

Attraversata dalla Route 9 e dalla Route 100, questa piccola cittadina (1800 ab.) è la porta d'ingresso per la località sciistica di **Mt Snow** (*mountsnow.com*), molto apprezzata anche in estate per la possibilità di escursioni, esplorazioni in bicicletta (non manca una scuola di mountain bike) e per il golf. Una passeggiata sulla W Main Street invita a indugiare nei deliziosi negozi di articoli per la casa, curiosità e libri. Attraversato il fiume all'altezza del Wilmington Inn, si trovano indicati alcuni brevi itinerari escursionistici (da un'ora o tre) che, in pochi passi, conducono nel bosco.

Un Country Store del Vermont

Bennington

Tre le anime della cittadina (15 400 ab.): quella storica che si apprezza passeggiando per le strade di Old Bennington, quella contemporanea (nella Bennington vera e propria), quella universitaria (North Bennington). La prima, in particolare, offre elementi interessanti, a cominciare dal nucleo di case in stile georgiano e federale costruite tra il 1761 (anno di fondazione della città) e il 1830. All'angolo fra Monument Avenue e la Route 9 si trova la storica **Old First Church**, del 1805, che nell'adiacente cimitero custodisce le spoglie di cinque governatori dello Stato e del poeta Robert Frost (1874-1963), sulla cui lapide si legge: «I had a lovers quarrel with the world» (ho avuto una lite d'amore col mondo). Non lontano il **Bennington Battle Monument** (15 Monument Circle; *visite a pagamento da metà aprile a ottobre ore 9-17*; *benningtonbattlemonument.com*), che commemora una battaglia fondamentale durante la Rivoluzione americana, offre una delle viste più belle sul paesaggio Vermonter. È la struttura più alta del Vermont ma i suoi 93 metri si conquistano con un comodo ascensore. Il passato di Bennington può essere approfondito in due tappe: il **Bennington Museum** (75 Main Street; *visite a pagamento, orari diversi a seconda delle stagioni*; *benningtonmuseum.org*) espone una collezione di mobili, oggetti, quadri, bambole risalenti al periodo coloniale, nonché la bandiera della guerra d'Indipendenza più antica che esista; la **Park-McCollough House** (1 Park Street; *visite guidate a pagamento da metà maggio a metà ottobre ven ore 10-15*; *parkmccullough.org*) è una dimora del 1865 che sfoggia, nelle sue 35 camere, arredamenti d'epoca, giocattoli, bambole e carrozze antiche nel bel parco che la circonda. Circa 6 km a nord di Bennington si trova la **Robert Frost Stone House Museum** (121 VT 7A, Shaftsbury; *visite a pagamento da maggio a ottobre, mer-dom ore 10-17*; *frostfriends.org*), casa-museo che illustra la residenza di Robert Frost attraverso alcune delle poesie che compose vivendo qui.

Arlington

All'intersezione tra la Route 313 e la Route 7A si trova questo piccolo villaggio (2300 ab.) in cui visse l'illustratore Norman Rockwell dal 1939 al 1953. L'artista ritrasse spesso il paese e i suoi abitanti e una collezione di circa 500 copertine e tavole disegnate per il *Saturday Evening Post* è visibile presso la **Norman Rockwell Exhibition**, allestita, curiosamente, nel Sugar Shack (*sugarshackvt.com*), negozio specializzato nella vendita di sciroppo d'acero.

Manchester

Raffinata località di villeggiatura fin dall'Ottocento, con decine di sontuose ville in stile Greek Revival nel verde di rigogliosi giardini, oggi Manchester (4300 ab.) è meta privilegiata per lo shopping di lusso, con decine di outlet di brand internazionali. Chi cerca qualcosa di più *local* non può mancare una visita alla *Orvis Company*, leader mondiale di attrezzature per la pesca a mosca (4180 Main Street; *orvis.com*), attività che nella zona è tanto importante da meritare un museo, l'**American Museum of Fly Fishing** (4104 Main Street; *visite a pagamento*; *amff.com*).
Il nome di Manchester si lega anche alla famiglia Lincoln. La moglie di Abraham, Mary Todd, e il figlio, Robert Todd, vi giunsero durante la guerra di Secessione e molti anni dopo, nel 1905, Robert decise di tornarci per costruire una magnifica dimora a **Hildene*** (1005 Hildene Road; *visite a pagamento ore 9.30-16.30*; *hildene.org*). In stile neogeorgiano, la casa ha ospitato gli eredi fino al 1975 ed è oggi un museo ricco di mobili ed effetti personali della famiglia Lincoln, compresi alcuni cappelli di Abraham e una sua Bibbia: ci sono anche gli originali calchi in ottone delle sue mani, con la destra più gonfia per le tante strette di mano date durante le campagne elettorali. Nell'ampio parco che circonda la dimora si trovano un osservatorio con telescopio, un orto di erbe aromatiche e ortaggi, un giardino fiorito, una stalla alimentata a energia solare e si snodano sentieri (14 km) da percorrere a piedi o con gli sci. In estate la tenuta ospita concerti e conferenze.

Dorset

Lungo la Vt 30, è uno dei villaggi più caratteristici del Vermont. Fondato nel 1768, conserva il fascino del suo passato. È pos-

COUNTRY STORE

- **Weston, Vermont** Si trovano uno accanto all'altro **The Vermont Country Store e il Weston Village Store** e in entrambi si trova il meglio delle produzioni locali, dallo sciroppo d'acero al formaggio alla birra, fino agli oggetti per la casa e all'abbigliamento sportivo. Il posto giusto per cercare souvenir locali. *657 e 660 Main Street; vermontcountrystore.com e westonvillagestore.com*
- **Dorset, Vermont** Inaugurato nel 1826, propone decine di prodotti locali nonché sfiziosi piatti take away. Non manca una sezione dedicata ai souvenir. 31 *Church Street; dorsetunionstore.com*
- **Woodstock, Vermont** **Frank Henry Gillingham** inaugurò il General Store che porta il suo nome nel 1886 e da allora la sua famiglia continua a gestire questo straordinario spazio ricchissimo di prodotti gastronomici, casalinghi, abbigliamento sportivo e casual, nonché oggetti curiosi e libri. *16 Elm Street; gillinghams.com*
- **Williamsburg, Massachusetts** Sistemato in un edificio del 1876, nel **Williamsburg Generale Store** si trova di tutto: dalle erbe aromatiche alle marmellate, dai prodotti di bellezza naturali alle prelibatezze gastronomiche. Un'istituzione nel cuore dello Stato. *12 Main Street; wgstore.com*
- **Woodstock, New Hampshire** Da sette generazioni i Fadden producono sciroppo d'acero e prodotti correlati. Dagli anni Trenta hanno iniziato a venderlo, nel **Fadden's General Store**, insieme ad altre tipicità locali. *109 Main Street, North Woodstock; nhmaplesyrup.com*

La campagna intorno a Woodstock

sibile soggiornare o pranzare in quello che è considerato il più antico inn dello Stato, il **Dorset Inn** (all'angolo tra Church Street e Main Street; *dorsetinn.com*), in attività dal 1796. Dalla cava situata un chilometro a sud del centro furono estratti i marmi per costruire la New York Public Library. Oggi, riempita d'acqua, è perfetta per un rilassante picnic.

Calvin Coolidge State Historic Site

Nel cuore del Vermont, dove il numero di mucche sovrasta quello degli uomini, si trova il luogo di nascita del 30° presidente degli Stati Uniti. John Calvin Coolidge junior nacque infatti nel 1872 in una piccola casa di legno adiacente al General Store del padre. Oggi la caratteristica tenuta in cui il futuro presidente, in carica dal 1923 al 1929, visse fino al 1887 è National Historic Site, esplorabile con visite guidate dai ranger (3780 Route 100 A, Plymouth; *visite a pagamento da fine maggio a metà ottobre ore 9.30-17*; *nps.gov/nr/travel/presidents/calvin_coolidge_homestead.html*).

Woodstock**

Camminando in questa elegante cittadina (3000 ab.) incastonata nelle Green Mountains e adagiata sulle rive dell'Ottauquechee River, si respira la quintessenza dello spirito Vermonter. Località frequentata per villeggiatura e turismo fin dall'Ottocento, Woodstock conta decine di residenze in stile federale, cinque campane realizzate dal rivoluzionario Paul Revere e l'unico parco nazionale nel territorio del Vermont. Amata dai Rockefeller e dai Rothschild, le cui residenze private si trovano nei dintorni, offre proprio nel **Marsh-Billings-Rockefeller National Historical Park**** (54 Elm Street; *visite alla residenza a pagamento da fine maggio a ottobre ore 10-17, accesso ai sentieri libero tutto l'anno*; *nps.gov/mabi*) una sintesi perfetta tra storia, natura e spirito ambientalista caratteristico del luogo. Sviluppato intorno alla residenza storica del protoambientalista George Perkins Marsh che qui nacque, nel 1801, ed elaborò le prime teorie conservazioniste in America, il parco, donato allo Stato dai Rockefeller ultimi proprietari, ha il suo focus proprio nell'educazione ambientale. All'interno della proprietà si snodano più di 30 km di sentieri da percorrere a piedi, in bicicletta, con le ciaspole o sugli sci.
Cinque minuti a est di Woodstock il villaggio di **Quechee** è noto per il canyon scavato da un torrente profondo 50 m e lungo 900. Vi si trova anche un grande mall dedicato all'antiquariato (*quecheegorge.com*).

Grafton Village Historic District*

All'incrocio tra la US 35 e la US 121, il villaggio è iscritto al National Register of Historic Places perché conserva alcuni edifici storici risalenti all'epoca della sua

Un negozio di antichità con oggetti in vendita su una strada del Vermont

fondazione, alla fine del Settecento (la prima casa in mattoni fu costruita nel 1795). A illustrare la storia di Grafton e dei suoi abitanti provvede l'**Historical Society Museum** (147 Main Street; *visite a pagamento, con orari diversi*; *graftonhistoricalsociety.com*), attraverso documenti, fotografie, arredi, oggetti.

Newfane

Attraversata dalla Route 30, questa minuscola cittadina (1700 ab.) è caratterizzata da una serie di edifici ottocenteschi perfettamente conservati. Viali alberati, chiese dai lunghi campanili (come la Congregational Church del 1839), locande e vecchie dimore ne fanno una cartolina dal vero del New England come ci si immagina che sia. In primavera e in estate i mercatini delle pulci sono all'ordine del giorno, mentre in autunno il foliage attira centinaia di turisti da tutto il mondo. Poco a sud del villaggio, nei pressi di Williasmville, scavalca il Rock River il **Williasmville Covered Bridge**, ponte coperto del 1870.

Brattleboro*

Città di confine con il Massachusetts a sud e il New Hampshire a est, Brattleboro (11 700 ab.) era abitata dai nativi americani Abenaki quando, nel 1724, i primi coloni giunti nel Vermont vi costruirono una recinzione in legno chiamata Fort Dummer. In breve tempo l'insediamento divenne un vero e proprio villaggio che prese il nome dal colonnello della guardia reale William Brattle jr (che però non ci mise mai piede). Per lungo tempo si sviluppò come polo commerciale, poi, sfruttando l'acqua del Connecticut River, che lo lambisce, sviluppo un'economia manifatturiera che ne garantì l'espansione e il benessere.
Oggi Brattleboro è un importante centro culturale popolato da hippy e hipster che ne apprezzano la vivacità artistica e l'attenzione per le tematiche ambientaliste. Circondata da fattorie e allevamenti, ospita uno dei più importanti **mercati contadini** dello Stato che raduna oltre 50 produttori locali il mercoledì lungo il Whetstone Pathway, il sabato presso il Creamery Bridge (*da maggio a metà ottobre*; *brattleborofarmersmarket.com*). Il primo venerdì di ogni mese si tiene il **Gallery Walk**, evento artistico che coinvolge tutte le gallerie e le attività cittadine. Presso il **Brattleboro Museum & Art Center** (10 Vernon Street; *visite a pagamento dom-lun e mer-gio ore 11-17, ven 11-19, sab 10-17*; *brattleboromuseum.org*), un'ex stazione ferroviaria del 1915, si svolgono mostre d'arte con opere di creativi locali. Chi capita in città ai primi di giugno rischia di incappare nelle sfilate di mucche lungo la Main Street organizzate per il festival **Strolling of the Heifers** (*strollingoftheheifers.com*), 'parata di giovenche' con eventi collaterali assai partecipati.

4.4 Il New Hampshire meridionale

Montagne, laghi, boschi e fiumi. Ma anche piccoli villaggi rurali e città in espansione. La parte meridionale dello 'Stato di granito', tra i fiumi Merrimack e Connecticut, è una rappresentazione perfetta dell'identità del New England: sportiva e intellettuale, storica e contemporanea, colta e popolare allo stesso tempo. La natura del New Hampshire ha attratto fin dall'Ottocento protagonisti della cultura americana come Henry David Thoreau e Ralph Waldo Emerson, Nathaniel Hawthorn e Louisa May Alcott. L'area di Monadnock rimane una delle meno conosciute e sviluppate con villaggi che non sono cambiati molto negli ultimi due secoli. In estate centinaia di chilometri di sentieri sono percorsi da appassionati di escursioni a piedi e mountain bike, che possono trovare refrigerio negli infiniti specchi d'acqua immersi nei boschi. Il New Hampshire del Sud si scopre così, su strade secondarie e su tracciati poco battuti; ma sapendo che a poca distanza, a Manchester, Concord, Nashua, ci si può rituffare nella mondanità cittadina. Per esplorare la regione si può seguire un anello di circa 300 km che parte dal confine sud col Massachusetts, prosegue verso Manchester e Concord – collegate con la US 93 – rientra verso il cuore dello Stato e il confine col Vermont e prosegue a sud lungo la 91.

Keene e dintorni

La prima cittadina (23 400 ab.) che si incontra arrivando da Brattleboro, Vermont, è un tranquillo centro urbano con un'ampia Main Street caratterizzata da graziose boutique e caffè affollati da giovani. Sono gli studenti del Keen State College, che è anche il fulcro della comunità artistica locale. Le loro opere sono spesso esposte al *Prime Roast Coffee Company* (16 Main Street; *primeroastcoffee.com*), torrefazione dove viene tostato e servito un ottimo caffè.

Da Keene si può andare alla scoperta del **Mt Monadnock State Park***. Un sentiero che parte nei pressi del Visitor Center (116 Poole Road, Route 124; *nhstateparks.org*), dove si trovano informazioni e mappe, sale al Mt Monadnock (964 m), picco isolato dalla cui cima brulla si apre un grande panorama: nelle giornate più terse lo sguardo spazia dal Vermont a Boston. Il trekking dura 3-4 ore (andata e ritorno) ed è molto apprezzato, quindi affollato, soprattutto nei mesi estivi.

Manchester

La più grande città del New Hampshire (108 000 ab.) deve la sua fortuna ed espansione alle acque del fiume Merrimack, che qui formano le Amoskeag Falls. Già dalla fine del Settecento si sviluppò l'industria tessile, che rappresentò la principale risorsa locale fino alla crisi e alla chiusura di tutti i telai nel 1936. Per la città fu il momento peggiore. Dopo anni di declino, oggi Manchester è affermata come centro finanziario importante e i vecchi stabilimenti sono stati trasformati in abitazioni eleganti, uffici, ristoranti, musei. Un buon punto di partenza per scoprire qualcosa in più sul passato di Manchester è il **Millyard Museum** (200 Bedford Street; *visite a pagamento mar-sab ore 10-16*; *manchester historic.org*), con esposizioni storiche permanenti e temporanee. Il **Currier Museum of Art** (150 Ash Street; *visite a pagamento dom-lun e mer-ven ore 11-17, sab 10-17*; *currier.org*) conserva un'interessante collezione di opere di maestri americani ed europei, da Winslow Homer (*Fishwives*) a Edward Hopper (*House on Middle Street, Gloucester*), a Claude Monet (*Ponte a Bougival*). Fiore all'occhiello del museo è però la vicina **Zimmerman House***, progettata da Frank Lloyd Wright nel 1950 in tutti suoi dettagli, arredi e giardino compreso, per la famiglia Zimmerman: tour guidati in partenza dal Currier Museum ne permettono la visita. Adatto anche alle famiglie con bambini è lo **See Science Center** (200 Bedford Street; *visite a pagamento lun-ven ore 10-16, sab-dom 10-17*; *see-sciencecenter.org*): vi si ammira il *Lego Millyard Project**, enorme riproduzione in mattoncini lego della Amoskeag Manufactoring Company di Manchester come doveva essere nel 1915, ovvero in piena attività. Una ricostruzione sbalorditiva.

Concord

La capitale del New Hampshire è una tranquilla cittadina di circa 42 000 abitanti. Vi spicca l'imponente **State House**, ben riconoscibile dalla cupola ricoperta d'oro. Costruita nel 1819, è la più antica sede parlamentare degli Stati Uniti ancora in funzione. Da gennaio a giugno è possibile assistere alle sedute della camera e del senato (*visite gratuite, anche con tour guidati, partendo dal Visitor Center, 107 Main Street; lun-ven ore 8-16*; *gencourt.state.nh.us/nh_visitorcenter/default.htm*).

Il **McAuliffe-Shepard Discovery Center** (2 Institute Drive; *visite a pagamento ven-dom ore 10.30-16*; *starhop.com*) è intitolato a due astronauti nati in New Hampshire: Christa McAuliffe, scelta per diventare la prima insegnante nello spazio, che perse la vita nell'esplosione dello shuttle Challenger nel 1986, e Alan Shepard, che fu il primo astronauta statunitense a volare nello spazio nel 1961. Vi sono esposti un missile della Nasa e la navicella Mercury che portò Shepard nello spazio.

Lake Sunapee

Zona di villeggiatura tranquilla e frequentata da famiglie e quiete comunità artistiche, il lago è tra i più puliti del New Hampshire. Ci sono numerose spiagge dove rilassarsi al sole e non mancano piccole attività commerciali e ristoranti soprattutto nella zona di **Sunapee Harbor** (*sunapeevacations.com*). Ideale per famiglie anche il **Mt Sunapee State Park Beach** (*nhstateparks.org*), spiaggia attrezzata con aree picnic, zone per la pesca e servizi igienici. Da giugno a metà ottobre la *Sunapee Cruises* organizza crociere pomeridiane o con cena di circa un'ora e mezza, con spiegazioni storiche e naturalistiche (*sunapeecruises.com*).

Cornish

Affacciata sul Connecticut River, la cittadina (1600 ab.), conosciuta oggi soprattutto per il ponte coperto che condivide con Windsor, nel Vermont, era già agli inizi del Novecento una meta molto ambita dal mondo artistico e culturale del New England e non solo. Tra i suoi residenti più famosi lo scrittore e drammaturgo Winston Churchill (1871-1947), lo scrittore J. D. Salinger (1919-2010), l'autore de *Il giovane Holden*, che visse qui i lunghi anni della sua vita ritirata, il pittore Maxfield Parrish (1870-1966) e lo scultore Augustus Saint-Gaudens (1848-1907), che arrivò a Cornish per la prima volta nel 1885.

Proprio la **casa e lo studio di Saint-Gaudens** (139 Saint-Gaudens Road, Route 12 A; *ingresso a pagamento tutti i giorni ore 9-16.30*; *nps.gov/saga*), un'ex locanda dove l'artista trascorse prima le estati e poi tutto il suo tempo, costituiscono oggi un affascinante National Historic Site in cui si può scoprire la figura dell'autore di monumenti di spicco a protagonisti della storia americana, posti sia a Boston sia nel Central Park di New York. Il parco circostante invita a piacevoli passeggiate ed escursioni e ospita in estate spettacoli e concerti.

La State House di Concord, sovrastata dalla cupola dorata

Il prato del Dartmouth College ad Hanover

Hanover**

In questa cittadina al confine con il Vermont (12 000 ab.) si trova la più settentrionale della università dell'Ivy League, il **Dartmouth College***, fondato nel 1769 dal pastore, insegnante e filantropo Eleazar Wheelock per educare i nativi americani Abenaki e 'altri giovani'. All'epoca vi risiedevano solo una ventina di famiglie. Da allora la città e il college crebbero parallelamente, e se di nativi laureati non ci sono tracce, nelle aule degli edifici georgiani ricoperti d'edera hanno studiato nel tempo uomini politici come Daniel Webster (laureatosi nel 1801, poi senatore e segretario di Stato) e Nelson Rockefeller, scrittori come Theodor Seuss Geisel, e per un semestre, prima di abbandonare definitivamente gli studi, anche il poeta Robert Frost. Centro della vita universitaria è **The Green**, un ampio prato su cui d'estate gli studenti si rilassano al sole e in inverno organizzano battaglie di neve. Intorno si trovano tutti gli edifici principali del college, a cominciare dalla **Baker Berry Library** (25 N Main Street; *lun-ven ore 8-14, sab-dom 10-14*; *dartmouth.edu/education/libraries*), che custodisce un'importante raccolta di libri antichi. La sua fama è però legata prevalentemente al murale **Epic of American Civilization****, realizzato dal pittore messicano José Clemente Orozco negli anni in cui insegnò qui, dal 1932 al 1934: l'enorme affresco illustra in 24 pannelli il processo di civilizzazione delle Americhe, dagli Aztechi a Cortés, agli uomini di oggi. Accanto, alla **Sanborn House Library**, per onorare la tradizione iniziata nell'Ottocento da un professore che usava invitare gli studenti per il tè, ogni giorno alle 16 se ne può bere una tazza al costo di 10 centesimi. Edifici più importanti, storia e aneddoti relativi all'università possono essere scoperti nel corso dei tour gratuiti condotti dagli studenti (McNutt Hall; *dartmouth.edu/visit*). L'**Hood Museum of Art** (Wheelock Street) è attualmente in ristrutturazione ma è aperta la sezione Hood Downtown, dedicata all'arte contemporanea (53 Main Street; *ingresso gratuito mer-sab ore 11-19, dom 13-17*; *hoodmuseum.dartmouth.edu*), dove sono allestite mostre temporanee dei più importanti artisti statunitensi e internazionali. Nel cuore di Hanover, tra la E Wheeler Street e l'Hanover Inn, passa l'Appalachian Trail.

Charlestown*

Cittadina distesa sul Connecticut River (5100 ab.), conserva il più vasto distretto storico del New Hampshire con una sessantina di case in stile federale, Greek Revival e Gothic Revival, alcune costruite prima del 1800, che caratterizzano il centro (in molti esercizi commerciali viene distribuita gratuitamente una mappa con le più interessanti). Notevoli in particolare la **South Parish Church**, in stile Gothic Revival, e la **Town Hall** in stile italiano. Meno di 1 km a nord si trova il **Fort at N° 4** (267 Springfield Road, Route 12 A; *visite a pagamento da maggio a ottobre mer-sab ore 10-16.30, dom 10-15.30*; *fortat4.*

org), ricostruzione fedele dell'avamposto britannico che seppe difendersi, nel 1747, dall'attacco da nord delle truppe francesi. Figuranti in costume danno dimostrazione di come doveva essere all'epoca la vita in luoghi così remoti, e una volta all'anno inscenano la storica battaglia.

Walpole

Si trova lungo la NH 12 ed è uno dei villaggi del New Hampshire (3700 ab.) con il più alto tasso di milionari tra i residenti. Il centro cittadino è il **Green**, curatissimo prato intorno al quale, tra Elm e Washington Street, sorgono alcune delle dimore più antiche ed eleganti del New Hampshire, alcune risalenti al 1790.

Se Walpole è tra le mete più apprezzate anche dai gitanti locali, non è solo per il fascino del suo passato. Si trova qui una delle cioccolaterie più buone di tutto il New England, **Burdick Chocolate** (47 Maine Street; *aperto tutti i giorni con orari diversi; burdickchocolate.com/chocolateshop-cafe-walpole.aspx*): un delizioso caffè e bistrot in cui gustare, oltre al cioccolato, altre specialità dolci e salate realizzate con prodotti locali biologici.

La storia degli Shaker Village, tra religione e artigianato*

Nel 1774 sbarca negli Stati Uniti proveniente dall'Inghilterra, dov'è perseguitata per aver fondato la United Society of Believers in Christ's Second Appearing (Società Unita dei Credenti nella Seconda Apparizione del Cristo), Ann Lee (1736-84), una donna minuta, poco istruita, ma energica e carismatica guida di un gruppo religioso. Nel Nuovo mondo il gruppo si espande rapidamente diffondendo il suo verbo pacifista, costruendo fattorie e comunità operose e celebrando con canti e balli estatici la fede: da qui – da *shake*, agitare – nasce il soprannome di Shaking Quackers (i quaccheri erano un'altra comunità religiosa in diffusione nel neonato Paese), poi abbreviato in Shakers. Riconosciuti da Lincoln come comunità religiosa a tutti gli effetti e come obiettori di coscienza, nel 1861, all'inizio della guerra di Secessione, gli Shakers arrivano a contare 20 000 membri. Ma le strette regole sul celibato imposte da Ann Lee ne riducono rapidamente il numero, tanto che oggi gli unici Shakers rimasti sono tre, due dei quali ultranovantenni, e vivono nel villaggio di Sabbathday Lake nel Maine (*maineshakers.com*). Fortunatamente le comunità, anche in assenza di adepti, sono state preservate nelle loro strutture. Tra le più interessanti e attive, il **Canterbury Shaker Village**, in New Hampshire (288 Shaker Road, Canterbury; *visite a pagamento metà maggio-metà ottobre ore 10-17; shakers.org*), è un sito storico nazionale in cui figuranti in abiti d'epoca illustrano le attività quotidiane degli Shakers, a partire dalla realizzazione di mobili e di oggetti d'artigianato capaci di influenzare non poco il design americano del Novecento. Sempre in New Hampshire si trova l'**Enfield Shaker Museum** (447 NH 4°; *visite a pagamento con orari diversi; shakermuseum.org*), che occupa il più grande edificio mai realizzato da una comunità Shaker; vi sono esposti mobili, utensili, abiti e fotografie che illustrano la vita della comunità, ed è anche possibile pernottare in alcune delle stanze in stile. L'**Hancock Shaker Village Museum** (*nella foto*) nei pressi di Pittsfield, Massachusetts (1843 W Housatonic Street; *visite a pagamento con orari diversi; hancockshakervillage.org*), noto per il suo grande granaio circolare, è uno dei meglio conservati e oltre alle visite guidate organizza, nel periodo estivo, nei suoi diversi edifici, concerti e spettacoli. È una ricostruzione, ma piuttosto fedele e interessante la casa Shaker del **Fruitland Museum** di Harvard, Massachusetts (102 Prospect Hill Road; *visite a pagamento con orari diversi a seconda delle stagioni; fruitlands.thetrustees.org*). Il museo accoglie anche varie collezioni diverse, dall'arte dei nativi americani a quella dei ritrattisti ottocenteschi, e i suoi edifici sono immersi in un bellissimo parco.

5 Foreste, laghi e montagne del Nord

Profilo dell'area

«Due strade divergevano in un bosco, e io presi quella meno battuta, e questo ha fatto tutta la differenza.» Così il poeta statunitense Robert Frost, nato a San Francisco nel 1874, racconta di aver scelto prima il New Hampshire e poi il Vermont per trascorrere la vita componendo versi: una strada lontana dai grandi centri culturali come New York e Boston, ma capace di regalare a Frost l'ispirazione più profonda, di portarlo a vincere quattro premi Pulitzer e di farlo entrare nel cuore della gente comune e di protagonisti della storia come John Fitzgerald Kennedy. Molti artisti e creativi hanno poi fatto di queste regioni considerate impervie il buen retiro ideale: silenzi, contemplazione e vita immersa nella natura.
Natura spesso selvaggia, complessa, amica e nemica a seconda dei momenti e delle stagioni, sempre rispettata e temuta, foriera di energie e di stupori; strade panoramiche, montagne, laghi, torrenti e cascate; incontri ravvicinati con alci e cervi, meno ravvicinati ma possibili con orsi e aquile dalla testa bianca: il nord del New England resta una delle aree meno conosciute e più affascinanti degli Stati Uniti, di dimensioni ridotte e poco popolata soprattutto durante la stagione invernale, dov'è possibile godere di un isolamento prezioso. Paradiso per escursionisti e sciatori, ma anche per pescatori, ornitologi e appassionati di gastronomia a chilometro zero. Il Vermont del Nord, il New Hampshire settentrionale e l'area interna del Maine sono mete per ogni stagione: d'inverno per la neve e gli impianti sciistici di prima eccellenza, in primavera per l'esplosione della natura, in estate per le passeggiate e per le attività lacustri, in autunno per godere della cosiddetta estate indiana con lo spettacolo del foliage.
Le distanze sono ragguardevoli e per muoversi – senza superare mai i limiti di velocità, qui la fretta non serve davvero – sono indispensabili un'automobile o un camper. Le strade, spesso a due sole corsie, sono sempre ben tenute e ben segnalate. Decine le Scenic Byways, strade panoramiche da percorrere lentamente godendo dei panorami, perdendosi tra deviazioni e soste: magari nei villaggi e nelle cittadine lungo la strada, mai con più di qualche migliaio di abitanti ma ciascuna con la sua storia da raccontare.

La riva del Lake Champlain, al confine tra il Vermont e il Canada

Le cascate Arethusa nel New Hampshire

In viaggio

Il **primo itinerario** è un anello circolare nel Vermont settentrionale che inizia a Burlington, prosegue verso sud fino alle Green Mountains per poi risalire lungo la strada panoramica 100 fino alla capitale Montpelier e Stowe (in totale, circa 200 km).
Il **secondo**, nel New Hamsphire, disegna un anello circolare intorno alla White Mountain National Forest lungo le strade 302 e 112 (circa 200 km), ed esplora poi la zona del lago Winnipesaukee con un altro itinerario circolare di lunghezza equivalente.
Il **terzo itinerario** si inoltra nell'area interna del Maine dal Sebago Lake fino al Baxter National Park (circa 300 km).

New England, passeggiate in famiglia

Il New England è particolarmente family friendly e lo dimostrano le numerose passeggiate, facili e non troppo lunghe, da fare in belle giornate di sole anche in queste remote zone immerse nella natura.
Lake Trail, **Red Rocks Park** (Vermont). A sud di Burlington, è lungo circa un chilometro e mezzo e regala un impareggiabile panorama sui monti Adirondacks e sul Lake Champlain. Il selciato è in ghiaia e il sentiero è protetto dalle rocce. Mappe scaricabili dal sito *southburlingtonvt.gov/recreation.php*
Bingham Falls (Vermont). Non lontane da Stowe, queste cascate sono tra le più belle dello Stato. Si parte dal parcheggio nei pressi del Smugglers Notch State Park (Route 108) e si cammina per meno di un chilometro per arrivare sopra il salto d'acqua. Poco distanti, si incontrano piccole pozze dove immergersi (l'acqua è fredda, ma piacevole) e il **Mill Trail**, sentiero di poco più di un chilometro che si inoltra nel bosco.
Bemis Brook Trail, **Arethusa Falls**, **Crawford Notch State Park** (New Hampshire). Nel cuore della White Mountain National Forest, è un anello lungo circa 4 chilometri e di difficoltà molto modesta che regala una straordinaria vista su queste cascate alte più di 40 metri (*nhstateparks.org/visit/state-parks/crawford-notch-state-park.aspx*).
Lonesome Lake Trail, **Franconia Notch State Park** (New Hampshire). A metà strada tra Lincoln e Franconia, questo anello di 5 km che si sviluppa intorno al lago, in lieve ma costante pendenza, è ideale per le giornate estive. Il sentiero è ben segnalato e di facile percorribilità.
Eagle Scout Trail, **Douglas Mountain** (Maine). Tra i sentieri più semplici e adatti ai bambini, è mediamente impegnativo ma lungo meno di 2 km. L'ultimo tratto è il più difficile perché si sale su un costone di roccia, ma dalla cima si gode un bellissimo panorama sulle vicine White Mountains.

5 Foreste, laghi e montagne del Nord

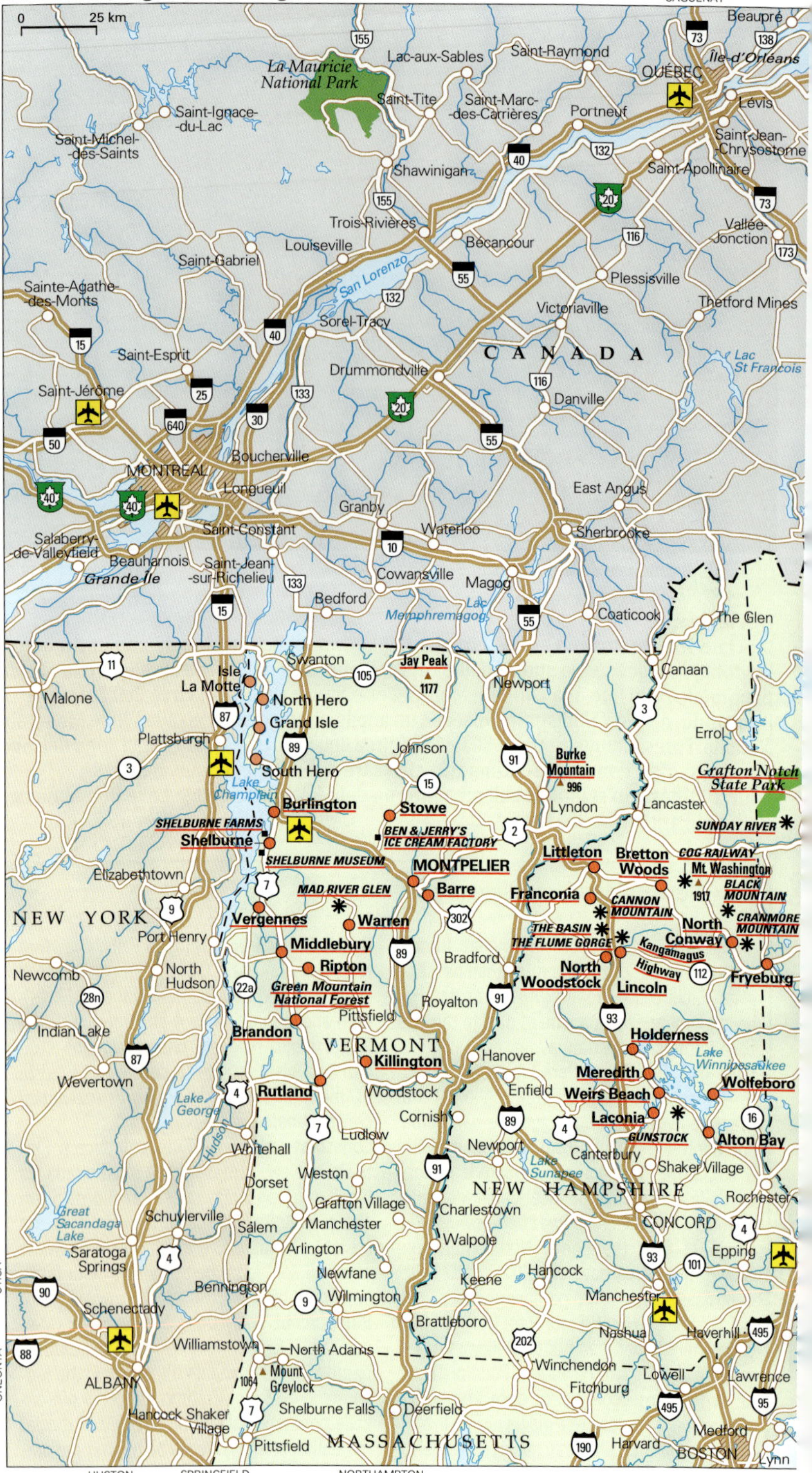

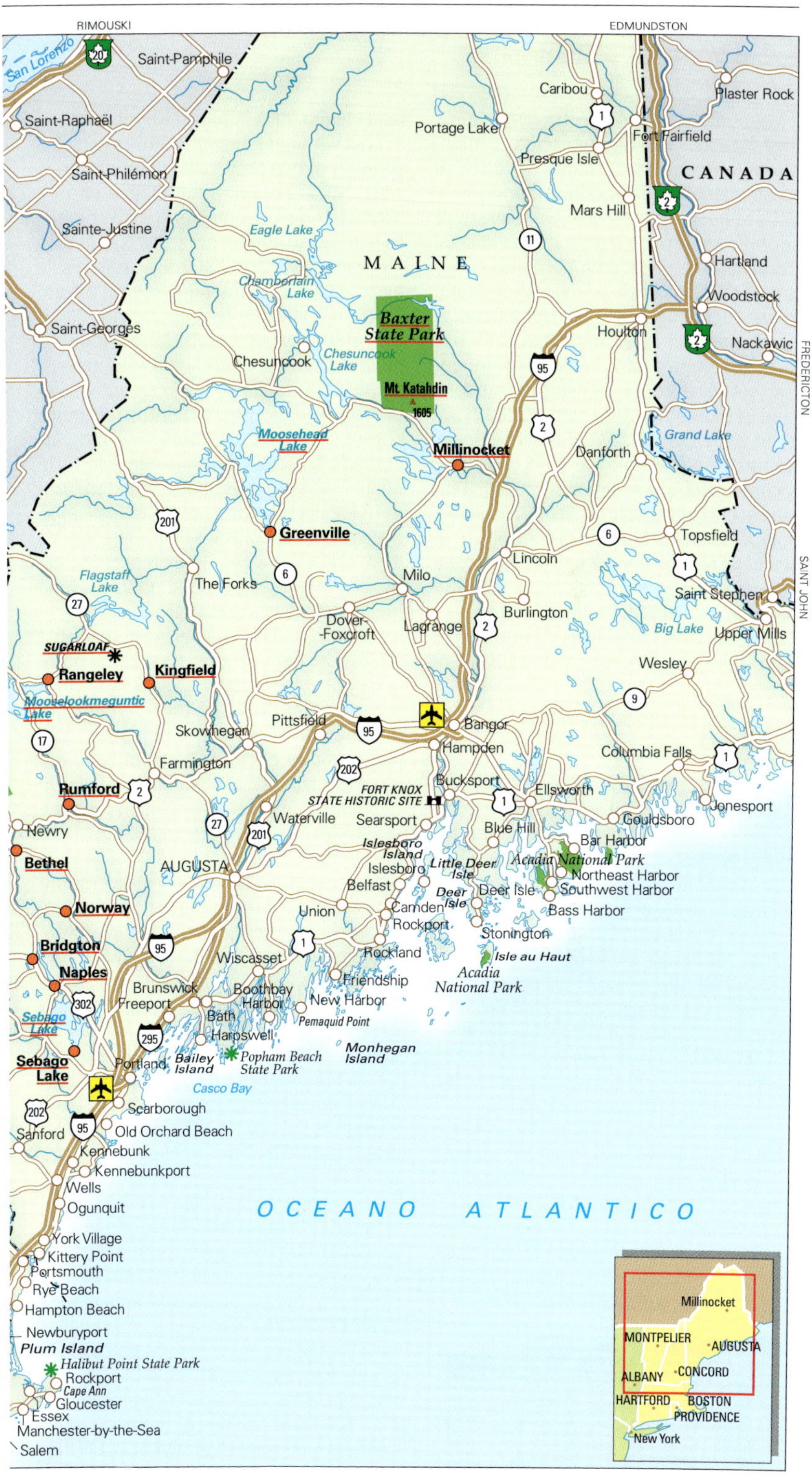

Quadro d'unione a pag. 7, riquadro n. 5

5.1 Il Vermont settentrionale

Il Vermont settentrionale, tra montagne e aree lacustri, è meno conosciuto e intensamente frequentato, se non dal turismo locale, rispetto alla porzione meridionale dello Stato, meta di frequenti esplorazioni soprattutto durante il periodo del foliage. Un viaggio in quest'area permette di apprezzarne al meglio le peculiarità culturali, economiche, agricole, gastronomiche. A cominciare dal Lake Champlain, dove per la prima volta i nativi americani incontrarono gli europei, per lo più francesi, guidati dall'esploratore Samuel de Champlain. Sulle rive del lago, due secoli dopo, ancora si riconoscono le eredità culturali e architettoniche tramandate dai coloni, il cui approccio coi nativi fu originale e diverso e comportò un buon livello di confronto e di scambio: almeno fino all'arrivo degli inglesi che reclamarono l'area dopo la sconfitta dei francesi nelle guerre franco-indiane nel 1724 e, successivamente, con la guerra dei Sette anni (1756-63), ebbero definitivamente la meglio. Proclamatosi Repubblica nel 1777, il Vermont ha sempre mostrato un'impronta politica tendenzialmente progressista. Nel 1791 fu il primo Stato a entrare a far parte dell'Unione dopo le 13 colonie. Fu il primo ad abolire per legge la schiavitù (1858) e a istituire il suffragio universale maschile (1777); in tempi recenti, è stato il primo a istituire le unioni civili (2000) e le unioni omosessuali (2009). Pionieri della cultura del chilometro zero, ovvero del sistema *farm to table*, i Vermonter sono orgogliosi delle loro origini rurali tanto che in ogni città non mancano mercati contadini, mentre in moltissime fattorie lungo la strada è possibile acquistare prodotti locali come latte, formaggi, sciroppo d'acero, birre. Lo 'stato del monte verde', *mont vert* in francese, Green Mountain State sulle targhe, si propone dunque come ideale per alternare attività all'aria aperta e delizie del palato, con decine di specialità biologiche del territorio da sperimentare in campagna e città.

Lo sciroppo d'acero del Vermont

Il Vermont produce il 5 per cento di tutto lo sciroppo d'acero mondiale e per questo si è dotato di un severissimo sistema per certificarne l'autenticità e la qualità. Nonché la gradazione di gusto, dal più delicato, il Vermont Fancy, al più pastoso, il Medium Amber, fino al più robusto, il Dark Amber. Per i principianti, il più saporito è il Grade B. Visitare una *maple farm*, una fattoria che produce sciroppo d'acero, è facile: una mappa completa si trova sul sito del **Vermont Maple Syrup** (*vermontmaple.org*). La più antica, quella della famiglia **Morse** a Montpelier (1168 Country Road, ingresso gratuito; *morsefarm.com*), produce sciroppo da otto generazioni. Per scoprire come si svolge il processo che porta dalla raccolta della linfa nelle radici dell'acero alla trasformazione in sciroppo, è utile una visita al **New England Maple Syrup Museum** tra Brandon e Rutland (US 7, Pittsford; *ingresso a pagamento*; *maplemuseum.com*).

«Ci sono emozioni che tutti percepiamo ma che non riusciamo a definire... Allo stesso modo c'è un mistero in tutto ciò che è impalpabile. Affiora con evidenza al momento della nascita e della morte, ma è sempre presente, con regolarità, in modo intermittente; è qualcosa che sta oltre la nostra consapevolezza, ed è diverso da tutto ciò che conosciamo. È quello che ho provato in Vermont.» Il drammaturgo, sceneggiatore e regista David Mamet ha deciso da lunghissimo tempo che il Vermont è casa sua e in un libro, *Vermont*, spiega così perché l'ha preferito a Hollywood. In effetti non c'è nulla di più diverso del Green Mountain State dalle scintille della Mecca del cinema e proprio lì sta il bello. Partendo dalla città più popolata dello Stato, Burlington, un itinerario ad anello procede verso sud sulla Lake Champlain Scenic Byway tra le US Routes 2 e 7 fino a Brandon. Da qui si parte per l'esplorazione della Green Mountain National Forest per risalire poi da Killington sulla Scenic Route 100 Byway, da cui si stacca la Mad River Byway fino alla capitale Montpelier (una brochure con l'elenco completo delle Scenic Byways è scaricabile dal sito *vermontvacation.com/byways*). Particolarità che contribuisce all'unicità dell'esperienza: per legge non ci sono cartelloni pubblicitari su nessuna strada del Vermont, piccola o media che sia (grandi non ne esistono).

Il centro di Burlington in una veduta notturna

Burlington**

La più popolosa città del Vermont – circa 42 000 abitanti, 12 000 dei quali studenti nei college locali – sorge alle rive del lago Champlain. Fondata nel 1783, è stata a lungo un importante snodo fluviale e oggi è considerata uno dei piccoli centri americani più vivibili. Amministrata per 8 anni (dal 1981 al 1989) dal senatore Bernie Sanders, contendente alla candidatura democratica per la presidenza nel 2016, offre un centro ricco di piccole attività commerciali, ristoranti, bar, empori, negozi di abbigliamento, librerie e laboratori artigianali. La zona pedonale di Church Street Marketplace, istituita nel 1981 (grazie al progetto di Bill Truex, ex studente di architettura che la propose alla commissione urbanistica cittadina dopo aver studiato Stroget, l'area commerciale di Copenhagen), è il fulcro della città in cui si svolgono tutte le principali attività e dov'è piacevole passare del tempo tra un caffè tostato al momento e una birra artigianale. Particolarmente bella anche una passeggiata sul lungolago, in bicicletta o a piedi (circa 12 km).

Farmer's market. Bastano poche ore per rendersi conto che Burlington ha una forte coscienza locale e sostiene in ogni modo le produzioni a chilometro zero, qui chiamate *farm to table*. Tappa imprescindibile è quindi il mercato degli agricoltori che si svolge ogni sabato in **Marketplace** (da maggio a ottobre, per gli orari consultare il sito *burlingtonfarmersmarket.org*). In alternativa la spesa si fa al **City Market** (82 South Winooski Avenue; *citymarket.coop*).

Churchstreet Marketplace. Nei quattro isolati di zona pedonale inclusi tra Pearl Street e Main Street si concentrano le principali attività commerciali, tra piccole botteghe artigiane, pub, ristoranti e negozi (chi è in cerca di articoli sportivi a prezzi convenienti può fare incetta da *Outdoor Gear Exchange* al 37 di Church Street; *gearx.com*). Pur essendo piuttosto piccola, la città è ben fornita di librerie: si segnalano *Crow Bookshop* (14 Church Street) e *Phoenix Books* (191 Bank Street). In estate la zona si riempie di tavolini all'aperto e numerosi artisti di strada rendono ancor più colorito l'ambiente.

Lake Champlain*

Confine naturale tra il Vermont, lo Stato di New York e il Canada, lungo circa 172 km, il lago Champlain è ideale per un'escursione in barca (numerosi i collegamenti tra le due sponde con un servizio di traghetti: *ferries.com*), o per una crociera sull'imbarcazione *Spirit of Ethan Allen*, con possibilità di pranzare a bordo (*soea.com*). Scenografica e panoramica la **strada*** che collega quattro delle isole sul lago, praticamente disabitate. Da Burlington si segue per 16 km verso nord la US 2 fino a varcare il ponte che raggiunge la **South Hero Island**, dove si trovano i vigneti della *Snow Farm Winery* (*snowfarm.com*); si prosegue alla volta di **Grand Isle**, dove si ammira una delle più antiche case del Vermont, e poi di **North Hero Island** (dove vale una sosta l'emporio *Hero's Welcome*; *heroswelcome.com*). L'ultima isola è l'**Isle La Motte** in cui approdò, dalle coste canadesi, l'esploratore francese Samuel de Champlain che dà il nome al lago. Lago che pare ospitare un mostro chiamato Champ, del quale si ignorano origine e provenienza ma che non manca di alimentare curiosità.

Shelburne

Circa 7 km a sud di Burlington lungo la US 7, la cittadina (7000 ab.) ha un grazioso centro storico inserito nel 1990 nel National Register of Historic Places per l'integrità di alcune architetture e la peculiarità degli alberi che ornano le strade e i parchi, spesso antichi quanto le case. La varietà arborea è particolarmente notevole nel **Shelburne Parade Ground**, terreno pubblico fin dal 1807 in cui querce, aceri e sicomori cambiano colore a seconda delle stagioni. Tra gli edifici più interessanti, la **United Methodist Church** (30 Church Street), costruita tra il 1872 e il 1874 e **The Shelburne Inn** (5247 Shelburne Road), in stile federale e risalente al 1796. L'acero norvegese alle spalle dell'edificio ha la sua stessa età. Il **General Store** (29 Falls Road), attivo dal 1886, invita all'acquisto di delizie locali e souvenir.

Shelburne Museum*

6000 Shelburne Road, Shelburne. *Visite a pagamento tutto l'anno con orari diversi; shelburnemuseum.org* – Circa 8 km a sud di Burlington (lungo la US 7), questo museo concentra tre secoli di vita quotidiana e storia del New England in 18 ettari di terreno. Dei 38 elementi che lo compongono, alcuni sono stati trasferiti qui, come il faro del 1871, il minuscolo edificio in legno che fu antica prigione, il battello a vapore. L'idea della fondatrice, la collezionista newyorkese Electra Havemeyer Webb (1888-1960), fu quella di realizzare un museo didattico che raccontasse gli Stati Uniti attraverso quella che lei stessa definiva la 'collezione delle collezioni'. Tutto ebbe inizio nel 1947 con le carrozze collezionate dalla sua famiglia, poi molto altro seguì, compresi un ponte coperto del 1845, una carrozza ferroviaria di lusso del 1890, un granaio del 1901, una stazione ferroviaria del 1915, il piroscafo *Ticonderoga** del 1906, una giostra degli anni Venti. Alla sua morte i figli hanno continuato l'opera della madre trasferendo parte della raccolta d'arte di famiglia da New York a Shelburne. Nell'edificio costruito in memoria di Electra, tra foto di famiglia, argenterie Tiffany e mobili d'epoca, spiccano così dipinti di Monet (*Le Pont, Amsterdam* fu probabilmente la sua prima opera ad arrivare negli Stati Uniti), Corot, Manet, Degas, Rembrandt. In un altro edificio delle tenuta sono allestite mostre temporanee.

Shelburne Farms*

1611 Harbor Road, Shelburne. *Visite a pagamento tutto l'anno con orari diversi; shelburnefarms.org*. Nel 1886 la coppia di ricchi newyorchesi William Seward Webb e Lila Vanderbilt Webb, suoceri di Electra Havemeyer Webb, decise di far costruire la propria residenza di campagna sulle sponde del Lake Champlain. La tenuta, oltre 5 km^2 di superficie, progettata dall'architetto paesaggista Frederick Law Olmsted (già coprogettista del Central Park di New York), è un classico esempio di eleganza e stile dell'epoca. Oggi si propone come centro educativo e culturale con decine di attività organizzate per adulti e bambini. La maestosa **dimora** è stata trasformata in un inn (con 24 camere), mentre la **fattoria** produce un formaggio pluripremiato, pane

Il piroscafo in mostra allo Shelburne Museum

L'ottocentesca dimora di Shelburne Farms

e dolci. Nel mercato contadino si possono acquistare i migliori prodotti locali: oltre al formaggio, sciroppo d'acero, mostarda, marmellate e molto altro ancora. La si può visitare con un tour guidato a bordo di un carro scoperto (durata un'ora e mezza), oppure in autonomia, gironzolando tra le strutture e deliziandosi del **panorama** dalla Lone Tree Hill, dalla cui cima si gode di una delle vedute migliori sul lago.

Ferrisburgh Rokeby Museum

4334 Route 7, Ferrisburgh. *Visite a pagamento da metà maggio a fine ottobre; rokeby.org* - Dal 1793 al 1961 quattro generazioni della famiglia Robinson si avvicendarono a Rokeby. Agricoltori quaccheri, furono anche artisti, scrittori e abolizionisti convinti tanto che la loro fattoria fu un'importante fermata della cosiddetta Underground Railroad, la rete clandestina costruita per aiutare gli schiavi neri a fuggire dagli Stati del Sud a Nord, verso la libertà. Oggi la casa è National Historic Landmark e ospita un interessante museo che spiega il funzionamento della 'ferrovia sotterranea' e racconta le storie di chi è passato di qui. Non mancano alcune vecchie casette storiche da visitare passeggiando nel parco. Il sito accoglie anche una galleria d'arte che propone mostre temporanee di artisti locali.

Vergennes

Meno di 20 km a sud di Shelburne (lungo la US 7), è la più antica cittadina del Vermont, fondata nel 1788. Il piccolo centro storico (2600 ab.) conserva edifici pubblici e case in stile vittoriano. Main Street conduce alle cascate dell'Otter Creek, agli inizi dell'Ottocento sfruttate per la produzione di cannoni.

Chimney Point State Historic Site

Route 17W. *Visite a pagamento da metà maggio a fine ottobre, mer-dom 10-17; historicsites.vermont.gov/directory/chimney_point* - Strategicamente situato sul Lake Champlain, il sito di Chimney Point era abitato già 9000 anni fa. Lo testimoniano reperti archeologici trovati durante la realizzazione del vicino Lake Champlain Bridge, che conduce nello Stato di New York. Una mostra permanente allestita nel bell'edificio principale racconta le vicissitudini delle tre culture che si sono confrontate in Vermont: quella dei nativi americani, quella dei primi coloni francesi e quella dei primi americani di origine inglese giunti fin qui. Le testimonianze materiali documentano uno stile di vita in perenne cambiamento e soggetto a reciproche influenze, a partire dai contatti col primo europeo a esplorare la regione, il francese Samuel de Champlain nel 1609, fino all'Ottocento, quando i nativi Abenaki abbandonarono la zona ormai dominata dai nuovi americani, eredi dei Padri pellegrini.

Middlebury

Più a sud lungo la US 7 si incontra il sistema di cascate di **Middlebury Gorge**, a poca distanza dall'omonima cittadina (8500 ab.). Oltre che per il Middlebury College, istituito nel 1800, è nota per aver ospitato per ben 23 anni, ogni estate, il poeta Robert Frost (1874-1963), che viveva poco a est, a **Ripton**, dove scriveva versi in una capanna

Un paesaggio agreste della Mad River Valley

di legno e coltivava mele. La zona, ora chiamata **Robert Frost Country***, può essere esplorata passeggiando lungo un sentiero circolare (1 km circa) scandito dalle poesie di Frost e immerso nei paesaggi che le hanno ispirate (da Middlebury si segue la US 7 verso sud per 6,5 km, poi la VT 125 verso est per una decina di km: il sentiero si trova sulla destra ed è segnalato).

Green Mountain National Forest*

La parte centrale della National Forest è un vero e proprio paradiso per gli sportivi e gli appassionati di vacanze attive. In ogni stagione abbondano le possibilità di passeggiate, trekking, e in inverno di sci, fondo, discesa e ciaspolate. Numerosi i sentieri segnati e le strutture di accoglienza. Le Green Mountains, parte del sistema dei monti Appalachi, sono attraversate da due percorsi escursionistici molto battuti: il **Long Trail**, che le percorre tutte, e l'Appalachian Trail. Per informazioni e suggerimenti su sentieri, luoghi dove campeggiare e altre attività utile riferimento è il sito *fs.usda.gov/gmfl*.

Moosalamoo National Recreational Area

Area ricreativa attrezzata con oltre 100 km di sentieri ben tenuti, di diversa difficoltà, sui quali camminare, pedalare in mountain bike, sciare e ciaspolare. Situata a est del lago Dunmore, si raggiunge per la strada scenografica 125 da nord o la 73 da sud. Mappe e dettagli sono disponibili al **Blueberry Hill Ski center** (*blueberryhillinn.com/skicenter.html*).

Brandon

A sud della Moosalamoo, è una piccola cittadina (4000 ab.) culturalmente molto attiva grazie all'associazione di artisti locali che promuove eventi e manifestazioni. Una passeggiata in **Center Street**, la via centrale, permette di scoprire le caratteristiche gallerie d'arte, con opere che illustrano tradizioni e artigianato locale (elenco delle gallerie e degli eventi culturali su *brandon artistsguild.org*).

Killington

Tappa della Coppa del mondo femminile di sci alpino, il villaggio (800 ab.) è uno dei centri sciistici più importanti del Paese, con decine di impianti di risalita. È anche una tappa del Long Trail, il percorso di trekking che taglia da nord a sud il Vermont e che qui condivide il tracciato con l'Appalachian Trail. La salita alla cima del **Killington Peak*** (1289 m) a bordo dell'*Express Gondola* (attiva tutto l'anno) offre un panorama a 360 gradi sul Vermont centrale (*killington.com*).

Mad River Valley

In inverno lo sci, il resto dell'anno i paesaggi bucolici che si sviluppano lungo la strada 100 e le sue deviazioni. Sosta rac-

comandata a **Weston**, esemplare cittadina rurale del Vermont e punto di ingresso alla valle. Nel suo *General Store*, tra i migliori del New England, si acquista di tutto: dalle giacche sportive ai formaggi locali, passando per le decorazioni natalizie e lo sciroppo d'acero (*madrivervalley.com*; *vermontcountrystore.com*).

Montpelier*

Con i suoi 8000 abitanti, è la più piccola capitale di uno stato americano (e forse l'unica che non conti almeno un McDonald's all'interno dei suoi confini). Il centro si sviluppa su due vie principali, *State Street* e *Main Street*, lungo le quali si trovano librerie, piccoli negozi e i molti bar e ristoranti che animano la vita di Montpelier.

La **Vermont State House*** (115 State Street; *vtstatehouse.org*), il campidoglio, un edificio in marmo bianco ispirato al tempio di Efesto ad Atene, spicca per la sua maestosità e la cupola d'oro che lo sovrasta. La visita all'interno (*gratuita, guidata della durata di mezz'ora, o autonoma con audioguida*) permette di entrare nella sala dei Rappresentanti anche se è in corso una seduta. Il **Vermont History Museum*** (109 State Street; *visite a pagamento mar-dom ore 10-16*; *vermonthistory.org/visit/vermont-history-museum*) illustra in dettaglio la storia dello Stato e aiuta a capirne peculiarità ed eredità attuali: dai primi incontri con gli indiani Abenaki, i nativi, alle questioni dell'oggi. È un piccolo interessante museo che invita a riflettere e fornisce chiavi per penetrare l'identità del Vermont, capace di coniugare propensione alle ideologie progressiste e attaccamento alla terra.

Ben & Jerry's Factory*

1281 Waterbury-Stowe Road, Waterbury; *visite a pagamento tutto l'anno*; *benjerry.com* - A nord di Montpelier lungo la strada 100, è uno dei luoghi che fanno la storia (almeno gastronomica) del Vermont. Nata nel 1978 a Burlington per iniziativa di due giovani del posto che avevano seguito un corso di gelateria per corrispondenza del costo di 5 dollari, la fabbrica di gelato Ben & Jerry's distribuisce oggi i suoi prodotti in tutto il mondo, Italia compresa. Oggetto di un vero culto locale, ha puntato da sempre sulla sostenibilità ambientale e sul sostegno alle campagne sui diritti civili del Paese: in perfetta linea con lo spirito vermonter, come viene raccontato nel divertente video introduttivo alla visita guidata di circa mezz'ora. Si possono osservare gli 'assaggiatori' al lavoro, ovvero gli addetti alla degustazione cui spetta assicurarsi che

Montpelier, la Vermont State House

I MIGLIORI FORMAGGI DEL VERMONT

- **Vermont Shepherd** Ispirati ai formaggi dei Pirenei, i prodotti di questa fattoria sono tra i più apprezzati e premiati dello Stato. Da tre generazioni la famiglia Ielpi, di origine spagnola, realizza squisite tome di formaggio di pecora. *281 Patch Farm Road, Putney; vermontshepherd.com*
- **Lazy Lady Farm** Dal 1987 Laini Fondiller prepara gustosi formaggi di capra che si possono trovare oggi in molti ristoranti delle città del Nordest americano, Chicago e New York incluse. Les Pyramids, Capriola e La Petite Tomme quelli da non perdere. *973 Sniderbrook Road, Westfield; lazyladyfarm.com*
- **Vermont Creamery** Da 25 anni Allison Hooper e Bob Reese lavorano il latte di una ventina di produttori per realizzare deliziosi formaggi, dalla feta al mascarpone fino ai tipici formaggi di capra del Vermont, che non hanno nulla da invidiare a quelli francesi cui spesso si ispirano. *20 Pitman Road, Websterville; vermontcreamery.com*
- **Three Shepards of the Mad River Valley** Una famiglia intera dedita alla produzione di ottimi formaggi (la figlia adolescente è la più giovane professionista nel settore). Oltre a osservare, assaggiare e acquistare, qui si può anche mettere le mani in pasta e farsi il formaggio da sé. *108 Roxbury Mountain Road, Warren; threeshepherdscheese.com*
- **Green Mountain Blue Cheese** I Boucher, agricoltori di origine francese, arrivarono in Vermont quattro secoli fa con in tasca le formule magiche per produrre il classico Vermont Blue Cheese, ormai una specialità non solo locale. *2183 Gore Road, Highgate Center; boucherfamilyfarm.blogspot.com*

i gelati appena realizzati siano perfetti, ma anche passare alla degustazione in proprio delle ultime novità. Non manca un divertente shop. Alle spalle dello stabilimento c'è anche il finto cimitero in cui sono 'sepolti' i gusti meno riusciti.

Stowe*

Circa 35 km a nord di Montpelier lungo la US 100 fino a Waterbury, poi la I 89, Stowe (4000 ab.), prima di affermarsi come una delle località sciistiche più importanti del New England era una meta di villeggiatura molto ambita da chi, durante i periodi di calura estiva, poteva permettersi di lasciare le città. Quando poi, negli anni '30 del Novecento, lo sci la trasformò in una meta sportiva e il numero dei visitatori superò di gran lunga quello dei posti letto disponibili, furono gli stessi abitanti ad aprire le loro porte (antesignani dei bed & breakfast) trasformando poi le case in piacevoli locande. Il villaggio ha mantenuto il suo aspetto caratteristico con la piccola chiesetta bianca dal classico campanile a punta e la montagna più alta del Vermont, il **Mt Mansfield** (1339 m) che svetta sullo sfondo. Con oltre 300 km di piste da sci di fondo, sentieri per mountain bike e pareti per arrampicata, è una meta ideale per sportivi di ogni preparazione e ogni età. Interessante il **Vermont Ski and Snowboard Museum**, dedicato allo sci e allo snowboard (*vtssm.com*).

Circa 3 km a sud-ovest di Stowe si trova il lodge della **famiglia Trapp**, nota aver ispirato il celebre film musicale *Tutti insieme appassionatamente*, diretto da Robert Wise nel 1965: gli eredi conducono alla scoperta della casa e organizzano concerti open air in estate (*trappfamily.com*).

Rock of Ages

558 Graniteville Road, Graniteville, Barre. *Visite gratuite e tour a pagamento da metà maggio a ottobre; rockofages.com/tourism* - Aperta nel 1885, la cava di granito ancora attiva più profonda al mondo è un universo di roccia e acqua in cui è possibile scoprire la grande complessità e diversità delle tecniche estrattive, dalle più primitive e manuali alle attuali. Durante la visita si possono osservare gli artigiani al lavoro: scalpellini che modellano la pietra con delicatezza e forza, quasi fossero dei moderni Michelangelo. Tra le attrazioni da non perdere con i bambini, la pista da bowling in granito, prototipo del 1958 mai entrato in commercio: si gioca con una palla di gomma e birilli di granito, come la pista. Una mostra permanente allestita nel centro visitatori illustra con foto d'epoca e video l'attività della cava.

Ben & Jerry's Factory: la filosofia in un cartello

5.2 Il New Hampshire settentrionale

Il primo dei due percorsi nel New Hampshire settentrionale esplora la White Mountain National Forest seguendo, in senso orario, un lungo anello circolare con partenza e arrivo a Lincoln-North Woodstock: deviazioni e sentieri che si staccano dalla strada, ricca di punti panoramici ben segnalati, sono compresi in un'estesissima rete (inclusi i 160 km dell'Appalachian Trail). Da maggio a ottobre nelle White Mountains si va per camminare, in inverno per sciare, in autunno per la magia del foliage.
Da Lincoln ci vogliono 45 minuti d'automobile verso sud lungo la I 93 e poi la NH 104 per raggiungere la regione dei laghi, esplorata anche in questo caso, a partire da Weirs Beach (Laconia), con un itinerario ad anello: dalla primavera all'autunno tutte le località che si affacciano sui numerosi specchi d'acqua sintetizzano il fascino del New England, tra natura incontaminata e piccoli villaggi (*lakesregionchamber.org*).

Lincoln e North Woodstock

Le due cittadine adiacenti sono il punto di partenza ideale per l'esplorazione delle White Mountains. Offrono molte locande e motel per pernottare, ristoranti e stazioni di servizio per rifornirsi di carburante. Utile una visita al **White Mountains Visitor Center** (200 Kangamagus Hwy; *whitemountains.com*), dove si possono trovare mappe dettagliate (e gratuite) della zona, sapere se ci sono strade chiuse, soprattutto in inverno, avere consigli pratici per la visita e dov'è possibile acquistare il *White Mountain National Forest Recreation Pass* (5 dollari), se si prevede di rimanere sui sentieri più a lungo e quindi campeggiare.

Flume Gorge*

La I 93 conduce a nord (uscita 34A) a questa meraviglia naturale: un crepaccio nella roccia granitica che si scopre grazie a un sistema di passerelle sospese. La gola ha un'ampiezza che varia dai 3,6 ai 6 m e sulle pareti ricoperte di muschio spuntano piante da ogni fessura e fenditura. Sul sentiero si trova anche un vecchio **ponte coperto** costruito intorno al 1820 (*centro visitatori aperto da maggio a fine ottobre ore 9-17*; *flumegorge.com*). Poco distante, una facile passeggiata lungo il fiume Pemigewasset porta al **Basin**, cascata di origine glaciale scavata nel granito 15 000 anni fa dall'erosione dell'acqua e dal movimento vorticoso creato dal salto. Poco oltre si raggiungono altre cascatelle, piccole vasche con acqua cristallina e oasi naturali immerse nel bosco.

Cannon Mountain

Pochi km più a nord si arriva alle pendici della montagna, su cui sale una **funivia**

Riflessi di colori nelle acque dell'Echo Lake

L'Omni Mount Washington Hotel & Resort di Bretton Woods

(*aperta da fine maggio a metà ottobre ore 9-17*; *cannonmt.com*) messa in funzione nel 1938, la prima a essere realizzata per il trasporto passeggeri in tutto il Nord America. Nel 1980 sono state cambiate le cabine, ma identico è rimasto il panorama su tutto il **Franconia Notch State park** che si gode lungo il chilometro e mezzo di salita. Meta di visite è il sito storico dedicato all'**Old Man**, uno sperone di roccia dalle sembianze umane che caratterizzava il profilo della montagna fino al 2003, quando crollò naturalmente: era uno dei simboli del New Hampshire (riprodotto anche su francobolli e targhe) e lo sgomento seguito alla caduta ha dato impulso a varie iniziative per mantenerne viva la memoria, compresa un'installazione che riproduce, in virtù di un'illusione ottica, quel profilo tanto amato. Immagini e diagrammi del prima e del dopo sono anche esposti in un piccolo museo poco distante (uscita 34B della I 93, aperto da fine maggio a metà ottobre). In inverno la zona si trasforma in apprezzata località sciistica con impianti moderni e piste per discesisti e snowboarder di ogni livello.

Echo Lake

Ai piedi della Cannon Mountain, questo piccolo specchio d'acqua invita a un tuffo o a un'esplorazione in canoa o kayak. La spiaggia è costellata di barbecue a disposizione dei villeggianti e non manca un campeggio nei pressi. Nella stagione estiva è attivo dalle 10 alle 17.30 un servizio di assistenza ai bagnanti (68 Echo Lake Road; *nhstateparks.org*). Il nome del lago allude a una riflessione sonora che effettivamente si genera urlando, ma solo in giornate particolarmente silenziose.

Franconia

A poco più di 1 km da questo piccolo villaggio (1000 ab.) si trova **The Frost Place***, la fattoria in cui visse a lungo con la moglie e i figli Robert Frost, uno dei poeti americani più amati della prima metà del Novecento. Dopo la visita alla casa museo (158 Ridge Road; *aperto da fine maggio a fine ottobre*; *frostplace.org*), si può passeggiare sul retro per un sentiero (800 m) lungo cui si trovano esposte, su pannelli, le poesie di Frost nei luoghi esatti a cui fanno riferimento i suoi versi o nei punti in cui trovò l'ispirazione.

Bretton Woods

Percorrendo la US 302 in direzione di Mount Washington si riconosce, sulla sinistra, nella località di Bretton Woods, nel territorio di Carroll, uno dei più famosi luoghi storici del New Hampshire. L'**Omni Mount Washington Hotel & Resort*** (*omnihotels.com*), magnifico edificio aperto nel 1902, era già meta prediletta delle elite di New York, Boston e Philadelphia in cerca di aria pulita e panorami rilassanti; ma la notorietà mondiale del suo nome si lega alla conferenza delle Nazioni Unite che vi si svolse nel luglio del 1944,

Sciare in Vermont, New Hampshire e Maine

Pur non vantando vette alpine e altissime quote, tutta la regione è particolarmente attrezzata per le attività sulla neve di ogni genere e grado di difficoltà. Le aree più settentrionali godono di un innevamento naturale che inizia spesso già a metà novembre e prosegue fino a primavera inoltrata. Ecco alcune delle destinazioni migliori.

Sci da discesa e snowboard. Le magnifiche quattro del Vermont. Con piste di diverse lunghezze e difficoltà e un sistema di innevamento artificiale pronto all'uso, **Killington** (1291 m) è una delle stazioni sciistiche più note, anche perché ospita spesso gare internazionali e mondiali (oltre il 40 per cento delle piste è per esperti). Con 32 impianti di risalita non si rischia il sovraffollamento e dal K-1 Lodge parte l'*Express Gondola*, un impianto in grado di trasportare 3000 sciatori all'ora in cabine riscaldate (*killington.com*). Più selvaggia e con garanzia quasi assoluta di neve già dall'autunno, **Jay Peak** (1176 m), nel Northeast Kingdom (l''angolo' di Vermont che comprende le contee di Essex, Orleans e Caledonia), pochi km a sud del confine col Canada, offre piste facili o di medio livello ma è il posto ideale per chi ama lo snowboard e il fuoripista, con decine di percorsi poco battuti (*jaypeakresort.com*). Sempre nel Northeast Kingdom si trova la **Burke Mountain** (995 m), una stazione sciistica pressoché sconosciuta ai più, ma molto amata dagli atleti olimpici che vengono qui ad allenarsi (*skiburke.com*). Stile completamente diverso per la stazione di **Mad River Glen** (610 m), che non ha molti impianti di risalita, ha in uso l'ultima seggiovia singola funzionante degli Stati Uniti, attiva dal 1948, e proibisce lo snowboard. Il concetto, come dicono qui, è 'Ski it if you can', sciala se riesci; una sfida per chi non teme le piste più complesse e accidentate (*madriverglen.com*).

Per famiglie. Le montagne del New Hampshire sono le più attrezzate per accogliere famiglie con bambini. Tra i resort meglio organizzati con scuole e attività c'è **Gunstock**, non lontano dal lago Winnipesaukee, dove i ragazzi possono imparare i rudimenti di sci e snowboard in un ambiente molto rilassato (*gunstock.com*). Stessa quiete si respira nella **Black Mountain Ski Area** (1263 m), con 40 piste servite da 4 impianti di risalita ideali per i principianti (*blackmt.com*). Appena fuori North Conway il **Mt Cranmore Resort** (370 m) offre 40 piste e 9 impianti di risalita nonché una capacità di innevamento artificiale del 100 per cento; inoltre la possibilità di praticare tubing e molti altri sport all'aperto e al coperto (*cranmore.com*). La località sciistica più family friendly del Vermont è **Bromley Mountain** (1000 m), 8 km a est di Manchester, con 10 seggiovie e 43 piste ideali per bambini e principianti; le attività all'aperto proseguono anche in estate senza neve tra zip-line e pareti per arrampicata (*bromley.com*). Nel Maine sono due le mete perfette per famiglie: il **Sunday Ski Resort**, 10 km a nord di Bethel, che comprende otto vette con 132 piste e 16 impianti di risalita (*sundayriver.com*), e **Sugarloaf** (1292 m), la stazione sciistica di Rangeley, con 138 piste e 15 impianti di risalita (*sugarloaf.com*).

Sci di fondo. Molti dei sentieri che in estate sono terreno ideale per passeggiate si trasformano, d'inverno, in piste perfette per gli appassionati di tecnica classica o skating. Tra le località più attrezzate spicca **Stowe**, nel Vermont, che oltre a 48 bellissime piste per lo sci di discesa vanta una rete di circa 320 km di piste battute per il fondo, distribuite in quattro comprensori diversi (*stowe.com*). In New Hampshire si segnala la rete di circa 100 km di piste del **Mount Washington Resort** a Bretton Woods (*brettonwoods.com*): sci ai piedi si attraversa la tenuta e si percorrono sentieri nei boschi e in campi aperti con vista sulla montagna più alta del New England.

durante la quale furono negoziate le nuove regole delle relazioni commerciali e finanziarie internazionali fondate sul dollaro (furono istituiti allora il Fondo monetario internazionale e la Banca internazionale per la ricostruzione e lo sviluppo). Oggi la struttura comprende un campo da golf da 27 buche, piscine, spa, un centro ippico e campi da tennis. Si può entrare liberamente nella hall dell'albergo per respirare la sua atmosfera vintage e osservare le foto che raccontano di un passato intriso di storia e mondanità.

Littleton

Circa 8 km a nord di Franconia, il villaggio è nella classifica dei migliori piccoli centri storici degli Stati Uniti e si intuisce perché anche solo attraversandolo. Fondato nel 1769, conserva un mulino originale ristrutturato del 1798. Tra gli edifici più antichi anche il **Thayer's Inn** (111 Main Street; *thayersinn.com*), inaugurato nel 1850 e tuttora punto di riferimento per i turisti diretti alle White Mountains. La vera attrazione della cittadina si trova però di fronte alla biblioteca (92 Main Street) dove accoglie tutti i passanti con un abbraccio la statua dedicata a **Pollyanna**, protagonista dell'omonimo romanzo per bambini scritto dalla gloria locale, Eleanor Hodgman Porter, nel 1913 e trasformato in cartone animato giapponese negli anni Ottanta. A giugno l'allegria della dolce Pollyanna coinvolge cittadinanza e visitatori nel *Glad Day*, la giornata della felicità.

Mount Washington e Cog Railway**

Con i suoi 1916 m d'altezza, il monte dedicato al primo presidente degli Stati Uniti d'America è la vetta degli Appalachi nonché di tutto l'Est degli Stati Uniti. Già Giovanni da Verrazzano ne scrisse nei suoi diari, avvistandolo dal mare nel 1524. Nonostante la non eccessiva altezza, è noto per i rigori del clima alla sua sommità: la stazione meteorologica sulla cima registra in inverno le temperature più basse del Paese, spesso accompagnate da folate di vento intenso. Durante la stagione estiva è possibile raggiungere la vetta a piedi, in automobile (a pagamento; ai guidatori viene dato un cd illustrativo e un adesivo che dimostra la salita), o a bordo della bellissima cremagliera **Cog Railway** (attiva da maggio a ottobre; *thecog.com*). Quando nel 1858 l'ingegner Sylvester Marsh chiese allo Stato il permesso di costruire la ferrovia, molti dubitarono della sua sanità mentale. Tuttavia realizzò l'opera e dal 1869 le locomotive a vapore, alimentate a carbone, fanno servizio lungo i 5,5 km che salgono sul pendio della montagna: il viaggio panoramico dura tre ore andata e

Cog Railway, la ferrovia che conduce al Mount Washington

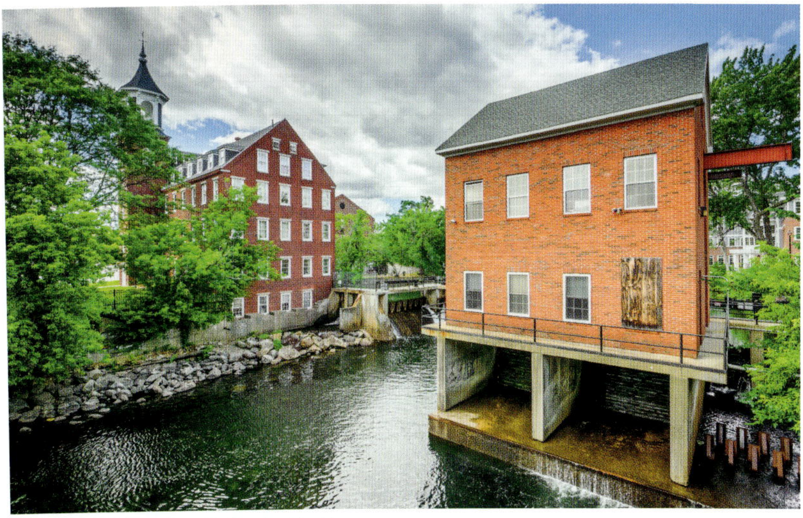

Uno scorcio di Laconia, cittadina tra i laghi

ritorno, compresa un'ora di sosta in cima. La seconda ferrovia più ripida al mondo, dopo quella sul monte Pilatus in Svizzera, è una delle attrazioni più popolari di tutto il New Hampshire (*consigliabile la prenotazione*).

North Conway

La cittadina (2300 ab.) è un susseguirsi di negozi e ristoranti e se un tempo era una classica località di montagna oggi è il posto perfetto per una sosta, per fare acquisti e rifornirsi di carburante.
Parte da qui la **Conway Scenic Railroad** (in funzione ogni stagione; *conwayscenic.com*), una ferrovia dai vagoni vintage che permette una ricognizione quasi completa delle peculiarità delle White Mountains. Il tragitto, cinque ore tra andata e ritorno, attraversa territori selvaggi offrendo un seguito di splendidi scorci panoramici. Alla stazione di North Conway ci si può informare sui diversi itinerari proposti (più brevi, al tramonto, con cena inclusa) e prenotare il viaggio.

Kangamagus Highway**

Si imbocca a sud di Conway, 55 km immersi nella natura senza servizi lungo la strada (meglio accertarsi di avere carburante sufficiente): il percorso è particolarmente scenografico durante l'autunno, quando in migliaia arrivano per lo spettacolo del foliage. I numerosi cartelli che indicano la presenza di alci segnalano un'allerta reale, soprattutto all'alba e al tramonto. Soste panoramiche e fotografiche sono l'area **C.L. Graham Overlook** e la **Pemi Overlook**. Per una breve passeggiata, anche con i bambini, si può parcheggiare a **Lincoln Woods**: proprio accanto al centro visitatori parte un sentiero di 5 km che costeggia il fiume Pemigewasset, con un ponte sospeso sull'acqua. La strada termina a Lincoln/North Woodstock.

Weirs Beach

Affacciata sul lago Winnipesaukee, lungo la US 3, è località di villeggiatura con una bella **spiaggia** e una passeggiata lungolago. Decine le attrattive per bambini e ragazzi, comprese popolari sale giochi. A Weirs Beach c'è anche un celebre *Drive In* aperto dal 1949 (*weirsdrivein.com*). Parte dal paese il **treno panoramico** che fa il giro del lago su vagoni ferroviari degli anni '20 e '30 (una o due ore; *hoborr.com*); non manca una carrozza apposita per i gelati. In estate è molto piacevole la **crociera** sul lago a bordo della *MS Mt Washington* (due ore e mezza; *cruisenh.com*), la domenica anche con brunch in navigazione.

Meredith

Di tono decisamente più elegante rispetto a Weirs Beach, è un villaggio affacciato sul lago (6000 ab.), con una serie di piccoli negozi e ristoranti e belle case di villeggiatura in stile coloniale e vittoriano. Piacevole e poco impegnativa la passeggiata sulla **Main Street**. All'uscita sud del paese merita una sosta il **Mill Falls Marketplace** (312 Daniel Webster Highway; *millfalls.com/shop*), un vecchio mulino ristrutturato e trasformato in emporio con decine di negozi e ristoranti.

Best spot per la pesca

Tra laghi, fiumi e stagni, le foreste del Nord del New England sono un vero e proprio paradiso per gli appassionati di pesca, soprattutto di pesca alla mosca. Tra le destinazioni migliori si segnalano:

Kennebec River, Maine. Nei pressi del lago Moosehead, è un fiume ricchissimo di trote. Punto di riferimento per i pescatori della zona il *Fly Fishing Only Shop* a *Fairfield* (230 Main Street), dove rifornirsi di materiali.

Squam Lake, New Hampshire. Salmoni, spigole, trote da pescare dalla riva o dalla barca. In estate il lago è particolarmente affollato, meglio quindi scegliere la primavera o l'autunno. Il sito *nhfishfinder.com* indica tutti i più favorevoli siti di pesca del New Hampshire.

Winooski River, Vermont. Tra le mete di pesca più ambite dello Stato, il fiume è ricco di salmoni, spigole e trote, pesce persico. Informazioni su regole e licenze del Vermont su *vtfishandwildlife.com*.

Holderness

Sulla US 3, alle rive dello Squam Lake, location del film del 1981 *Sul lago dorato* di Mark Rydell con Katherine Hepburn e Henry Fonda, è un piccolo villaggio dai ritmi tranquilli e rilassati (2000 ab.), in cui dedicarsi ad attività sul lago quali il nuoto, la pesca o il kayak. Lo specchio d'acqua ha un perimetro di 108 km e conta ben 67 isole, avvolte nella quiete assoluta. Per conoscere la flora e la fauna della zona, lo **Squam Lakes Natural Science Center** (*aperto da maggio a ottobre*; *nhnature.org*) propone quattro sentieri naturalistici nel bosco e intorno alla palude. Il Gephart Trail costeggia recinti entro cui vivono specie animali come la lince rossa, la martora americana, il puma e le aquile dalla testa bianca: spesso si tratta di animali rimasti orfani prima dello svezzamento o feriti, quindi non in grado di vivere in libertà.

Wolfeboro*

Il primo ad apprezzarne il fascino turistico fu il Governatore reale del New Hampshire John Wentworth, che si fece costruire una casa di villeggiatura nel 1768 in questa località sulla sponda orientale del lago Winnipesaukee. Da allora Wolfeboro (6200 ab.) si è autoproclamata 'The oldest resort of America', il più antico centro di villeggiatura d'America. Molte altre celebrità, in effetti, l'hanno scelta nel corso del tempo e si capisce perché: panorami lacustri, eventi estivi, negozi e ristoranti con vista. Tra le attività sportive, oltre a quelle sul lago, il **Cotton Valley Rail Trail** propone un'escursione di circa 10 km lungo i binari di una ferrovia dismessa. Si passa accanto a due laghi, attraversando foreste e campi. Il sentiero inizia dietro la *Wolfeboro Chamber of Commerce* (32 Central Avenue; *wolfeborochamber.com*), sistemata in un ex deposito di treni; all'interno sono in distribuzione mappe gratuite della zona. Sulla *South Main Street* (N. 233), il **Clark House Museum Complex** comprende tre edifici che testimoniano il passato di Wolfeboro: la casa colonica della famiglia Clark, del 1778; una scuola con una sola aula del 1805; la ricostruzione di una vecchia caserma dei vigili del fuoco.

Alton Bay

Cittadina situata all'estremo sud del lago Winnipesaukee, è il punto di partenza di crociere sul lago. Vi si trovano una piccola spiaggia pubblica e una nota sala da ballo.

Laconia

La più grande cittadina dell'area (16 500 ab.) si trasformò con l'arrivo della ferrovia, nel 1848, in un operoso centro manifatturiero. Oggi, con le fabbriche in gran parte chiuse, è la base giusta per soggiornare nella zona dei laghi approfittando per sperimentare uno dei tanti ristoranti che ha da offrire.

5.3 Il Maine interno

Al contrario dell'area costiera, le zone interne del Maine sono poco conosciute e frequentate, ottime vie di fuga dalla calca e dai rumori della quotidianità. In ogni stagione gli sportivi trovano stimoli e occasioni: dalla canoa alla pesca, dal trekking allo sci. Tre itinerari da sud verso nord conducono alla scoperta dei paesaggi incontaminati dello Stato: dalla Sebago Lake Area, esplorata a partire dal confine col New Hampshire, al rurale Western Maine (apprezzatissimo dalle alci), fino alle North Woods, le foreste del Nord che culminano nel Baxter State Park, dove la natura diventa davvero selvaggia.

Sebago Lake*

Oasi di tranquillità situata pochi chilometri a nord-ovest di Portland (US 302), ha mantenuto un'attitudine al rispetto per la natura, alla vita rurale e ai piaceri dei ritmi lenti.

Fryeburg. Adagiata sulle rive del Saco River, la cittadina (3500 ab.) è raggiungibile con la 302 da Portland. Il **Visitor and Convention Center** (97 Main Street/US 303; *mainetourism.com*) fornisce mappe e informazioni sulla zona e sulla più importante **fiera agricola** dello Stato (*freyburgfair.org*), che si svolge la prima settimana di ottobre dal 1851. Ogni anno attrae fino a 300 000 persone pronte ad assistere a gare per eleggere il maiale più bello o a sfide tra falegnami armati di asce.

Bridgton. La cittadina (5000 ab.) si sviluppa sui tre chilometri di **Main Street** tra librerie (come *Bridgton Books*), piccoli negozi di artigianato e antiquariato (come l'*Harry Barker's Emporium*), ristoranti, gallerie d'arte e caffè. A pochi passi dal centro si attraversa un ponte coperto per entrare nel **Pondicherry Park**, area protetta con sentieri nella natura. La piccola comunità offre anche due storici cinema: **The Magic Lantern** (9 Depot Street; *magiclanternmovies.com*), allestito in un'ex conceria, e il **Bridgton Twin Drive** (383 Portland Road), in attività da oltre 60 anni.

Naples. Da una parte il Long Lake, dall'altra il Brandy Pond: la cittadina (3800 ab.), il cui nome si ispira alla Napoli italiana per ragioni sconosciute, gode di una bellissima **vista** sulle White Mountains e sul Mount Washington del vicino New Hampshire. Il modo migliore per apprezzare il panorama è dall'acqua, noleggiando canoe, stand up paddle o kayak da *Captain Dingley's (captaindingleys.com)*, oppure salpando per una mini crociera a bordo della *Songo River Queen II* (da fine maggio a metà ottobre, tour di un'ora o due; *songoriverqueen.net*).

Una veduta del Sebago Lake

Sebago Lake State Park. Il parco è attrezzatissimo per campeggiare, nuotare, camminare o semplicemente godersi un picnic immersi nella natura. La **Songo Beach** è munita di barbecue e tavoli a disposizione degli escursionisti. In estate i ranger del parco organizzano passeggiate guidate ed escursioni in canoa (*ingresso a pagamento*; *aperto tutto l'anno, per il campeggio da fine maggio ai primi di settembre*; *maine.gov/sebagolake*).

Western Maine

Dista circa 120 km da Portland e si raggiunge seguendo verso nord la 302, poi, da Naples, la 35. È la zona ideale per avvistare le alci nel Maine e per dedicarsi agli sport invernali, ma in tutte le stagioni regala incredibili scorci sulle montagne, ambienti incontaminati e chilometri di strade immerse nella natura. Decine di piccoli laghi e stagni invitano a tuffi in piena estate. La scarsità di turisti stranieri dà a quest'angolo di New England un sapore particolarmente autentico, da scoprire on the road.

Norway. Basta un'ora di auto da Portland per ritrovarsi indietro nel tempo, a fine Ottocento, in questo grazioso villaggio storico fondato nel 1797. Buen retiro per molti soldati dopo la guerra d'Indipendenza, Norway cambiò volto dopo l'incendio del 1894 quando fu distrutta dalle fiamme e completamente ricostruita. Molti di quegli edifici la caratterizzano tuttora. Il centro cittadino è incluso nel National Register of Historic Places dal 1998 e la via principale, **Maine Street**, vale una passeggiata. Tra gli edifici più interessanti, la *casa vittoriana* del Dr. Augustus French (1894), la *Norway Opera House*, il caratteristico *Barber Shop* e l'altrettanto suggestivo *Fletcher's Candy Shop*, che un tempo vendeva caramelle e oggi fumetti.

Bethel. La quintessenza della cittadina del New England (2600 ab.), con le case bianche di legno, la chiesa con il campanile a punta e uno scorcio sulle montagne a ogni angolo, è un centro sciistico in inverno ma in estate non mancano festival e attività ricreative per tutta la famiglia. Come il *MollyOckett Day* (il terzo fine settimana di luglio; *mollyockettdays.com*) durante il quale, oltre alla parata e ai fuochi d'artificio, si svolge anche una gara tra rane in onore di un'indiana Pequawket che visse insieme ai primi coloni, acquistando fama per le sue capacità mediche.

Grafton Notch State Park*. Si raggiunge da Bethel seguendo la US 2 North fino a Newry e imboccando poi la ME 26 fino al parco. Scolpita da un ghiacciaio ritiratosi 12 000 anni fa, quest'area naturale è bella da scoprire in ogni stagione, tra cascate, gole, punti panoramici e sentieri per camminate e arrampicate (compresi quasi 20

La sagoma del monte Katahdin, vetta del Maine nel Baxter State Park

faticosi km dell'Appalachian Trail). È una meta appassionante soprattutto per l'osservazione dei falchi pellegrini che costruiscono i nidi sulle rocce (il periodo migliore va da maggio a ottobre; *mainebirdingtrail.com*). In inverno diventa il paradiso per lo sci di fondo e le escursioni con le ciaspole. L'itinerario più breve inizia nei pressi del parcheggio e conduce alle cascate **Screw Auger;** una passeggiata più lunga (circa 4 km) porta al belvedere sulla *Table Rock*, mentre l'anello *Eyebrow* è semplice e panoramico (2,5 km). Impegnativa la salita all'**Old Speck Mountain**, terza vetta più alta del Maine (1271 m).

Da Rumford al Sugarloaf. Al bivio di Newry si può riprendere la US 2 North verso Rumford, con le sue belle **cascate** alte più di 50 metri. Si prosegue in breve verso Mexico, quindi si imbocca in direzione nord la Route 17 che attraversa la Swift River Valley fino a **Height of Land**. Da qui si ammirano i panorami sul lago **Mooselookmeguntic**, il più grande tra i laghi di Rangeley, e sulle sue isolette, con lo sguardo che nelle giornate più terse si allarga fino alle White Mountains nel New Hampshire. Informazioni e materiali utili per andare alla scoperta dei sentieri che caratterizzano la zona o per sciare si trovano al **Rangeley Lakes Trail Center** (523 Saddleback Mountain Road; *rangeleylakestrailscenter.com*). Una delle località più frequentate dell'area è Kingfield, all'ombra del monte Abraham, che ha nel **Sugarloaf Mountain Resort** un'attrezzatissima area sciistica (*sugarloaf.com*).

North Woods

È una delle zone più remote e solitarie degli Stati Uniti, ideale per chi vuole fuggire dalla frenesia quotidiana della città. Basi per scoprire l'area sono Greenville e Millinocket (da Portland la via più veloce è l'Intertstate 95, a pagamento; circa 320 km). Fondamentale qui è armarsi di mappe, cartacee possibilmente perché spesso i telefoni cellulari non prendono, soprattutto nell'area del Baxter State Park. Le grandi foreste del Nord chiamano a una vacanza attiva in ogni stagione: sui numerosi laghi si va in canoa, in kayak, in barca e si pesca (in ogni stagione, compresa la pesca sul ghiaccio invernale), sulle montagne si cammina o si scia. E per gli appassionati degli animali ogni sentiero riserva incontri e sorprese.

Greenville. Nascosta tra i boschi che si affacciano sul **lago Moosehead**, è il centro più fornito di servizi dell'intera area (1600 ab.), in cui è possibile fare acquisti per eventuali escursioni, rifornirsi di carburante e organizzare itinerari presso la *Moosehead Lake Region Chamber of Commerce* (480 Moosehead Lake Road/ME 15; aperto 9-17; *mooseheadlake.org*). Il lago, il cui nome, 'testa d'alce', pare derivi dalla

Incontri ravvicinati nelle foreste del New England

Tra gli Stati del New England, il Maine e il New Hampshire sono quelli con la maggior concentrazione di fauna selvatica: la bassissima densità abitativa e la presenza di vaste zone di *wilderness* ne fanno un habitat ideale per gli animali della foresta boreale. L'incontro con cervi di varie specie, castori, scoiattoli e aquile dalla testa bianca non è raro; meno frequente l'avvistamento di alci e orsi neri, due animali che possono causare anche qualche pericolo come dimostrano i tanti cartelli che invitano alla prudenza sulle strade e lungo i sentieri. Per gli automobilisti, il rischio viene dagli alci: un maschio adulto è più grande di un cavallo, pesa 400-700 chilogrammi, e una collisione può essere disastrosa. Il consiglio è quello di mantenere la massima concentrazione soprattutto all'alba e al crepuscolo, stando attenti alla presenza di animali sui bordi delle strade, procedendo a velocità ridotta e a distanza di sicurezza dall'auto davanti. Gli escursionisti devono essere invece preparati all'incontro con un orso nero, anche se generalmente i plantigradi non frequentano i sentieri battuti come l'Appalachian Trail. In ogni caso, meglio far rumore mentre si cammina, parlando o con una campanella appesa allo zaino: gli animali si allontanano appena sentono avvicinarsi qualcuno. Nel rarissimo caso in cui ci si imbatta in un orso, la regola è quella di non correre ma di indietreggiare lentamente, cercando di assumere un aspetto solido e minaccioso.

sua forma vista dall'alto, è punteggiato da decine di isolette che si raggiungono in barca, canoa o kayak. Per scoprire la zona insieme a guide specializzate o noleggiare attrezzature sportive il punto di riferimento in città è *Northwoods Outfitters* (5 Lily Bay Road, aperto 8-19; *maineoutfitter.com*).

Millinocket. È la cittadina (4500 ab.) più vicina al Baxter State Park, che inizia circa 30 km più a nord. Vi si trovano vari alberghi e locande e si può organizzare la visita al parco: un tuffo nella civiltà prima dell'immersione nella natura più selvaggia (e nell'assenza di collegamenti telefonici e internet). Per tutte le informazioni e i materiali sul parco occorre rivolgersi al **Baxter State Park Authority Headquarters** (64 Balsam Drive/ME 157; *aperto da metà maggio a metà ottobre ore 8-16, resto dell'anno solo lun-ven*).

Baxter State Park.** Il percorso più affascinante per raggiungere l'ingresso del parco è costituito dalla cosiddetta **Golden Road**, una strada panoramica lunga circa 100 km da Millinocket, da percorrere con lentezza e la dovuta cautela. La vista del **monte Katahdin**, il più alto del Maine con i suoi 1605 m e punto di arrivo dell'Appalachian Trail, accompagna durante tutto il viaggio. Due i principali punti di accesso al parco (a pagamento; *baxterstateparkauthority.com*): **Matagamon** a nord e **Togue Pond** a sud, dove si trova anche il principale centro visitatori (circa 35 km da Millinocket). L'ingresso è consentito a un numero fisso di visitatori ogni giorno quindi o si prenota un posto sul sito del parco o si cerca di arrivare molto presto ai parcheggi (aperti dalle 6,30 del mattino). Il territorio protetto è caratterizzato da 47 vette dov'è possibile incontrare più spesso esemplari di fauna locale (orsi, aquile dalla testa bianca, alci e martore americane) che altri escursionisti. I sentieri si sviluppano per un totale di 320 km, ma non mancano pareti per arrampicata e laghi e fiumi dove dedicarsi alla pesca alla mosca.
Un itinerario facile per tutti è il sentiero che parte dal parcheggio di Togue Pond e in 1,5 km conduce alle **cascate Katahdin**; bello è anche l'anello di 3 km intorno allo specchio d'acqua **Dacey Pond**. Intraprendere la scalata al monte Katahdin implica un'organizzazione più complessa: occorre verificare le condizioni meteorologiche, mettersi in marcia all'alba e camminare per 8-10 ore con una scorta d'acqua sufficiente (all'interno del parco non ci sono fonti potabili disponibili). In estate il numero degli escursionisti aumenta. Per altre informazioni e per programmare la visita si può contattare la **Katahdin Area Chamber of Commerce** a Millinocket (1029 Central Street; *katahdinmaine.com*).

- Cucina messicana - Da provare i tacos di pesce, preparati con mais di produzione locale, merluzzo dell'Atlantico e verdure a km 0, e il burrito El Guapo. (I, E1)

Falafel King. 260 Washington St., tel. 16172276 400, www.falafelkingboston.com Ⓜ Government Center (Blue, B, C, D, E) - Cucina mediorientale - Il re del falafel di Boston. I piatti elaborato dallo chef uniscono sapori del Mediterraneo e ingredienti locali. Il menu è un mosaico culturale, servito in atmosfera familiare. (I, C5)

Gourmet Dumpling House. 52 Beach St., tel. 16173386223, www.gourmetdumplinghouse.com Ⓜ Chinatown (Orange) - Cucina cinese - Il menu offre molte squisitezze asiatiche ma la vera specialità sono gli Xiao Long Bao: ravioli al vapore soffici e deliziosi. (I, D4)

James Hook & Co.. 440 Atlantic Ave., tel. 6174235501, www.jameshooklobster.com Ⓜ South Station (Red) - Cucina americana, di pesce - È il rivenditore di astici più vecchio della città. Il locale è piccolo e spartano ma i piatti sono deliziosi: a detta di molti il miglior lobster roll di Boston. (I, C5)

Mike & Patty's. 12 Church St., tel. 16174233447, www.mikeandpattys.com Ⓜ Tufts Medical Center (Orange) - Cucina americana - Locale piccolo e aperto solo a colazione e a pranzo. L'ampia gamma di sandwich e hamburger è stata votata nel 2012 e 2014 come la migliore della città. Da non perdere i panini The Fancy e The Breakfast Torta. (I, D4)

My Thai Vegan Cafe. 3 Beach St., tel. 16174512 395, www.mythaivegancafe.com Ⓜ Chinatown (Orange) - Cucina thailandese, vegana - Cucina vegana con influenze thailandesi: zuppe, pad thai e ravioli. Da provare il bubble tea. (I, D4)

No Name. 15 1/2 Fish pier E, tel. 16174232705, www.nonamerestaurant.com - Cucina americana, di pesce - Da oltre un secolo la famiglia Contos cucina pesce e frutti di mare in questo locale sul porto. Da provare la Seafood Chowder. (I, D6)

Regina. 11 1/2 Thacher Street, tel. 16172270765, www.pizzeriaregina.com Ⓜ Haymarket (Orange) - Cucina italiana - Pizzeria famosa per la sua pizza croccante e sottile, condita con una salsa leggermente piccante. (I, B5)

Sam La Grassa's. 44 Province St., tel. 16173576861, www.samlagrassas.com Ⓜ Park St. (Red) - Cucina americana - Sandwich imbottiti all'inverosimile. Da provare il pastrami e la carne sotto sale. (I, C4)

Saus. 33 Union St., tel. 16172488835, www.sausboston.com Ⓜ Government Center (Blue, B, C, D, E) - Cucina americana, belga - Un assaggio di Belgio sotto forma di patatine, waffle, birra e tante salse. Ottimi anche il friks hot dog e il kimchi fried chicken, pollo fritto con spezie coreane piccanti. (I, B5)

Shojo. 9 Tyler St., tel. 16174237888, www.shojoboston.com Ⓜ Chinatown (Orange) - Cucina asiatica fusion - Cucina asiatica, cocktail fantasiosi e buona lista di alcolici giapponesi. (I, D4)

South Street Diner. 178 Kneeland St., tel. 16173500028, www.southstreetdiner.com Ⓜ South Station (Red) - Cucina americana - Tipico diner americano: uova con bacon, hamburger e patatine 24 ore su 24. (I, D5)

Sullivan's. 2080 William J. Day Blvd, tel. 16172685685, www.sullivanscastleisland.com - Cucina americana - In attività dal 1951, a Castle Island, serve hot dog, lobster roll e fish & chips. Apertura stagionale. (I, E6 f.p.)

Sweetgreen. 60 State St., tel. 16179968500, www.sweetgreen.com Ⓜ State Street (Blue, Orange) - Cucina vegetariana - Piatti vegetariani, zuppe e insalate personalizzabili. Le materie prime arrivano da produttori medio-piccoli che coltivano in modo sostenibile. Diversi punti vendita in città. (I, C5)

Toro. 1704 Washington St., tel. 16175364300, www.toro-restaurant.com Ⓜ Massachusetts Ave. (Orange) - Cucina spagnola - Ristorante spagnolo e tapas bar che sprizza energia da ogni angolo. Il menu propone molti tipi di tapas da accompagnare con un cocktail o un bicchiere di sangria. (I, F3)

€€ DA 30 A 50 EURO

75 Chestnut. 75 Chestnut St., tel. 16172272175, www.75chestnut.com Ⓜ Charles/MGH (Red) - Cucina americana - Ottime bistecche e pesce freschissimo in un ambiente tranquillo e confortevole. Da provare la Molten Chocolate Cake. (I, C3)

Carlo's. 131 Brighton Ave., tel. 16172549759, www.carloscucinaitaliana.com Ⓜ Packards Corner (B) - Cucina italiana - Piatti italiani ben cucinati, buon assortimento di vini italiani e birre. (I, D1 f.p.)

Giacomo's. 355 Hanover St., tel. 16175239026, www.giacomosblog-boston.blogspot.it Ⓜ Haymarket (Orange) - Cucina italiana - Ambiente caldo e cucina del Sud. La fila potrebbe essere lunga ma vale la pena. Il must è la zuppa di pesce. (I, B5)

Jacob Wirth. 31-37 Stuart St., tel. 16173388586, www.jacobwirth.com Ⓜ Chinatown (Orange) - Cucina tedesca - Il secondo ristorante più antico di Boston, aperto dal 1868. Wiener Schnitzel (cotoletta impanata), sauerbraten (arrosto marinato) accompagnanti da oltre 40 tipi di birre alla spina. (I, D4)

Navy Yard Bistro & Wine Bar. 1 6th St., tel. 16172420036, www.navyyardbistro.com Ⓜ Community College (Orange) - Cucina americana, francese - Piccolo bistro, un po' defilato, ma intimo e accogliente. Da provare, in particolare, il salmone allo zenzero con crema di wasabi e le costolette brasate. (I, A5)

The Paramount. 44 Charles St., tel. 16177201 152, www.paramountboston.com Ⓜ Charles/MGH (Red) - Cucina americana - Di giorno propone piatti tipici da diner: pancake, hamburger e uova; la sera anche piatti di pasta e portate di carne e pesce. (I, C3-4)

Spoke Wine Bar. 89 Holland St., tel. 16177189463, www.spokewinebar.com Davis Station (Red) - Cucina americana - Il menu, stagionale, si basa sull'utilizzo di materie prime provenienti da fornitori locali. Ottima lista dei vini e dei cocktail. (II, C3-4)

SRV. 569 Columbus Ave., tel. 16175369500, www.srvboston.com Massachusetts Ave. (Orange) - Cucina italiana - Il primo bacaro veneziano e wine bar di Boston. Cicchetti, pasta fatta in casa, vini e cocktail italiani. (I, E2)

Summer Shack. 10 Scotia St. ang. 50 Dalton St., tel. 16178679955, www.summershackrestaurant.com Hynes Convention Center (B, C, D) - Cucina americana, di pesce - Ottimi frutti di mare e astici in un ambiente informale. (I, D2)

Taranta. 210 Hanover St., tel. 16177200052, www.tarantarist.com Haymarket (Orange) - Cucina italiana, peruviana - Piatti italiani... rivisitati in chiave peruviana: da non perdere gli gnocchi di yucca con ragù verde peruviano e il salmone in crosta di macadamia. (I, B5)

Temazcal Tequila Cantina. 250 Northern Ave., tel. 16174393502, www.temazcalcantina.com - Cucina messicana - Ristorante messicano con vista sull'oceano e bar che offre oltre 250 tipi di tequila: ricette originali, ospitalità e ottimi margarita. (I, D6)

The Barking Crab. 88 Sleeper St., tel. 16174262722, www.barkingcrab.com South Station (Red) - Cucina americana, di pesce - Uno dei ristoranti più amati della città, ricorda nell'ambiente uno dei tanti lobster shack disseminati lungo la costa. Il menu si basa su frutti di mare freschissimi. (I, C5)

The Daily Catch. 323 Hanover St., tel. 16175238567, www.thedailycatch.com Haymarket (Orange) - Cucina di pesce - Solo venti coperti e atmosfera da pescheria. Da non perdere il Lobster Fra Diavolo e i calamari fritti. (I, B5)

Union Oyster House. 41 Union St., tel. 16172272750, www.unionoysterhouse.com Haymarket (Orange) - Cucina americana, di pesce - Aperto dal 1826, si trova sulla Freedom Trail ed è il ristorante più antico di tutti gli Stati Uniti nonché il preferito di JFK. (I, B5)

€€€ DA 50 A 100 EURO

B&G Oysters. 550 Tremont St., tel. 16174230550, www.bandgoysters.com Back Bay (Orange) - Cucina americana, di pesce - Lo chef Barbara Lynch propone classici locali a base di frutti di mare. Notevole carta dei vini. (I, E3)

Deuxave. 371 Commonwealth Ave., tel. 16175175915, www.deuxave.com Hynes Convention Center (B, C, D) - Cucina francese rivisitata - Piatti della cucina francese rivisitati con prodotti americani a km 0. Il menu è stagionale. (I, D2)

Mistral. 223 Columbus Ave., tel. 16178679300, www.mistralbistro.com Back Bay (Orange) - Cucina francese, mediterranea - Nel quartiere di South End, questo bistro elegante propone piatti della cucina francese e mediterranea. Il menu è stagionale. Pregiata carta dei vini e ottimi cocktail. (I, D3)

No. 9 Park. 9 Park St., tel. 16177429991, www.no9park.com Park St. (Red) - Cucina italiana, francese - Elegante ristorante della chef Barbara Lynch, propone un mix di piatti francesi e italiani di ispirazione regionale. La carta dei vini include ricercate etichette europee. (I, C4)

Sorellina. 1 Huntington Ave., tel. 16174124600, www.sorellinaboston.com Copley (B, C, D, E) - Cucina italiana - Lo chef Mammano propone interpretazioni moderne della tradizione italiana. Il menu è stagionale, il locale elegante e il servizio attento. (I, D3)

Top of the Hub. 800 Boylston St., tel. 16175361775, www.topofthehub.net Prudential (E) - Cucina americana - Al 52° piano della Prudential Tower, offre vedute spettacolari. Ottimo brunch domenicale. (I, D2)

€€€€ OLTRE 100 EURO

L'Espalier. 774 Boylston St., tel. 16172623023, www.lespalier.com Copley (B, C, D, E) - Cucina americana rivisitata, francese - Locale elegante, servizio impeccabile e menu ricercato con materie prime locali. Da provare l'aragosta del Maine affumicata. (I, D2)

FARE

Per una sosta

Amorino. 249 Newbury St., tel. 16175853485, www.amorino.com Copley (B, C, D, E) - Gelati e sorbetti prodotti artigianalmente con ottime materie prime. Anche crêpes, macaron e waffle. (I, D2)

Berkeley Perk Cafe. 69 Berkeley St. Back Bay (Orange) - Ideale per una colazione americana o un pranzo veloce o anche solo per una sosta, sorseggiando una cioccolata calda. (I, D3)

Blackbird Doughnuts. 492 Tremont St., tel. 16174829000, www.blackbirddoughnuts.com Back Bay (Orange) - L'unico negozio artigianale di ciambelle gourmet che cuoce in loco i suoi prodotti. Infiniti gusti, classici e creativi: tutti con ingredienti naturali e di provenienza locale. (I, D3-4)

Blunch. 59 E Springfield St., tel. 16172478100, www.eatblunch.com Massachusetts Ave. (Orange) - Sandwich, insalate, muffin, dolci e biscotti in questa piccola caffetteria di South End. (I, F3)

Boston Common Coffee Company. 103 Canal St., tel. 16172488801, www.bostoncommoncoffee.com Haymarket (Orange) - Caffè tostato localmente e dolci freschi fatti in casa. (I, B4)

Bova's Bakery. 134 Salem St., tel. 16175235601, www.bovabakeryboston.net Haymarket (Orange) - Da oltre ottant'anni serve, 24 ore su 24, ottimi dolci italiani preparati con ingredienti freschissimi. Da non perdere i cannoli, le sfogliatelle e i tiramisù. (I, B5)

Cafe Madeleine. 517 Columbus Ave., tel. 18572398052, www.cafemadeleineboston.com Massachusetts Ave. (Orange) - Raffinata pasticceria francese con cucina a vista: tra le specialità pain au chocolat, croissant, muffin, torte, madeleine e macarons. (I, E2-3)

Caffè dello Sport. 308 Hanover St., tel. 16175235063, www.caffedellosport.us Ⓜ Haymarket (Orange) - Il luogo ideale per assistere a incontri sportivi, soprattutto di calcio, bevendo caffè e Campari. (I, B5)

Caffè Paradiso. 255 Hanover St., tel. 16177421768, www.caffeparadisoboston.com Ⓜ Haymarket (Orange) - Gelati artigianali, cannoli ed espresso in questa autentica caffetteria italiana aperta dal 1962. (I, B5)

Diesel Cafe. 257 Elm St., tel. 16176298717, www.diesel.cafe.com Ⓜ Davis Station (Red) - Caffè, te, cioccolata, musica e giochi da tavolo. Il luogo di ritrovo di hipster, gay e transgender. (II, C3-4)

FoMu. 655 Tremont St., tel. 16179827955, www.fomuicecream.com Ⓜ Prudential (E) - Pasticceria e gelati preparati artigianalmente con materie prime fresche e di origine esclusivamente vegetale. (I, E3)

George Howell Coffee. 505 Washington St., tel. 18579570217, www.georgehowellcoffee.com Ⓜ Downtown Crossing (Orange, Red) - All'interno del Godfrey Hotel, offre preparazioni speciali a base di caffè e ottimi prodotti da forno. Si tengono anche lezioni sul caffè. (I, C4)

Georgetown Cupcake. 83 Newbury St., tel. 16179272250, www.georgetowncupcake.com Ⓜ Arlington (B, C, D, E) - Celebre catena delle sorelle Katherine e Sophie specializzata in cupcake di tutti i tipi, dai classici ai più insoliti. (I, D3)

Lulu's Sweet Shoppe. 28 Paramenter St., tel. 16177420070, www.lulussweetshoppeboston.com Ⓜ Haymarket (Orange) - È quasi impossibile scegliere solo un cupcake tra le varietà disponibili: red velvet, nutella, cookies, tiramisù, fragole e moltissimi altri. (I, B5)

Maria's Pastry Shop. 46 Cross St., tel. 16175231196, www.mariaspastry.com Ⓜ Haymarket (Orange) - Da tre generazioni si producono dolci fatti in casa, biscotti italiani, torte, pane e caramelle. Le sfogliatelle ripiene di ricotta sono considerate le migliori di Boston. (I, B5)

Milk Street Cafe. 50 Milk St., tel. 16175422433, www.milkstreetcafe.com Ⓜ Downtown Crossing (Orange, Red) - Panini, pasticcini, zuppe e caffè, ben preparati e a prezzo ragionevole. (I, C5)

Modern Pastry. 257 Hanover St., tel. 16175233783, www.modernpastry.com Ⓜ Haymarket (Orange) - Gli abitanti del luogo fanno la fila per comprare cannoli e biscotti in questa pasticceria, aperta da oltre 70 anni. (I, B5)

Pavement Coffeehouse. 44 Gainsborough St., tel. 16178597080, www.pavementcoffeehouse.com Ⓜ Symphony Station (E) - Da oltre vent'anni serve caffè, bagel e ciambelle. Il caffè è importato tramite The Collaborative Coffee Source che acquista direttamente dai produttori. (I, E2)

Sorelle Bakery & Cafe. 282 Congress St., tel. 16174265475, www.sorellecafe.com Ⓜ South Station (Red) - Caffè, tè, pasticcini e prodotti da forno ma anche offerte per il pranzo con zuppe, insalate e sandwich. (I, C-D5)

South End Buttery. 314 Shawmut Ave., tel. 16174821015, www.southendbuttery.com Ⓜ Back Bay (Orange) - Panini e dolci fatti in casa, cupcakes, caffè e tè: il breakfast è stato votato nel 2015 come il migliore della città. (I, E3-4)

Tatte Bakery & Cafe. 70 Charles St., tel. 16177235555, www.tattebakery.com Ⓜ Charles/MGH (Red) - Pane, torte, pasticcini, cornetti, muffin, biscotti: c'è solo l'imbarazzo della scelta. A mezzogiorno è l'ideale per un pranzo veloce a base di insalate o sandwich ma ottimo anche il brunch nel fine settimana. (I, C3-4)

Thinking Cup. 165 Tremont St., tel. 16174825555, www.thinkingcup.com Ⓜ Boylston Street (B, C, D, E) - Davanti al Boston Common, è famoso per la cioccolata calda e per lo Stumptown Coffee, con pregiata miscela di Portland. (I, C4)

Wired Puppy. 250 Newbury St., tel. 18573664655, www.wiredpuppy.com Ⓜ Copley (B, C, D, E) - Caffè, te, pasticcini e prodotti da forno in atmosfera accogliente. (I, D2)

Zume's Coffee House. 221 Main St., tel. 16172420038, www.zumescoffeehouse.com Ⓜ Community College (Orange) - Un po' fuori dal centro, amato dagli abitanti della zona. Poltrone in pelle, tazze di caffè e ottime ciambelle. Anche sandwich, insalate e zuppe. (I, A4 f.p.)

Per la sera

21st Amendment. 150 Bowdoin St., tel. 16172277100, www.21stboston.com Ⓜ Park St. (Red) - Pub molto popolare tra gli impiegati del Parlamento, in passato ha attratto ospiti illustri, come Alexander Bell e Charles Lindbergh. Ideale per una birra accanto al caminetto. (I, C4)

Backbar. 7 Sanborn Ct., a Somerville, tel. 16177180249, www.backbarunion.com - Speakeasy segnalato solamente da una piccola insegna, serve fantastici drink. Da provare il punch al latte e il cocktail della settimana. (I, A1-2 f.p.)

Bijou. 51 Stuart St., tel. 16175802889, www.bijouboston.com Ⓜ Boylston Street (B, C, D, E) - Il club, che prende il nome dal vecchio Bijou Theater, ha due sale da ballo in cui viene suonata musica hip hop e house/techno. I biglietti per gli eventi hanno prezzi ragionevoli. (I, D4)

Boston Ballet. 539 Washington St., tel. 16176956955, www.bostonballet.org Ⓜ Chinatown (Orange) - Questo prestigioso corpo di ballo si esibisce presso l'Opera House, mettendo in scena spettacoli di danza classica e moderna. Due ore prima dello show i bambini, gli over 65 e gli studenti possono acquistare gli ultimi biglietti a 25$. (I, C4)

Boston Center for the Arts. 539 Tremont St., tel. 16174265000, www.bcaonline.org Ⓜ Back Bay

(Orange) - Punto di riferimento per compagnie di medio-piccole dimensioni. Allestisce annualmente una dozzina di produzioni. (I, D-E3-4)

Boston Symphony Orchestra. 301 Massachusetts Ave., tel. 16172661492, www.bso.org Ⓜ Symphony Station (E) - L'orchestra, fondata nel 1881, si esibisce alla Boston Symphony Hall da settembre ad aprile; lo splendido edificio del 1861 gode di acustica perfetta. (I, E2)

Bukowski Tavern. 50 Dalton St., tel. 16174379 999, www.bukowski.thelowerdepths.com Ⓜ Hynes Convention Center (B, C, D) - Tavoli in legno, musica rock, birre di birrifici locali e regionali e piatti della cucina americana. (I, D2)

Candibar. 275 Tremont St., tel. 16173387699, www.candibarboston.com Ⓜ Tufts Medical Center (Orange) - Nightclub progettato dalla designer Marianna Holoway. House, electro, dance, techno, progressive, reggae. (I, D4)

Cure Lounge. 246 Tremont St., tel. 16176952250, www.curelounge.com Ⓜ Tufts Medical Center (Orange) - Musica latina, dance, house, electro in questo club firmato dal designer John Stefanon. (I, D4)

Drink. 348 Congress St., tel. 16176951806, www.drinkfortpoint.com Ⓜ South Station (Red) - Non esiste una lista dei cocktail: i barman sapranno consigliare a ogni cliente quel che va bene per lui. L'ambiente sotterraneo è misterioso e seducente. (I, D5)

Garage Boston. 20 Linden St., tel. 16176310351, www.garageboston.club Ⓜ Packards Corner (B) - Discoteca di lusso, dal design chic. Ricavata in un vecchio garage rimodernato, è una destinazione famosa della nightlife di Boston. (I, C1, f.p.)

GEM. 42 Province St., tel. 16174821213, www.gemboston.com Ⓜ Park St. (Red) - Lounge e nightclub che vede spesso la presenza di DJ famosi che attirano studenti universitari e bostoniani bene. La musica spazia dalla house alla top 40, passando per la dance e techno. (I, C4)

Great Scott. 1222 Commonwealth Ave., tel. 16175669014, www.greatscottboston.com Ⓜ Harvard Ave. (B) - Il posto ideale per ascoltare musica rock e indie e passare il resto della serata chiacchierando con i componenti delle band. Il venerdì sera propone cabaret. (I, D1 f.p.)

Guilt. 79 Warrenton St., tel. 18572847315, www.guilt.wpengine.com Ⓜ Tufts Medical Center (Orange) - Oltre 5000 m^2, bar, aree VIP e un sistema audio all'avanguardia. La musica varia a seconda della notte: R&B, anni '90, successi top 40, dance, electro e house. (I, D3-4)

Les Zygomates. 129 South St., tel. 16175425108, www.winebar129.com Ⓜ South Station (Red) - Degustazioni di vini e cocktail, sottofondo jazz e piatti di cucina francese e contemporanea. (I, D5)

McGann's Irish Pub. 197 Portland St., tel. 16172274059-16172270364, www.mcgannsirishpub.com Ⓜ Harvard (Red) - Uno dei pub irlandesi storici di Boston. Spesso frequentato da sportivi e attori, è il posto ideale per bere una birra alla spina guardando lo sport in tv. (I, B4)

Royale. 279 Tremont St., tel. 16173387699, www.royaleboston.com Ⓜ Tufts Medical Center (Orange) - L'enorme pista da ballo ospita concerti e spettacoli hip hop, dance e indie rock. (I, D4)

Silvertone Bar & Grill. 69 Bromfield St., tel. 16173387887, silvertonedowntown.com Ⓜ Park St. (Red) - Pub and grill con atmosfera retrò. Buona scelta di birre alla spina. (I, C4)

The Baldwin Bar. 2 Alfred St., a Woburn, tel. 17819358488, www.thebaldwinbar.com - Piccolo cocktail bar all'interno della Baldwin Mansion apprezzato dagli intenditori. (II, A3)

The Hawthorne. 500A Commonwealth Ave., tel. 16175329150, www.thehawthornebar.com Ⓜ Kenmore (B, C, D) - Elegante cocktail bar situato in stanze sotterranee nell'Hotel Commonwealth. Cocktail classici e stuzzichini. (I, D1)

Lansdowne Pub. 9 Lansdowne St., tel. 16172471 222, www.lansdownepubboston.com Ⓜ Kenmore (B, C, D) - Da decenni è il luogo di incontro della comunità irlandese a Boston. Il posto ideale per divertirsi e rilassarsi con gli ottimi piatti tipici, una pinta di birra e la musica irish. (I, D1)

The Red Room @ Cafe 939. 939 Boylston St., www.berklee.edu/red-room-cafe-939 Ⓜ Hynes Convention Center (B, C, D) - Gestito da studenti del Berklee, abbraccia tutti gli stili di musica, dal rock al jazz e dal folk all'hip hop, ed è uno dei migliori locali di musica live di Boston. (I, D2)

Venu. 100 Warrenton St., tel. 16173388061, www.venuboston.com Ⓜ Boylston Street (B, C, D, E) - Locale elegante e di design. Numerosi gli ospiti internazionali. (I, D4)

Wally's Cafe. 427 Massachusetts Ave., tel. 16174241408, www.wallyscafe.com Ⓜ Massachusetts Ave. (Orange) - Locale dove si ascolta musica jazz live 365 giorni all'anno, già punto di partenza di molti musicisti oggi celebri. (I, E2)

Warren Tavern. 2 Pleasant St., tel. 16172418142, www.warrentavern.com Ⓜ Community College (Orange) - Pub storico: perfino da George Washington e Paul Revere sostarono qui. (I, A4)

Whisky Saigon. 116 Boylston St., tel. 16174827 799, www.whiskysaigon.com Ⓜ Boylston Street (B, C, D, E) - Bar, lounge e discoteca con arredi di lusso e sistema audio all'avanguardia. Musica dance e elettronica. (I, D4)

Attività e divertimenti

Arnold Arboretum. 125 Arborway, tel. 16175241718, www.arboretum.harvard.edu Ⓜ Forest Hills (Orange) - Il giardino botanico, di proprietà dell'Università di Harvard, ospita oltre 1,3 milioni di esemplari. (II, D3)

Black Heritage Trail. 14 Beacon St., tel. 16177425415, www.maah.org/trail.htm - Tour delle case di culto, delle scuole, delle abitazioni della comunità afroamericana locale che tra il XIX e XX secolo, guidò il movimento per l'abolizione della schiavitù. (I, C4)

Boston by Foot. Tel. 16173672345, www.bostonbyfoot.org - Organizza tour a piedi nella città della durata di un'ora e mezzo. Si possono seguire itinerari specifici e non c'è che l'imbarazzo della scelta.

Boston Common Frog Pond. 38 Beacon St., tel. 16176352120, www.bostonfrogpond.com - In estate è il luogo ideale per i bambini, da novembre a marzo si trasforma in una pista di pattinaggio sul ghiaccio all'aperto. (I, C4)

Boston Duck Tours. Tel. 16172673825, www.bostonducktours.com - Escursioni su terra e acqua a bordo di mezzi della seconda guerra mondiale trasformati in anfibi. Partenze da Prudential Center, Aquarium e dal Museum of Science.

Boston Harbor Islands. 66 Long Wharf, tel. 16172274321-16172238666, www.bostonharborislands.org Ⓜ Aquarium (Blue) - Le 34 isolette della baia custodiscono spiagge sabbiose, paludi, scogliere e foreste attraversate da sentieri. Si raggiungono in traghetto da Long Wharf North da maggio a ottobre. (I, C5)

Boston Public Library. 700 Boylston St., tel. 16175365400, www.bpl.org Ⓜ Copley (B, C, D, E) - Il palazzo che ospita la biblioteca è rinomato per la splendida facciata e per le numerose opere d'arte che custodisce. È possibile visitarlo da soli o unendosi a una visita guidata. (I, D3)

Boston Tea Party Ships & Museum. 306 Congress St., tel. 18669550667, www.bostonteapartyship.com Ⓜ South Station (Red) - Le Tea Party Ships sono ormeggiate vicino al nuovo museo dedicato all'evento che scatenò la Guerra d'Indipendenza. Le mostre propongono esplorazioni delle navi e presentazioni multimediali. (I, D5)

Boston Whale Watching Cruise. 1 Long Warf, tel. 16172274321, www.bostonharborcruises.com Ⓜ Aquarium (Blue) - Alla ricerca di megattere e balenottere (ma anche delfini e uccelli marini) nello Stellwagen Bank National Marine Sancruary. (I, C5)

Bully Boy Distillers. 44 Cedric St., tel. 16174426000, www.bullyboydistillers.com - Tour della distilleria con degustazione e visita al cocktail bar: whisky, rum, vodka, gin a volontà. (I, F3-4 f.p.)

JFK National Historic Site. 83 Beals St., tel. 16175667937, www.nps.gov/jofi Ⓜ Babcock St. (B) - La casa dove John Fitzgerald Kennedy visse i suoi primi tre anni di vita. (I, D-E1 f.p.)

Children's Museum. 308 Congress St., tel. 16174266500, www.bostonchildrensmuseum.org Ⓜ South Station (Red) - Coinvolge i bambini in esperienze su scienza, cultura, consapevolezza ambientale e arte. (I, D5)

City Brew Tours. 2 Park plaza, tel. 16174538687, www.citybrewtours.com Ⓜ Boylston Street (B, C, D, E) - Tour dei birrifici artigianali in città. (I, D4)

City Running Tours. Tel. 18774150058, www.cityrunningtours.com/boston - Tour diversi, anche in base alla capacità e all'allenamento di ognuno, per scoprire le bellezze di Boston di corsa.

City Wine Tours. www.citywinetours.com - Cinque tour dedicati all'enologia locale: tour di South End, North End, Back Bay, Assembly Row e ancora Sparkling Wine Tour, alla scoperta di prosecco e champagne.

The Coit Observatory. 725 Commonwealth Ave., tel. 16173532630, www.bu.edu Ⓜ Boston University East Station (B) - Ogni mercoledì sera, tempo permettendo, è possibile osservare il cielo notturno con telescopi e binocoli. (I, D1 f.p.)

Fenway Park. 4 Yawkey Way, tel. 16172266666, www.mlb.com Ⓜ Kenmore (B, C, D) - La casa dei Red Socks. I tour dello stadio si svolgono tutti i giorni dalle 9 alle 17 (nei giorni di gara l'ultimo tour si tiene tre ore prima dell'inizio della stessa). (I, D1)

Fort Warren. Georges Island, www.bostonharborislands.org - I ranger del NPS conducono alla scoperta di cunicoli, angoli misteriosi e punti panoramici del forte. Sull'isola si svolgono nei weekend spettacoli teatrali, eventi sportivi e concerti. Georges Island si raggiunge in traghetto da Long Wharf North da maggio a ottobre. (II, D6)

Franklin Park Zoo. 1 Franklin Park Road, tel. 16175415466, www.zoonewengland.org - Lo zoo ospita oltre 1000 animali: gorilla, leoni, uccelli, ippopotami e tantissimi altri. (II, D-E4)

Gillette Stadium. 1 Patriot Place, a Foxborough, tel. 15085438200, www.gillettestadium.com - È la casa dei New England Patriots. Il campionato dura da settembre a febbraio. In estate lo stadio ospita concerti e grandi eventi. (II, F1-2 f.p.)

Hop On-Hop Off Tour. 200 Atlantic Ave., tel. 16178266645, www.trolleytours.com Ⓜ Aquarium (Blue) - Tour in tram alla scoperta dei quartieri di Boston. Con il biglietto 'hop on-hop off' si può salire e scendere a piacere. Biglietto giornaliero o da due giorni. (I, C5)

Isabella Stewart Gardner Museum. 25 Evans Way, tel. 16175661401, www.gardnermuseum.org Ⓜ Museum of Fine Arts (E) - In un palazzo in stile veneziano, circa 2000 opere preziose fra arazzi, dipinti del rinascimento italiano e del '600 olandese. (I, E1)

Massachusetts State House. 24 Beacon St., tel. 16177273676, www.sec.state.ma.us/trs Ⓜ Government Center (Blue, B, C, D, E) - Un gruppo di volontari conduce visite guidate gratuite alla scoperta del Campidoglio dello Stato. (I, C4)

New England Aquarium. 1 Central Wharf, tel. 16179735200, www.neaq.org ⓂAquarium (Blue) - Migliaia di animali acquatici, mostre ed esposizioni. Ci si può immergere in alcune vasche e incontrare le foche. (I, C5)

Public Garden. 4 Charles St., tel. 16176354505, www.boston.gov/parks/public-garden Ⓜ Arlington (B, C, D, E) - Giardino botanico pubblico di 10 ettari. (I, C3-4)

Skywalk Observatory. 800 Boylston St., tel. 16178590648, www.skywalkboston.com Ⓜ Prudential (E) - Al 50° piano della Prudential Tower, offre una vista unica su Boston e Cambridge. (I, D2)

Swan Boats. 4 Charles St. S, tel. 16175221966, www.swanboats.com Ⓜ Arlington (B, C, D, E) - Un giro sul pedalò a forma di cigno sul laghetto del Public Garden. Le barche, in funzione dal 1877, sono diventate simbolo della città. (I, C3-4)

TD Garden. 100 Legends Way, tel. 16176241050-16176241331, www.tdgarden.com Ⓜ North Station (Orange, B, C, D, E) - La casa dei Boston Bruins e dei Boston Celtics ospita oltre tre milioni di persone ogni anno tra eventi sportivi, concerti, wrestling e altro. (I, B4)

The Freedom Trail. 44 School St., tel. 16143578300, thefreedomtrail.org Ⓜ Park St. (Red) - Una passeggiata con guida per ripercorrere le tappe dell'Indipendenza, collegate tra loro da una linea di mattoni rossi lunga circa 4 km. (I, C4)

Urban AdvenTours. 103 Atlantic Ave., tel. 16176700637, www.urbanadventours.com Ⓜ Aquarium (Blue) - Vari tour in bicicletta, in partenza alle 10, 14 e 18 da giovedì a domenica. (I, B5)

USS Constitution. Charlestown Navy Yard, Building 22, a Charlestown, tel. 16174261812, www.ussconstitutionmuseum.org Ⓜ Community College (Orange) - Il museo illustra la storia e le vicende della USS Constitution, nave ammiraglia della Marina americana. (I, A5)

Women's Heritage Trail. www.bwht.org - I percorsi, che si snodano per diversi quartieri, raccontano le storie delle donne di Boston che hanno dato un contributo di spicco alla società.

Benessere

C Spa. 715 Boylston St., tel. 16177174780, www.cspaboston.com Ⓜ Copley (B, C, D, E) - Centro benessere per uomo e donna, offre massaggi, trattamenti viso e trattamenti corpo. (I, D3)

The Spa at Mandarin Oriental. 776 Boylston St., tel. 16175358820, www.mandarinoriental.com Ⓜ Copley (B, C, D, E) - All'interno del Mandarin Oriental Hotel, un'oasi di tranquillità con trattamenti che offrono un'esperienza olistica completa. (I, D2)

Viyada Thai Spa. 336 Newbury St., tel. 16172660390, www.viyadathaispa.com Ⓜ Hynes Convention Center (B, C, D) - Autentici massaggi thai e trattamenti termali per raggiungere l'armonia e l'equilibrio di corpo, mente e spirito. (I, D2)

SHOPPING

Bauer Wine & Spirits. 330 Newbury St., tel. 16172620363, www.bauerwines.com Ⓜ Hynes Convention Center (B, C, D) - Selezioni di vini, birre e liquori di provenienza internazionale. (I, D2)

Black Ink. 101 Charles St., tel. 16174971221, www.blackinkboston.com Ⓜ Charles/MGH (Red) - Biglietti d'auguri, carte da regalo, bambole, arredo per la casa, timbri e oggetti stravaganti. (I, C3-4)

Blackstone's of Beacon Hill. 46 Charles St., tel. 16172274646, www.blackstonesbeaconhill.com Ⓜ Charles/MGH (Red) - Prodotti locali, souvenir, oggetti insoliti, articoli di cancelleria e altro. (I, C3-4)

Bobby from Boston. 450 Harrison Ave., tel. 6174239299, www.bobbyfrombostonvintage.com Ⓜ Broadway (Red) - Uno dei negozi più noti di Boston: da decenni propone abbigliamento vintage maschile e femminile di alta qualità. (I, E4)

Boing! JP's Toy Shop. 667 Centre St., tel. 16175227800, www.boingtoys.com Ⓜ Green Street (Orange) - Negozio di giocattoli che favoriscono la stimolazione mentale: Lego, puzzle, giocattoli musicali e set artistici. (II, D3-4)

Boston General Store. 305 Harvard St., a Brookline, tel. 16172320103, www.bostongeneralstore.com Ⓜ Coolidge Corner (C) - Articoli per la casa, oggetti di design, abbigliamento, accessori realizzati da produttori di tutto il mondo. (I, E1, f.p.)

Boston Public Market. 100 Hanover St., tel. 16179734909, www.bostonpublicmarket.org Ⓜ Haymarket (Orange) - Mercato coperto, aperto tutto l'anno, con oltre 40 produttori del New England. (I, B5)

Brattle Book Shop. 9 West St., tel. 16175420210, www.brattlebookshop.com Ⓜ Downtown Crossing (Orange, Red) - Libreria storica, aperta nel 1825, che conta oltre 250 000 volumi. (I, C4)

Captain Jackson's Historic Chocolate Shop. 21 Unity St., tel. 16175234848, www.oldnorth.com Ⓜ Haymarket (Orange) - Alla scoperta della storia del cioccolato: degustazioni mostrano come veniva prodotto e apprezzato all'epoca coloniale. (I, B5)

Christmas and City. 1 South Market St., Space 2110B, tel. 16172489517, www.christmasandcity.com Ⓜ Aquarium (Blue) - Qui è sempre Natale. Tutto l'anno, in effetti, è possibile acquistare oggetti e decorazioni natalizie per abbellire la propria casa. (I, B-C5)

Commonwealth Books. 9 Spring Ln., tel. 16173386328, www.commonwealthbooks.com Ⓜ Government Center (Blue, B, C, D, E) - Oltre 40 000 titoli fra monografie, storia, letteratura, arti decorative, architettura e stampe antiche e mappe. (I, C5)

Copley Place. 100 Huntington Ave., tel. 16172626600, www.simon.com Ⓜ Back Bay (Orange) - Grande centro commerciale con decine e decine di marchi fra cui GAP, Barneys, Tiffany, Jimmy Choo, Dior, Versace, Banana Republic e tanti altri. (I, D3)

Crush Boutique. 131 Charles St., tel. 16177200010, www.shopcrushboutique.com - Piccola boutique con un ampio assortimento di vestiti firmati da stilisti emergenti. (I, B-C3)

Eugene Galleries. 76 Charles St., tel. 16172273062, www.eugenegalleries.com Ⓜ Charles/MGH (Red) - Negozietto specializzato in stampe, incisioni, cartoline antiche, vecchie mappe e libri. (I, C3)

Greenway Open Market. Rose Kennedy Greenway, 185 Kneeland St., tel. 16172920020, www.newenglandopenmarkets.com Ⓜ South Station (Red) - Mercato artigianale all'aperto con artisti, artigiani e designer. Ogni sabato e ogni prima e terza domenica del mese, da maggio a ottobre. (I, D5)

Haymarket. Blackstone St., www.haymarketboston.org Ⓜ Haymarket (Orange) - Ogni venerdì e sabato, è il mercato all'aperto più vecchio della città. (I, B5)

Helen's Leather. 110 Charles St., tel. 16177422077, www.helensleather.com Ⓜ Charles/MGH (Red) - Specializzato in oggetti in pelle: stivali, giacche, borse, cappelli, cinture. (I, C3-4)

Marathon Sports. 671 Boylston St., tel. 16172674774, www.marathonsports.com Ⓜ Copley (B, C, D, E) - Il negozio, dedicato ai maratoneti, si trova non casualmente in prossimità del traguardo della maratona di Boston. Le calzature vengono scelte dopo un'accurata analisi del piede. (I, D3)

Marika's Antiques. 130 Charles St., tel. 16175234520 M - Charles/MGH (Red) - Da più di 50 anni vende oggetti da collezione, in particolare gioielli, oggetti d'argento e porcellane. (I, C3-4)

Newbury Comics. 332 Newbuty St., tel. 16172364930, www.newburycomics.com Ⓜ Hynes Convention Center (B, C, D) - Fumetti, poster, abbigliamento e articoli da regalo ma anche cd, dvd e vinili a buon mercato. (I, D2)

Official Red Sox Team Store. 19 Jersey St., tel. 16174218686, www.19jerseystreet.com Ⓜ Kenmore (B, C, D) - Negozio ufficiale dei Red Sox: abbigliamento, accessori, articoli per la casa, oggetti da collezione della squadra di baseball. (I, D1)

Polcari's Coffee. 105 Salem St., tel. 16172270786, www.polcariscoffee.com Ⓜ Haymarket (Orange) - Aperto dal 1932, vende, oltre al caffè, spezie, tè, farine e cereali. (I, B5)

Quincy Market. 4 S Market St., www.quincy-market.com Ⓜ Government Center (Blue, B, C, D, E) - Sorto sugli spazi del mercato storico, oggi ospita negozi, bar, ristoranti. (I, B-C5)

Salmagundi. 61 Salem St., tel. 16179364015, www.salmagundiboston.com Ⓜ Haymarket (Orange) - Oltre 4000 cappelli per uomo e donna. (I, B5)

Shops at Prudential Center. 800 Boylston St., tel. 16172363100, www.prudentialcenter.com Ⓜ Back Bay (Orange) - Centro commerciale con oltre 70 negozi fra cui Saks, Lacoste, Gucci e Oakley. (I, D2)

Society of Arts and Crafts. 100 Pier 4 Blvd, tel. 16172661810, www.societyofcrafts.org Ⓜ South Station (Red) - Gallerie d'arte che sostengono il lavoro di oltre 400 artisti. (I, D6)

SoWa Artists Guild. 450 Harrison Ave., www.sowaartists.com Ⓜ Broadway (Red) - Ogni primo venerdì del mese e ogni domenica da maggio a ottobre, oltre 80 artisti aprono le porte dei loro atelier a collezionisti, appassionati e acquirento. (E4)

SoWa Open Market. 530 Harrison Ave., tel. 18573627692, www.sowaboston.com Ⓜ Broadway (Red) - Oggetti d'arte e artigianato, moda vintage, gioielli ma anche prodotti agricoli, food truck (chioschi-furgone) e dolci fatti in casa. Ogni domenica, da maggio a ottobre. (I, E4)

Ten Thousand Villages. 252 Washington St., tel. 16173728743, www.tenthousandvillages.com Ⓜ Government Center (Blue, B, C, D, E) - Articoli da regalo, decorazioni per la casa, gioielli, accessori realizzati da artigiani di tutto il mondo. (I, C5)

Trident Booksellers & Cafe. 338 Newbury St., tel. 16172678688, www.tridentbookscafe.com Ⓜ Hynes Convention Center (B, C, D) - Dal 1984 il posto ideale per studiare, incontrare amici, sfogliare libri e riviste bevendo un caffè. (I, D2)

Twentieth Century Limited. 73 Charles St., tel. 16177421031, www.boston-vintagejewelry.com Ⓜ Charles/MGH (Red) - Negozio specializzato in bigiotteria vintage. Propone anche gioielli di scena disegnati da stilisti del passato. (I, C3-4)

Union Square Farmers Market. 66-70 Union Sq., www.unionsquaremain.org - Questo grande mercato alimentare si tiene ogni sabato mattina da metà maggio a metà novembre. (I, A1-2 f.p.)

Whole Foods Market. 348 Harrison Ave., tel. 16179041000, www.wholefoodsmarket.com Ⓜ Tufts Medical Center (Orange) - Punto vendita della celebre catena statunitense di alimenti bio, di origine controllata e naturale. (I, D4)

Brattleboro

DORMIRE

€€€ DA 130 A 200 EURO

The Inn on Putney Road. 192 Putney Rd., tel. 18025364780, www.vermontbandbinn.com - B&B del 1930 con un favoloso giardino sul retro, ha camere confortevoli con aria condizionata e bagno. Colazione abbondante.

MANGIARE

€ FINO A 30 EURO

Whetstone Station. 36 Bridge St., tel. 18024902354, www.whetstonestation.com - Cucina americana - Pub e ristorante si trovano all'interno del birrificio che produce oltre 60 birre differenti.

FARE

Per la sera

McNeill's Brewery. 90 Elliot St., tel. 18022542553, www.facebook.com/pg/McNeillsBrewery - Classico pub frequentato da gente del posto, offre dieci varietà di birra più un paio stagionali, da gustare ascoltando musica pop.

Attività e divertimenti

Robb Family Farm. 822 Ames Hill Rd., tel. 18022570163-18022589087, www.robbfamilyfarm.com - La fattoria produce sciroppo d'acero puro e naturale e carne di manzo biologica. Ogni primavera ospita dimostrazioni.

Vermont Canoe Touring Center. 451 Putney Rd., tel. 18022575008, www.vermontcanoetouringcenter.com - Noleggio di canoe e kayak. Organizza tour in barca sul fiume.

Bretton Woods

DORMIRE

€€€ DA 130 A 200 EURO

Omni Mount Washington Resort. 310 Mount Washington Hotel Rd., tel. 16032871000, www.omnihotels.com - Storico resort, meta di presidenti, poeti e celebrità, dispone di campo da golf, centro benessere, ristoranti e bar.

MANGIARE

€€€ DA 50 A 100 EURO

Stickney's. 310 Mount Washington Hotel Rd., tel. 18002580330, www.omnihotels.com - Cucina americana, steakhouse - All'interno dell'Omni Mount Washington Hotel, dispone di terrazzo con vista magnifica. Ottima carne alla griglia.

FARE

Sport

Mount Washington Resort. 99 Ski Area Rd., tel. 16032783320, www.brettonwoods.com - Comprensorio con 88 piste da sci, 7 seggiovie, scuola di sci e snowboard. In inverno si praticano anche sci di fondo, escursioni a cavallo o in motoslitta, pattinaggio e ciaspolate; in estate, arrampicata, tennis, trekking ed escursioni a cavallo.

Brewster

FARE

Attività e divertimenti

Cape Cod Rail Trail. 3488 Main St., tel. 15088963491, www.mass.gov/locations/cape-cod-rail-trail - Il percorso asfaltato segue il tracciato dell'ex ferrovia per 35 km. Si può percorrere in bicicletta o a piedi.

Sport

Captain's Golf Course. 100 Freemans Way, tel. 15088961716, www.captainsgolfcourse.com - Due campi da golf in uno, e in tutto 36 buche.

Jack's Cape Cod. Flax Pond, Nickerson State Park, tel. 15088968556, www.jacksboatrental.com - Noleggio ed escursioni in kayak e canoa.

Brimfield

SHOPPING

Brimfield Antique Show. Route 20, www.brimfieldshow.com - Dal 1950 il mercato d'antiquariato richiama venditori e acquirenti da tutto il Paese. Si tiene tre volte l'anno, nei giorni vicino al Memorial Day, al 4 luglio e al Labor Day.

Bristol

DORMIRE

€€€ DA 130 A 200 EURO

Pemaquid Point Lighthouse. 3115 Bristol Road, tel. 12075636500, www.mainecottages.com - 1 camera - Il secondo piano della casa del custode è affittabile settimanalmente da maggio a novembre. A disposizione una camera da letto, un divano letto e bagno.

Burlington

DORMIRE

€€€ DA 130 A 200 EURO

Hilton Garden Inn. 101 Main St., tel. 18029510099, hiltongardeninn3.hilton.com - Accoglienti camere con vista sul lago o sulla montagna. Piscina coperta, centro fitness e ristorante.

MANGIARE

€ FINO A 30 EURO

American Flatbread. 115 St. Paul St., tel. 18028612999, www.americanflatbread.com - Cucina pizza - Ottime pizze e focacce, cotte in forno a legna, e buona scelta di birre artigianali.

Revolution Kitchen. 9 Center St., tel. 18024483657, www.revolutionkitchen.com - Cucina vegetariana - Il menu è stagionale e offre piatti realizzati con ingredienti freschi, locali e biologici ispirati ai sapori asiatici.

FARE

Attività e divertimenti

Shelburne Farms. 1611 Harbor Rd., a Shelburne, tel. 18029858686, www.shelburnefarms.org - Magnifica residenza di campagna sulle sponde del Lake Champlain. È possibile visitare la fattoria, passeggiare per oltre 15 km di sentieri e scoprire la tenuta a bordo di un carretto. Vendita di formaggi, sciroppo d'acero, mostarde e altro.

Whistling Man Schooner Company. 1 College St., tel. 18028257245, www.whistlingman.com - Tre escursioni al giorno sulle acque del Lake Champlain a bordo della Friend Ship, un'imbarcazione 13 metri tradizionale del New England.

SHOPPING

Crow Bookshop. 14 Church St., tel. 18028620848, www.crowbooks.com - Libri nuovi e usati che spaziano dai grandi classici ai libri di cucina, dalla fantascienza alla psicologia.

Farmers' Market. City Hall Park, tel. 18023105172, www.burlingtonfarmersmarket.org - Ogni sabato, da maggio a ottobre, più di 90 stand traboccano di prodotti stagionali, fiori e prodotti di artigianato.

Cambridge

Noleggio bici

Broadway Bicycle. 351 Broadway, tel. 16178683392, www.broadwaybicycleschool.com Ⓜ Central (Red) - Noleggio giornaliero a 30 $ e settimanale a 120 $.

DORMIRE

€€ DA 80 A 130 EURO

A Friendly Inn at Harvard. 1673 Cambridge St., tel. 16175477851, www.afinow.com Ⓜ Harvard (Red) - Semplice B&B, in ottima posizione, ospitato in un edificio in stile vittoriano. Di fronte alla struttura si trovano una biblioteca e una piscina.

Blue's. 82 Avon Hill St., tel. 16173546106, www.bluesbedandbreakfast.com Ⓜ Porter (Red) - B&B tranquillo e accogliente situato vicino all'Harvard Observatory, offre due camere grandi e soleggiate. La colazione, abbondante, è inclusa nel prezzo.

Kimpton Marlowe. 25 Edwin H. Land Blvd, tel. 16178688000, www.hotelmarlowe.com Ⓜ Lechmere (B, C, D, E) - Hotel dall'atmosfera romantica, nella zona est di Cambridge. Offre un ristorante, una palestra e un lounge bar.

€€€ DA 130 A 200 EURO

The Kendall. 350 Main St., tel. 16175771300, www.kendallhotel.com Ⓜ Kendall (Red) - Boutique hotel ricavato nella vecchia sede della stazione dei vigili del fuoco. Colazione compresa nel prezzo e ristorante con cucina realizzata con ingredienti biologici.

MANGIARE

€ FINO A 30 EURO

Clover Food Lab. 1326 Massachusetts Ave., www.cloverfoodlab.com Ⓜ - Harvard (Red) - Cucina vegetariana - Ingredienti stagionali e a km 0 determinano il menu, sempre diverso.

Hokkaido Ramen Santouka. 1230 Massachusetts Ave., tel. 16179451460, www.santouka-usa.com Ⓜ - Harvard (Red) - Cucina giapponese - Ramen (taglietelle in brodo) giapponesi preparati con cura, selezionando gli ingredienti migliori e utilizzando poco sale.

Mr Bartley's. 1246 Massachusetts Ave., tel. 16173546559, www.mrbartley.com - Cucina americana - Il menu celebra i personaggi dell'attualità con ironia, dedicando a ognuno un hamburger speciale. Aperto dal 1960.

Sofra Bakery & Cafe. 1 Belmont St., tel. 16176613161, www.sofrabakery.com - Cucina mediorientale - Sofra, che in turco significa 'picnic', è insieme ristorante, caffè, panificio e negozio. Vi si ritrovano i sapori di Grecia, Libano e Turchia.

The Druid. 1357 Cambridge St., tel. 16174970965, www.druidpub.com Ⓜ Central (Red) - Cucina irlandese - Irish pub ospitato in un edificio in legno. Cibo irlandese, birre alla spina e musica live il sabato pomeriggio e il martedì sera.

Yume Wo Katare. 1923 Massachusetts Ave., tel. 16177144008, www.yumewokatare.com Ⓜ Porter (Red) - Cucina giapponese - Piccolo ristorante di spirito comunitario e dal menu ristretto: oltre a qualche piatto classico comprende sou ramen, personalizzabili a piacere.

€€ DA 30 A 50 EURO

Alden & Harlow. 40 Brattle St., tel. 16178642100, www.aldenharlow.com Ⓜ Harvard (Red) - Cucina americana - Menu semplice e gustoso. Gli avventurosi possono ordinare il Burger segreto: non è in menu ed è una sorpresa.

Café du Pays. 233 Cardinal Medeiros Ave., tel. 16173147297, www.cafedupays.com Ⓜ Kendall (Red) - Cucina francese, canadese - Menu ricco e sostanzioso, rivisitato con un tocco di New England.

Cambridge 1. 27 Church St., tel. 16175761111, www.cambridge1.us Ⓜ Harvard (Red) - Cucina italiana - Ospitato in un ex caserma dei vigili del fuoco, il locale propone pizze, zuppe e insalate.

Russell House Tavern. 14 JFK St., tel. 16175003055, www.russellhousecambridge.com Ⓜ Harvard (Red) - Cucina americana rivisitata - Gastropub con un menu ricco di interpretazioni moderne dei grandi classici americani. Da provare le ostriche croccanti.

Waypoint. 1030 Massachusetts Ave., tel. 16178642300, www.waypointharvard.com Ⓜ Harvard (Red) - Cucina americana, di pesce - Menu a base di frutti di mare, pizza, pasta e una lista di drink a base di assenzio.

FARE

Per una sosta

Crema Cafe. 27 Brattle St., tel. 16178762700, www.cremacambridge.com Ⓜ Harvard (Red) - Caffè dall'atmosfera accogliente, produce focacce, torte, muffin, croissant, insalate, sandwich e zuppe.

Flour Bakery & Cafe. 114 Mt. Auburn St., tel. 16177143205, www.flourbakery.com Ⓜ Harvard (Red) - Cornetti, torte, muffin, insalate, sandwich, zuppe e molto altro. Cibo ottimo e servizio cortese.

Hi-Rise Bread Company. 1663 Massachusetts Ave., tel. 16174923003, www.hi-risebread.com Ⓜ Porter (Red) - Oltre a pane e a pasticcini preparati con materie prime di mulini dei dintorni, propone un'interessante selezione di caffè, ottime marmellate e sandwich.

J.P. Licks. 1312 Massachusetts Ave., tel. 16174921001, www.jplicks.com Ⓜ Harvard (Red) - Gelati, torte, yogurt e biscotti rigorosamente kosher.

L.A. Burdick Chocolates. 52 Brattle St., tel. 16174914340, www.burdickchocolate.com Ⓜ Harvard (Red) - Sempre gremita, propone cioccolato in tutte le versioni.

Mariposa Bakery. 424 Massachusetts Ave., tel. 16178766500, facebook.com/pg/Mariposa-Bakery-100186557674 Ⓜ Central (Red) - Pane, torte e biscotti fatti in casa e prodotti del commercio equo e solidale.

Mike's Pastry. 11 Dunster St., tel. 16176610518, www.mikespastry.com Ⓜ Harvard (Red) - Da oltre 70 anni questa pasticceria italiana è nota per i cannoli e le sfogliatelle tradizionali.

Toscanini's Ice Cream. 159 First St., tel. 16174915877, www.tosci.com Ⓜ Lechmere (B,

Per contattare la redazione, comunicare segnalazioni, suggerimenti o consigli, potete scrivere a: bancadatituristica@touringclub.com

C, D, E) - Gelateria frequentata da molti studenti del MIT. Anche pasticceria e caffetteria.

Per la sera

American Repertory Theater. 64 Brattle St., tel. 16175478300, www.americanrepertorytheater.org Ⓜ Harvard (Red) - Prestigioso teatro dell'Università di Harvard, pluripremiato. Collabora con artisti di tutto il mondo e allestisce spettacoli sperimentali.

Brick & Mortar. 567 Massachusetts Ave., tel. 16174915599, www.brickmortarltd.com Ⓜ Central (Red) - Speakeasy difficile da trovare: non è segnalato ma se si cerca la porta blu e si sale al piano superiore ci si trova catapultati nell'atmosfera di un eccentrico bar.

Lizard Lounge. 1667 Massachusetts Ave., tel. 16175470759, www.lizardloungeclub.com Ⓜ Porter (Red) - Musica jazz e rock per lo più: la domenica sera poetry slam (competizioni in versi) e il lunedì sera sessioni di performance musicali aperte a tutti.

Lord Hobo. 92 Hampshire St., tel. 16172508454, www.lordhobo.com Ⓜ Kendall (Red) - I baristi sanno consigliare al meglio tra le oltre 40 birre alla spina e l'ampia selezione di bottiglie.

State Park. 1 Kendall Square, tel. 16178484355, www.statepark.is Ⓜ Kendall (Red) - Rivestimento in legno, specchi vintage, flipper, tavolo da shuffleboard, biliardo, sala giochi e luci al neon: questo pub sembra un salto indietro nel tempo. (I, B2)

Attività e divertimenti

Charles River Boat Tours. 100 CambridgeSide Place, tel. 16176213001, www.charlesriverboat.com Ⓜ Lechmere (B, C, D, E) - Crociere sul fiume Charles con vedute di Boston e Cambridge.

Harvard Museum of Natural History. 26 Oxford St., tel. 16174953045, www.hmnh.harvard.edu Ⓜ Harvard (Red) - Ospitato nel campus dell'Università di Harvard, espone un campionario di esemplari di mammiferi, dinosauri e uccelli, gemme rare e minerali e i famosi fiori in vetro soffiato.

Harvard Tour. 1376 Massachusetts Ave., tel. 18554558747, www.harvardtour.com Ⓜ Harvard (Red) - Visite guidate di Harvard con studenti o ex studenti.

Harvard University. 30 Dunster Street, tel. 16174951573, www.harvard.edu Ⓜ Harvard (Red) - Otto Presidenti e 75 premi Nobel si sono laureati qui. Il campus è il più grande degli Usa.

Sport

Charles River Canoe & Kayak. 15 Broad Canal Way, tel. 16179655110, www.paddleboston.com Ⓜ Kendall (Red) - Noleggia canoe e kayak e organizza lezioni lungo il fiume.

SHOPPING

Armageddon Shop. 12/B Eliot St., tel. 16174921235, www.armageddonshop.com Ⓜ Harvard (Red) - Negozio di dischi, focalizzato prevalentemente sul vinile.

Boomerangs. 563 Massachusetts Ave., tel. 16177586128, www.shopboomerangs.org Ⓜ Central (Red) - Di proprietà dell'AIDS Action Committee of Massachusetts, il principale fornitore di servizi di prevenzione e cura dell'HIV del New England, vende merce donata da privati e aziende: abbigliamento vintage, libri, elettronica, mobili.

Cambridge Antique Market. 201 Msgr. O'Brien Highway, tel. 16178689655, www.marketantique.com Ⓜ Lechmere (B, C, D, E) - Oltre 150 venditori su 5 piani: mobili, opere d'arte, oggetti d'argento, porcellane, giocattoli, libri, abiti vintage e altro.

CambridgeSide Galleria. 100 CambridgeSide Place, tel. 16176218666, www.cambridgeside.com Ⓜ Lechmere (B, C, D, E) - Oltre 120 negozi e boutique frequentati soprattutto dagli studenti di Harvard e del MIT. Macy's, Banana Republic, Apple, Old Navy sono alcuni dei brand.

Follow the Honey. 1132 Massachusetts Ave., tel. 16176861469-16179457356, www.followthehoney.com Ⓜ Harvard (Red) - Tutto a base di miele: candele, dolci, lozioni, saponi, pomate e, ovviamente, miele. Si può visitare l'alveare del proprietario e degustare miele da tutto il mondo.

Goorin Bros. 43 Brattle St., tel. 16178684287, www.goorin.com Ⓜ Harvard (Red) - Cappelli di tutti i tipi e per tutte le occasioni.

Grolier Potery Bookshop. 6 Plympton St., tel. 16175474648, www.grolierpoetrybookshop.org Ⓜ Harvard (Red) - Storica libreria di poesia.

Harvard Bookstore. 1256 Massachusetts Ave., tel. 16176611515, www.harvard.com Ⓜ Harvard (Red) - Anche se non è affiliata all'Università, è la libreria preferita dalla comunità accademica.

Kendall Center Farmers Market. Kendall Sq., tel. 16172527140, www.kendallcenter.com Ⓜ Kendall (Red) - Ogni mercoledì, da metà maggio a fine ottobre, agricoltori, panettieri e artigiani vendono i propri prodotti.

Oona's Experienced Clothing. 1210 Massachusetts Ave., tel. 16174912654, www.oonasboston.com Ⓜ Harvard (Red) - Boutique di abbigliamento vintage specializzata in moda anni '70 e precedenti.

Ward Maps. 1735 Massachusetts Ave., tel. 16174970737, www.wardmaps.com Ⓜ Porter (Red) - Vasto assortimento di carte antiche. In più, idee regalo a tema: tazze, borse, articoli di cancelleria e cartoline con stampe.

Camden

FARE

Attività e divertimenti

Angelique. Camden Harbor, tel. 18002829989, www.sailangelique.com - Da tre a sei giorni a bordo dell'Angelique, veliero del Capitano Mike. Si può partecipare a workshop a bordo, fare sport e yoga.

Olad Owl. 29 Main St., tel. 12072362323, www.maineschooners.com - Escursioni con veliero alla scoperta di fari, ville costiere, foche e uccelli.

Cape Neddick

MANGIARE

€ FINO A 30 EURO

Cape Neddick Harborside Restaurant. 60 Shore Rd., tel. 12073635471, www.capeneddick.com - Cucina americana, di pesce - Astici freschissimi cucinati al momento, con vista sul porto e sul fiume.

Charlton

SHOPPING

Tree House Brewing Company. 129 Sturbridge Road, tel. 14135232367, www.treehousebrew.com - Microbirrificio che vende poche varietà di birra solo nel proprio punto vendita e in orari da verificare sul sito.

Columbia Falls

SHOPPING

Wild Blueberry Land. 1067 US Hwy 1, tel. 12074832583-12074833884, www.wildblueberryland.com - Fattoria e negozio dove scoprire tutti i segreti dei mirtilli e acquistare biscotti, marmellate, torte, muffin, sciroppi.

Concord (Massachusetts)

DORMIRE

€€€ DA 130 A 200 EURO

Colonial Inn. 48 Monument Sq., tel. 19783699200, www.concordscolonialinn.com - 56 camere - Albergo di charme, è aperto dal 1716 e fu utilizzato ai tempi della Guerra d'Indipendenza come magazzino per lo stoccaggio di armi e provviste. Le camere più antiche sono le più suggestive, ma anche le più costose.

MANGIARE

€€ DA 30 A 50 EURO

80 Thoreau. 80 Thoreau St., tel. 19783180008, www.80thoreau.com - Cucina americana - Il menu, a base per lo più di ingredienti di stagione e a km 0, è semplice e raffinato. Ampia lista dei vini e dei cocktail.

FARE

Per una sosta

Bedform Farms. 68 Thoreau St., tel. 19783410000, www.bedfordfarmsicecream.com - Oltre 60 gusti di gelato artigianale e frozen yogurt. Le porzioni sono enormi. Da non perdere il Moose Tracks, vaniglia e cioccolato fondente.

Attività e divertimenti

Concord Walking Tours. 58 Main St., tel. 19783183100, www.concordma.gov - Tour a piedi, della durata di circa un'ora, alla scoperta della storia rivoluzionaria e letteraria della città.

SHOPPING

Concord Bookshop. 65 Main St., tel. 19783692405, www.concordbookshop.com - Libreria indipendente, aperta dal 1940, con molti titoli di autori locali.

Concord (New Hampshire)

FARE

Attività e divertimenti

McAuliffe-Shepard Discovery Center. 2 Institute Dr., tel. 16032717827, www.starhop.com - Un'interessante serie di mostre ripercorre le imprese dei due astronauti nati nel New Hampshire, ai quali è dedicato il centro: Christa McAuliffe e Alan Shepard. Si può ammirare un missile della NASA a grandezza naturale e la navicella Mercury che portò Shepard nello spazio.

Cutler

DORMIRE

€€€ DA 130 A 200 EURO

Little River Lighthouse. Tel. 18772764682, www.littleriverlight.org - Tre camere con vista mozzafiato e una cucina.

Deer Isle

FARE

Attività e divertimenti

Haystack Mountain School of Crafts. 89 Haystack School Drive, tel. 12073482306, www.haystack-mtn.org - Corsi di una o due settimane per imparare diverse tecniche di artigianato: tessitura, incisioni, lavorazione del ferro. Tour guidati il mercoledì alle 13.

Dennis

DORMIRE

€€€€ OLTRE 200 EURO

Scargo Manor. 909 Main St., tel. 15083855534, www.scargomanor.com - Sontuosa abitazione del 1885, offre camere spaziose e confortevoli, ognuna con bagno. Biciclette, canoe e kayak a disposizione degli ospiti.

FARE

Per la sera

Harvest Gallery Wine Bar. 776 Main St., tel. 15083852444, www.harvestgallerywinebar.com - Wine bar e galleria d'arte: l'ideale per sorseggiare un buon vino ascoltando musica jazz e blues dal vivo.

Attività e divertimenti

Hokum Rock Farm. 1215 MA-134, a East Dennis, tel. 15083852768, www.hokumrockfarm.com - Azienda agricola specializzata nella coltivazione dei mirtilli. Da luglio, nei giorni indicati sul sito, è possibile partecipare alla raccolta.

Lobster Roll Cruises. 357 Sesuit Neck Rd., tel. 15083851686, www.capecodlobstercruise.com - Offre la possibilità di gustare un pranzo o una cena a bordo della SS Lobster Roll, godendosi la vista spettacolare della baia di Cape Cod.

Sport

Bass River Kayaks. 118 Main St., tel. 1508362555-15083980060, www.capecodkayaking.com - Noleggio kayak e surf.

Dorset

SHOPPING

Dorset Union Store. 31 Church St., tel. 18028674400, www.dorsetunionstore.com - Entrando in questo country store, aperto da quasi 200 anni, sembra di tornare indietro nel tempo. Vi si trovano prodotti locali, take away e souvenir.

Eastham

FARE

Attività e divertimenti

Cape Kayaking. 222 Hemenway Road, tel. 15082477402, www.capekayaking.com - Tour ed escursioni in kayak. Si può scegliere tra il tour al tramonto, quello al chiaro di luna e vari altri.

Essex (Connecticut)

FARE

Attività e divertimenti

Essex Steam Train & Riverboat Ride. 1 Railroad Ave., tel. 18607670103, www.essexsteamtrain.com - Escursione sul treno a vapore che percorre i binari verso nord, fino al Deep River. Qui si sale a bordo di un battello per la Godspeed Opera House.

Falmouth

Servizi di navigazione

Island Queen. 75 Falmouth Heights Road, tel. 15085484800, www.islandqueen.com - Collegamento navale tra Falmouth e Martha's Vineyard operativo da fine maggio a inizio ottobre.

FARE

Attività e divertimenti

Capt Jim's Charters. 180 Scranton Ave., molo 46, tel. 16178286946, www.captjimscharters.com - Escursioni e battute di pesca sportiva da maggio a ottobre alla ricerca del pesce spigola, del pesce serra e degli sparidi.

Franconia

DORMIRE

€€€ DA 130 A 200 EURO

Sugar Hill Inn. 116 NH 117, a Sugar Hill, tel. 16038234100, www.sugarhillinn.com - Casa colonica del 1789 in cima a una collina e circondata da prati e giardini. Le camere sono spaziose, romantiche e dotate di tutti i comfort.

MANGIARE

€ FINO A 30 EURO

Polly's Pancake Parlor. 672 Route 117, a Sugar Hill, tel. 16038235575, www.pollyspancakeparlor.com - Cucina americana - Pancake, pancake e ancora pancake. Popolare, vecchio locale, li serve farciti con sciroppo d'acero, frutta, uova, salsicce, bacon e altro.

FARE

Sport

Franconia Village Cross-Country Ski Center. 1172 Easton Rd., tel. 16038235542, www.franconiainn.com/cross_country_ski_center - Oltre 65 km di piste da sci attraverso boschi e prati. Vengono organizzate anche escursioni su slitte trainate da cavalli, snowboard, ciaspolate e pattinaggio sul ghiaccio.

Freeport

DORMIRE

€€€ DA 130 A 200 EURO

Harraseeket Inn. 162 Main St., tel. 12078659377, www.harraseeketinn.com - Hotel accogliente, con arredi d'epoca e servizi moderni. Alcune camere dispongono di camino e vasca idromassaggio.

MANGIARE

€€ DA 30 A 50 EURO

Maine Harvest. 162 Main St., tel. 12078659377, www.harraseeketinn.com - Cucina americana, francese - Lo chef Troy Mains propone una cucina locale raffinata elaborata da materie prime locali e biologiche.

FARE

Attività e divertimenti

Atlantic Seal Cruises. 25 Main St., a South Freeport, tel. 12078656112 - L'escursione in barca alla volta di Seguin Island permette di osservare le foche e i loro cuccioli che sguazzano nell'acqua. Sull'isola si visita il faro e si mangia al sacco.

SHOPPING

Freeport Village Station. 1 Freeport Village Station, tel. 12078651212, www.onefreeportvillagestation.com - All'interno di questo outlet si trovano punti vendita di Brooks Brothers, Calvin Klein, Nike, Oakley, Old Navy e molti altri.

L. L. Bean. 95 Main St., tel. 18777552326, www.llbean.com - Flagship store dove possono acquistare gli stivali originali, abbigliamento e attrezzature sportive e da campeggio. All'interno un campo di tiro con l'arco, una parete da arrampicata e un laghetto.

Georgetown

MANGIARE

€€ DA 30 A 50 EURO

Five Islands Lobster Co. 1447 Five Islands Rd., tel. 12073712990, fiveislandslobster.com - Cucina americana, di pesce - Il luogo ideale per assaggiare i celebri astici del Maine: si mangia all'aperto, in riva all'oceano insieme agli abitanti del luogo.

Gloucester

DORMIRE

€€€ DA 130 A 200 EURO

Atlantis Oceanfront Inn. 125 Atlantic Rd., tel. 19782830014, www.atlantisoceanfrontinn.com - L'hotel, vicino alla spiaggia di Good Harbor, offre camere con vista panoramica sull'oceano.

MANGIARE

€€ DA 30 A 50 EURO

The Causeway Restaurant. 78 Essex Ave., tel. 19782815256, www.thecausewayrestaurant.

com - Cucina di pesce - Allegro e affollato, serve ottimi piatti: da non perdere la Clam Chowder e i piatti a base di astice. I clienti possono portarsi da bere perché il ristorante non vende alcolici.

FARE

Attività e divertimenti

7 Seas Whale Watch. 63 Rogers St., tel. 19782831776, www.7seaswhalewatch.com - Escursione in mare alla ricerca delle balene, accompagnati da un naturalista che ne spiega comportamenti e abitudini.

Good Harbor Beach. Thatcher Road, gloucester-ma.gov - Spiaggia con sabbia bianca, ideale per provare il body surf o per fare passeggiate fino a Salt Island con la bassa marea.

Stage Fort Park. Hough Ave., gloucester-ma.gov - Comprende due spiagge: Half Moon Beach e Cressy's Beach, molto tranquille e quiete.

Tuna Hunter Fishing Day Charters. 75 Essex Ave., tel. 19784071351-19785467992, www.tunahunter.com - Pesca sportiva professionale per pescatori di tutte le età e di tutte le abilità. Si possono pescare merluzzi, tonni, spigole a strisce, eglefini e pesci serra.

Wingaersheek Beach. Atlantic St., gloucester-ma.gov - Una distesa di sabbia e dune circondata da rocce tra le quali, con la bassa marea, si formano piscine naturali.

Sport

Down Under Diving Ventures. 75 Essex Ave., tel. 19788081286, www.downundercharters.com - Escursioni subacquee con noleggio di equipaggiamento e istruttore professionista. C'è anche la possibilità di immergersi al tramonto.

Great Barrington

DORMIRE

€€ DA 80 A 130 EURO

Fairfield Inn & Suites Great Barrington. 249 Stockbridge Rd., tel. 14136443200, www.marriott.com - Lussuose camere con wifi, forno a microonde e frigorifero. Alcune includono una vasca idromassaggio e un caminetto. Piscina e centro fitness.

FARE

Sport

Ski Butternut. 380 State Rd., tel. 14135282000, www.skibutternut.com - Stazione sciistica attrezzata con 22 piste, tre seggiovie e una scuola di sci e snowboard.

Green Mountain National Forest

DORMIRE

€€€ DA 130 A 200 EURO

Blueberry Hill Inn. 1245 Goshen Ripton Rd, a Goshen, tel. 18022476735, blueberryhillinn.com - Le camere sono ben arredate ed accoglienti. L'Outdoor Center fornisce agli ospiti l'attrezzatura per trekking, trail running, sci, nuoto, pesca e mountain bike.

FARE

Attività e divertimenti

Appalachian Trail. 231 N Main St, a Rutland, tel. 13045356331, www.appalachiantrail.org - Il percorso escursionistico segnalato più lungo degli USA (circa 3500 km) attraversa il Vermont per 240 km e dispone di rifugi utilizzabili dagli escursionisti.

Greenville

FARE

Sport

Allagash Canoe Trips. 166 Scammon Rd., tel. 12072801551-12072800191, www.allagashcanoetrips.com - Tour in canoa con guide professioniste. Vengono anche organizzate escursioni di una settimana sulla Allagash Wilderness Waterway, sul Moose River e sul Penobscot River.

Greenwich

DORMIRE

€€€ DA 130 A 200 EURO

The J House Greenwich. 1114 E Putnam Ave., tel. 12036986980, www.jhousegreenwich.com - Hotel di lusso con sistemazioni eleganti dotate di tv, wifi e iPad Apple. Piscina scoperta e ristorante.

MANGIARE

€€ DA 30 A 50 EURO

Mediterraneo. 366 Greenwich Ave., tel. 12036294747, www.zhospitalitygroup.com - Cucina mediterranea - Piatti a base di frutti di mare e inoltre pizze, pasta, carne e ottimi dolci. Lista dei vini da Francia, Italia e California.

€€€ DA 50 A 100 EURO

Elm Street Oyster House. 11 W Elm St., tel. 12036295798, www.elmstreetoysterhouse.com - Cucina di pesce - Da oltre 20 anni serve ostriche e piatti a base di pesce preparati con ingredienti freschissimi. Al raw bar si trovano sei diversi tipi di ostriche al giorno.

FARE

Attività e divertimenti

Audubon Greenwich. 613 Riversville Rd., tel. 12038695272, www.greenwich.audubon.org - Bellissima riserva con sette oasi naturali: si può passeggiare per i sentieri, ammirando la flora e la fauna, e partecipare a lezioni e workshop nei centri di educazione alla natura.

Hampton Beach

DORMIRE

€€€ DA 130 A 200 EURO

Ashworth by the Sea. 295 Ocean Blvd., tel. 16039266762, www.ashworthhotel.com - Boutique hotel aperto da oltre un secolo, dispone di camere con terrazzo sull'oceano, centro fitness e ristorante.

MANGIARE

€€€ DA 50 A 100 EURO

Ron's Landing. 379 Ocean Blvd., tel. 16039292122, www.ronslanding.com - Cucina americana, di pesce - Ristorante elegante con vista sull'oceano. Da non perdere il Baked stuffed haddock: eglefino (sorta di merluzzo dell'Atlantico) farcito con gamberetti, capesante e astice.

FARE

Attività e divertimenti

Al Gauron Deep Sea Fishing. 1 Ocean Blvd., tel. 16039262469, www.algauron.com - Organizza uscite di pesca sportiva lunghe un giorno o solo alcune ore.

Applecrest Farm Orchards. 133 Exeter Rd., a Hampton Falls, tel. 16039263721, www.applecrest.com - In questa azienda agricola si possono raccogliere mele e frutti di bosco, partecipare in autunno alla pressatura delle mele per il sidro o anche solo acquistare i dolci.

Hancock

FARE

Attività e divertimenti

Jiminy Peak. 37 Corey Road, tel. 14137385500, www.jiminypeak.com - La più grande stazione sciistica del New England, con 45 piste, è l'unica ad energia eolica di tutti gli Stati Uniti. In estate è frequentata per escursioni in bici o a piedi.

Hanover

DORMIRE

€€€ DA 130 A 200 EURO

Hanover Inn. 2 East Wheelock, tel. 16036434300, www.hanoverinn.com - Lo storico hotel, situato nel campus del Dartmouth College, offre ai suoi ospiti camere in stile coloniale dotate di tutti i comfort. All'interno anche il ristorante The Pine e un centro fitness.

MANGIARE

€€ DA 30 A 50 EURO

The Pine. 2 East Wheelock, tel. 16036434300, www.pineathanoverinn.com - Cucina americana - Lo chef Justin Dain propone un menu raffinato, preparato con ingredienti locali e sostenibili.

FARE

Attività e divertimenti

Darmouth College. College St., tel. 16036461110, home.dartmouth.edu - Visita guidata all'Istituto fondato nel 1769, fra i quattro principali del New England appartenenti all'Ivy League.

Hartford

DORMIRE

€€ DA 80 A 130 EURO

Red Lion Hartford. 50 Morgan St., tel. 18605492400, www.redlion.com/hartford - Hotel in ottima posizione, a due passi dal Dunkin Donuts Park, dispone di camere con vista sul centro. Piscina all'aperto, centro fitness, bar e bistro.

€€€ DA 130 A 200 EURO

The Goodwin. 1 Haynes St., tel. 18602461881, www.goodwinhartford.com - Boutique hotel completamente rinnovato, nel cuore della città, ha camere luminose ed eleganti. A disposizione degli ospiti un ristorante di cucina spagnola.

€€€€ OLTRE 200 EURO

Delamar West Hartford. West Hartford, 1 Memorial Rd., tel. 18609372500, delamar.com - Un posto dalle mille e una notte. Esteticamente perfetto, offre tutti i comfort che si possono desiderare e un servizio discreto e professionale.

MANGIARE

€€ DA 30 A 50 EURO

Bear's Smokehouse. 25 Front St., tel. 18607858772, www.bearsbbq.com - Cucina americana - Barbecue secondo lo stile del Kansas: i migliori tagli, provenienti dal Connecticut, cucinati alla perfezione. Da provare le costolette e la salsiccia texana.

Salute. 100 Trumbull St., tel. 18608991350, www.salutehartford.com - Cucina italiana - Il menu è composto da piatti italiani rivisitati e da un buon numero di portate vegetariane. Ottimi cocktail artigianali.

€€€€ OLTRE 100 EURO

Max Downtown. 185 Asylum St., tel. 18605222530, www.maxdowntown.com - Cucina americana - Musica swing, cocktail artigianali e aspetto retrò di lusso. È il luogo di ritrovo di professionisti e politici locali e propone piatti alla griglia e portate a base di pesce. Ottima lista dei vini.

FARE

Per una sosta

City Steam Brewery Cafe. 942 Main St., tel. 18605251600, www.citysteam.biz - Birreria con giardino e sala giochi. L'ideale per una pinta di birra artigianale e uno spuntino con piatti tipici da pub.

Per la sera

Black-Eyed Sally's Southern Kitchen & Bar. 350 Asylum St., tel. 18602787427, www.blackeyedsallys.com - Votato alla musica blues e jazz, ospita concerti di artisti locali e nazionali. Ottimo menu, ispirato alla cucina del Sud degli USA.

The Russian Lady. 191 Ann Uccello St., tel. 18602475239, www.therussianladyhartford.com - Dal 1976 è un punto fisso della vita notturna della città. Su tre piani, offre un cocktail bar, una sala biliardo e un cigar bar.

Attività e divertimenti

Elizabeth Park Rose Garden. 1561 Asylum Ave., tel. 18602319443, www.elizabethparkct.org - Parco di 41 ettari, celebre per le sue 15 000 piante di rose: a giugno e luglio si può ammirare la fioritura di oltre 900 varietà che continuano a sbocciare, anche se meno copiose, fino a inizio autunno. In estate ospita concerti all'aperto.

Harwich

Servizi di navigazione

Freedom Cruise Line. Harwich Port Terminal, 702 Rte. 28, tel. 15084328999, www.nantucketislandferry.com - Collegamento con Nantucket operativo da fine maggio a fine settembre.

Highgate Center

SHOPPING

Boucher Family Farm. 2183 Gore Road, tel. 18028684193, www.boucherfamily.blogspot.com - Il Vermont Blue Cheese prodotto da questa fattoria è una specialità conosciuta in tutto il Paese.

Hyannis

Servizi di navigazione

Hy-Line Cruises. 220 Ocean St., tel. 15087782600, www.hylinecruises.com - Collegamenti con Martha's Vineyard (da inizio maggio a fine ottobre) e Nantucket (tutto l'anno).

The Steamship Authority. 69 South St., tel. 15087714000-15087787633, www.steamshipauthority.com - Servizio di navigazione per Nantucket. Attivo tutto l'anno.

DORMIRE

€€ DA 80 A 130 EURO

SeaCost Inn. 33 Ocean St., tel. 15087753828, www.seacoastcapecod.com - Camere confortevoli, dotate di angolo cottura con microonde e frigorifero. Accoglienza gentile.

€€€ DA 130 A 200 EURO

Anchor In. 1 South St., tel. 15087750357, www.anchorin.com - Le camere di questo boutique hotel sono arredate nello stile classico di Cape Cod e alcune dispongono di balcone con vista mare. La piscina riscaldata è il luogo ideale dal quale ammirare i pescherecci che rientrano al porto.

MANGIARE

€€ DA 30 A 50 EURO

The Raw Bar. 230 Ocean St., tel. 15087758800, www.therawbar.com - Cucina di pesce - Il posto giusto per mangiare un enorme Lobster roll con vista sul porto di Hyannis. Anche ostriche, zuppe di pesce, gamberi e vongole al vapore.

SHOPPING

Farmers Market at Cape Cod Beer. 1336 Phinneys Ln., tel. 15087904200, www.capecodbeer.com - I migliori produttori, agricoltori e artigiani di Cape Cod espongono le loro merci in questa birreria all'aperto.

Kennebunkport

DORMIRE

€€€ DA 130 A 200 EURO

Captain Fairfield Inn. 8 Pleasant St., tel. 12079674454, www.captainfairfield.com - B&B in un quartiere tranquillo, a breve distanza da negozi e ristoranti. Offre camere arredate con gusto e dotate di wifi, tv, iPad e docking station per iPod.

MANGIARE

€ FINO A 30 EURO

The Clam Shack. 2 Western Ave., tel. 12079673321, www.theclamshack.net - Cucina americana, di pesce - Piccolo chiosco che propone lobster roll, clam chowder e vongole fritte spettacolari. Ampia scelta di birre locali.

FARE

Attività e divertimenti

Seashore Trolley Museum. 195 Log Cabin Rd., tel. 12079672712, www.trolleymuseum.org - Tour organizzato a bordo di un tram di fine Ottocento, restaurato e funzionante: lungo il percorso si fa tappa al museo.

The Parson's Way Shore Walk. Dock Square, www.visitkennebunkport.com/beaches.html - Una camminata di quasi 8 km lungo un percorso che offre viste mozzafiato della costa e delle scogliere.

Kent

DORMIRE

€€€€ OLTRE 200 EURO

Inn at Kent Falls. 107 Kent Cornwall Rd., tel. 18609273197, www.theinnatkentfalls.com - Storico B&B, in una proprietà del 1741 con pavimenti in legno e tre saloni con caminetti. La colazione è abbondante e con prodotti freschi.

FARE

Attività e divertimenti

Kent Falls State Park. 462 Kent Cornwall Rd., tel. 18604243200, www.ct.gov - Passeggiate nei boschi, costeggiando fiumi e cascate, con vedute sulle montagne. Il foliage autunnale rende il luogo incantevole.

The Bicycle Tour Company. 9 Bridge St., tel. 18887115368, www.bicycletourcompany.com - Tour in bici alla scoperta del New England, organizzati in base all'esperienza e all'allenamento dei partecipanti. Anche noleggio e riparazione biciclette.

SHOPPING

The Covered Wagon Country Store. 27 N Main St., tel. 18609270927, www.kentct.com - Entrando si ha l'impressione di un salto nel passato. In vendita snack, caramelle, prodotti per la casa, candele.

Killington

DORMIRE

€€€ DA 130 A 200 EURO

Birch Ridge Inn. 37 Butler Rd., tel. 18024224293, www.birchridge.com - Hotel recentemente rinnovato, a due km dalle piste da sci.

FARE

Attività e divertimenti

Killington Resort. 4763 Killington Rd., tel. 18007349435, www.killington.com - La principale stazione sciistica del Vermont, con 32 impianti di risalita e oltre 200 piste di tutti i livelli, facile, intermedio e difficile. Per lo snowboard ci sono sei parchi con superpipe le cui pareti toccano sei m d'altezza. In estate si gioca a golf e si fanno escursioni a piedi e in bici.

Snowmobile Vermont. 170 VT-100, a West Bridgewater, tel. 18024222121, www.snowmobilevermont.com - Escursioni in motoslitta della durata di un'ora o due, adatte anche a bambini. L'attrezzatura è compresa nella tariffa.

Laconia

DORMIRE

€€€ DA 130 A 200 EURO

The Lake House at Ferry Point. 100 Lower Bay Rd., a Sanbornton, tel. 16032739325, www.new-hampshire-inn.com - Distante pochi km da Laconia, tranquillo B&B con spiaggia e porticciolo.

Lake Champlain

DORMIRE

€€ DA 80 A 130 EURO

The North Hero House. 3643 Route 2, a North Hero, tel. 18023724732, www.northherohouse.com - B&B di campagna con spettacolare vista sul lago. Le camere, dislocate in quattro edifici, offrono wifi, tv, servizi privati e docking station per iPod.

FARE

Attività e divertimenti

Allenholm Farm. 111 South St., a South Hero, tel. 18023725566, www.allenholm.com - Azienda specializzata nella coltivazione di mele, frutti di bosco e ciliegie. In autunno si può partecipare alla raccolta.

Snow Farm Vineyard. 190 W Shore Rd., a South Hero, tel. 18023729463-18023183208, www.snowfarm.com - Il primo vigneto del Vermont. Organizza degustazioni dei propri vini e in estate ospita concerti all'aperto.

Sport

Hero's Welcome. 3537 Route 2, a North Hero, tel. 18023724161, www.heroswelcome.com - Noleggio biciclette, kayak, canoe e tavole da paddle surf. In inverno pattini, sci, ciaspole.

Lake Sunapee

DORMIRE

€€€€ OLTRE 200 EURO

Highland Lake Inn. 32 Maple St., ad Andover, tel. 16037356426, www.highlandlakeinn.com - Accogliente B&B ricavato in una vecchia fattoria rimodernata.

FARE

Attività e divertimenti

Sunapee Cruises. Sunapee Harbor, tel. 16039386465, www.sunapeecruises.com - Crociere pomeridiane o con cena a bordo, da metà giugno a metà ottobre.

Lenox

DORMIRE

€€€ DA 130 A 200 EURO

Garden Gables Inn. Tel. 14136370193, www.gardengablesinn.com - B&B storico e tranquillo, in un edificio del XVII secolo con spa, piscina e terrazza solarium. La colazione è su ordinazione.

FARE

Per una sosta

Chocolate Springs Cafe. 55 Pittsfield Rd., tel. 14136379820, www.chocolatesprings.com - Cioccolatini, tartufi, ganache al cioccolato, torte da gustare sorseggiando un caffè o un tè.

Attività e divertimenti

Berkshire Canoe Tours. New Lenox Rd., tel. 14134422789, www.berkshirecanoetours.org - Escursioni sul fiume e nei dintorni. Si possono avvistare falchi a coda rossa, gufi, oche canadesi, castori e molti altri animali selvatici.

Berkshire Horseback Adventures. 293 Main St., tel. 14136379090, www.berkshirehorseback.net - Tour a cavallo, accompagnati con guida professionista, nel Kennedy Park e nella Lenox Mountain.

Kripalu Center. 57 Interlaken Road, a Stockbridge, tel. 14134483152, www.kripalu.org - Grande centro di ritiro per lo yoga, la salute e la vita olistica: vi si tengono corsi, seminare e lezioni.

Lexington

MANGIARE

€ FINO A 30 EURO

Jackson's Kitchen. 50 Massachusetts Ave., tel. 17816528844, www.jackkit.com - Cucina americana - Insalate, zuppe, panini, hamburger, mac&cheese, ali di pollo fritte.

€€ DA 30 A 50 EURO

Artistry on the Green. 2027 Massachusetts Ave., tel. 17813016655, www.innathastingspark.com - Cucina americana - Lo chef rielabora piatti regionali utilizzando ingredienti freschi, stagionali e locali. Da provare il brunch della domenica.

FARE

Per una sosta

Via Lago. 1845 Massachusetts Ave., tel. 17818616174, www.vialagocatering.com - Pregiate miscele di caffè e ampio assortimento di dolci da forno, sandwich e insalate.

Attività e divertimenti

Liberty Ride. 1875 Massachusetts Ave., tel. 17818621450, www.tourlexington.us - Tour in tram di 90 minuti alla scoperta dei principali siti storici della città. Il biglietto comprende anche l'ingresso al parco e alle tre case storiche.

Lincoln

FARE

Attività e divertimenti

deCordova Sculpture Park and Museum. 51 Sandy Pond Road, tel. 17812598355, www.decordova.org - Il primo museo d'arte contemporanea del New England. Oltre alla collezione interna, da non perdere il parco, con più di 60 opere da scovare tra gli edifici e il bosco.

Gropius House. 68 Baker Bridge Road, tel. 17812598098, www.historicnewengland.org - La casa di Walter Gropius, fondatore del Bauhaus.

Lincoln/North Woodstock

DORMIRE

€€ DA 80 A 130 EURO

Woodstock Inn. 135 Main St., a North Woodstock,

tel. 16037453951, www.woodstockinnnh.com - Hotel rurale, in una villa vittoriana, ha camere dotate di comfort moderni e atmosfera rétro.

MANGIARE

€ FINO A 30 EURO

Sunny Day Diner. 90 Route 3, a Lincoln, tel. 16037454833, www.facebook.com/pg/sunnydaydiner - Cucina americana - Questo piccolo diner degli anni '50 propone ottima cucina e servizio cordiale. Da provare il Banana bread french toast e la Cherry pie.

FARE

Attività e divertimenti

Pemi Valley Moose Tours. 136 Main St., a Lincoln, tel. 16037452744, www.moosetoursnh.com - Escursione di tre ore e mezza, con bus, alla ricerca di alci e altri animali. Da maggio a ottobre.

Lincolnville

MANGIARE

€€ DA 30 A 50 EURO

The Lobster Pound. 2521 Atlantic Highway, Route 1, tel. 12077895550, www.lobsterpoundmaine.com - Cucina americana, di pesce - Ottimo per una cena a base di astice seduti a grandi tavoli di legno con vista sul porto.

Litchfield

DORMIRE

€€€ DA 130 A 200 EURO

The Litchfield Inn. 432 Bantam Rd., tel. 18605674503, www.litchfieldinnct.com - Recentemente rinnovato e immerso nelle colline di Litchfield, con alloggi luminosi e confortevoli e servizi di qualità.

MANGIARE

€€ DA 30 A 50 EURO

Kingsley Tavern. 14 N Main St., tel. 18605920261, www.kingsleytavern.com - Cucina americana - Pub accogliente, propone piatti preparati con ingredienti locali, birre artigianali e ottimi cocktail.

West Street Grill. 43 West St., tel. 18605673885, www.weststreetgrill.com - Cucina americana - Da provare l'anatra confit con carote, cavolini di Bruxelles e salsa al melograno.

FARE

Per una sosta

Peaches 'N Cream. 632 Torrington Rd., tel. 18604967536, www.peachesncreamicecream.com - Gelati artigianali fatti con ingredienti naturali: pesche, anacardi, mirtilli, lamponi provengono da aziende agricole della zona. Da provare anche i waffle e i biscotti alla greca.

Attività e divertimenti

Lee's Riding Stable. 57 E Litchfield Rd., tel. 18605670785-18603091654, www.windfieldmorganfarm.com - Escursioni a cavallo tra le colline di Litchfield adatte anche a bambini dai sette anni in su, con guide esperte; la scuola organizza lezioni al chiuso e all'aperto.

Lowell

DORMIRE

€€€ DA 130 A 200 EURO

UMass Lowell Inn & Conference Center. 50 Warren St., tel. 19789346920, www.acc-umlinnandconferencecenter.com - Nel cuore della città, camere moderne dotate di servizi standard.

MANGIARE

€ FINO A 30 EURO

Life Alive. 194 Middle St., tel. 19784531311, www.lifealive.com - Cucina vegetariana, biologica - In menu insalate, piatti preparati al momento e succhi di frutta. Da non perdere The Goddess: verdure e tofu servite con riso e salsa di soia allo zenzero.

€€ DA 30 A 50 EURO

Cobblestones of Lowell. 91 Dutton St., tel. 19789702282, www.cobblestonesoflowell.com - Cucina americana, steakhouse - Tagliate, costate, hamburger cotti alla perfezione, ma anche fish & chips e ostriche. Per bere si sceglie fra 12 birre artigianali locali e i cocktail americani.

FARE

Attività e divertimenti

NPS Tours. 246 Market St., tel. 19789705000, www.nps.gov/lowe - I ranger del parco portano in visita alla Riverwalk, al Lowell Cemetery e al quartiere Acre. Vengono organizzati anche tour sui canali con orari variabili a seconda della stagione e del livello delle acque.

Manchester (New Hampshire)

DORMIRE

€€€ DA 130 A 200 EURO

Ash Street Inn. 118 Ash St., tel. 16036689908, www.ashstreetinn.com - In una casa vittoriana del XIX secolo, e recentemente rinnovato, questo B&B ha camere spaziose con scrivania, tv e wifi.

MANGIARE

€ FINO A 30 EURO

Red Arrow Diner. 61 Lowell St., tel. 16036261118, www.redarrowdiner.com - Cucina americana - Aperto nel 1922: il servizio è cordiale, l'atmosfera amichevole e le portate molto abbondanti. Si può costruire il proprio hamburger scegliendo tra un'infinità di ingredienti.

FARE

Attività e divertimenti

See Science Center. 200 Bedford St., tel. 16036690400, www.see-sciencecenter.org - IL centro ospita la più grande installazione permanente di Lego al mondo: rappresenta l'Amoskeag Manifacturing Company e la città di Manchester nel 1915, in piena attività. Organizza dimostrazioni scientifiche, workshop e corsi per bambini.

SHOPPING

Bedford Farmers Market. 190 Meetinghouse Rd., a Bedford, tel. 16032038440, www.bedfordfarmersmarket.org - Appena fuori Manchester, il mercato ospita produttori locali di marmellate, carne, vini, frutta, verdura, prodotti di bellezza naturali. Tutti martedì pomeriggio da giugno a ottobre.

Manchester (Vermont)

Noleggio bici

Battenkill Bicycles. 99 Bonnet St., tel. 18023622734, www.battenkillbicycles.com

DORMIRE

€€€ DA 130 A 200 EURO

Wilburton Inn. 257 Wilburton Dr., tel. 18023622500, www.wilburtoninn.com - In un palazzo storico, con camere romantiche arredate con decorazioni d'epoca, tv, aria condizionata.

MANGIARE

€€ DA 30 A 50 EURO

Bistro Henry. 1942 Depot St., tel. 18023624982, www.bistrohenry.com - Cucina internazionale - Lo chef propone una cucina creativa di ispirazione franco-italiana. Pesce, carne e ortaggi sono di produzione locale. Ampia carta dei vini.

The Perfect Wife. 2594 Depot St., tel. 18023622817, www.perfectwife.com - Cucina internazionale - Ristorante su due piani: al piano inferiore si svolgono eventi privati, al superiore si servono piatti abbondanti e gustosi come i cajun popcorn, ovvero code di aragosta in salsa di birra.

FARE

Attività e divertimenti

Battenkill Angler. 6204 Main St., tel. 18023791 444, www.battenkillangler.com - Organizza escursioni e battute di pesca, della durata di una o mezza giornata, presso il Battenkill River.

Stratton Mountain. 5 Village Lodge Rd., a South Londonderry, tel. 18007872886, www.stratton.com - Comprende 90 piste, un'area di 40 ettari per lo sci alpinismo e 32 km di piste da fondo. In estate è il luogo ideale per trekking, golf, tennis e passeggiate in bici o a cavallo.

Martha's Vineyard

Noleggio bici

Martha's Bike Rentals. 4 Lagoon Pond Rd., a Vineyard Haven, tel. 18333627842, www.marthasbikerentals.com.

DORMIRE

€€€ DA 130 A 200 EURO

1720 House. 152 Main St., a Vineyard Haven, tel. 15086936407, www.1720house.com - Elegante B&B in una villa del XVIII secolo: l'architettura e gli arredi mantengono le caratteristiche dell'epoca ma non mancano i comfort moderni.

Edgartown Inn. 56 N Water St., tel. 15086274 794, www.edgartowninn.com - B&B con camere distribuite in tre edifici adiacenti. Alcune portano il nome di ospiti famosi che hanno alloggiato qui: JFK, Nathaniel Hawthorne, Daniel Webster.

Kelley House. 23 Kelley St., a Edgartown, tel. 8002256005, www.kelley-house.com - Bellissima locanda in stile coloniale, a due passi dalla riva del mare affacciata sul rilassante panorama dell'iconica Edgartown. Camere arredate con gusto e provviste di tutti i comfort, wifi incluso. Biciclette a disposizione, piscina all'aperto e possibilità di giocare a golf.

MANGIARE

€ FINO A 30 EURO

ArtCliff Diner. 39 Beach Rd., a Vineyard Haven, tel. 15086931224, www.artcliffdiner.com - Cucina americana - Dal 1943 serve piatti della cucina nazionale rivisitati con creatività: da provare il French toast guarnito con mandorle e i tacos di pesce fresco. Le materie prime provengono dalle aziende agricole dell'isola.

Linda Jean's. 25 Circuit Ave., a Oak Bluffs, tel. 15086934093, www.lindajeansrestaurant.com - Cucina americana - Diner economico apprezzato anche dalle persone del posto per i suoi pancake, hamburger, sandwich e piatti di pesce.

€€ DA 30 A 50 EURO

Détente. 15 Winter St., a Edgartown, tel. 15086278810, www.detentemv.com - Cucina americana rivisitata - Il giovane chef presenta un menu di piatti americani rivisitati con influenze europee, a base di pesce e con pasta fatta in casa.

Martha's Vineyard Chowder Co. 9 Oak Bluffs Ave., a Oak Bluffs, tel. 15086963000, www.mvchowder.com - Cucina di pesce - La miglior 'chowder', ossia zuppa di pesce dell'isola. In menu anche piatti di carne. Buoni i cocktail e ampia scelta di birre artigianali.

FARE

Per una sosta

Mad Martha's. 12 Circuit Ave., a Oak Bluffs, tel. 15086932262 - La gelateria preferita della famiglia Obama. Il gelato è artigianale e molto cremoso.

Per la sera

The Lampost. 6 Circuit Ave., a Oak Bluffs, tel. 15086934032, www.facebook.com/pg/MVLampost - L'unico locale notturno dell'isola: la musica è in prevalenza hip hop, reggae e funk. Ottimi cocktail e birre artigianali.

Attività e divertimenti

Campgrounds. 80 Trinity Park, a Oak Bluffs, tel. 15086930525, programs@mvcma.org - Una passeggiata in un villaggio composto da circa 300 colorate casette di legno, costruite nella seconda metà dell'Ottocento dai seguaci di una chiesa metodista.

Felix Neck Wildlife Sanctuary. 100 Felix Neck Dr., a Edgartown, tel. 15086274850, www.massaudubon.org - Un paradiso per chi ama il birdwatching, con km di sentieri fra campi e paludi. L'area protetta di oltre 140 ettari ospita anatre, beccacce di mare, falchi e poiane.

Flying Horse Carousel. 15 Lake Ave., a Oak Bluffs, watchhillbeachandcarousel.com - Splendida giostra in attività dal 1876.

Ocean Park. 2 Seaview Avenue, a Oak Bluffs, www.mvol.com - Parco circondato da un lato da case in stile vittoriano, e dall'altro dall'oceano.

Witch of Endor. Vineyard Haven Harbor, tel. 15086851212, www.sailwitchofendor.com - Escursioni di due ore, mezza giornata o una giornata intera a bordo della Formosa Ketch, imbarcazione da crociera che ha navigato in tutto il mondo.

SHOPPING

Once in a Blue Moon. 12 N Summer St., a Edgartown, tel. 15089399027-15082743272, www.bluemoonmv.com - Galleria incentrata sull'arte e l'artigianato. Vi si trovano gioielli creati da artisti locali, capi d'abbigliamento, accessori e opere d'arte.

The Black Dog. Circuit Ave Oak Bluffs General Store, a Oak Bluffs, tel. 15086969826, theblackdog.com - Non potete non regalarvi una t-shirt o un altro capo casual del famoso brand The Black Dog, nato a Martha's Vineyard. Ideale per l'estate e il tempo libero, il marchio è contraddistinto dall'inconfondibile logo del cane nero. Diversi punti vendita sull'isola.

Vineyard Haven. Main St., a Vineyard Haven - Gallerie d'arte, boutique e negozi lungo la via principale del paese.

Meredith

SHOPPING

Mill Falls Marketplace. 312 Daniel Webster Highway, tel. 16032797006, www.millfalls.com/shop - Centro commerciale con negozi e ristoranti, ricavato in un vecchio mulino ristrutturato.

Millinocket

FARE

Attività e divertimenti

New England Outdoor Center. 30 Twin Pines Rd., tel. 12077235438, www.neoc.com - Vasta area verde per attività all'aperto: rafting sul Penobscot, trekking nel Baxter State Park, pesca sportiva, uscite in kayak e canoa. In inverno si può salire a bordo di una motoslitta, sciare e pescare nei fiumi ghiacciati.

Montague

SHOPPING

Montague Bookmill. 440 Greenfield Road, tel. 14133679206, www.montaguebookmill.com - Enorme negozio di libri usati ricavato all'interno di un vecchio mulino. Si può leggere seduti su comodi divani mentre si beve un caffè.

Montpelier

DORMIRE

€€€ DA 130 A 200 EURO

Capitol Plaza. 100 State St., tel. 18022235252, www.capitolplaza.com - In posizione centrale, con camere ben arredate e dotate di wifi. A disposizione anche un bar, un ristorante e una palestra.

MANGIARE

€ FINO A 30 EURO

Three Penny Taproom. 108 Main St., tel. 18022238277, www.threepennytaproom.com - Cucina americana - Birre artigianali del Vermont da gustare con quello che è stato definito il miglior hamburger del Vermont.

FARE

Attività e divertimenti

Morse Farm Maple Sugarworks. 1168 Country Rd., tel. 18002422740, www.morsefarm.com - In questa azienda agricola, che da otto generazioni produce sciroppo d'acero, si possono ammirare gli oltre 5000 aceri della tenuta, assistere alla produzione dello sciroppo, partecipare a degustazioni, acquistare mostarde, marmellate, biscotti e, ovviamente, sciroppo d'acero.

SHOPPING

Artisans Hand Craft Gallery. 89 Main St., tel. 18024966256, www.vtartisansgallery.com - Da oltre 30 anni il negozio sostiene il lavoro degli artigiani locale vendendo i loro gioielli, tessuti, sculture e dipinti.

Mount Desert Island

DORMIRE

€€€ DA 130 A 200 EURO

Bar Harbor Inn & Spa. 1 Newport Dr., a Bar Harbor, tel. 12072883351, www.barharborinn.com - Hotel fronte oceano con camere dotate di tutti i comfort, un centro benessere, una piscina e un ristorante con lounge bar.

€€€€ OLTRE 200 EURO

Ullikana Inn. 16 the Field, a Bar Harbor, tel. 12072889552, www.ullikana.com - B&B elegante e riservato all'interno di un cottage dell'Ottocento. Le camere sono arredate con gusto e alcune hanno un balcone con vista sull'acqua. Colazione ottima e abbondante.

MANGIARE

€€ DA 30 A 50 EURO

Shaw's Fish & Lobster Wharf. 129 State Route 32, a New Harbor, tel. 12076772200, facebook.com/pg/Shaws-Wharf-122322646713 - Cucina americana, di pesce - Deliziosi involtini di aragosta appena pescata, con un accenno di maionese e limone.

The Burning Tree. 69 Otter Creek Dr., a Otter Creek, tel. 12072889331, www.barharbormenus.com - Cucina di pesce - A metà strada tra Bar Harbor e Otter Creek, propone un menu stagionale con ingredienti freschi e locali. Non manca mai la coda di rospo e si trovano sempre almeno due o tre proposte vegetariane.

€ I prezzi per l'ospitalità si riferiscono alla **camera doppia**, quelli della ristorazione al **costo medio di un pasto completo** bevande escluse.

FARE

Attività e divertimenti

Acadia National Park Trails. 25 Visitor Center Road, a Bar Harbor, tel. 12072883338, www.acadiamagic.com - Mappe, guide e programmi dei tour guidati dai ranger: si va dall'Ocean Path Trail, semplice escursione di circa 7 km, fino all'Acadia Mountain Trail, assai più impegnativo.

Atlantic Brewing Company. 15 Knox Road, a Bar Harbor, tel. 12072882337, www.atlanticbrewing.com - Produce birre di tutti i tipi: lager, IPA, stout. Tour tutti i giorni, dal Memorial Day a metà ottobre, alle 14, 15 e 16. C'è una sede anche al 52 Cottage St.

Bar Harbor Whale Watch. 1 West St., a Bar Harbor, tel. 12072882386, www.barharborwhales.com - Uscite in mare per avvistare le balene. Alcuni tour includono l'avvistamento di pulcinella di mare e foche; partenze anche al tramonto.

Bass Harbor Head Light. Route 102A, a Bass Harbor, tel. 12072449753, www.acadiamagic.com - All'interno dell'Acadia National Park, si può visitare la base del faro.

Coastal Kayaking Tours. 48 Cottage St., a Bar Harbor, tel. 12072889605, www.acadiafun.com - Dal 1982 organizza escursioni in kayak con guida professionale. Durante i tour è molto probabile vedere foche, aquile, falchi.

SHOPPING

Island Artisans. 99 Main St., a Bar Harbor, tel. 12072884214, www.islandartisans.com - Collezione unica di opere artigianali di oltre 100 artisti del Maine: ceramiche, tessuti, oggetti in legno, arredo per la casa e altro. Da metà maggio a ottobre.

Mystic

DORMIRE

€€€€ OLTRE 200 EURO

Mermaid Inn. 2 Broadway Ave., tel. 18605366223, www.mermaidinnofmystic.com - B&B ospitato in una villa vittoriana ispirata al tema delle sirene. Le camere hanno bagno, tv, fiori freschi e cioccolatini.

MANGIARE

€ FINO A 30 EURO

Mystic Pizza. 56 W Main St., tel. 18605363700, www.mysticpizza.com - Cucina pizza - Il locale è diventato famoso grazie al film *Mystic Pizza*, del 1988, con Julia Roberts, ambientato proprio qui. La pizza è americana, ricca e gustosa; l'ambiente è accogliente e pieno di poster, foto e video del film.

Nantucket

Noleggio bici

Young's Bicycle Shop. 6 Broad St., tel. 15082281151, www.youngsbicycleshop.com

DORMIRE

€€€ DA 130 A 200 EURO

Centerboard Inn. 8 Chester St., tel. 15082289696, www.centerboardinn.com - Il B&B, in un edificio costruito nel 1880 e recentemente rinnovato, offre camere arredate con gusto e piacevoli extra come i prodotti per il bagno di alta qualità e iPad in prestito.

Sherburne Inn. 10 Gay St., tel. 15082284425, www.sherburneinn.com - Situata in posizione ideale sull'isola, questa locanda unisce il comfort di camere spaziose, dagli arredi graziosi e con letti comodi, a pasti deliziosi e un'accoglienza gentile e premurosa.

MANGIARE

€€€ DA 50 A 100 EURO

Oran Mor. 2 South Beach St., tel. 15082288655, oranmorbistro.com - Cucina europea - Locanda dall'atmosfera accogliente e in stile classico, con tavoli e credenze in legno a scaldare l'ambiente. Dalla cucina escono piatti presentati con gusto, che si ispirano alla cucina europea e di ricerca. Per la scelta delle materie prime i gestori si affidano ad alcune fattorie limitrofe.

FARE

Per la sera

Gazebo. 4 Harbor Sq., tel. 15082281266, www.nantuckettavern.com/gazebo - Locale all'aperto, ideale per godersi la brezza dell'oceano sorseggiando i migliori cocktail dell'isola o una birra artigianale.

Attività e divertimenti

Nantucket Island Tours. 10 Washington St., tel. 15082280334, www.nantucketbustours.com - Tour con commento, della durata di 90 minuti, a bordo di autobus che partono in concomitanza con l'arrivo dei traghetti.

Nantucket Walkabout. Tel. 15084227466, nantucketwalkabout.com - Escursioni guidate con il naturalista Peter Brace. Niente automobile o pulmino: si esce e si cammina, in tutte le stagioni, per esplorare l'isola osservando le specie di uccelli, le specie botaniche, la geologia del luogo.

SHOPPING

Cisco Brewery. 5 Bartlett Farm Rd., tel. 15083255929, ciscobrewers.com/brewery - Un luogo speciale dove acquistare (e volendo fermarsi a degustare) birra, vini e whisky artigianali di produzione propria. Il livello qualitativo è alto, in grado di competere con le migliori distillerie scozzesi!

Four Wind Craft Guild. 15 Main St., tel. 15082289623, www.fourwindscraftguild.com - Dal 1948 vende prodotti di artigianato creati dai produttori dell'isola, come ceste confezionate dai marinai delle navi-faro: si tratta di prodotti unici.

Naples

FARE

Attività e divertimenti

Songo River Queen. 841 Roosevelt Trail, tel. 12076936861, www.songoriverqueen.net - Crociere sul Long Lake a bordo della Songo River Queen II, replica delle storiche barche a ruota del Mississippi.

Sport

Captain Dingley's. 845 Roosevelt Trail, tel. 12076935253, www.captaindingleys.com - Noleggio di stand up paddle board, canoe, waterski ma anche lezioni di sport acquatici.

New Bedford

Seastreak Ferries. 49 State Pier, tel. 18002628743, www.seastreak.com - Collegamento con Nantucket attivo da metà maggio a inizio ottobre.

DORMIRE

€€€ DA 130 A 200 EURO

Hampton Inn New Bedford. 1 Hampton Way, a Fairhaven, tel. 15089908500, www.hamptoninn3.hilton.com - 107 camere - Hotel con camere confortevoli e servizio cordiale. La colazione abbondante è inclusa nel prezzo. A disposizione degli ospiti un centro fitness e una piscina all'aperto.

MANGIARE

€€ DA 30 A 50 EURO

Carmine's. 72 N Water St., tel. 15089995555, www.carminesnb.com - Cucina italiana, europea - Ristorante elegante, con servizio cordiale e attento. Il menu propone piatti italiani, tra i quali pasta e fagioli e i taglieri di salumi e formaggi, ma anche qualche piatto portoghese, spagnolo e greco.

Moby Dick Brewing Co. 16 S Water St., tel. 17742026961, www.mobydickbrewing.com - Cucina americana - Birrificio con pub dove si può pranzare e cenare. Il menu è da pub: patatine tagliate a mano, formaggi, sandwich, hamburger, zuppe e l'ottimo fish & chips. Ampia offerta di birre.

FARE

Attività e divertimenti

Harbor Tours. 228 MacArthur Dr., Pier 3, tel. 15082076994, www.whalingcityexpeditions.com - Escursione in barca di un'ora alla scoperta della baia di New Bedford: tappe al faro di Palmer Island, a Fort Phoenix e all'enorme barriera eretta per contrastare le mareggiate provocate dagli uragani.

Travessia Urban Winery. 760 Purchase St., tel. 17749296534, www.travessiawine.com - Micro cantina aperta nel fine settimana per visite e degustazioni su prenotazione.

SHOPPING

Custom House Square Farmers Market. Custom House Sq., tel. 15088174166, www.coastalfoodshed.org - Ogni giovedì pomeriggio, da giugno a ottobre, è l'occasione per acquistare prodotti genuini a sostegno del produttori locali. Anche il sabato mattina a Clasky Common Park e il lunedì pomeriggio all'interno del Brooklawn Park.

New Bedford Antiques. 61 Wamsutta St., tel. 15089918700, www.newbedfordantiquescenter.com - Negozio storico, con oltre 200 commercianti che propongono oggetti d'antiquariato e da collezione, oltre a giocattoli vintage.

New Britain

MANGIARE

€ FINO A 30 EURO

Capitol Lunch. 510 Main St., tel. 18602298237, www.capitollunch.com - Cucina americana - Da oltre 80 anni produce hot dog con salsa segreta che richiama clienti da tutti gli Stati Uniti.

SHOPPING

Avery's. 520 Corbin Ave., tel. 18602240830, www.averysoda.com - Bibite e acque di seltz fabbricate secondo metodi e ricette degli anni '50 del secolo scorso.

New Haven

DORMIRE

€€ DA 80 A 130 EURO

La Quinta Inn & Suites New Haven. 400 Sargent Dr., tel. 12035621111, www.laquintanewhaven.com - A qualche minuto di cammino dalla spiaggia, e a 3 km dalla Yale University, offre camere con wifi, tv, aria condizionata e il necessario per la preparazione del caffè. A disposizione degli ospiti un ristorante, una palestra e una piscina. Colazione inclusa.

€€€ DA 130 A 200 EURO

New Haven. 229 George St., tel. 12034983100, www.newhavenhotel.com - Boutique hotel nel cuore della città. Le camere, recentemente rinnovate, sono lussuose e dotate di tutti i comfort. Colazione a buffet inclusa nella tariffa.

The Study at Yale. 1157 Chapel St., tel. 12035033900, www.thestudyatyale.com - Albergo raffinato con tocchi in stile contemporaneo, a pochi passi da musei, teatri e biblioteche. Comprende un ristorante e un caffè.

MANGIARE

€ FINO A 30 EURO

Caseus Fromagerie Bistro. 93 Whitney Ave., tel. 12036243373, www.caseusnewhaven.com - Cucina americana, vegetariana - Il menu include prodotti freschi di stagione, carni provenienti da fattorie della zona, erbe dell'orto e formaggi del Connecticut. I mac&cheese sono ottimi.

Claire's Corner Copia. 1000 Chapel St., tel. 12035623888, www.clairescornercopia.com - Cucina vegetariana - Locale luminoso, arioso e sempre affollato. Aperto dal 1975, obbedisce da allora a una filosofia contraria agli sprechi e all'inquinamento: non utilizza plastica né ingredienti ogm e l'illuminazione è a led.

Frank Pepe Pizzeria. 157 Wooster St., tel. 12038655762, www.pepespizzeria.com - Cucina pizza - La prima pizzeria della città, aperta dal 1925, serve pizza sottile e croccante. Da provare la White Clam Pizza, con vongole, formaggio, olio, aglio e origano.

€€ DA 30 A 50 EURO

Zinc. 964 Chapel St., tel. 12036240507, www.zincfood.com - Cucina americana rivisitata - Menu innovativo, con ingredienti locali e bio. Lo chef trae ispirazione dalle cucine di tutto il mondo, in particolare da quelle asiatiche e sud-occidentali.

€€€ DA 50 A 100 EURO

Olea. 39 High St., tel. 12037808925, www.oleanewhaven.com - Cucina spagnola rivisitata - Il menu è composto da piatti spagnoli e mediterranei rielaborati. Buona lista dei vini e dei cocktail.

Union League Cafe. 1032 Chapel St., tel. 12035624299, www.unionleaguecafe.com - Cucina francese - Raffinato bistro situato in un edificio storico della Union League. Il menu propone classici della cucina francese insieme a piatti della nouvelle cuisine. Ideale per una cena romantica.

FARE

Per una sosta

Arethusa Dairy Farm. 1020 Chapel St., tel. 12033905114, www.arethusafarm.com - Gelateria artigianale di un'azienda agricola di Bantam, in Connecticut. Il latte utilizzato proviene dalla fattoria e gli altri ingredienti sono di origine locale.

Blue State Coffee. 320 Congress Ave., tel. 12037850354, www.bluestatecoffee.com - Catena di caffetterie impegnate nel sociale: una parte del ricavato viene devoluta in beneficenza a un'associazione scelta dal cliente. Wifi gratuito.

The Coffee Pedaler. 605 East St., tel. 17325956414, www.facebook.com/pg/thecoffeepedalernewhaven - Buon caffè e cioccolata calda, accompagnata da pasticcini, tartine e dolci da forno.

Per la sera

116 Crown. 116 Crown St., tel. 12037773116, www.116crown.com - Design raffinato, cocktail, dj di grido e una buona lista di vini internazionali. Non mancano gli stuzzichini ed è possibile mangiare al raw bar.

Toad's Place. 300 York St., tel. 12036248623, www.toadsplace.com - La migliore sala da concerti del New England, che ha ospitato Rolling Stones, U2 e Bob Dylan. Oggi è palcoscenico di un'eclettica serie di interpreti e band, tra cui i Riders on the Storm e Martin & Wood.

Attività e divertimenti

Creative Arts Workshop. 80 Audubon St., tel. 12035624927, www.creativeartsworkshop.org - Galleria d'arte, centro culturale e scuola dove è possibile seguire workshop e corsi di materie artistiche, dalla scultura alla pittura su ceramica.

Leitner Family Observatory & Planetarium. 335 Prospect St., tel. 12032858840, www.astro.yale.edu/faison/lfo - L'osservatorio dell'Università di Yale è aperto al pubblico , ogni primo e terzo giovedì del mese: dopo uno spettacolo di circa un'ora si possono ammirare pianeti, nebulose e stelle.

Shore Line Trolley. 17 River St., tel. 12034676927, www.shorelinetrolley.org - Un percorso di circa 5 km su un antico tram aperto per ammirare il lungomare di East Haven.

Yale University. 149 Elm Street, tel. 12034322300, www.yale.edu - Il campus della terza più antica istituzione accademica degli Stati Uniti, fondata nel 1701 e parte dell'Ivy League, è aperto alle visite e sede di concerti.

SHOPPING

The Owl Shop. 268 College St., tel. 12036243250, www.owlshopcigars.com - Ottimo negozio di tabacco, con cigar lounge e bar.

The Shops at Yale. Chapel St. ang. Broadway, tel. 12034328300, www.theshopsatyale.com - Oltre 70 boutique esclusive: scarpe, abbigliamento, accessori, elettronica, libri, articoli da regalo e prodotti di bellezza. Non mancano caffè e ristoranti.

Newbury

FARE

Attività e divertimenti

Parker River National Wildlife Refuge. 6 Plum Island Turnpike, a Newburyport, tel. 19784655753, www.fws.gov/refuge/parker_river - Questa riserva naturale sulla Plum Island è particolarmente apprezzata dagli appassionati di birdwatching: le specie avvistabili sono oltre 300.

Newport

DORMIRE

€ FINO A 80 EURO

Newport International Hostel. 16 Howard St., tel. 14013690243, www.newporthostel.com - L'unico ostello della città, con camere comuni e private, sala comune, biblioteca e giardino. Dispone anche del necessario per una semplice colazione.

€€€ DA 130 A 200 EURO

Artful Lodger Inn. 503 Spring St., tel. 18005031850, www.artfullodgerinn.com - Villa in stile vittoriano, costruita nel 1844 e situata a due passi dalla spiaggia. La colazione, ottima e abbondante, viene servita in una sala con vetrate con vista sul porto.

Francis Malbone House. 392 Thames St., tel. 14018460392, www.malbone.com - Ospitato in una maestosa dimora del 1760 e magnificamente arredata, è uno dei B&B più belli della città. Le sale comuni e le camere sono dotate di caminetti funzionanti.

€€€€ OLTRE 200 EURO

Gilded Hotel. 23 Brinley St., tel. 14016197758, www.gildedhotel.com - Il Boutique hotel offre una 'vacanza colorata' in cui ogni elemento, dall'architettura agli arredi, è giocato su un disegno audace e dettagli originali. Riunitevi nella sala per gli ospiti tutta di design, sfidatevi nella sala da biliardo o rilassatevi all'aperto nel cortile privato. Godetevi un pomeriggio al Byob mixer bar e, infine, ritiratevi nella vostra stanza lussuosa.

Viking. 1 Bellevue Ave., tel. 14018473300, www.hotelviking.com - Hotel storico, aperto da quasi un secolo, e recentemente rinnovato. Dotato di centro benessere, piscina coperta e centro fitness, offre ai suoi clienti camere lussuose e dotate di ogni comfort e suite ricche di seta, raso e arazzi.

MANGIARE

€ FINO A 30 EURO

Mission. 29 Marlborough St., tel. 14016195560, www.missionnpt.com - Cucina americana - Locale con tavoloni comuni e ottimi hamburger, hot dog e falafel. Ampia varietà di birre locali e internazionali.

€€ DA 30 A 50 EURO

Jo's. 24 Memorial Blvd, W, tel. 14018475506, www.josamericanbistro.com - Cucina americana - Il bistro, nel cuore della città, propone un menu con piatti tipici del New England, preparati con ingredienti a km 0. Ottimo il fish & chips.

Mamma Luisa. 673 Thames St., tel. 14018485 257, www.mammaluisa.com - Cucina italiana - Semplice ristorante di cucina italiana: pasta fresca, ripiena e specialità di carne e di pesce. Disponibile anche un menu per vegetariani.

One Bellevue Restaurant. 1 Bellevue Ave, tel. 14018484824, www.hotelviking.com - Cucina americana, vegetariana, di pesce - Nel Viking Hotel, sofisticato, moderno e curato, è il luogo perfetto per un cocktail all'ora dell'aperitivo o per una cena a base di prodotti locali (ottimo il pesce). Giovane executive chef italiano.

White Horse Tavern. 26 Marlborough St., tel. 14018493600, www.whitehorsenewport.com - Cucina americana - La taverna più antica d'America, aperta nel 1673 da un pirata, o così si dice. Da provare il filetto Wellington e il piatto a base di pescato del giorno.

€€€ DA 50 A 100 EURO

Bouchard. 505 Thames St., tel. 14018460123, www.bouchardnewport.com - Cucina francese - Ambiente formale, con menu francese e ampia carta dei vini. Da provare il magret de canard au cafè: petto d'anatra con caffè e salsa al cognac.

Fluke. Bannister's Wharf, tel. 14018497778, www.flukenewport.com - Cucina di pesce - Di ispirazione scandinava,propone piatti originali a base di molluschi, aragoste, frutti di mare e pesce appena pescato. Al piano superiore il bar offre spettacolari vedute sul tramonto e cocktail artigianali.

The Mooring. 1 Sayers Wharf, tel. 14018462260, www.mooringrestaurant.com - Cucina di pesce - Ottimo per una cena deliziosa a base di pesce in riva al mare. All'interno si trova anche il Raw Bar. Ottima carta dei vini con etichette prestigiose.

FARE

Per una sosta

Empire Tea & Coffee. 22 Broadway, tel. 14016191388, www.empireteaandcoffee.com - Caffetteria e sala da tè con tavolini anche all'aperto. Molto frequentata dalla gente del posto, propone una buona selezione di tè e caffè da accompagnare a panini, insalate e zuppe.

Kilwin's. 262 Thames St., tel. 14016193998, newport@kilwins.com - Tappa ideale in una giornata estiva per rilassarsi e rinfrescarsi con un buon gelato artigianale. Ottimi anche i cioccolatini assortiti fatti a mano in negozio.

Rosemary & Thymes Rustica Kitchen. 404 Thames St., tel. 14016193338, www.rosemaryandthymecafe.com - Caffetteria ottima per iniziare la giornata con croissant, ma anche per pranzo con panini e piatti del giorno.

The Coffee Grinder. 33 Bannister's Wharf, tel. 14018479307, www.coffeegrindernewport.com - Caffetteria affacciata sul porto con vista sugli yacht e sui pescherecci che scaricano crostacei. Ideale per un caffè pomeridiano o per uno spuntino leggero con panini, bagel e muffin.

Per la sera

Brick Alley Pub. 140 Thames St., tel. 14018496 334, www.brickalley.com - Locale accogliente, propone oltre 25 birre alla spina, ottimi cocktail e un'ampia scelta di alcolici. I suoi lobster roll sono stati votati come i migliori degli Usa dalla rivista *Bon Appetit*.

Newport Blues Cafe. 286 Thames St., tel. 14018415510, www.newportblues.com - Popolare e intimo bar-ristorante che organizza ottimi concerti di rhythm & blues. La cena è servita dalle 18 alle 22 e la musica inizia alle 21.30.

Attività e divertimenti

America's Cup Charters. 49 America's Cup Ave., tel. 14018495868, www.americascupcharters.com - Escursioni in mare a bordo della barca a vela che ha partecipato all'America's Cup.

Classic Cruises of Newport. 24 Bannister's Wharf, tel. 14018470298, www.cruisenewport.com - Crociere diurne e serali nel porto di Newport, nella baia di Narragansett, in barca a vela sulla Shooner Madeleine o sullo yacht Rum Runner II.

Newport and Narragansett Bay Railroad Co. 13 Bowens Wharf, tel. 14012951203, www.trainsri.com - Itinerario a bordo di un treno d'epoca lungo il versante occidentale dell'isola di Aquidneck, con possibilità di pranzare o cenare a bordo.

Newport Historical Society. 82 Touro St., tel. 14018460813, newporthistory.org - Punto di riferimento per tour che raccontano in modo piacevole la storia di Newport.

Sail Newport. 72 Fort Adams Dr., tel. 14018461983, www.sailnewport.org - Corsi di livello intermedio e avanzato per ragazzi (età minima sette anni) e adulti.

The Cliff Walk. Memorial Boulevard, First Beach, tel. 14018498048, www.cliffwalk.com - Facile passeggiata di 5 km che percorre il versante orientale della penisola nella natura costiera, con vista sulle tipiche architetture di Newport.

The Newport Mansions Experience. 424 Bellevue Avenue, tel. 14018471000, www.newportmansions.org - Il biglietto cumulativo permette l'ingresso a 5 mansion a scelta, con audioguida in inglese, tedesco, francese o spagnolo. Possibilità anche di tour guidati.

Viking Tours of Newport. Newport Gateway Visitor Center, 23 America's Cup Ave., tel. 14018476921, www.vikingtoursnewport.com - Tre tour, di diversa durata, alla scoperta di Newport a bordo di un tram. I biglietti vanno acquistato in anticipo online.

SHOPPING

Bowen's Wharf. 13 Bowen's Wharf, tel. 14018492243, www.bowenswharf.com - Negozi, boutique e ristoranti in un edificio del XVIII secolo sul lungomare.

Thames Glass. 688 Thames St., tel. 14018460576, www.thamesglass.com - Ornamenti, bottiglie, vasi, fermacarte in vetro soffiato. Si possono osservare gli artigiani al lavoro e partecipare a una lezione di soffiatura.

The Spice & Tea Exchange. 192 Thames St., tel. 14018461411, www.spiceandtea.com - Vasta selezione di condimenti per amanti della buona cucina, oltre 140 spezie, sali da tutto il mondo e decine di scelte per appassionati di tè.

North Adams

DORMIRE

€€€€ OLTRE 200 EURO

Topia Inn. 10 Pleasant St. Adams, tel. 04137439600, topiainn.com - Definirlo semplicemente un posto in cui dormire non rende giustizia a un hotel così speciale. Il relax pare essere la parola d'ordine, tutto è all'insegna del biologico e del naturale, dalla colazione (ottima) ai saponi agli asciugamani.

MANGIARE

€ FINO A 30 EURO

Public Eat & Drink. 34 Holden St., tel. 14136644444, www.publiceatanddrink.com - Cucina americana - Pub accogliente e con grandi finestre, propone un'ottima selezione di birre artigianali con le quali accompagnare hamburger, pizze e bistecche. Ampia la scelta anche per i vegetariani.

Northampton

DORMIRE

€€ DA 80 A 130 EURO

Starlight Llama. 940 Chesterfield Rd., a Florence, tel. 14135841703, www.starlightllama.com - 3 camere - B&B a energia solare, in una proprietà di 26 ettari, tra lama, sentieri e animali da cortile. Le camere sono confortevoli e tranquille. La colazione è preparata con prodotti biologici della fattoria e comprende molte opzioni vegetariane e vegane.

€€€ DA 130 A 200 EURO

Hotel Northampton. 36 King St., tel. 14135843100, www.hotelnorthampton.com - Aperto dal 1927, vi hanno soggiornato tra gli altri Eisenhower, David Bowie, JFK, Leonard Nimoy. A disposizione un centro fitness e due ristoranti.

MANGIARE

€ FINO A 30 EURO

Coco & The Cellar Bar. Easthampton, 95 Main Street, tel. 14132035321, cocoandthecellarbar.com - Cucina internazionale - Un ristorante e bar delizioso. I piatti sono leggeri e preparati con cura, utilizzando prodotti stagionali e ingredienti genuini. Cocktail superbi!

Green Bean. 241 Main St., tel. 14135842326, www.greenbeannorthampton.com - Cucina americana - Ogni giorno gli agricoltori locali riforniscono di ingredienti la cucina del ristorante. Uova biologiche per colazione e hamburger di manzo senza ormoni per pranzo.

Local Burger & Fries. 16 Main St., tel. 14135865857, www.localnorthampton.com - Cucina americana - A conduzione familiare, hamburger, patatine, frullati.

Sylvester's Restaurant. 111 Pleasant St., tel. 14135861418, www.sylvestersrestaurant.com - Cucina americana - Il suo motto è 'Farm to fork', dalla fattoria alla forchetta. Ideale per una colazione saporita, ma anche per un pranzo veloce a base di insalate, sandwich e hamburger.

FARE

Per la sera

Northampton Brewery. 11 Brewster Ct, tel. 14135849903, www.facebook.com/northamptonbrewery/ - In attività da 30 anni, un birrificio dall'atmosfera rilassata, dove bere birra locale a volontà. Nel menu, hamburger, insalate e altri piatti veloci.

Toasted Owl. 21 Main St., tel. 14135855088, www.toastedowl.com - Pub accogliente e vivace, con un enorme bancone ovale nel mezzo. Ampia scelta di birre e buoni piatti da pub.

Attività e divertimenti

Black Birch Vineyard. 108 Straits Rd., Hatfield, tel. 14132473300, blackbirchvineyard.com - Ian e Michelle osano definire la loro cantina una 'boutique'. Come dargli torto? Hanno 19 000 viti su 5 ettari di terreno nella Connecticut River Valley e producono eccellenti vini. Non resta che partecipare a un tour di degustazione nelle loro cantine.

Dinosaur Footprints. Route 5, a Holyoke, tel. 14132134751, www.thetrustees.org - 134 orme di dinosauro, risalenti a 190 milioni di anni fa. Sono visibili da aprile a novembre con una breve camminata.

SHOPPING

Thornes Marketplace. 150 Main St., tel. 14135845582, www.thornesmarketplace.com - Centro commerciale con numerosi negozi, boutique e ristoranti.

North Conway

MANGIARE

€€ DA 30 A 50 EURO

Delaney's Hole in the Wall. 2966 White Mountain Highway, tel. 16033567776, www.delaneys.com - Cucina internazionale - Spazia dalle fajitas al sushi, dai piatti di pesce alla pizza. L'ambiente è accogliente e alle pareti sono appesi foto e cimeli che raccontano la storia del luogo.

FARE

Attività e divertimenti

Conway Scenic Railroad. North Conway Village Station, 38 Norcross Cir., tel. 16033565251, info@conwayscenic.com - Due escursioni in treno: quella sul Notch Train, da giugno a ottobre, dura cinque ore e attraversa Crawford Notch mostrando panorami montani, scogliere a strapiombo e cascate; il Valley Train compie un percorso più breve, da aprile a dicembre.

North Country Angler. 2988 White Mountain Highway, tel. 16033566000-16033070001, www.northcountryangler.com - Battute di pesca con esca artificiale, accompagnati da professionisti.

North Haven

DORMIRE

€€€€ OLTRE 200 EURO

Goose Rocks Lighthouse. www.beaconpreservation.org - Il faro si trova su un isolotto roccioso, isolato e complicato da raggiungere. È dotato di ogni comfort e ospita fino a sei persone.

North Woodstock

SHOPPING

Fadden's General Store. 109 Main St., tel. 16037458371, www.nhmaplesyrup.com - I Fadden producono sciroppo d'acero da sette generazioni: lo si può acquistare nel loro emporio insieme a prodotti correlati e ad altre tipicità locali.

Norwalk

DORMIRE

€€ DA 80 A 130 EURO

The Norwalk Inn & Conference Center. 99 East Ave., tel. 12038382000, www.norwalkinn.com - Hotel con ristorante, cocktail lounge, centro fitness e piscina all'aperto. Le camere sono ben arredate e dotate di tutti i comfort.

MANGIARE

€ FINO A 30 EURO

Pontos Taverna. 7 Isaac St., tel. 12033547024, www.pontostaverna.com - Cucina greca - Accogliente e allegro, propone un menu che presenta classici piatti greci: saganaki, dolmades, souvlaki, gyros e altro.

€€ DA 30 A 50 EURO

Osteria Romana. 250 Westport Ave., tel. 12032290844, www.osteriaromana.com - Cucina italiana - Osteria romanesca gestita dai due fratelli Maurizio e Graziano. Pasta fresca, pesce e carne acquistati in loco mentre i vini arrivano dall'Italia.

FARE

Attività e divertimenti

Bird Watching Cruise. 4 N Water St., tel. 12038389444, www.seaport.org - Tour di tre ore per ammirare i siti di nidificazione e le colonie di falchi pescatori, garzette, beccacce di mare, aironi, gabbiani, cormorani e altri uccelli.

SHOPPING

Beadworks Norwalk. 139 Washington St., tel. 12038529194, www.beadworksnorwalk.com - Gioielli e articoli di bigiotteria con pietre preziose, perline, vetro creati da designer e artigiani amatoriali e professionisti.

Ogunquit

MANGIARE

€€ DA 30 A 50 EURO

Barnacle Billy's. 50-70 Perkins Cove Rd., tel. 12076465575, www.barnbilly.com - Cucina americana, di pesce - Astici del Maine, pesce, frutti di mare ma anche piatti a base di carne. Buona lista di vini e birre locali.

FARE

Attività e divertimenti

Finestkind Scenic Cruises. 70 Perkins Cove Rd., tel. 12076465227, www.finestkindcruises.com - Tra le proposte di tour guidati, un'uscita a caccia di astici, un'escursione al tramonto con cocktail e una minicrociera a bordo di una barca a vela.

Pittsfield

DORMIRE

€€ DA 80 A 130 EURO

Crowne Plaza Pittsfield-Berkshires. 1 West St., tel. 14134134992000, www.berkshirecrowne.com - Belle camere confortevoli con una collezione di cd per conciliare il sonno. A disposizione piscina, idromassaggio, centro fitness e sauna. Il ristorante propone cucina locale, mentre il pub è in stile inglese.

MANGIARE

€€ DA 30 A 50 EURO

District Kitchen & Bar. 40 West St., tel. 14134420303, www.disctrict.kitchen - Cucina americana - Il menu, americano e con influenze da gastropub, cambia stagionalmente e utilizza esclusivamente materie prime locali. Ottimi i cocktail.

FARE

Per una sosta

Ayelada. 505 East St., tel. 14133444126, www.ayelada.com - Il miglior frozen yogurt della zona, prodotto con latte scremato e yogurt bio. Anche opzioni vegane preparate in casa.

Plymouth

DORMIRE

€€€ DA 130 A 200 EURO

John Carver Inn & Spa. 25 Summer St., tel. 18557713293, www.johncarverinn.com - 80 camere - Boutique hotel dal fascino coloniale e con comfort moderni. Ideale per famiglie, offre una piscina coperta con scivoli d'acqua, cascate e idromassaggio, una spa e un centro fitness.

Pilgrim Sands. 150 Warren Ave., tel. 15087470900, www.pilgrimsandshotel.com - 63 camere - A Long Beach, ha una spiaggia privata, una piscina interna con idromassaggio e una piscina esterna. Le camere con vista sull'oceano sono più costose, ma anche quelle che si affacciano sulla Plimoth Plantation hanno un fascino particolare.

MANGIARE

€€ DA 30 A 50 EURO

42° North. 690 State Rd., tel. 15082241500, www.42degreesnorthrestaurant.com - Cucina americana, di pesce - Bistecche alla griglia, frutti di mare freschi ed esotici e un menu creativo. Agli amanti del pesce lo chef propone un menu alternativo che varia a seconda del pescato.

Leena's Kitchen. 63 Long Pond Rd., tel. 17744047470, www.leenaskitchen.com - Cucina italiana - Un piccolo pezzo d'Italia a Plymouth, con un menu stagionale e ingredienti a km 0.

FARE

Attività e divertimenti

Captain John Boats. 10 Town Wharf, tel. 15089275579, www.captjohn.com - Offre un gran numero di tour in barca, tra cui le escursioni per l'osservazione delle balene nella baia di Cape Cod e nello Stellwagen Bank.

Independent Fermentations Brewing. 127 Camelot Dr., tel. 15087464634, www.independentfermentations.weebly.com - Produzione di birre artigianali, ispirate alle belghe. Dal giovedì alla domenica, nel pomeriggio, si tengono tour e degustazioni di otto birre alla spina.

Pilgrim Path. 134 Court St., tel. 15088301620, www.pilgrimpathtours.com - Tour a piedi con audioguida offerto dalla Plymouth Area Chamber of Commerce, per visitare i siti significativi della città.

Plimoth Plantation. 137 Warren Ave., tel. 15087461622, www.plimoth.org - Il museo ricrea fedelmente il villaggio dei Padri Pellegrini nel XVII secolo con figuranti in costume.

SHOPPING

Village Landing Marketplace. 170 Water St., tel. 15087463493, www.villagelandingmarketplace.com - Centro commerciale all'aperto con edifici in legno, sentieri di ciottoli e una splendida vista del porto.

Point Judith

DORMIRE

€€€ DA 130 A 200 EURO

The Richards. 144 Gibson Ave., tel. 14017897746, www.therichardsbnb.com - Maniero gotico inglese con camere lussuose, soffitti alti e arredamento d'epoca. Tutte le camere hanno il caminetto ma non c'è la tv. La colazione è abbondante.

MANGIARE

€€ DA 30 A 50 EURO

1230 Ocean. 1230 Ocean Rd., tel. 14017896159, www.1230oceanbistro.com - Cucina di pesce - Bistro con ottimo menu a base di pesce e vista sull'oceano. Ampia scelta anche per vegetariani.

FARE

Attività e divertimenti

Roger Wheeler State Beach. 100 Sand Hill Cove Rd., www.riparks.com - Spiaggia adatta alla famiglie: oltre ad avere acque basse, dispone di un'area giochi e servizi per i bambini.

Portland

DORMIRE

€€€ DA 130 A 200 EURO

Pomegranate Inn. 49 Neal St., tel. 12077721006, www.pomegranateinn.com - Stravagante B&B in una residenza storica arredata con pezzi d'antiquariato, opere d'arte contemporanee, tappeti con motivi a pelle di leopardo e colonne corinzie.

Portland Regency Hotel & Spa. 20 Milk St., tel. 12077744200, www.theregency.com - Hotel in ottima posizione, con camere dotate di tutti i comfort e spa con centro fitness a disposizione dei clienti. L'edificio nel XIX secolo ospitava un'armeria.

€€€€ OLTRE 200 EURO

The Press. 119 Exchange St., tel. 12075732428, www.thepresshotel.com - Hotel a tema anni '20, situato nell'Historic District, ha un ristorante, un centro fitness e una spa. Le camere sono luminose.

MANGIARE

€ FINO A 30 EURO

Becky's Diner. 390 Commercial St., tel. 12077737070, www.beckysdiner.com - Cucina americana - Diner sul molo, frequentato dagli abitanti del luogo. Cibo ottimo, porzioni abbondanti e servizio cordiale. Da non perdere la zuppa di eglefino e la colazione servita a qualsiasi ora del giorno.

€€ DA 30 A 50 EURO

Isa Bistro. 79 Portland St., tel. 12078088533, www.isaportlandme.com - Cucina internazionale - Menu eclettico e stagionale, composto da piatti influenzati dai luoghi amati dalle proprietarie. Le materie prime provengono dai produttori della zona. Da provare i tacos all'aragosta.

€€€ DA 50 A 100 EURO

Fore Street. 288 Fore St., tel. 12077752717, www.forestreet.biz - Cucina americana rivisitata - Ricavato in un vecchio magazzino, adotta una politica ecosostenibile. Da ogni tavolo si vede il grande forno nel quale lo chef cucina le portate principali.

FARE

Per la sera

Novare Res Bier Cafe. 4 Canal Plaza, tel. 12077612437, www.novareresbiercafe.com - Beer garden all'europea che richiama clienti di ogni età. Propone circa 35 birre alla spina e oltre 300 in bottiglia, con predilezione per belghe e trappiste.

Attività e divertimenti

Allagash Brewing Company. 50 Industrial Way, tel. 12078785385, www.allagash.com - Produce birre ispirate alle lager del Belgio. È possibile visitare gratuitamente il birrificio e degustarne alcune.

Casco Bay Lines. 56 Commercial St., tel. 12077747871, www.cascobaylines.com - Tra le tante escursioni, da provare quella a Bailey Island in partenza la mattina (durata di circa sei ore) o a mezzogiorno (dura circa due ore).

Greater Portland Ladmarks. 93 High St., tel. 12077745561, www.portlandlandmarks.org/

tours - Visite guidate a piedi di carattere storico e architettonico nel quartiere di Old Port e alle sontuose residenze ottocentesche. Organizza anche il tour della Custom House.

Portland Observatory. 138 Congress Street, tel. 12077745561, www.portlandlandmarks.org - L'ultima torre per segnalazioni marittime rimasta in tutto il Paese: dalla terrazza si gode una vista mozzafiato della città e della baia e, con il cielo terso, anche delle White Mountains nel New Hampshire.

Portland Paddle. East End Beach, tel. 12073709 730, www.portlandpaddle.net - Escursioni in kayak con guida per esplorare le Cisco Bay Islands, per un'uscita al tramonto o per raggiungere l'abbandonato Fort Georges. Noleggio di kayak.

SHOPPING

Harbor Fish Market. 9 Custom house Wharf, tel. 12077750251, www.harborfish.com - Punto di riferimento fin dal 1800 per aragoste, vongole, merluzzi, ostriche e molto altro.

Portland Fish Exchange. 6 Portland Fish Pier, tel. 12077730017-12072335417, www.pfex.org - Una vera e propria asta del pesce dove è possibile assistere alle trattative tra venditori e acquirenti.

Portsmouth

DORMIRE

€€€€ OLTRE 200 EURO

Wentworth by the Sea. 588 Wentworth Rd., tel. 16034227322, www.wentworth.com - Costruito nel 1874 come resort e frequentato da protagonisti della politica e dell'economia mondiale, offre camere lussuose e dotate di ogni comfort. La maggior parte guarda all'oceano. Comprende una spa, una piscina coperta e una scoperta, un centro fitness, un ristorante e un lounge bar.

MANGIARE

€ FINO A 30 EURO

The Friendly Toast. 113 Congress St., tel. 16034302154, www.thefriendlytoast.com - Cucina americana - In questo diner stravagante e allegro si possono gustare sandwich, omelette, toast, specialità tex-mex e piatti vegetariani. Eccellente il menu della colazione che viene servito per tutto il giorno.

€€ DA 30 A 50 EURO

Black Trumpet Bistro. 29 Ceres St., tel. 16034310887, www.blacktrumpetbistro.com - Cucina internazionale - Bistro elegante e dall'atmosfera sofisticata. Il menu è un mix di sapori latinoamericani, africani, turchi e messicani. Ottimi piatti anche per vegetariani.

FARE

Attività e divertimenti

Black Heritage Trail of New Hampshire. 280 Marcy St., tel. 16035708469-16175396886, www.blackheritagetrailnh.org - Tour a piedi di 75 minuti, permette di scoprire la storia e le radici culturali della prima comunità africana a Portsmouth, risalente agli inizi del XVII secolo.

Green Animals Topiary Garden. 380 Cory's Lane, tel. 14018471000, www.newportmansions.org - Il regno di Edward Mani di Forbice: nel giardino si trovano oltre 80 alberi potati a forma di animali e figure geometriche ornamentali.

Isles of Shoas Steamship Company. 315 Market St., tel. 16034315500, www.islesofshoals.com - Ampia scelta di crociere sulla Thomas Laighton, replica di un'imbarcazione a vapore vittoriana. Ci si imbarca per visitare i fari della baia, le isole di Shoals o il Porto di Portsmouth.

SHOPPING

Nahcotta. 110 Congress St., tel. 16034331705, www.nahcotta.com - Oggetti d'arte originali e contemporanei, realizzati da artisti di tutto il mondo: ceramiche, gioielli, oggetti in vetro e molto altro.

Providence

DORMIRE

€€ DA 80 A 130 EURO

Hampton Inn Pawtucket. A Pawtucket, Rhode Island, 2 George St., tel. 14017236700, hampton inn3.hilton.com - Nel cuore della Blackstone Valley, a breve distanza da Providence, è un albergo che spicca per il comfort, le camere ampie, la buona colazione e l'area benessere.

€€€ DA 130 A 200 EURO

Christopher Dodge House. 11 W Park St., tel. 14013516111, www.providence-hotel.com - B&B a pochi passi dal centro, in una villa in mattoni all'italiana elencata nel National Register of Historic Places. Recentemente rinnovato, conserva grandi finestre, caminetti in marmo e pavimenti in legno.

Omni Providence Hotel. 1 W Exchange St., tel. 14015988000, www.omnihotels.com - Storico hotel recentemente rinnovato, a pochi passi dai campus universitari, ha piscina coperta, una piccola palestra e due ristoranti con cucina americana e italiana. Le camere offrono una vista mozzafiato sullo skyline della città.

€€€€ OLTRE 200 EURO

Biltmore. 11 Dorrance St., tel. 14014210700, www.providencebiltmore.com - Degli anni '20, progettato dagli architetti della Grand Central Station di New York, offre una spa, una sauna e un ristorante con menu di pesce.

MANGIARE

€€ DA 30 A 50 EURO

Gracie's. 194 Washington St., tel. 14012727811, www.graciesprov.com - Cucina americana - Menu semplice, che segue la stagionalità dei prodotti.

Massimo. 134 Atwells Ave., tel. 14012730650, www.massimori.com - Cucina italiana - Ispirato alle tradizioni della cucina regionale italiana, ne utilizza le materie prime, come la mozzarella di bufala, la burrata e il Prosciutto di Parma importati dall'Italia.

Waterman Grille. 4 Richmond Sq., tel. 14015219 229, www.watermangrille.com - Cucina americana - Locale informale con menu creativo composto da piatti di stagione e classici di carne cotti sulla griglia a legna.

€€€ DA 50 A 100 EURO

Hemenway's Seafood Grill & Oyster Bar. 11 S Main St., tel. 14013518570, www.hemenwaysrestaurant.com - Cucina americana, di pesce - Uno dei ristoranti più famosi della città, propone soprattutto pesce. Nell'annesso Raw Bar si possono gustare ostriche e crostacei ammirando lo skyline di Providence.

FARE

Per una sosta

Coffee Exchange. 207 Wickenden St., tel. 14012731198, www.thecoffeeexchange.com - Il posto ideale per sorseggiare un caffè biologico, proveniente dal commercio equo e solidale e da vari paesi del mondo, seduti a uno dei tavolini e circondati da studenti universitari.

Per la sera

The Avery. 18 Luongo Memorial Sq., www.averyprovidence.com - Non è facile trovare questo bar, poco appariscente ma chic, con pannelli in legno verniciato e intarsi art nouveau. Propone otto birre alla spina, oltre 40 in bottiglia e 70 whisky da tutto il mondo.

The Salon. 57 Eddy St., tel. 14018656330, www.thesalonpvd.com - Ci si può sedere al tavolo con un drink, giocare a ping pong o flipper con musica degli anni '80 in sottofondo, oppure ballare con dj, spettacoli dal vivo e serate dance. Da provare il Pickeback, whisky mescolato con succo di sottaceto.

Attività e divertimenti

Brown University. Waterman St., tel. 14018631000, www.brown.edu - Visita al campus della prestigiosa università, parte dell'Ivy League.

Downcity Providence Food Tour. 1 Ship St., tel. 18667366343, www.rhodeislandredfoodtours.com - Ogni venerdì e sabato, da aprile a novembre, tour guidato alla scoperta di almeno sei ristoranti e caffè della città.

Rhode Island Historical Society. John Brown House, 52 Power St., tel. 14012737507, www.rihs.org - Visite guidate al John Brown House Museum e lungo il Mile of History, per ammirare le case coloniali in legno del XVIII e XIX secolo.

Rhode Island School of Design. 2 College St., tel. 14014546200, www.ce.risd.edu - Corsi che spaziano dalla pasticceria artistica, della durata di un giorno, a corsi di un mese per la lavorazione del vetro o corsi di storia, arte e fotografia.

Save the Bay Lighthouse Tours. 100 Save the Bay Dr., tel. 14012723540, www.savebay.org - Crociere ai fari della baia, compresa una sosta per visitare l'interno di un faro. I tour durano dalle tre alle sette ore.

SHOPPING

Hope Street Farmers Market. Lippitt Park, www.hopestreetmarket.com - Ampio mercato organizzato dalla cooperativa degli agricoltori il mercoledì pomeriggio e il sabato mattina. Anche bancarelle di artigianato.

Providence Plate Mall. 1 Providence Pl., tel. 14012701000, www.providenceplace.com - Rstoranti, bar, negozi di abbigliamento, accessori, oggetti per la casa, elettronica, scarpe, prodotti di bellezza e un cinema con 16 sale.

Queen of Hearts. 222 Westminster St., tel. 14014211471, www.queenofheartsprovidence.com - Atmosfera gradevole, capi originali e trendy: abiti, scarpe, gioielli, accessori e prodotti di bellezza.

Provincetown

DORMIRE

€€ DA 80 A 130 EURO

Dolce Villa. 63 De Pasquale Ave., tel. 14013837031, www.dolcevillari.com - Alcune camere si affacciano sulla vivace De Pasquale Square: arredate elegantemente, sono tutte bianche e dotate di wifi e letti in memory foam.

€€€ DA 130 A 200 EURO

Crowne Pointe Historic Inn & Spa. 82 Bradford St., tel. 15084876767, www.crownepointe.com - Hotel storico con ristorante, spa e piscina scoperta, camere spaziose e suite di lusso, alcune con caminetto e vasca idromassaggio.

€€€€ OLTRE 200 EURO

Carpe Diem Guesthouse & Spa. 12-14 Johnson St., tel. 15084874242, www.carpediemguesthouse.com - Ciascuna con un proprio stile, le camere di questo boutique hotel onorano scrittori e poeti. La camera dedicata al poeta Raj Rao, ad esempio, è arredata con mobili indiani intagliati a mano e tessuti ricamati.

MANGIARE

€€ DA 30 A 50 EURO

The Mews Restaurant & Cafe. 429 Commercial St., tel. 15084871500, www.mews.com - Cucina americana moderna - Martini bar e ristorante suddiviso in due sale: si possono scegliere piatti gourmet, serviti al piano inferiore, oppure piatti più informali, come un hamburger di Angus, al piano superiore.

FARE

Attività e divertimenti

Arts Dune Tours. 4 Standish St., tel. 15084871950, www.artsdunetours.com - Escursioni in fuoristrada per esplorare le spiagge e le dune di sabbia di Cape Cod. Tour di durata variabile, da un'ora a una giornata.

Beth Ann Fishing Charters. MacMillan Wharf, tel. 18607160202, provincetowncharterfishing.com - Quattro tour in mare aperto a bordo della Beth Ann: pesca della spigola e del pesce azzurro, pesca del tonno a pinna blu, avvistamento delle balene o osservazione degli uccelli pelagici.

Dolphin Fleet Whale Watch. 307 Commercial St., tel. 15082403636, www.whalewatch.com -

Escursioni di tre/quattro ore per osservare le balene nello Stellwagen Bank National Marine Sanctuary.

Provincetown Trolley. MacMillan Wharf, tel. 15084878687, www.mayflowertrolley.com - Tour con commento, della durata di circa 40 minuti, dei principali siti di interesse della città.

SHOPPING

Womencrafts. 376 Commercial St., tel. 15084872501, facebook.com/pg/Womencrafts - Aperto dal 1976, vende gioielli, ceramiche, libri e musica di numerose artiste americane.

Rangeley

DORMIRE

€€ DA 80 A 130 EURO

Rangeley Inn. 2443 Main St., tel. 12078643341, www.therangeleyinn.com - B&B di fine Ottocento, offre camere semplici e vecchio stile, con carta da parati e letti in ottone, ma ben accessoriate.

MANGIARE

€€ DA 30 A 50 EURO

Gingerbread House Restaurant. 55 Carry Rd., a Oquossoc, tel. 12078643602, www.gingerbreadhouserestaurant.net - Cucina americana - In una villa che sembra di pan di zenzero, con camini e tavoli sul terrazzo. A mezzogiorno punta su sandwich e hamburger mentre la sera propone piatti più raffinati, come le Blueberry BBQ ribs, costolette al mirtillo con peperoncino Jalapeno.

Rockland

FARE

Attività e divertimenti

Schooner Ladona. Captain Spear Drive, tel. 12075964723, www.schoonerladona.com - Tour da mezza giornata a sei giorni sullo Schooner Ladona, yacht del 1922. Da giugno a ottobre.

Rockport (Maine)

FARE

Attività e divertimenti

Heron. 111 Pascal Ave., tel. 12072368605, www.sailheron.com - Escursioni sul veliero Heron con pranzo a bordo o crociere al tramonto.

Rockport (Massachusetts)

FARE

Attività e divertimenti

Back Beach. Route 127, www.rockportusa.com - Spiaggia perfetta per rilassarsi o per fare immersioni.

Long Beach. Thatcher Road, www.rockportusa.com - Spiaggia lunga, sabbiosa e piatta tra Rockport e Gloucester.

North Shore Kayak Outdoor Center. 9 Tuna Wharf, tel. 19785465050, www.northshorekayak.com - Da metà giugno a inizio settembre si può esplorare la costa rocciosa di Cape Ann in kayak a noleggio o al seguito di escursioni organizzate.

The Paper House. 52 Pigeon Hill St., www.paperhouserockport.com - Una casa fatta tutta di carta, costruita dal 1922 al 1942 assemblando oltre 100 000 giornali. I muri sono composti da 215 strati. Alcuni articoli sono perfettamente leggibili e uno scrittoio è realizzato con il reportage sul volo di Lindbergh.

SHOPPING

The Pewter Shop. 16 Bearskin Neck, tel. 19785462105, www.rockport-pewter.com - Oggetti e gioielli in peltro: braccialetti, anelli, collane, orecchini, oggetti per la casa e per la cucina.

Rocky Hill

FARE

Attività e divertimenti

Dinosaur State Park. 400 West St., tel. 18605298423, www.dinosaurstatepark.org - Impronte di dinosauri lasciate 200 milioni di anni fa, diorami, fossili e mostre interattive per i bambini.

Salem

DORMIRE

€€€ DA 130 A 200 EURO

Salem Waterfront Hotel & Suites. 225 Derby St., tel. 19787408788, www.salemwaterfronthotel.com - Edificio moderno, in ottima posizione sul Pickering Wharf. Le camere sono arredate con gusto. Piscina, centro fitness e ristopub.

€€€€ OLTRE 200 EURO

The Salem Inn. 7 Summer St., tel. 19787410682, www.saleminnma.com - Le camere, dislocate in tre dimore storiche, tra cui la Captain West House del 1834, sono arredate con mobili antichi e dettagli d'epoca. Non mancano i comfort moderni.

MANGIARE

€ FINO A 30 EURO

Life Alive Urban Oasis & Organic Cafe. 281 Essex St., tel. 19785944644, www.lifealive.com - Cucina vegetariana, biologica - Locale casual che valorizza i produttori locali con piatti freschi e sani, preparati con ingredienti locali e biologici.

Red's Sandwich Shop. 15 Central St., tel. 19787453527, www.redssandwichshop.com - Cucina americana - Diner aperto da oltre 50 anni, serve cibo semplice e sostanzioso in un ambiente d'altri tempi. Chiuso la sera.

€€ DA 30 A 50 EURO

Firenze Trattoria. 2 Lynde St., tel. 19782191188, www.firenzesalem.com - Cucina italiana - Di alto livello, dal servizio attento e dall'atmosfera conviviale. Spiccano piatti toscani come la ribollita e la trippa alla fiorentina. Buona scelta dei vini.

Per contattare la redazione, comunicare segnalazioni, suggerimenti o consigli, potete scrivere a: bancadatituristica@touringclub.com

Turner's Seafood. 43 Church St., tel. 19787457665, www.turners-seafood.com - Cucina di pesce - Classico menu di pesce del New England, in un ambiente con muri in mattoni e pavimenti in legno.

FARE

Per la sera

Salem BeerWorks. 278 Derby St., tel. 19787452337, www.beerworks.net - Il pub appartiene al microbirrificio Boston Beer Works e serve una ventina di birre alla spina, oltre a un menu di piatti da pub. Anche tavoli all'aperto e biliardo.

Attività e divertimenti

Hocus Pocus Tours. 176 Essex St., tel. 17812482031, www.hocuspocustours.com - Questo tour a piedi, della durata di 90 minuti, presenta uno spaccato del passato più buio della città.

Salem Night Tour. 127 Essex St., tel. 19787411170, www.salemghosttours.com - Visite guidate alla luce delle lanterne per immergersi nelle leggende di fantasmi più spaventose.

Salem Trolley. 8 Central St., tel. 19787445469, www.salemtrolley.com - Tour in autobus di un'ora, tocca tutti i principali luoghi d'interesse della città. Da aprile a ottobre.

Sandwich

DORMIRE

€€ DA 80 A 130 EURO

Sandwich Lodge & Resort. 54 Route 6A, tel. 15088882275, www.sandwichlodge.com - Situato a circa 20 minuti dalla spiaggia, questo hotel offre camere spaziose e confortevoli e un'abbondante colazione continentale compresa nel prezzo.

MANGIARE

€€ DA 30 A 50 EURO

Fishermen's View. 20 Freezer Rd., tel. 15085910088, www.fishermensview.com - Cucina americana, di pesce - Ristorante di mare con vista mozzafiato sull'orizzonte. I proprietari gestiscono anche un mercato del pesce.

FARE

Attività e divertimenti

Crow Farm. 192 Old Kings Highway, tel. 15088880690, www.crowfarmcapecod.com - Azienda agricola a conduzione familiare, aperta da oltre un secolo, che produce e vende erbe, frutta, verdura, miele e prodotti da forno. Si può partecipare alla raccolta di fragole (a giugno) e mele (da settembre a novembre).

SHOPPING

Sandwich Farmers Market. 164 Route 6A, tel. 13392270686, www.sandwichfarmersmarket.com - Mercato degli agricoltori che si tiene ogni martedì mattina da giungo a ottobre: l'occasione ideale per acquistare prodotti locali a km 0.

Scarborough

MANGIARE

€€ DA 30 A 50 EURO

Bayley's Lobster Pound. 9 Ave 6, tel. 12078834571, www.bayleys.com - Cucina americana, di pesce - A gestione familiare, aperto dal 1915, è uno dei 'pionieri' del lobster roll.

Searsport

SHOPPING

Antique Mall. 149 E Main St., tel. 12075482640, www.searsportantiquemall.com - Oggetti da collezione e di antiquariato: arredamento del XVIII secolo, ceramiche, tappeti e altro.

Springfield

DORMIRE

€€ DA 80 A 130 EURO

Hilton Garden Inn Springfield. 800 Hall of Fame Ave., tel. 14138868000, www.hiltongardeninn3.hilton.com - Vicino alla Naismith Memorial Basket Hall of Fame, ha camere spaziose ed eleganti, centro fitness, piscina, idromassaggio e ristorante.

€€€ DA 130 A 200 EURO

Naomi's Inn. 20 Springfield St., tel. 14134336019, www.naomisinn.net - Bella casa, con arredo d'epoca e ampio porticato (che però si affaccia su un presidio ospedaliero). Le camere, spaziose e confortevoli, dispongono di wifi e servizio privato.

MANGIARE

€ FINO A 30 EURO

Chef Wayne's Big Mamou. 63 Liberty St., tel. 14137321011, www.chefwaynes-bigmamou.com - Cucina cajun - Piccolo e poco appariscente, serve ottimi piatti casalinghi di tradizione cajun. Da non perdere il Big Mamou Chef Wayne, una combinazione piccante di code di gamberi, gamberetti, peperoni, zucca, broccoli, cipollotto con una salsa all'aragosta sfumata con brandy.

€€ DA 30 A 50 EURO

The Student Prince Cafe & The Fort Dining Room. 8 Fort St., tel. 14137347475, www.studentprince.com - Cucina tedesca - Aperto dal 1935, dapprima come bar e poi come ristorante, serve piatti sostanziosi della cucina tedesca. Da provare il classico Sauerbraten, manzo brasato agrodolce.

FARE

Per la sera

Theodore's. 201 Worthington St., tel. 14137366000, www.theodoresbbq.com - Il locale, nominato dalla Blues Foundation quale migliore club jazzistico del Paese, propone eccellenti spettacoli di jazz e blues e buoni piatti da pub.

SHOPPING

Farmers Market at Forest Park. Trafton Rd., Forest Park, tel. 14137371724, www.farmersmarketatforestpark.com - Da maggio a ottobre, il martedì pomeriggio i produttori vendono frutta, verdura, uova, carne, prodotti da forno, fiori, miele.

Stockbridge

DORMIRE

€€€ DA 130 A 200 EURO

Red Lion Inn. 30 Main St., tel. 14132985545,

www.redlioninn.com - Hotel storico ricostruito nel 1897 dopo un incendio, abbina elementi d'epoca a comfort moderni. Piscina e servizio di massaggi.

MANGIARE

€€ DA 30 A 50 EURO

Once Upon a Table. 36 Main St., tel. 14132983870, www.onceuponatablebistro.com - Cucina americana - Luminoso, dal menu raffinato e dall'interessante scelta di piatti. A cena si può ordinare la trota arcobaleno in crosta alle noci pecan.

Stonington (Maine)

Servizi di navigazione

Isle au Haut Boat Services. 37 Seabreeze Ave., tel. 12073675193, www.isleauhautferryservice.com - Collegamenti tra Stonington e Isle au Haut con frequenza variabile a seconda della stagione.

Stowe

DORMIRE

€€€ DA 130 A 200 EURO

Green Mountain Inn. 18 Main St., tel. 18022537301, www.greenmountaininn.com - 104 camere - Dal 1833 accoglie in camere lussuose, dislocate in otto edifici. Completano l'offerta una piscina esterna riscaldata, due ristoranti, centro fitness, centro massaggi e sauna.

MANGIARE

€€ DA 30 A 50 EURO

Harrison's Restaurant & Bar. 25 Main St., tel. 18022537773, www.harrisonsstowe.com - Cucina americana - Accogliente, con camino e luci soffuse. Da non perdere il Coconut Ahi Tuna, tonno in crosta di cocco con salsa di zenzero al sesamo, wasabi, salsa all'ananas e zenzero sottaceto. Ottima carta dei vini e buone birre artigianali.

FARE

Attività e divertimenti

Green Mountain Club. 4711 Waterbury-Stowe Rd., a Waterbury, tel. 18022447037, www.greenmountainclub.org - Presso il Visitor center si trovano opuscoli e mappe utili agli escursionisti. Tour a piedi, in bicicletta, con gli sci e in barca.

Stowe Mountain Resort. 5781 Mountain Rd., tel. 18027604700, www.stowe.com - Storica stazione sciistica, comprende Mount Mansfield e Spruce Peak, in tutto 48 piste, alcune adatte anche al fuoripista. Adiacente alla stazione si trova il comprensorio per lo sci di fondo, con 45 km di piste e 30 di percorsi fuoripista.

Umiak Outdoor Outfitters. 849 S Main St., tel. 18025232317, www.umiak.com - Lezioni di kayak e canoa ed escursioni con o senza guida sui fiumi della zona. In inverno noleggia ciaspole e propone escursioni al chiaro di luna.

SHOPPING

Hill Farmstead Brewery. 403 Hill Road, a Greensboro Bend, tel. 18025337450, www.hillfarmstead.com - Alcune delle migliori birre degli Stati Uniti, tra le quali la medaglia d'oro alle Beer World Cup; si possono anche acquistare nel negozio interno, aperto dal mercoledì al sabato.

Sturbridge

DORMIRE

€€ DA 80 A 130 EURO

Publick House Historic Inn. 277 Main St., tel. 15083473313, www.publickhouse.com - B&B aperto dal 1771, si disloca su tre edifici, tutti con aria condizionata e wifi. Due ristoranti.

MANGIARE

€ FINO A 30 EURO

Annie's Country Kitchen. 140 Main St., tel. 15083472320, www.anniescountrykitchen.com - Cucina americana - Il posto giusto dove iniziare la giornata: colazioni abbondanti con enormi omelette, pancake, frittelle, sandwich e patatine fritte. La sera serve zuppe e ottimi piatti di carne e pesce.

B.T.'s Smokehouse. 392 Main St., tel. 15083473188, www.btsmokehouse.com - Cucina americana - Gli amanti della carne affumicata e del barbecue non possono perderlo. Pulled pork, brisket, costine ma anche salmone e sandwich.

Sugarloaf Mountain Resort

FARE

Sport

Sugarloaf Mountain Resort. 5092 Access Road, Carrabassett Valley, tel. 12072372000, www.sugarloaf.com - 162 piste da sci ma anche snowboarding, sci di fondo e pattinaggio sul ghiaccio. D'estate offre escursioni a piedi o in bici e un campo da golf a 18 buche.

Tiverton

FARE

Attività e divertimenti

Sakonnet Vineyards. 162 W Main Rd., tel. 14016358486, www.sakonnetwine.com - Visite all'azienda vinicola e degustazioni di sette vini.

SHOPPING

Amy C. Lund. 3964 Main Rd., tel. 14018160000, www.aclhandweaver.com - Tessuti artigianali fatti a mano con fibre naturali come lino, cotone alpaca e lana. In vendita tappeti, coperte, asciugamani, sciarpe, borse, accessori, tovaglie e altro.

Milk & Honey Bazaar. 3838 Main Rd., tel. 14016241974, www.milkandhoneyri.com - Oltre cento tipi di formaggi, miele, carne, salumi e delicatessen.

Trenton

MANGIARE

€ FINO A 30 EURO

Trenton Bridge Lobster Pound. 1237 Bar Harbor Rd., tel. 12076672977, www.trentonbridgelobster.com - Cucina americana, di pesce - Dal 1956 serve astici del Maine e frutti di mare: l'astice viene cotto in un pentolone all'aperto ed è servito con i condimenti che si vogliono.

Walpole

FARE

Per una sosta

L.A. Burdick Chocolate. 47 Main St., tel. 16037562882, www.burdickchocolate.com - Raffinato caffè dove assaggiare sontuosi dolci al cioccolato e altre specialità dolci e salate.

Warren

SHOPPING

Three Sheperds Cheese. 108 Roxbury Mountain Road, tel. 18024963998, www.threeshepherdscheese.com - Oltre a osservare, assaggiare e comprare ottimi latticini, qui si prova anche a fare il formaggio.

Watch Hill

DORMIRE

€€€€ OLTRE 200 EURO

Watch Hill Inn. 38-44 Bay St., tel. 18556777686, www.watchhillinn.com - Le camere, arredate con mobili vittoriani elegante, offrono una splendida vista sulle barche nel porto.

MANGIARE

€€ DA 30 A 50 EURO

Olympia Tea Room. 74 Bay St., tel. 14013488211, www.olympiatearoom.com - Cucina americana - Ristorante ricco di atmosfera, ricavato in un chiosco per bibite del 1916. Il menu spazia dall'anatra all'aragosta, da accompagnare con ottimi cocktail.

FARE

Per una sosta

The Cooked Goose. 92 Watch Hill Rd., tel. 14013489888, www.thecookedgoose.com - Con le sue omelette, prodotti da forno, un'ampia selezione di uova alla Benedict, sandwich, zuppe, è uno dei locali preferiti dagli abitanti del luogo.

Attività e divertimenti

Napatree Point. Fort Rd., tel. 14013155399, www.thewatchhillconservancy.org - Una delle più belle riserve naturali della regione, area di nidificazione di uccelli e di sosta migratoria, con l'oceano da una parte e la baia dall'altra. Una piacevole passeggiata permette di raggiungere l'estremità occidentale di Watch Hill.

Websterville

SHOPPING

Vermont Creamery. 20 Pitman Road, tel. 18024799371, www.vermontcreamery.com - Da 25 anni produce formaggi da latte di provenienza locale. Da provare i formaggi di capra.

Weirs Beach

FARE

Per la sera

Weirs Drive-In. 76 Endicott St. N, tel. 16033664723, ww.weirsdrivein.com - Drive in in attività dal 1949.

Attività e divertimenti

Mount Washington Cruises. 211 Lakeside Ave., tel. 16033665531, www.cruisenh.com - Crociere sul lago a bordo della MS Mt Washington.

Wellfleet

FARE

Attività e divertimenti

Cape Cod National Seashore. 99 Marconi Site Road, tel. 15082553421, nps.gov/caco/planyourvisit/guide-to-trails.htm - Dodici percorsi per passeggiate in riva al mare, tutti ben segnalati.

Wells

DORMIRE

€ FINO A 80 EURO

The Beach Rose Inn. 971 Post Rd., tel. 12072163807, www.beachroseinnmaine.com - Camere tranquille e confortevoli. Il proprietario fornisce volentieri consigli per visitare la zona.

West Cornwall

FARE

Attività e divertimenti

Mohawk Mountain. 46 Great Hollow Rd., tel. 18606726100, www.mohawkmtn.com - La più grande stazione sciistica del Connecticut, con 25 piste e sentieri. Corsi di sci e snowboard per adulti e bambini.

Sport

Clarke Outdoors. 163 Route 7, tel. 18606726365, www.clarkeoutdoors.com - Escursioni in canoa o kayak sull'Housatonic River o anche, per gli amanti delle emozioni forti, discese in gommone sulle rapide.

Westfield

SHOPPING

Lazy Lady Farm. 973 Sniderbrook Road, tel. 18027446365, www.lazyladyfarm.com - I prodotti biologici di questa fattoria sono in vendita in tutto il New England. I formaggi hanno vinto premi prestigiosi: da provare Capriola e La Petite Tomme.

Westminster

FARE

Attività e divertimenti

Wachusett Brewing Company. 175 State Road East, tel. 19788749965, www.wachusettbrewingcompany.com - È uno dei più grandi birrifici del Nordest americano. Tour ogni venerdì e sabato alle 12, 14 e 16.

Weston

SHOPPING

The Vermont Country Store. 657 Main St., tel. 18028243184, www.vermontcountrystore.com - Il meglio delle produzioni locali, dallo sciroppo d'acero al formaggio alla birra, fino agli oggetti per la casa e all'abbigliamento sportivo.

Weston Village Store. 660 Main St., tel. 18028245477, www.westonvillagestore.com - Si trova di tutto: prodotti alimentari tipici del territorio, oggettistica, souvenir e abbigliamento.

Williamsburg

SHOPPING

Williamsburg General Store. 12 Main St., tel. 14132683036, www.wgstore.com - Mercanzia di ogni tipo: dalle erbe aromatiche alle marmellate, dai prodotti di bellezza naturali alle leccornie.

Williamstown

MANGIARE

€ FINO A 30 EURO

Coyote Flaco. 505 Cold Spring Rd., tel. 14134584240, www.coyoteflacomass.com - Cucina messicana - Mix di cibo messicano e sudamericano con qualche tocco di cucina spagnola. Il servizio è cordiale ed è possibile cenare all'esterno.

Wilmington

DORMIRE

€€€ DA 130 A 200 EURO

The Wilmington Inn. 41 West Main St., tel. 18024643768, www.thewilmingtoninn.com - Hotel accogliente con sala relax, terrazza all'aperto e sistemazioni tranquille e accoglienti.

Wilton

MANGIARE

€ FINO A 30 EURO

Bangkok Republic. 991 Danbury Rd., tel. 12035448333, www.bangkokrepublic.com - Cucina thailandese - Il menu spazia dal popolare Pad thai a piatti più tradizionali. Gli chef sono thailandesi.

Orem's Diner. 167 Danbury Rd., tel. 12037627370, www.oremsdiner.com - Cucina americana - Tipico diner dalla lunga storia. Il servizio è accogliente e i cibi, dalla colazione alla cena, è ottimo. Ampia scelta anche per vegetariani.

€€ DA 30 A 50 EURO

Bianco Rosso. 151 Old Ridgefield Rd., tel. 12035293800, www.biancorossorestaurant.com - Cucina italiana - Elegante e sofisticato, offre un perfetto mix tra atmosfera, qualità della cucina e servizio. La carta dei vini comprende vini italiani, francesi e californiani.

FARE

Attività e divertimenti

Grace Farms. 365 Lukes Wood Rd., a New Canaan, tel. 12039201702, www.gracefarms.org - Sito di 80 acri in cui l'arte si combina con la natura. I tour accompagnano alle installazioni d'arte, che si incontrano passeggiando nella natura e ammirando la fauna selvatica. Nella tenuta, il River è un edificio spettacolare e sinuoso in vetro, cemento, acciaio e legno, progettato dallo studio di architettura giapponese SANAA.

Weir Farm National Historic Site. 735 Nod Hill Rd., tel. 12038341896, www.nps.gov/wefa - Sentieri, boschi, campi aperti che hanno fatto da sfondo al pittore impressionista Julian Alden Weir e che tuttora accolgono artisti di livello mondiale. I visitatori possono partecipare agli workshop di pittura e disegno e passeggiare tra i giardini.

SHOPPING

Art on Fire. 991 Danbury Rd., tel. 12035449944, www.artonfirect.com - Ceramiche per tutti i gusti. Si può scegliere un oggetto e personalizzarlo, colorandolo e decorandolo a piacere.

Wiscasset

DORMIRE

€€€ DA 130 A 200 EURO

The Squire Tarbox Inn. 1181 Main Rd., tel. 12078827693, www.squiretarboxinn.com - B&B storico, ricavato in un'antica fattoria del 1763 ben ristrutturata. Le camere sono luminose e accoglienti, con arredo d'epoca, caminetto e soffitto con travi a vista. Corsi e workshop di cucina.

MANGIARE

€ FINO A 30 EURO

Red's Eats. 41 Water St., tel. 12078826128, www.redseatsmaine.com - Cucina americana, di pesce - Le code davanti a questo seafood shack sono lunghe, ma valgono la pena. Il must è gustare il lobster roll seduti a un tavolino sul lungofiume.

SHOPPING

Edgecomb Potters. 727 Boothbay Rd, a Edgecomb, tel. 12078829493, www.edgecombpotters.com - Ceramiche e porcellane coloratissime, rinomate in tutto il Paese. Si trovano anche gioielli, oggetti in vetro, sculture e oggetti per la casa.

Wolfeboro

MANGIARE

€€ DA 30 A 50 EURO

Wolfetrap Grill & Raw Bar. 19 Bay St., tel. 16035691047, www.wolfetrapgrillandrawbar.com - Cucina americana, di pesce - Nascosto in un'insenatura del lago, offre un menu ricco di crostacei e frutti di mare. Il bar rimane aperto fino a tardi.

FARE

Attività e divertimenti

Dive Winnipesaukee. 4 N Main St., tel. 16035698080, www.divewinnipesaukee.com - Corsi di immersione ed escursioni nelle acque del lago Winnipesaukee. Anche noleggio kayak.

Woodbury

FARE

Attività e divertimenti

Walker Road Vineyards. 11 Walker Rd., tel. 12032630768, www.walkerroadvineyards.com - Piccola azienda agricola a conduzione familiare dedita a viticoltura e produzione di vini. Ogni sabato e domenica pomeriggio, da maggio a dicembre, è aperta a visite e degustazioni.

SHOPPING

The Hidden Acorn. 385 Washington Rd., tel. 12035861223, www.hiddenacorn.com - L'obiettivo dei proprietari è restaurare e riutilizzare gli oggetti del passato. Mobili in legno, oggetti da collezione, articoli per la casa: c'è solo l'imbarazzo della scelta.

Woods Hole

Servizi di navigazione

The Steamship Authority. 1 Cowdry Road, tel. 15085483788-15084575867, www.steamshipauthority.com - Collega Woods Hole con Martha's Vineyard. Gli orari variano stagionalmente.

Woodstock (Vermont)

DORMIRE

€€€€ OLTRE 200 EURO

Ardmore Inn. 23 Pleasant St., tel. 18024573887, www.ardmoreinn.com - B&B situato in un maestoso edificio del 1867 in stile vittoriano. Le camere sono decorate con arredi d'epoca e dotate di tutti i comfort. Colazione abbondante.

MANGIARE

€ FINO A 30 EURO

Worthy Kitchen. 442 Woodstock Rd., tel. 18024577281, www.worthyvermont.com - Cucina americana - Sulla lavagna all'ingresso vengono scritti ogni giorno i sandwich, i contorni e gli antipasti da aggiungere alla lista di comfort food. Ottime anche le birre. Da provare il Buttermilk fried chicken.

FARE

Attività e divertimenti

Marsh-Billings-Rockefeller National Park. 54 Elm St., tel. 18024573368, www.nps.gov/mabi - Sviluppato intorno alla residenza storica del protoambientalista George Perkins Marsh, il parco è attraversato da 32 km di sentieri percorribili a piedi, in bicicletta o con gli sci.

Sugarbush Farm. 591 Sugarbush Farm Rd., tel. 18024571757, www.sugarbushfarm.com - In questa fattoria si producono sciroppo d'acero e formaggio cheddar. È possibile seguire la lavorazione di quest'ultimo e assaggiarne 14 varietà, dallo Sharp Cheddar Cheese invecchiato sei anni fino al cheddar affumicato. Anche vendita.

SHOPPING

F.H. Gillingham & Sons. 16 Elm St., tel. 18024573035, www.gillinghams.com - Emporio con generi di ogni tipo: prodotti gastronomici, casalinghi, abbigliamento, libri e souvenir.

Worcester

DORMIRE

€€ DA 80 A 130 EURO

Hampton Inn & Suites Worcester. 65 Prescott St., tel. 15088869005, www.hamptoninn3.hilton.com - Hotel all'interno del campus del Worcester Polytechnic Institute, in centro. La colazione, inclusa nella tariffa, è abbondante. Centro fitness e piscina.

MANGIARE

€ FINO A 30 EURO

Boulevard Diner. 155 Shrewsbury St., tel. 15087914535 - Cucina americana - Diner degli anni '30 aperto 24 ore su 24. Da provare la colazione americana servita tutto il giorno e alcune specialità italiane del menu.

Corner Lunch. 133 Lamartine St., tel. 15087999866, www.cornerlunchdiner.net - Cucina americana - Tipico diner che serve ampie colazioni e hamburger e sandwich per pranzo.

Miss Worcester Diner. 300 Southbridge St., tel. 15087535600 - Cucina americana - Diner del 1948, utilizzato per un certo periodo di tempo come showroom della Worcester Lunch Car Company. Da provare il chili dog and biscuit o il French toast con pane alla banana.

Ralph's Chadwick Square Diner. 148 Grove St., tel. 15087539543, www.ralphsrockdiner.com - Cucina americana - Leggendario locale di musica live, bar e diner aperto nel 1930 dalla Worcester Lunch Car Company. Eclettica l'atmosfera. Da provare il Ralph's Burger.

FARE

Attività e divertimenti

EcoTarium. 222 Harrington Way, tel. 15089292700, www.ecotarium.org - Museo e centro per l'esplorazione ambientale con attività molto interessanti anche per i più giovani: canopy tour tra i rami, spettacoli nel planetario, mostre interattive.

Sport

Green Hill Golf Course. 1929 Skyline Dr., tel. 15087991359, www.greenhillgc.com - Campo da golf a 18 buche.

SHOPPING

Crompton Collective. 138 Green St., tel. 15087537303, www.cromptoncollective.com - Il meglio dell'artigianato locale: giocattoli, vestiti, gioielli, oggetti in vetro, ceramiche, cartoleria, candele.

Yarmouth

FARE

Sport

Bayberry Hills Golf Course. 635 West Yarmouth Road, tel. 15083945597, www.golfyarmouthcapecod.com - Uno dei migliori campi da golf del Massachusetts, a 27 buche. Il Bass River Golf Course, a South Yarmouth (62 Highbank Road, tel. 15083989079) è a 18 buche.

Indice dei luoghi

Sono in **azzurro** le località dotate di pianta. Il numero di pagina in *corsivo* è riferito alla sezione Indirizzi utili.

A

Acadia National Park, 140
Allagash Brewing Company (Portland), 156.
Alton Bay, 188
Amherst, 154, *194*
Aquinnah, 97
Arethusa Falls, 173
Arlington, 165, *194*
Atlantic Brewing Company, 156

B

Back Beach (Cape Ann), 120
Bailey Island, 132, *194*
Bangor, 137
Bantam, 150
Bar Harbor (Mount Desert Island), 139
Barnstable, 88, *194*
Bartlett Bridge (Glen), 141
Bass Harbor (Mount Desert Island), 140
Bass Harbor Light, 135
Bass River, 89
Bath, 132
Battleship Cove, 98
Baxter State Park, 192
Bearskin Neck, 121
Beavertail State Park, 105
Beinecke Rare Book & Manuscript Library (New Haven), 113
Ben & Jerry's Factory, 181
Bennington, 164, *194*
Berkshire Museum (Pittsfield), 160
Bethel, 190, *195*
Bingham Falls, 173
Black Mountain Ski Area, 185
Blackstone River Valley National Historical Park, 107
Block Island, 107
Blue Hill, 138
Blue Hill Peninsula, 137
Blueberry Hill Ski center, 180
Bluff Walk (Nantucket), 93
Boothbay Harbor, 134, *195*

Boston, 46, *195*
Abiel Smith School, 55
African Meeting House, 55
Armenian Heritage Park, 61
B&G Oysters, 63
Back Bay, 63
Baker House, 76
Beacon Hill, 54
Black Heritage Trail, 55
Boston Children's Museum, 63
Boston Common, 55, 60

Boston
Boston Harbor Islands Pavilion, 71
Boston Public Library, 65
Boston Tea Party Ships and Museum, 62
Brattle Book shop, 57
Brewer Fountain, 55
Brookline, 77
Bunker Hill Monument, 60, 62
Bunker Hill Museum, 62
Burying Ground (King's Chapel), 57, 60
Cambridge, 73, *204*
Central Burying Ground, 55
Charles River Bike Path, 64
Charles River Esplanade, 64
Charlestown, 61
Chinatown, 63
Copp's Burying Ground, 60
Deuxave, 63
Dewey Square, 61
Downtown Crossing, 57
Downtown, 57
Entrepreneur Walk of Fame, 76
Faneuil Hall, 58, 60
Fenway, 67
Fenway Park, 71, 72
Filene's, 57
First Public School, 60
Foxborough, 72
Freedom Trail, 56, 60
Frog Pond, 55
George Island, 71
Gibson House Museum, 64
Granary Burying Ground, 56, 60
Great Dome, 78
Green Building, 78
Hanover Street, 59
Harry Elkins Widener Memorial Library,74
Harvard Art Museums, 75
Harvard Museum of Natural History, 75
Harvard Square, 74
Harvard University, 74, 110
Harvard Yard, 74
Hatch Shell, 64
Haymarket, 59
Institute of Contemporary Art, 63
Isabella Stewart Gardner Museum, 70
John F. Kennedy Presidential Library and Museum, 77
Kendall Square, 76
Kenmore Square, 67
King's Chapel, 57, 60
Kresge Auditorium, 78

Boston
List Visual Arts Center, 79
Longfellow National Historic Site, 74
Louisburg Square, 55
Macy's, 57
Mary Baker Eddy Library e Mapparium, 67
Massachusetts Hall, 74
Massachusetts Institute of Technology Mit, 76
Massachusetts State House, 56, 60
Mit Museum, 78
Mount Vernon Street, 55
MrBartley's, 63
Museum of African American History, 55
Museum of Fine Arts, 67
New England Aquarium, 59
New Old South Church, 66
Nichols House Museum, 55
North End, 59
Old City Hall, 57
Old Corner Book store, 60
Old North Church, 60
Old South Meeting House, 58, 60
Old State House, 57, 60
Omni Parker House, 77
Park Street Church, 60
Parkman Bandstand, 55
Paul Revere House, 59
Peabody Museum of Archaeology & Ethnology, 76
Pierce-Hichborn House, 60
Prudential Center Skywalk Observatory, 66
Public Garden, 56
Quincy Market, 58
Ray & Maria Strata Center, 78
Rose Fitzgerald Kennedy Greenway, 60
Seaport District, 62
Sever Hall, 74
Shaw Memorial, 55
South End, 63
Spectacle Island, 71
Summer Shack, 63
Summer Street, 57
TD Garden, 72
The Barking Crab, 63
Trinity Church, 65
Union Oyster House, 77
Uss Constitution, 60, 61
Uss Constitution Museum, 61
Visitor Centre, 56
Washington Street, 57
Waterfront, 59
Winter Street, 57
Winthrop House, 77

Brandon, 180
Brattleboro, 167, *203*
Brenton Point State Park, 104
Bretton Woods, 184, *204*
Brewster, 88, 89, *204*
Bridgton, 189
Brimfield, 153, *204*
Bristol, 99, *204*
Bromley Mountain, 185
Brown University, 106
Brunswick, 132
Bucksport, 136
Burke Mountain, 185
Burlington, 177, *204*

C
Cadillac Mountain, 140
Cahoon Hollow Beach, 90
Calvin Coolidge State Historic Site, 166
Cambridge v. Boston
Camden, 136, *206*
Canaan, 150
Cannon Mountain, 183
Canterbury Shaker Village, 171
Cape Ann, 119
Cape Cod, 86
Cape Cod Canal, 87
Cape Cod Highland Light, 90
Cape Cod National Seashore, 89
Cape Cod Rail Trail, 89
Cape Elizabeth Light, 135
Cape Neddick, *207*
Cape Neddick Light, 135
Castine, 137
Castle Hill Light, 104
Chappaquiddik (isola), 96
Charlestown, 170
Charlton, 156, *207*
Chatham, 89
Chester, 147
Chesterwood, 158
Chimney Point State Historic Site, 179
Cisco Beach, 94
Cisco Brewery, 94
Claiborne Pell Bridge, 104
Coast Guard Beach, 90
Cog Railway, 186
Columbia Falls, 138, *207*
Concord (Massachusetts), 80, *207*
Concord (New Hampshire), 168, *207*
Connecticut Audubon Coastal Center, 113
Connecticut River Valley, 147
Connecticut Science Center, 144
Connecticut State Capitol, 145
Conway Scenic Railroad, 187
Cornish, 141, 169
Cotton Valley Rail Trail, 188
Creamery Covered Bridge, 141
Crescent Beach, 127
Cutler, *207*

D
Dacey Pond, 192
Darmouth College (Hanover), 110, 170
deCordova Sculpture Park and Museum, 82
Deer Isle, 138, *207*
Deerfield, 157
Dennis, 88, 89, *207*
Desert of Maine (Freeport), 131
Dinosaur State Park, 147
Dogtown (Cape Ann), 122
Dorset, 165, *208*
Douglas Mountain, 173
Drakes Island Beach, 127

E
East Chop Lighthouse, 96
Eastham, 89, *208*
Echo Lake (Mount Desert Island), 140
Echo Lake (New Hampshire), 184
Edgartown, 96
Ellis Landing Beach. 88
Emily Dickinson Museum (Amherst), 155
Enfield Shaker Museum, 171
Eric Carle Museum of Picture Book Art (Northampton), 155
Essex (Massachusetts), 121
Essex (Connecticut), 147, *208*

F
Fall River, 98
Falmouth, 88, 89, *208*
Ferrisburgh Rokeby Museum, 179
Flume Gorge, 183
Fort Adams State Park, 104
Fort Hill, 89
Fort Knox (Bucksport), 137
Fort Popham State Historic Site, 133
Fort Williams Park, 131
Foxwoods, 109
Franconia, 184, *208*
Franconia Notch State Park, 184
Freeport, 131, *208*
Fruitland Museum, 171
Fryeburg, 189

G
Gay Head Lighthouse, 97
Georgetown, 126, *208*
Gillette Castle, 147
Glass House (New Canaan), 114
Gloucester, 120, *208*
Good Harbor Beach (Cape Ann), 120
Goose Rocks Light, 135
Grafton Notch State Park, 190
Grafton Village Historic District, 166
Grand Isle, 177
Great Barrington, 157, *209*
Green Animals Topiary Garden, 105
Green Covered Bridge, 141
Green Mountain Blue Cheese (Highgate), 182
Green Mountain National Forest, 180, *209*
Greenville, 191, *209*
Greenwich, 114, *209*
Gropius House (Lincoln), 82
Groton, 109
Gunstock,185

H
Halibut Point State Park and Reservation, 121
Hammonasset Beach State Park, 113
Hampton Beach, 123, *209*
Hancock, , *210*
Hancock Shaker Village Museum, 171
Hanover, 170, *210*
Harpswell, 132
Harriet Beecher Stowe Center, 146
Hartford, 144, *210*
Harwich, 89, *210*
Head of the Meadow Beach, 90
Herman Melville House (Pittsfield), 160
Herring Cove Beach, 92
Highgate Center, 182, *211*
Hill Farmstead Brewery (Stowe), 156
Historic Ship Nautilus & Submarine Force Museum, 109
Holderness, 188
Housatonic Meadow State Park, 150
Hyannis, 89, *211*

I
Isle au Haut, 138
Isle La Motte, 177
Isleboro, 136

J
Jay Peak, 185
Jennes State Beach, 123
Jiminy Peak, 159

K
Kalmus Beach, 89
Kangamagus Highway, 187
Keene, 168
Kennebec River, 188
Kennebunk, 127
Kennebunkport, 127, *211*
Kent, 150, *211*
Kent Falls State Park, 150
Killington, 180, 185, *211*
Killington Peak, 180
Kittery, 125
Kripalu Center, 160

L

Laconia, 188, *212*
Lake Candlewood, 147
Lake Champlain, 177, *212*
Lake Sunapee, 169, *212*
Lakeville, 150
Lake Waramaug, 150
Lazy Lady Farm, 182
Lenox, 159, *212*
Lexington, 79, *212*
Lincoln, 82, *212*
Lincoln/North Woodstock, 183, *212*
Lincolnville, 126, *213*
Lincoln Woods, 187
Litchfield, 150, *213*
Litchfield Hills, 147
Little Compton, 99
Little River Lighthouse, v. Cutler
Littleton, 186
Lonesome Lake Trail, 173
Long Beach (Cape Ann), 120
Long Point Beach, 92
Lowell, 83, *213*

M

Madaket, 94
Mad River Glen, 185
Mad River Valley, 180
Manchester (New Hampshire), 168, *213*
Manchester (Vermont), 165, *214*
Manchester-by-the-Sea, 120
Marconi Station Site, 90
Mark Twain House & Museum, 146
Marsh-Billings-Rockefeller National Historical Park, 166
Martha's Vineyard, 92, 94, *214*
Mashantucket Pequot Museum & Research Center, 109
Massachusetts Museum of Contemporary Art, 163
Matagamon, 192
Melville Trail, 160
Menahuant Beach, 88
Menemsha, 96
Meredith, 187, *214*
Middlebury, 179
Middlebury Gorge, 179
Millinocket, 192, *214*
Mohawk Mountain Ski Area, 150
Monhegan Island, 134, 135
Montague Bookmill, 157, *215*
Montpelier, 181, *215*
Moosalamoo National Recreational Area, 180
Moosehead Lake, 191
Mooselookmeguntic Lake, 191
Mount Cranmore Resort, 185
Mount Desert Island, 138, *215*
Mount Greylock State Reservation, 163
Mount Holyoke, 157
Mount Katahdin, 192
Mount Mansfield, 182
Mount Monadnock State Park, 168
Mount Snow, 164
Mount Sunapee State Park Beach, 169
Mount Washington, 186
Mount Washington Resort, 185
Mystic, 95, 108, *216*

N

Naismith Memorial Basketball Hall of Fame, 154
Nantucket, 92, 95, *216*
Nantucket Town, 92
Naples, 189, *216*
Naumkeag (Stockbridge), 159
Nauset Beach, 89
Nauset Light Beach, 90
New Bedford, 95, 97, *217*
New Britain, 146, *217*
Newbury, 122, *218*
New Canaan, 114
New England Maple Syrup Museum, 176
Newfane, 167
New Haven, 110, *217*
New London, 110
Newport, 100, *218*
Newport Car Museum, 105
Nickerson State Park, 89
Norfolk, 150
Norman Bird Sanctuary, 104
Norman Rockwell Exhibition (Arlington), 165
Norman Rockwell Museum (Stockbridge), 158
North Adams, 162, *220*
Northampton, 154, *220*
North Conway, 187, *220*
Northeast Harbor, 139
North Haven, 135, *221*
North Hero Island, 177
North Woods, 191
North Woodstock, 165, 183, *221*
Norwalk, 114, *221*
Norway, 190

O

Oak Bluffs, 94
Ogunquit, 127, *221*
Old Lyme, 110
Old Manse (Concord), 81
Old Orchard Beach, 128
Old Silver Beach, 88
Old Speck Mountain, 191
Old Sturbridge Village, 152
Omni Mount Washington Hotel & Resort, 184
Orchard House (Concord), 80
Orr's Island, 132

P-Q

Parker River National Wildlife Refuge (Plum Island), 122, *218*
Pawtucket, 107
Peabody Essex Museum, 118
Peary-MacMillan Arctic Museum (Brunswick), 132
Pemaquid Peninsula, 134
Pemaquid Point Light, 135
Penobscot Bay, 134
Penobscot Narrows Bridge, 137
Pittsfield, 160, *221*
Plum Island, 122
Plymouth, 87, *221*
Point Judith, 107, *222*
Popham Beach State Park, 133
Portland, 128, *222*
Portland Head Light, 135
Portsmouth, 123, *223*
Prentiss Bridge, 141
Providence, 105, *223*
Province Lands Visitor Center, 92
Provincetown, 91, *224*
Quechee, 166

R

Race Point Beach, 92
Ralph Waldo Emerson Memorial House, 80
Rangeley, 185, *225*
Rangeley Lakes Trail Center, 191
Red Rocks Park, 173
Rhode Island School of Design (RISD) and Museum of Art, 106
Ripton, 179
Robert Frost Country, 180
Robert Frost Stone House Museum (Bennington), 165
Rock of Ages, 182
Rockland, 126, 136, *225*
Rockport (Maine), 136, *225*
Rockport (Massachusetts), 121, *225*
Rocky Hill, 147, *225*
Rumford, 191

S

Sagamore Bridge, 87
Salem, 118, *225*
Salt Pond Visitor Center, 89
Sandwich, 87, *226*
Sandy Neck Beach, 88
Sankaty Head Lighthouse, 93
Scarborough, *226*
Scarborough State Beach, 107
Scenic Ocean Drive, 104
Screw Auger (cascate), 191
Seacoast Science Center, 123
Seagull Beach, 89
Searsport, 136, *226*
Sea Street Beach, 89
Sebago Lake, 189
Sebago Lake State Park, 189
Sebascodegan Island, 132
See Science Center, 168
Shelburne, 178
Shelburne Falls, 157

Shelburne Farms, 178
Shelburne Museum, 178
Shepaug Dam, 147
Shipwreck and Lifesafing Museum, 93
Siasconset, 93
Silver Sands State Park, 113
Singing Beach, 120
Sleepy Hollow Cemetery (Concord), 81
Smith College Museum of Art (Northampton), 155
South Beach (Martha's Vineyard), 96
South Hero Island, 177
Southwest Harbor, 140
Springfield, 153, *226*
Squam Lake, 188
Stage Fort Park (Cape Ann), 120
State Beach, 96
Stellwagen Bank National Marine Sanctuary, 91
Sterling & Francine Clark Art Institute (Williamstown), 161
Stockbridge, 158, *227*
Stonington (Connecticut), 108
Stonington (Maine), 138, *227*
Stowe, 182, 185, *227*
Sturbridge, 152, *227*
Sugarloaf Mountain Resort, 185, 191, *227*
Sugarloaf, 185
Sunapee Harbor, 169
Sunday Ski Resort, 185
Surfside Beach, 94
Swanzey, 141

T-U

Tanglewood, 159
The Cliff Walk (Newport), 100
Thoreau Farm (Concord), 81
Three Shepards of the Mad River Valley (Warren), 182
Tiverton, 99, *227*
Togue Pond, 192
Town Cove Landing, 89
Tree House Brewing Company (Charlton), 156
Trenton, 126, *227*
Upper Sheffield, 141

V

Vergennes, 179
Vermont Creamery, 182
Vermont History Museum, 181
Vermont Shepherd, 182
Vermont Ski and Snowboard Museum (Stowe), 182
Vermont State House, 181
Veterans Beach, 89
Vineyard Haven, 94

W

Wachussett Brewery, 156
Wadsworth Atheneum Museum of Art, 145
Walden Pond, 82
Wallis Sands State Beach, 123
Walpole, 171, *228*
Warren, 182, *228*
Watch Hill, 107, *228*
Websterville, 182, *228*
Weir Farm, 114
Weirs Beach, 187, *228*
Wellfleet, 90, *228*
Wellfleet Bay Wildlife Sanctuary, 90
Wells, 127, *228*
Wells Beach, 127
West Cornwall, 150, *228*
West Cornwall Covered Bridge, 141
Westminster, 156, *228*
West Quoddy Head Light, 135
West Tisbury, 96
Western Maine, 190
Westfield, 182, *228*
Weston, 165, *228*
Westminster, *228*
Whetstone (Brattleboro), 156
White Crest Beach, 90
White Mountains Visitor Center, 183
Wild Blueberry Land, 138
Williamsburg, 165, *229*
Williamstown, 161, *229*
Williasmville Covered Bridge, 167
Wilmington, 164, *229*
Wilton, 114, *229*
Windsor, 141
Wingaersheek Beach (Cape Ann), 120
Winooski River, 188
Wiscasset, 133, *229*
Wolfeboro, 188, *229*
Woodbury, 147, *229*
Woods Hole, 88, *230*
Woodstock (New Hampshire), 165
Woodstock (Vermont), 165, 166, *230*
Worcester, 151, *230*

Y-Z

Yale Center for British Art, 112
Yale University (New Haven), 110
Yale University Art Gallery, 111
Yarmouth, 89, *230*
York Beach, 125
York Harbor, 125
York Village, 125
Zimmerman House, 168

Referenze iconografiche

123rf: Guy Banville, p. 28-29, Nikki Gensert, p. 30, James Kirkikis, p. 153, Wasin Pummarin, p. 139; *Adobe Stock:* aheflin, p. 31, alwoodphoto, p. 98, 134, Bastos, p. 56, Crin, p. 130, dejavudesigns, p. 71, Christian Delbert, p. 80, jiawangkun, p. 135, p. 169, jkrueg, p. 185, jonbilous, p. 125, jryanc10, p. 105, maundymitchell, p. 29s, 192, Paul, p. 190-191, Jo Ann Snover, p. 128-129, sara_winter, p. 131; *AGF:* Robert Harding, p. 159; *Michael Biondo:* p. 114; *Stefano Brambilla:* 88, 93, 94, 95, 96, 97, 100, 102, 112, 145, 150; *Clark Art Institute:* 162, Jeff Goldberg/Esto, p. 161; *Dreamstime:* Americanspirit, p. 132-133, Sandra Foyt, p. 152, Peanutroaster, p. 151, Marcio Silva, p. 46-47; *Barbara Gallucci:* p. 64-65, 77, 78, 82, 115, 126, 127, 163, 171, 182, 184; *Hemis.fr:* Walter Bibikow, p. 99, Christian Heeb, p. 147, Philippe Renault, p. 164, 166, 167, 193; *Isabella Gardner Museum:* 70; *Istockphoto:* Allard1, p. 119, DenisTangneyJr, p. 122, 155, Kickstand, p. 118, MikeCherim, p. 188; *Marka:* Danita Delimont Stock, p. 170, Fotosearch RM, p. 154; *Mystic Seaport:* p. 11, 108-109; *Norman Rockwell Museum:* 42; *Allen Phillips/ Wadsworth Atheneum Museum of Art di Hartford:* p. 145; *Photoshot:* Bill Bachmann, p. 48, Elan Fleisher, p. 45, p. 79, Erika Goldring, p. 43, Handout, p. 38, Jim Laws, p. 75, World History Archive, p. 34; *RISD Museum:* 106; *Shutterstock:* 1000 Words, p. 113, John Arehart, p. 178, Jon Bilous, p. 183, 187, Marco Brockmann, p. 67, f11photo, p. 33, Karen Grigoryan, p. 27, Andreas Juergensmeier, p. 86-87, Romiana Lee, 173, Ann Moore, p. 179, Lee Snider Photo Images, p. 157; *Thinkstockphotos:* p. 35, 36, 54, 57, 58-59, 60, 61, 62, 65, 73, 90, 90-91, 110-111, 120-121, 123, 124, 137, 141, 144-145, 177, 181, 186, 192; *Visit New England:* p. 29, 29d, 32, 37, 39, 68, 69, 72, 76, 81, 83, 140, 143, 148-149, 158, 160, 172, 176, 180-181, 189; *Visit New Hampshire*: 173.

PAROLE E FRASI UTILI

CONVERSAZIONE DI BASE

Buongiorno *Good morning*
Buonasera
Good afternoon, good evening
Arrivederci *Goodbye*
Per favore *Please*
Grazie *Thank you*
Prego *You're welcome*
Sì, no *Yes, no*
Scusi *Excuse me, sorry*
Parla...? *Do you speak...?*
Parlo... *I speak...*
Non parlo... *I don't speak...*
Capisco *I understand*
Non capisco *I don't understand*
Può ripetere, per favore?
Could you say that again, please?
Potrebbe scriverlo, per favore?
Could you write it down, please?
Me lo può indicare sulla cartina?
Could you show me on the map?
Come si chiama? *What's your name?*
Mi chiamo... *My name is...*
Cosa significa...? *What does... mean?*
Che ore sono? *What time is it?*
Chi? *Who?*
Che cosa? *What?*
Quale? *Which?*
Quanto? *How much?*
Quando? *When?*
Dove? *Where?*
Come? *How?*
Perché? *Why?*

DATI PERSONALI

nome *name*
cognome *surname*
nazionalità *nationality*
data (luogo) di nascita
date (place) of birth
sesso *sex*
passaporto *passport*
patente *driver's licence*
carta di credito *credit card*

TRASPORTI

aeroporto *airport*
bagaglio *luggage*
biglietteria *ticket office*
binario *platform*
imbarco *boarding*
orario *timetable*
porto *port, harbor*
stazione dei pullman *bus terminal*
stazione ferroviaria *railway station*
A che ora parte (arriva)...
What time does the... leave (arrive)
l'aereo *plane*
l'autobus *bus*
il treno *train*
la nave *ship*
il (la) primo(a) *first*
l'ultimo(a) *last*
Vorrei andare a... *I want to go to...*
Vorrei un biglietto... *A... ticket please*
di andata *single*
di andata e ritorno *return*
di prima classe *first class*
di seconda classe *second class*
Il treno (il volo)... *The train (the flight)...*
è in ritardo *is delayed*
è in arrivo *is arriving*
è in partenza *is leaving*
è stato soppresso *has been cancelled*

MEZZI PUBBLICI

Qual è la stazione del metro più vicina?
Which is the nearest subway station?
Che mezzo devo prendere per andare in centro?
How do I get to che city centre?
Dove si comprano i biglietti?
Where can I buy a ticket?
Qual è la prossima fermata?
What's the next stop?
Mi porti a (questo indirizzo) per favore
Take me to (this address) please
abbonamento *reduced-fare card*
autobus *bus*
battello *boat*
biglietto *ticket*
fermata *stop*
metropolitana *underground*
molo *pier*
taxi *taxi*
traghetto *ferry*
tram *tram*

INDICAZIONI STRADALI

Dov'è...? *Where is...?*
sempre dritto *straight on*
Giri a sinistra *Turn left*
Giri a destra *Turn right*
all'angolo *at the corner*
alla rotonda *at the roundabout*
al semaforo *at the traffic lights*
dietro *behind*
davanti *in front (of)*
lontano (da) *far (from)*
vicino (a) *near (to)*
di fronte *facing*

CARTELLI

entrata/uscita *entrance/exit*
aperto/chiuso *open/closed*
vietato fumare *no smoking*
libero/completo (parcheggio)
places, full
toilette *toilet, restroom*
donne/uomini *ladies/gents*
divieto d'accesso *no entry*

divieto di parcheggio *no parking*
senso unico *one-way street*
feriali *weekdays*
festivi *Sundays and public holidays*

VIAGGIARE CON I BAMBINI

Ho bisogno di cambiare (allattare) il bambino
I need to change my baby's diaper/ to feed my baby
I bambini sono ammessi?
Are children allowed?
culla *cot*
lettino *child's bed*
omogeneizzati *baby food*
pannolini *diapers*
passeggino *stroller*
seggiolino per l'auto *car seat*
seggiolone *high chair*
vasino *potty*

SERVIZI

ambasciata *embassy*
banca *bank*
consolato *consulate*
dentista *dentist*
farmacia *pharmacy*
grandi magazzini
department stores
lavanderia *laundry*
mercato *market*
ospedale *hospital*
polizia *police*
pronto soccorso
emergency room
supermercato *supermarket*
tabaccaio *tobacconist*
ufficio postale *post office*
ufficio turistico *tourist office*

SALUTE E FARMACIA

Sono malato *I am ill*
Ho la febbre *I have a fever*
Mi fa male *I have...*
la pancia *stomach ache*
la schiena *backache*
la testa *headache*
Sono... *I am...*
asmatico *asthmatic*
celiaco *celiac*
diabetico *diabetic*
epilettico *epileptic*
Sono allergico a... *I am allergic to...*
antibiotici *antibiotics*
api *bee stings*
arachidi *peanuts*
penicillina *penicillin*
antistaminico *anti-histamine*
aspirina *aspirin*
assorbenti *sanitary napkins*
cerotto *sticking plaster*
crema solare *sun block*
diarrea *diarrhoea*
medicina *medicine*
nausea *nausea*

ALLOGGIO

Ho una prenotazione per...
I have a reservation for...
Sto cercando un(a)... *I'm looking for a...*
albergo *hotel*
bed & breakfast *bed&breakfast*
campeggio *campsite*
ostello della gioventù *youth hostel*
Qual è l'indirizzo?
What is the address?
Ci sono camere libere?
Do you have any vacancies?
Vorrei una camera... *I would like a...*
singola *single room*
matrimoniale *double room*
a due letti
a double room with twin beds
con bagno *with ensuite*
senza bagno *without ensuite*
Quanto costa per notte?
What is the room rate?
È inclusa la prima colazione?
Is breakfast included?
Si accettano le carte di credito?
Do you take credit cards?
La chiave della stanza numero 8, per favore
The key to room eight please
È disponibile il servizio internet wi-fi?
Do you have Wi-Fi internet connection?
appendiabiti *hangers*
asciugacapelli *air-dryer*
asciugamano *towel*
carta igienica *toilet paper*
coperta *blanket*
cuscino *pillow*

EMERGENZE

Aiuto! *Help!*
Mi sono perso (a) *I'm lost*
Ho perso i documenti
I've lost my documents
Mi hanno derubato *I've been robbed*
Mi sento male *I feel ill*
Ho avuto un incidente
I've had an accident
L'automobile si è rotta
The car has broken down
Mi serve un meccanico
I need a mechanic
Chiamate... *Please call...*
un'ambulanza *an ambulance*
un medico *a doctor*
la polizia *the police*
i vigili del fuoco *the fire departement*

PAROLE E FRASI UTILI

RISTORANTE

Un tavolo per favore...
Can I have a table please
Vorrei... per favore *Can I have...*
del pane *some bread*
il menu *the menu please*
una bottiglia/un bicchiere
a bottle/a glass
di acqua *of water*
di vino *of wine*
un piatto di... *a plate of...*
caldo/freddo *warm, hot/cold*
cotto/crudo *cooked/raw*
Qual è la vostra specialità?
What is your speciality?
Avete menu per bambini?
Do you have a kids menu?
Il conto, per favore *The bill please*

SHOPPING

Vorrei acquistare... *I'm looking for...*
Quanto costa?
How much does it cost?
Non mi piace *I don't like it*
Posso provare? *May I try it on?*
Dove sono i camerini?
Where are the changing rooms?
Sto solo guardando *I'm just having a look*
Costa troppo *It's too expensive*
Lo prendo *I'll take it*
Posso pagare con...? *Can I pay...?*
carta di credito *by credit card*
contanti *cash*
misura, taglia *size*
più grande *larger*
più piccolo *smaller*
più stretto *narrower*

ACQUISTI ALIMENTARI

una fetta di... *a slice of...*
un pezzo di... *a piece of...*
una scatola di... *a can of...*
Panetteria, pasticceria *bakery*
pane *bread*
dolce *sweet*
torta *cake*
biscotti *cakes*
pasta *pasta*
Macelleria, salumeria
butcher's, delicatessen
affumicato *smoked*
carne *meat*
cotto *cooked*
crudo *raw*
formaggio *cheese*
fresco *fresh*
maiale *pork*
manzo *beef*
pollo *chicken*
prosciutto *ham*
Frutta e verdura
fruit and vegetables
carota *carrot*
insalata *lettuce*
mela *apple*
patate *potatoes*
pera *pear*
pesca *peach*
pomodori *tomatoes*

GIORNI DELLA SETTIMANA

lunedì *Monday*
martedì *Tuesday*
mercoledì *Wednesday*
giovedì *Thursday*
venerdì *Friday*
sabato *Saturday*
domenica *Sunday*

NUMERI

0 *zero*
1 *one*
2 *two*
3 *three*
4 *four*
5 *five*
6 *six*
7 *seven*
8 *eight*
9 *nine*
10 *ten*
20 *twenty*
30 *thirty*
40 *forty*
50 *fifty*
60 *sixty*
70 *seventy*
80 *eighty*
90 *ninety*
100 *one hundred*
200 *two hundred*
1000 *one thousand*

Hertz
Il Foliage on the road con Hertz.

M

Malden Center B 5
Manchester A 7
Mansfield F 4
Massachusetts Avenue (OL) D 4
Massachusetts Avenue (SL) D 4-5
Mattapan E 5
Maverick C 5
Melnea Cass Boulevard E 4
Melrose Cedar Park B 5
Melrose Highlands A 5
Middleborough/ Lakeville F 6
Milton E 5
Mishawum A 4
Mission Park D 4
Montello F 6
Montserrat A 6
Morton Street E 5
Museum of Fine Arts D 4

N

Nantasket Junction E 7
Natick Center C 2
Needham Center E 3
Needham Heights D 3
Needham Junction E 3
Newburyport A 6
Newmarket D 5
Newton Centre D 3
Newton Highlands D 3
Newtonville C 3
Norfolk F 3
North Beverly A 6
North Billerica A 4
Northeastern University D 4
North Leominster B 2
North Quincy E 5
North Scituate F 7
North Station C 5
North Wilmington A 5
Norwood Central F 3
Norwood Depot F 3

O

Oak Grove B 5
Orient Heights B-C 6

P

Packards Corner C 4
Park Street C 5
Pemberton Point (Hull) E 7
Pleasant Street C 4
Plimptonville F 3
Plymouth F 7
Porter B 4
Prides Crossing A 6-7
Providence F 4
Prudential D 4

Q

Quincy Adams E 6
Quincy Center E 6

R

Reading A 5
Readville E 4
Rental Car Center C 6
Reservoir D 4
Revere Beach B 6
Riverside D 3
Riverway D 4
River Works B 5
Rockport A 7
Roslindale Village E 4
Route 128 E 4
Rowes Wharf C 5
Rowley A 6
Roxbury Crossing D 4
Ruggles D 4

S

Saint Marys Street C 4
Saint Paul Street (GLB) C 4
Saint Paul Street (GLC) C 4
Salem B 6
Savin Hill E 5
Science Park/ West End C 5
Sharon F 4
Shawmut E 5
Shirley B 2
Silver Hill B 3
Silver Line Way after Manulife Boulevard D 5
South Acton B 2
South Attleboro F 4
Southborough C 2
South Station D 5
South Street C 3
South Weymouth E 6
State Street C 5
Stony Brook D 4
Stoughton F 4
Suffolk Downs B 6
Sullivan Square B 5
Summit Avenue C 3
Sutherland Road C 3
Swampscott B 6
Symphony D 4

T

Talbot Avenue E 5
Tappan Street D 3
TF Green Airport F 4
Tide Street D 5
Tufts Medical Center D 5

U

Union Park Street D 5
Uphams Corner D 5

V

Valley Road E 5

W

Waban D 3
Wachusett B 1
Wakefield A 5
Walpole F 3
Waltham B 3
Warren Street C 3
Washington Square C-D 3
Washington Street C 6
Washington Street C 3
Waverley B 3
Wedgemere B 4
Wellesley Farms C 3
Wellesley Hills C 3
Wellesley Square C 2
Wellington B 5
Westborough C 2
West Concord B 2
West Gloucester A 7
West Hingham E 6
West Medford B 4
West Natick C 2
West Newton C 3
West Roxbury E 3
Weymouth Landing/ East Braintree E 6
Whitman F 6
Wickford Junction F 4
Wilmington A 4
Winchester Center B 4
Windsor Gardens F 3
Wollaston E 6
Wonderland B 6
Wood Island C 6
Woodland D 3
Worcester C 1
Worcester Street D 5
World Trade Center C-D 5
Wyoming Hill B 5

Y

Yawkey D 4

Metropolitana di Boston

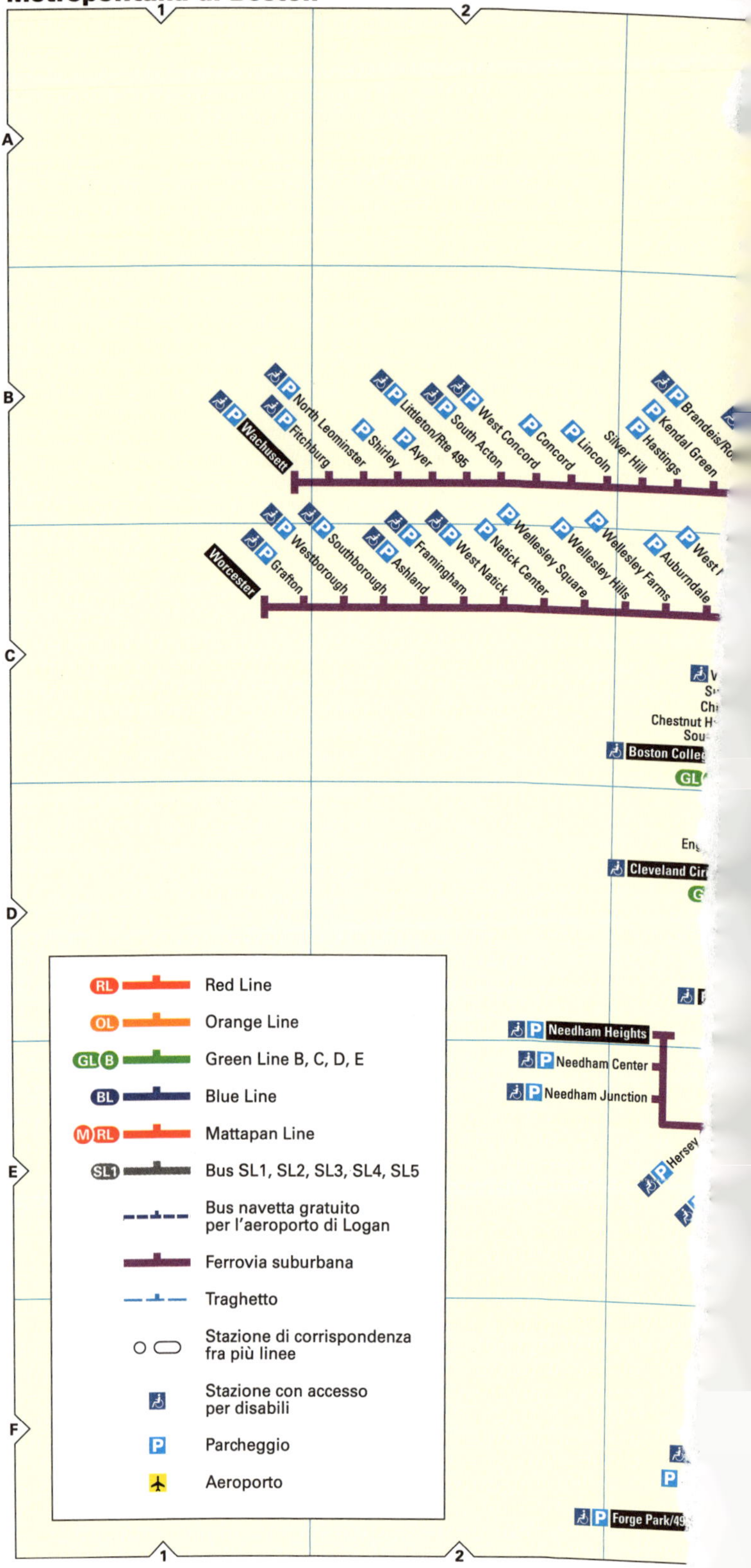

Stazioni delle linee metropolitane

A
Abington F 6
Airport C 5
Airport Terminals C 6
Alewife B 4
Allston Street C 3
Anderson/Woburn A 4
Andover A 5
Andrew D 5
Aquarium C 5
Arlington C 4
Ashland C 2
Ashmont E 5
Assembly B 5
Atlantic Avenue D 5
Attleboro F 4
Auburndale C 3
Ayer B 2

B
Babcock Street C 4
Back Bay D 4-5
Back of the Hill D 4
Ballardvale A 5
Beachmont B 6
Beaconsfield D 4
Bellevue E 3
Bellingham Square B 5
Belmont B 4
Beverly B 6
Beverly Farms A 7
88 Black Falcon D 6
Blandford Street C 7
Boston College C 3
Boston Landing C 3
Boston University Central C 4
Boston University East C 4
Boston University West C 4
Bowdoin C 5
Box District B5
Boylston C 5
Bradford A 5
Braintree E 6
Brandeis/Roberts B 3
Brandon Hall C 3
Bridgewater F 6
Brigham Circle D 4
Broadway D 5
Brockton F 6
Brookline Hills D 4
Brookline Village C-D 4
Butler E 5

C
Campello F 6
Canton Center F 4
Canton Junction E-F 4
Capen Street E 5
Cedar Grove E 5
Central C 4
Central Avenue E 5
Charles/MGH C 5
Charlestown Navy Yard C 5
Chelsea
(Ferrovia suburbana) B 5
Chelsea (SL) B 5
Chestnut Hill D 4
Chestnut Hill Avenue C 3
Chinatown C-D 5
Chiswick Road C 3
Cleveland Circle D 3
Cohasset E 7
Community College B 5
Concord B 2
Coolidge Corner C 4
Copley C 4
Courthouse C-D 5

D
Davis B 4
Dean Road D 3
Dedham Corp Center E 4
Design Center Place D 6
Downtown Crossing C 5
23 Drydock Avenue D 6
27 Drydock Avenue D 6
Dudley Station E 4

E
East Berkeley Street D 5
Eastern Avenue B 5
East Newton Street D 5
East Weymouth E 6
Eliot D 3
Endicott E 4
Englewood Avenue D 3
Essex Street D 5

F
Fairbanks Street C 3
Fairmount E 4
Fenway C 4
Fenwood Road D 4
Fields Corner E 5
Fitchburg B 2
Forest Hills E 4
Forge Park/495 F 3
Four Corners/Geneva E 5
Foxboro F 4
Framingham C 2
Franklin F 3

G
Gloucester A 7
Government Center C 5
Grafton C 1
Greenbush F 7
Green Street E 4
Greenwood A 5
Griggs Street C 3

H
Halifax F 6
Hamilton/Wenham A 6
Hanson F 6
Harbor Street D 5
Harvard C 4
Harvard Avenue C 4
Hastings B 3
Haverhill A 5
Hawes Street C 4
Haymarket C 5
Heath Street D-E 3-4
Herald Street D 5
Hersey E 3
Hewitts Cove
(Hingham) E 6
Highland E 3
Holbrook/Randolph E 6
Hyde Park E 4
Hynes Convention Center
C 4

I
Ipswich A 6
Islington F 3-4

J
Jackson Square D 4
JFK/UMass D 5

K
Kendal Green B 3
Kendall/MIT C 4-5
Kenmore C 4
Kent Street C 4
Kingston F 6

L
Lawrence A 5
Lechmere C 5
Lenox Street E 4
Lincoln B 2
Littleton/Rte 495 B 2
Logan Ferry Terminal C 6
Long Wharf (Central) C 5
Long Wharf (North) C 5
Longwood C-D 4
Longwood Medical Area
D 4
Lowell A 4
Lynn B 6

3
4
5
Haverhill
Bradford
Lawrence
Andover
Ballardvale
North Wilmington
Reading
Wakefield
Greenwood
Melrose Highlands
Melrose Cedar Park
Wyoming Hill
Malden Center
North Billerica
Lowell
Wilmington
Anderson/Woburn
Mishawum
Winchester Center
Wedgemere
West Medford
Oak Grove
OL
Wellington
Assembly
Sullivan Square
Community College
River Works
Chelsea
Bellingham Sq.
Box District
Eastern Avenue
SL3
Chelsea
Alewife
RL
Davis
Porter
Waltham
Waverley
Belmont
Boston Landing
Newtonville
Harvard
Central
Kendall/MIT
Lechmere
GL E
Science Park/West End
GL C
Haymarket
Bowdoin
BL
Charlestown Navy Yard
North Station
Long Wharf (North)
Airport
Wood Island
Orient
Rental Car
Maverick
Government Center
GL D
Aquarium
Long Wharf (Central)
A
Charles/MGH
Park Street
GL B
State St.
Rowes Wharf
Logan Ferry Terminal
Washington St.
Downtown Crossing
Courthouse
World Trade Center
Silver Line Way after Manulife Bd.
Tide St.
23 Drydock Av.
27 Drydock
88 B
Harvard Avenue
Packards Corner
Babcock Street
Pleasant Street
Saint Paul Street
BU West
BU Central
BU East
Blandford St.
Griggs Street
Allston Street
Warren Street
Kent Street
Saint Paul St.
Coolidge Corner
Summit Av.
Brandon Hall
Fairbanks Street
Washington Sq.
Tappan Street
Dean Road
Hawes St.
St Marys St.
Fenway
Longwood
Brookline Vill.
Brookline Hills
Beaconsfield
Reservoir
Chestnut Hill
Newton Centre
Newton Highlands
Eliot
Waban
Woodland
Kenmore
Hynes Convention Center
Copley
Arlington
Boylston
Chinatown
Atlantic Av.
Essex St.
Harbor St.
Yawkey
Prudential
Symphony
Northeastern University
Museum of Fine Arts
Longwood Medical Area
Brigham Circle
Fenwood Road
Mission Park
Riverway
Back of the Hill
Heath Street
GL E
Tufts Medical Center
Back Bay
Massachusetts Avenue
Herald St.
E. Berkeley Street
Union Park Street
East Newton Street
Worcester Street
SL1
SL2
SL3
South Station
SL2
Design Center Pl
Broadway
Andrew
Newmarket
JFK/UMass
Ruggles
Roxbury Crossing
Jackson Square
Massachusetts Av.
Stony Brook
Uphams Corner
Four Corners/ Geneva
Lenox Street
Green Street
Melnea Cass Boulevard
Talbot Av.
Morton St.
Dudley Station
SL4
SL5
Forest Hills
OL
Savin Hill
Fields Corner
Shawmut
RL
M RL
Ashmont
Cedar Grove
North Quincy
Wollaston (Stazione c
Quinc
Roxbury
Highland
Bellevue
Roslindale Village
Hyde Park
Fairmount
M RL
Mattapan
Capen Street
Valley Road
Central Avenue
Milton
Butler
Readville
Braintree
RL
Endicott
Dedham Corp Center
Islington
Norwood Depot
Norwood Central
Windsor Gardens
Plimptonville
Walpole
Route 128
Canton Junction
Canton Center
Stoughton
Sharon
Mansfield
Attleboro
South Attleboro
Providence
TF Green Airport
Wickford Junction
Foxboro (Special Events)
Holbrook/Randolph
Montello
Brockton
Campello
Bridgewater
Middleborough/Lakeville